国家自然科学基金重点项目
“我国信息资源产业发展政策及管理研究”
（项目编号：71133006）

CHINA'S INFORMATION RESOURCE INDUSTRY
DEVELOPMENT AND POLICY

中国信息资源产业发展与政策

冯惠玲　赵国俊　钱明辉　等　著

中国人民大学出版社
·北京·

序　一

多年来，我一直关注着中国经济，尤其是管理科学的发展，关注着与信息时代紧密相连的中国若干新兴产业形态的变化。能够先睹中国国家自然科学基金重点项目的研究成果——《中国信息资源产业发展与政策》，并受邀为本书作序，我感到惊喜和荣幸。

信息资源的产业化是当今世界发展的大势，信息技术革命势头迅猛，深刻影响着经济发展方式的转变，推动生产力产生质的飞跃，为社会经济发展带来新机遇。关联度、感应度和带动性极强的信息资源产业，不仅能催生一批新兴产业，而且能通过改造、提升传统产业，拓展自己的发展空间。随着信息技术的改进和电子信息产品的广泛应用，信息资源产业必将成为推动社会生产转型及经济结构调整的重要力量。目前，信息技术不断取得新的进展，经济全球化和信息网络化趋势日益明显，信息技术和应用水平已成为衡量一个国家综合实力与国际竞争力的重要标志。正确把握信息资源产业发展中的问题与困难，提出相应对策，改善信息资源产业发展现状，正确引导其未来发展方向，具有重大的现实价值和政策指导意义。

从战略意义上来讲，信息资源产业是推动经济增长和提高国际经济竞争力的又一新动力，已经成为国际经济竞争中一个新的制高点。转变经济发展方式、调整产业结构、优化升级传统产业、改善民生、完成社会根本性变革这一系列战略问题的破解、战略任务的完成、战略目标的实现，都需要解决好新时期经济社会发展的资源结构问题。大幅度降低对存量有限又不可再生的原材料资源和能源的消耗，大力开发利用取之不尽、用之不竭的信息资源是当前的战略选择。目前世界各国已纷纷采取措施，大力促进信息资源产业发展。在战略规划方面，美国、英国、爱尔兰、欧盟其他国家、日本等均公布了各自对于发展信息资源产业的战略性文件，旨在在具有高附加价值的内容和应用领域建立产业群，发展世界级的信息资源产业，成为世界信息资源产业的领先者。

对于企业组织而言，信息资源在提高竞争力、实施战略管理、加速技术创新等方面具有重要作用，在激烈的市场竞争中，谁先占有信息资源并有效地开发利用，谁就先占领市场，掌握市场的主动权。信息资源与企业管理的发展与融合，使企业竞争战略管理不断创新，企业竞争力不断提高。目前，越来越多的跨国公司开始将信息资源引入其生产运营之中，一种建立在互联网络、信息技术基础之上的全新竞争战略在英特尔、国际商业机器公司（IBM）、日本电气等企业中得到成功应用，并日益成为企业竞争优势的来源。像脸书（Facebook）、谷歌（Google），中国的百度、腾讯、阿里巴巴等企业更是深谙信息资源的重要性。特别是作为信息资源龙头企业的Google利用信息资源共享的特点向社会公众开源其项目，但是在与竞争对手的博弈中却未因此受挫，反而利用社区的力量帮助完善其产品，最终走在行业前列。在信息革命这一关口，各行各业的从业人员需要牢牢抓住机遇，搭上这趟高速列车。只有建立了信息优势，企业才能够得到生存和发展。

《中国信息资源产业发展与政策》一书立足于全球经济的动态发展，着眼于中国经济转型之势，深度解析了中国信息资源产业的发展现状、区域特征等关乎行业发展的关键问题，为中国信息资源产业的发展壮大奠定了坚实的理论基础。同时该书也是让世界了解中国信息资源产业的力作，书中提出的许多理论在学术界尚不多见，比如探索了中国信息资源产业范围划分的问题。在基础理论方面，该书从哲学视野入手，突破“资源三角形”静态研究的局限，以“资源三角形”理论为基础，纳入时间变量，构建了描述社会资源结构演变特征的“动态资源三角形”概念模型，进而提出了“动态资源三角形重心曲线”及其函数表达。这一理论是基于经典理论而进行的创新性改进，能够揭示不同社会时点下基础资源结构的主要特征，以及伴随社会变迁这一基础资源结构的变化趋势，为产业决策部门寻找产业升级的方向和产业结构优化的路径提供理论思路。再比如，为量化不同地区的信息资源产业发展水平，该书尝试开发了信息资源产业发展评价指标体系，从产业价值和产业环境这两个维度来反映信息资源产业的发展状况和特征。诸如此类的创新，在书中随处可见。这是一本不可多得的好书。不论你是想找寻新的经济增长点抑或是想要搭上信息革命这趟高速列车进行产业转型，只要是想在信息革命中有所作为，其中的真知灼见就也许能让你达到事半功倍的效果。相信此书的出版能够创建中国的信息资源产业理论，并帮助中国政府制定相应的发展战略，引导和助力中国信息资源产业的发展。

时至今日，全球经济发展已经进入信息时代，信息资源成为经济社会发展的要素之一。一条及时的信息能够拯救濒临破产的企业，而一条过时的信息也能够导致企业竞争战略上的失误。能够与我一起共睹此书的读者是幸运的，从该书中我们能够领略到研究团队精益求精的科研追求、严谨的科学态度以及极具创新力的精神。可以毫不夸张地说，《中国信息资源产业发展与政策》一书的出版正在开创新时代中国信息资源产业及其管理政策研究的崭新天地。

理查德·普里曼（Richard L. Priem）

2016 年 8 月

理查德·普里曼（Richard L. Priem），美国得克萨斯基督教大学（TCU）尼利商学院教授、意大利国际社会科学自由大学战略管理教授。先后担任《美国管理学会学报》（*Academy of Management Journal*，*AMJ*）、《美国管理学会评论》（*Academy of Management Review*，*AMR*）、《管理研究杂志》（*Journal of Management Studies*，*JMS*）、《组织科学》（*Organization Science*）、《牛津研究评论》（*Oxford Research Reviews*）、《战略管理杂志》（*Strategic Management Journal*，*SMJ*）等学术期刊的编委，担任美国战略管理协会最佳论文评选委员会委员长达十年，此外还担任美国管理学会商业政策与战略管理学科组执行委员会委员与博士论坛委员、美国国家科学基金会评审委员。理查德·普里曼教授长期致力于战略管理、组织理论、企业家精神、高层管理决策等领域的研究，提出了基于资源基础理论（Resource-Based View，RBV）的战略管理思想，先后在《美国管理学会学报》《美国管理学会评论》《管理研究杂志》《组织科学》等顶级国际学术期刊上发表了 60 余篇具有重要学术影响力的论文，其研究成果不仅受到各国学者的认可、尊重并被大量引用（不少论文的引用量在谷歌学术上超过 2 000 次），而且对实际企业运营中的管理思想和管理理念的提升都产生了巨大的影响。理查德·普里曼教授先后获得过多项教学与学术奖项，包括美国管理学会 2011 年度“十年成就奖”。

Preface

I have paid close attention to China's economy for many years, and especially to the development in management science with a focus on the changes in China's emerging industries that are closely linked with the information age. I therefore was very interested to read the research results of The National Natural Science Foundation of China project—*China's Information Resource Industry: Development and Policy*—and also pleasantly surprised and honored to be invited to write the preface of this book.

The industrialization of information resources represents a general trend in the development of the world today. The rapid revolution in information technology has exerted profound influence on modes of economic development. This revolution will promote a quantum leap in productivity, and bring new opportunities for social and economic development. The information resource industry can create a number of new industries and, through the transformation and upgrading of traditional industries, expand their own development spaces. With the improvements in information technology and the wide application of electronic and information products, the information resource industry is bound to become an important force in promoting social transformation and economic restructuring. Recent progress in information technology has made the tendency toward economic globalization and information networking much clearer than before. Information technology and its application has become an important measurement index of a country's comprehensive strength and international competitiveness. Therefore, evaluating the problems and difficulties in the development of the information resource industry and identifying corresponding solutions has great value for practice and policy guidance.

From a strategic point of view, the information resource industry is a new impetus to promote economic growth and international economic competitiveness. It has become a new, commanding height in international economic competition. There are numerous challenges remaining. For example, the transformation of economic development modes, industrial structural adjustment, improving people's livelihoods, optimization and upgrading of traditional industries, and the completion of fundamental social changes. In order to crack a series of strategic problems and realize important strategic goals, the problems of resource allocation in economic and social development must be solved properly. A reasonable choice is to substantially reduce the consumption of raw materials and energy, which are limited and non-renewable, and instead to explore inexhaustible information resources. Nowadays, many countries in the world have taken measures to promote information industry development. The United States, Britain, Ireland, lots of other countries of the European Union, Japan and many other countries have published documents about the development of their information industries, aiming at: building industrial clusters in content and application areas with high added value; developing world-class information resource industries; and becoming world leaders in this area.

From the standpoint of enterprise organization, information resources play an important role in improving competitiveness, implementing strategic management, and speeding up technological innovation. Under fierce market competition, those who first possess and make full utilization of information resources will grasp the initiative and conquer their markets. The integration of information resources with enterprise development, therefore, constantly improves enterprise competitiveness. At present, more and more multinational companies are introducing new information resources into their production operations. This new competitiveness strategy—based on the Internet and information technology—has been successfully applied in companies such as Intel, IBM, and NEC, and has increasingly become a source of competitive edge. Enterprises like Facebook, Google, Baidu, Tencent and Alibaba know the importance of information resources. Google, as the leading company in the industry, expands their projects through resource sharing. This practice does not harm them in the game with competitors, but instead improves their products by using the power of community and ultimately helps them go to the forefront of the industry. At this juncture of the information revolution, professionals from all fields need to seize the opportunity and hitch a ride on the high-speed train of the information revolution. Companies can survive and develop only by establishing the information superiority.

The book, *China's Information Resource Industry: Development and Policy*, is based on the dynamic development of the global economy and focuses on the trend in China's economic transformation. This book analyzes key problems related to industrial development, such as the status and regional characteristics of China's information resource industry. It lays a solid theoretical foundation for the development and growth of China's information resource industry. Moreover, this deeply thought-out book also will likely play a significant role in letting the world know about China's information resource industry. Many of the issues explored in this book have not been widely discussed in academia—for example, little has been said about the division of the scope of China's information resource industry. From the theoretical perspective, starting from philosophy, this book breaks the limitation of the static "Resource Triangle Model". It brings in the variable of time and establishes the "Dynamic Resource Triangle Model" in order to describe the characteristics and evolution of social resource structure. Further, this book proposes the "Dynamic-resource-triangle Barycenter Curve" as well as its functional expression. This theory is an innovative improvement based on classical theories; it reveals the main features of the basic resource structure in different periods, and its variation overtime. This could provide theoretical guidance to policy-making departments regarding upgrading and optimization of industries. Moreover, to quantify the level of development of the information resource industry in different areas, this book attempts to develop an information resource industry evaluation index system to reflect the development status and characteristics of the information resource industry from two dimensions: industrial environment and industrial value. Innovations like these can be seen everywhere in the book. As an outstanding piece of work—whether you are looking for a new economic growth point or intend to carry out industrial transformations through the information revolution—it can be used as a handy reference for anyone who wants to make a difference in this information era. The insights and ideas may allow you to achieve more with less. The publication of this book can: establish of theory for the information resource industry in China; assist the Chinese government in formulating appropriate development strategies; and guide and facilitate the development of China's information resource industry.

Nowadays, global economic development has entered into the information age, and information resources have become one of the essentials for economic and social development. While timely information can rescue a near-bankrupt enterprise, outdated information can lead to mistakes in strategy making. The readers are fortunate to be able to read this book with me. From the book we can enjoy the research team's commitment to excellence in scientific research, a rigorous scientific attitude and an innovative spirit. It is no exaggeration to say that the publication of *China's Information Resource Industry: Development and Policy* is opening up a new sphere for research on the information resource industry and its management policies in China.

Richard L. Priem

August, 2016

序　二

冯惠玲教授带领的学术团队近年来投身于一个新兴的、极具战略前景的研究领域，对信息资源产业进行了深入的基础理论和应用研究，其中有关信息资源对我国经济社会战略价值的分析判断，信息资源产业结构、政策导向、管理模式的探索很有价值，很有创见。有幸受邀为《中国信息资源产业发展与政策》一书作序，深感荣幸。

2014年2月，习近平总书记在中央网络安全和信息化领导小组会议中指出，“信息资源日益成为重要生产要素和社会财富，信息掌握的多寡成为国家软实力和竞争力的重要标志”。从2004年至今，经过十余年的发展，我国信息资源产业整体规模不断扩大，从业人口和法人单位数量持续上升，进一步加快了我国经济结构转型升级的速度，成为知识经济时代的重要产业类型。新一代信息技术发展的热点已不是信息领域各个分支技术的纵向升级，而是信息技术横向渗透融合到制造、金融等行业，信息技术研究的主要方向将从产品技术转向服务技术，形成以信息化和工业化深度融合为主要目标的“互联网＋”新一代信息技术。我国已经开始进入信息时代，各行各业的从业者需要转变思维方式顺应这一时代潮流。中共中央明确提出我国进入经济“新常态”，意味着我国开始注重经济结构的优化，进入了以信息化带动新型工业化、城镇化和农业现代化的新阶段，是经济和社会管理的跃迁，不是权宜之计，更不是停滞不前。

因此，对于信息时代我国信息资源产业未来的发展，不仅需要制定相关政策进行引导，而且需要在对现实发展情况有清楚认识的基础上进行战略规划，争当信息时代先锋，在全球信息产业的竞争中独具风采。《中国信息资源产业发展与政策》一书立足于当下我国信息资源产业发展的初级阶段，对我国信息资源产业的发展方向与战略规划进行了探索，提出了一系列颇具创新意义的理论与方法。在基础理论方面，该书基于哈佛大学教授提出的“资源三角模型”，通过引入时间变量，创造性地构建了“动态资源三角模型”。该模型可为寻求产业升级方向以及产业结构优化路径的政府决策部门提供理论指导。此外，针对我国信息资源产业结构方面的问题，该书将主题词分析法与文献发现理论结合，运用德尔菲技术等对中国信息资源的行业进行划分，从而为后续产业研究、战略规划等领域的工作划定范围，奠定基础。再比如，为了对信息资源行业的发展状况建立一个统一的认知标准，该书还构建了评价我国信息资源产业发展水平的指数模型，为相关部门提供了可资监测我国信息资源产业发展状况的基本工具。该书具有学术和实践的双重价值，值得信息资源产业领域的研究者、政府决策人员、企业家乃至各类专业人士一读，从中收获某种启示；若能够将此书的观点应用到实际的产业规划、行业发展等实践中，也可能少走弯路，独辟蹊径。

作为国家自然科学基金重点项目的研究成果，《中国信息资源产业发展与政策》一书对推动我国管理科学基础研究的发展，激发科学发现和理论创新，促进产业变革等具有探路引路的积极作用。在“内容为王”的当下，我期待作者团队继续在这个充满希望的领域中跋涉创新，也期待更多的有识之士关注和加入这个领域，共同探索稳步推进我国信息化进程和实现经济结构优化转型的新路子。

李国杰

2016 年 8 月

李国杰，中国工程院院士、第三世界科学院院士。1968 年毕业于北京大学，1981 年于中国科学技术大学获硕士学位，1985 年于美国普渡大学获博士学位，1985—1986 年间在美国伊利诺伊大学 CSL 实验室工作，1987 年回国在中国科学院计算技术研究所（简称中科院计算所）工作，1989 年被聘为该所研究员。1990 年被国家科学技术委员会选聘为国家智能计算机研究开发中心主任，曾担任中科院计算所所长。2004 年 5 月兼任中国科学技术大学计算机科学技术系主任。李国杰博士在并行处理、计算机体系结构、人工智能、组合优化等领域发表了 100 多篇学术论文，合著四本英文专著。近 20 年来领导中科院计算所和曙光公司为发展我国高性能计算机产业、研制龙芯高性能通用 CPU 芯片做出了重要贡献。他先后获得国家科学技术进步一等奖、二等奖，首届何梁何利基金科技进步奖等奖项，1995 年当选中国工程院院士，2001 年当选第三世界科学院院士。

前 言

信息资源产业是以信息为劳动对象和生产原料，以信息形态的产品和服务为产出物和主要利润来源，主要通过对信息的生产、加工、传播、提供等活动创造经济价值和社会价值的国民经济部门。改革开放以来，我国经济发展取得了举世瞩目的伟大成就，但同时，经济发展方式的转变、产业结构的调整、传统产业的优化升级，以及广大社会成员的民生发展和扩大就业等问题，也越来越尖锐和迫切需要解决。在这种大背景下，信息资源产业作为一种新兴的战略性产业，正逐步进入人们的视野，收获来自各界的关注，对我国经济社会资源结构的调整和科学发展产生越来越重要的影响。

近年来，在国家相关政策的引导下，信息资源行业来势迅猛，渗透到大众生活的方方面面，从根本上改变着社会经济结构和人们的生活方式。自 2004 年 12 月《中共中央办公厅、国务院办公厅关于加强信息资源开发利用工作的若干意见》发布后，我国信息资源产业总产值就从 2004 年的 5 789.72 亿猛增至 2013 年的 31 903.60 亿，从业人口达到 2 888 万人。信息消费整体规模 2013 年达到 2.2 万亿，2014 年达到 2.8 万亿，2015 年则超过 3.2 万亿。同时，信息资源产业对传统行业的渗透性影响逐渐显现，如京东、淘宝、唯品会等电商改变了传统零售行业，越来越多的人加入了“剁手党”的行列，2015 年淘宝“双 11”活动一天的交易额就达到了 12.17 亿元，是 2013 年的两倍多。由于网络具有迅速、易达、便捷等特点，越来越受到传统媒体的青睐，开始进行线上和线下的联动，网络电台、网络电视等逐渐普及开来。互联网金融的诞生改变了银行业务模式，2013 年上线的“余额宝”，截至 2015 年末累计用户达 2.6 亿，规模达到

6 207 亿元，相比 2013 年的 1 853 亿元，短短两年时间增长了两倍多。为了与新兴产品抗衡，各大银行也纷纷介入互联网渠道。信息资源产业作为第三产业，不像第一、第二产业那样基本上通过消耗物质资源获得发展，而是通过重点消耗可再生的信息资源实现发展，故此，大力发展信息资源产业是我国实现可持续发展、转变经济发展方式的不二选择。

盛世立自百战后，大气开于潮起时。在信息资源产业迅猛发展并取得辉煌成绩的背后，我们必须清醒地看到一些亟待解决的问题，如垄断现象逐渐凸显、地区之间发展不平衡、缺乏创新能力等，已经成为我国信息资源产业进一步发展壮大的瓶颈。实事求是地说，相较于一些发达国家而言，我国信息资源产业尚处于起步阶段，还有很长的路要走。虽然信息资源产业可以为国家经济发展提供强劲的牵引力和推动力，但是各级政府却尚未着力赋予其充分的政策支持和保障。为了深入探索信息资源产业政策的机理和作用，我们承接了“我国信息资源产业发展政策及管理研究”这一国家自然科学基金重点项目，本书是其中的一部分研究成果。主要内容是针对我国信息资源产业总体发展情况和区域发展特征，对需要和可以通过产业政策破解的问题进行了梳理分析，提出了我国信息资源产业政策科学发展的基本方向和方法路径，在此基础上，以信息资源产业四个细分行业的发展情况为案例，探索了这些代表性行业领域产业政策的优化发展问题。

近年来，我国出台的信息资源产业政策中既有中央政府从大环境出发制定的宏观政策，也有地方政府适应本地经济发展特点制定的地方性政策。例如，国家“十一五”规划纲要明确提出，在转变经济增长方式方面，要把节约资源作为基本国策，发展循环经济，保护生态环境，加快建设资源节约型、环境友好型社会，促进经济发展与人口、资源、环境相协调。推进国民经济和社会信息化，切实走新型工业化道路，坚持节约发展、清洁发展、安全发展，实现可持续发展。在产业结构优化升级方面，产业、产品和企业组织结构要更趋合理，服务业增加值占国内生产总值比重和就业人员占全社会就业人员比重分别提高 3 个和 4 个百分点。实现上述目标不能走老的工业化道路，必须寻求新的经济增长方式。由于信息资源产业具有资源可共享、可重复使用、可再生等特点，有条件成为经济结构调整和转变经济增长方式的重要突破口。国家“十二五”规划纲要提出：全面提高信息化水平，加快建设宽带、融合、安全、泛在的下一代国家信息基础设施，推动信息化和工业化深度融合，推进经济社会各领域信息化。构建下一代信息基础设施，统筹布局新一代移动通信网、下一代互联网、数字广播电视网、卫星通信等设施建设，形成超高速、大容量、高智能国家干线传输网络，加快经济社会信息化，推动经济社会各领域信息化。可见信息资源产业在国民经济中的地位必将受到越来越多的重视，在信息资源产业的带动下其他产业也将获得新的发展机遇。中央主管部门和一些地方政府针对各行业和区域特性出台了一系列规范、调整信息资源产业的相关政策，例如，新闻出版总署于2010年颁布了《关于发展电子书产业的意见》《关于进一步推动新闻出版产业发展的指导意见》《关于加快我国数字出版产业发展的若干意见》等，北京市颁布了《北京市关于支持影视动画产业发展的实施办法（试行）》（2009年），深圳市颁布了《深圳互联网产业振兴发展规划（2009—2015年）》（2009年）等。

这些政策从不同的角度和层面对我国信息资源产业的发展起到了促进作用，但在具体实施过程中，也逐渐暴露出一些问题，尤其是缺乏总体规划和有效的管理体制，政策操作性、实施性不强，对信息资源产业的支撑力度不足、市场监管亟待改进等。随着“互联网＋”概念的深入落实，信息资源产业涉及各行各业的方方面面，但这些部门缺乏有效的协调和合作机制，出台的政策也往往各司其职，较少顾及业务重合问题，从而导致不衔接、不配套、兼容性低、可扩展性低等现象严重，限制了信息资源产业的价值创造和效率提升。明确信息资源产业在国家战略中的定位，建立科学、全面的产业政策体系，是促进我国信息资源产业健康、有序、可持续发展发展的关键所在。

国家“十二五”规划纲要指出，以科学发展为主题，以加快转变经济发展方式为主线，是关系我国发展全局的战略选择。信息资源产业作为国家战略性新兴产业在深化经济改革中必将发挥重要的带动作用，丰富和完善信息资源产业政策具有理论和实践的双重意义。目前，我国还处于对信息资源产业政策的探索起步阶段，有关研究必然经历由表及里、从浅入深的过程。宏观层面，需要整合分析我国信息资源产业的发展规模、阶段、环境、政策体系及其与各行业之间的联系，判断其在整个经济结构中的战略意义。中观层面，需要对信息资源产业内部状况、运行状态及发展走向做出精确的判断和分析，提出相应的扶植、鼓励、调整、保护或限制的政策建议。微观层面，需要在实现产业组织结构优化的同时，深入了解分析信息资源产业的价值增长点和价值链中各个行业的竞争方式以及合作框架，提出协同发展的对策建议。所有的政策研究都需要立足产业发展实际，借鉴国外成功经验和失误弯路，符合产业发展规律，提升其科学性和实际价值。

具体而言，本书一共分为四篇：

第一篇由前三章组成，阐述了信息资源产业的基本理论与发展历程。第1章讨论信息资源产业的内涵和外延，分析了信息资源产业的经济、政治、社会功能对我国经济社会发展的作用。从资源结构和社会发展走向分析了我国信息资源产业发展的战略价值。第2章以“资源三角形”理论为基础，纳入时间变量，构建了描述社会资源结构演变特征的“动态资源三角形”概念模型，进而提出了“动态资源三角形重心曲线”，以此反映社会或产业基础资源的结构特征与发展趋势。结合信息消费特征的解释模型，探讨了信息消费的市场特征、结构特征、演化特征以及政策需求特征。通过文献调研、理论演绎、逻辑推理、案例分析、产业发展数据测算等，对“基于信息资源的产业共生系统”的构成与特性、共生关系的形态与类型、共生效益的影响因素与测度、共生对管理与政策的需求等内容进行了阐述。第3章探讨了我国信息资源产业的发展历程，将其分为产业萌芽期、初步发展期、快速发展期和平稳发展期，论述了不同时期各信息资源细分行业的发展变化趋势。

第二篇为信息资源产业核心特征与发展评价，由第4章至第7章组成。第4章分析了我国信息资源产业的供需特征，包括经济、政治、民生改善、文化四个方面的需求推动，劳动力投入、资本投入、城市化水平与人口密度等关键供给因素，用以论证需求和供给的关联与相互促进推动我国信息资源产业更加快速、稳定与健康地发展。第5章分析了我国信息资源产业结构特征，明确了信息资源产业所包含的具体行业。第6章根据地理位置将我国信息资源产业划分为东部、中部、西部三大梯队，从产业规模、产业贡献、产业发展、产业结构角度对这三大梯队进行了分析，并预测各梯队的发展趋势。第7章针对全国各个省市信息资源产业发展差异、发展质量区别、现有信息资源产业政策优化等问题，提出了产业发展评价三级指标，并利用我国2014年相关数据对信息资源产业发展状况进行了实证分析，与2013年的数据进行了对比研究。

第三篇为信息资源产业发展政策与政策工具应用，由第8章至第13章组成。第8章从产业发展与产业政策、信息资源产业政策及其特点、信息资源产业发展对产业政策的特殊依赖性、我国信息资源产业政策形成和发展的概要线索以及现实状况五个方面对我国信息资源产业政策做了详细的阐述。第9章对信息资源产业政策协同问题进行了探讨，说明有别于其他产业，在信息资源产业中政策协同并不是作为后发状态存在的。第10章阐述了信息资源产业结构政策的含义、特征、类型和功能，将产业结构政策划分为五种类型，分析了目前我国信息资源产业结构政策存在的问题，明确其基本目标政策取向。第11章对产业组织政策的功能、问题、基本目标、基本政策取向、主要措施安排五个方面进行了详细的论述。第12章讨论了我国信息资源产业促进政策的基本特点和功能，分别提出了同属信息资源产业促进政策的消费政策、技术政策和空间配置政策的基本目标、基本政策取向和基本措施安排要点。第13章讨论了信息资源产业政策工具的应用与优化，重点分析梳理了适合信息资源产业的主要政策工具类型，以及它们的具体适用范围，探索了信息资源产业政策工具的选择和应用方法要点。

第四篇为信息资源产业发展与政策优化案例，由第14章至第17章组成，依次以地理信息资源行业、测绘信息服务行业、知识产权服务行业、科技与医学（STM）信息资源行业为对象，分别阐释了它们的发展历程、现状、特点和问题，并通过对产业政策优化案例的深入剖析，得出若干有利于促进和保障该产业发展的规律性认识。

21世纪是一个充满机遇的时代，移动互联网、大数据、云计算、物联网、智能家居等产业的兴起，既为信息资源产业成长提供了肥沃的土壤，也提出了严峻的挑战。我们相信，在这个伟大的时代背景下，信息资源产业有可能也必定能够在国民经济与社会发展中占据重要的一席之地。希望本书能够为我国信息资源产业政策的完善和优化及促进和保障信息资源产业的健康成长提供一些有益的借鉴与参考。

著者

2016年8月

目　录

CONTENTS

第一篇　信息资源产业基本理论与发展历史

第二篇　信息资源产业核心特征与发展评价

第三篇　信息资源产业政策与政策工具应用

第四篇　信息资源产业发展与政策优化案例

第一篇

信息资源产业基本理论与发展历史

第1章

信息资源产业及其战略价值

改革开放以来，我国经济发展取得举世瞩目的伟大成就，与此同时，经济社会发展中的经济发展方式转变问题、产业结构调整问题、传统产业的优化升级问题，以及广大社会成员的民生发展和扩大就业问题，也越来越尖锐和迫切需要解决。在这种大环境下，对经济社会发展资源结构的调整具有战略性影响的信息资源产业作为一种新兴的战略性产业，正逐步进入人们的视野，收获来自各界的关注，对我国经济社会的科学发展产生越来越重要的影响。本章讨论了信息资源产业的内涵外延，对信息资源产业的特性进行了概要分析，对信息资源产业的基本功能、我国经济社会发展的战略价值进行了理论概括。

1.1 信息资源产业的内涵和外延

尽管“信息资源产业”一词自 20 世纪 80 年代初随信息资源概念进入我国后就开始有人使用，21 世纪初还被党中央国务院制定的重要政策文件正式使用[①]，但是，这个概念的内涵和外延却一直没有权威性的解释说明。

① 2004 年 12 月 12 日《中共中央办公厅、国务院办公厅关于加强信息资源开发利用工作的若干意见》(中办发〔2004〕34 号) 颁布。

1.1.1 信息资源产业概念内涵的讨论

现实中，人们对信息资源产业概念进行了很多有益的探索，但始终没有形成一致的理解。1996 年，国内学者朱幼平等人指出“信息资源业即开发利用信息资源的行业”。① 1998 年，庞景安提出信息资源产业对应于 3C 中的“content”。②《2004 年北京市信息服务业发展报告》对信息资源产业的含义进行了描述：“基于数字化、多媒体和网络技术，利用信息资源和其他相关资源，开发、创作、分发、包装和销售信息产品及服务的产业，主要由数字内容产业、信息咨询业和市场调查业构成，并以数字内容产业为主体。”③ 2005 年陈禹等的《信息资源产业和信息市场政策研究报告》对信息资源产业的概念进行了这样的阐释：“信息资源产业广义上是指从事信息资源生产加工，以信息资源的内容为基础，向社会提供产品或服务的各种产业；其产品范围包括各种介质的印刷品、电子出版物和音像传播；信息资源产业有传统和现代之分。”④ 2005 年，北京市信息资源管理中心、国家信息中心中国经济网的《信息资源市场监管体系研究报告》也给出了类似定义。

我国信息资源管理学科的一些研究者也对信息资源产业概念提出了自己的见解，丰富了人们对这个概念的认识。韩芸认为，“信息资源产业是以信息内容产品的生产与服务为产业主体行为的产业群体，具体可分为信息产品生产产业、信息数据传输业和信息资源服务业”⑤。宣小红认为，“信息资源产业是指从事信息资源生产加工，以信息资源的内容为基础，向社会提供产品或服务的国民经济部门”⑥。赖茂生等认为，“信息资源产业即信息内容产业，其内涵包括：1）产业的源头是待开发利用或已经得到开发利用的信息资源和信息内容；2）以经营信息内容产品或信息服务为主要利润来源；3）是信息资源开发利用的商业化模式；4）是信息化时代国

---

① 朱幼平．我国信息资源业发展的十大问题．中国软科学，1996（6）：102－107.

② 庞景安．网络环境下我国信息资源产业的发展．中国信息导报，1998（3）：8－10.

③ 北京市信息化工作办公室．2004 年北京市信息服务业发展报告．北京：中国发展出版社，2005.

④ 陈禹，等．信息资源产业和信息市场政策研究报告．北京：中国人民大学信息学院经济科学实验室，2004.

⑤ 韩芸．信息资源产业及其在我国的发展策略．中国图书馆学报，2006（6）：41－44.

⑥ 宣小红．信息资源市场培育初探．北京：中国文联出版社，2008：60.

民经济发展的主导产业”①。

学界对信息资源产业核心特征的认知可以概括为：产业的生产对象是信息资源（或信息内容），信息资源产业的产出是信息形态的产品或服务。此外，信息产品与服务的商品化、生产过程的数字化和网络化、智能化，以及信息经济的主导性，同样是信息资源产业的重要特征。

信息资源产业概念界定上的复杂性，还表现为它与其他相关产业的交集方面。信息资源产业与数字内容产业、文化创意相关产业、创意内容产业、文化内容产业、版权产业以及文化产业等产业无论在概念上还是在实质上都存在着交集。

在国际上，数字内容产业这一概念得到了比较普遍的认同。这个提法早在 1995 年“西方七国信息会议”上就被提出，并被普遍使用。1996 年，欧盟的《信息社会 2000 计划》中又将数字内容产业的概念界定为：“制作、开发、包装和销售信息产品及其服务的产业。”② 1998 年，经济合作与发展组织的专题报告《作为新增长产业的内容》中提出，内容产业是“由主要生产内容的信息和娱乐业所提供的新型服务产业”③。2002 年，爱尔兰的《爱尔兰数字内容产业发展战略》指出：“广义上的数字内容产业是指创建、设计、管理和发布数字产品和服务，以及为上述活动提供技术支撑的产业。”④ 这以后，美国软件与信息产业协会、日本科学技术与经济协会等机构，以及日本的《内容促进法（2004）》和《数字内容白皮书（2007）》等官方文件中都有对内容产业的类似阐释。我国的相当一部分学者也认同数字内容产业概念，主要是因为该概念与国际通行的认知大致接轨。对于数字内容产业的核心特征，在国内外的相关领域中形成了近似的认知：以信息内容为劳动对象，围绕信息内容形成产品或服务，大量运用现代信息技术开展创意设计等智能活动；强调产业活动对以数字技术为代表的现代信息技术的采用和依赖，一般将传统的信息生产活动排除在外。实际上，数字内容产业的概念与信息资源产业概念确实有很大的重叠。

创意内容产业、文化内容产业、文化创意产业、版权产业等产业概念

---

① 赖茂生，阎慧，龙健．论信息资源产业及其范畴．情报科学，2008（4）：481－490．

② European Commission . Info 2000（4-year Work Program 1996－1999）. European Commission，1996.

③ OECD. Content As a New Growth Industry，DSTI/ICCP/IE（96）6/FINAL. OECD，1998.

④ 爱尔兰国家政策顾问委员会．爱尔兰数字内容产业发展战略．张进京，编译．信息化参考，2004（5）.

与信息资源产业在概念范畴上存在着相当大的交集。美国国际知识产权联盟（1990）认为，美国版权产业是文化创意产业的重要组成部分，具体包括出版文学、音乐、电影电视、广告、软件、绘画艺术、播放工具的制造与批发零售、服装、珠宝、家具、室内设计等。英国创意产业特别工作组（1998）将创意产业定义为源自个人创意、技能和才华的，通过知识产权的开发和运用的，可以创造财富和就业的活动。香港大学文化政策研究中心的《香港创意产业基础研究报告》（2003）也从知识产权的角度给出了类似定义。韩国文化产业振兴院（2001）则认为，文化内容产业是指文化传统、生活方式、思想及价值观和民间文化等因素产生的一切文化产品。上述对"文化创意"相关产业的定义，主要从"知识产权"的角度出发。文化创意相关产业的核心特征主要体现在：以智能和智力劳动为主要方式，以及对文化发展产生贡献。

1.1.2 信息资源产业概念外延的讨论

无论中外，不仅对信息资源产业概念内涵的认识不一致，而且对概念外延的认识也存在诸多差异。这方面的差异使人们在具体进行产业划分时采用的标准有所不同，给产业的细分和管理都带来一定的不确定性，甚至是困难。

1998年，经合组织的专题报告《作为新增长产业的内容》中，将内容产业划分为两类："一类是传统的视听和音乐内容；另一类综合了数字文本、资料、视听内容等多媒体服务，通过互联网等新媒体传送。"① 欧盟content-village.org网站2003年发布的题为《英国的电子内容》的报告称，英国的数字内容产业包括出版业、软件业、网页制作业、图形设计业、游戏业和广播电视业。② 2005年发布的欧盟"i2010"战略，将内容产业分为电影、视频、音乐三类，包括各种媒介的印刷品、电子出版物（含数据库和游戏软件）和音视频传播服务等生产部门。③ 挪威、法国、爱尔兰、美国、加拿大、日本等国家，主张将信息资源相关产业正式纳入国家产业统

① OECD. Content as a new growth industry，DSTI/ICCP/IE（96）6/FINAL. OECD，1998.

② 当代内容产业的历史性出场．［2010－12－31］．http://www.ssfcn.com/wenzhangdetail.asp?id=83366&wordPage=4.

③ European Commission，I2000.［2010－12－31］．http://ec.europa.eu/information-society/eeurope/i2010/index-en.htm.

计分类系统。在跨国产业分类体系中，内容产业或文化创意产业并未单独立类，而是散见在其他类别里。

我国的《国民经济行业分类》（GB/T 4754－2002）也没有将信息资源产业作为单独产业类别立类；国家统计局 2003 年 5 月印发的《三次产业划分规定》同样未将信息资源产业单独立类；国家统计局 2004 年制定的《统计上划分信息相关产业暂行规定》中，将与信息资源相关的产业划分为五大类：电子信息设备制造业、电子信息设备销售与租赁业、电子信息传输服务业、计算机服务与软件业、其他信息相关服务业。其中，计算机服务与软件业、其他信息相关服务业可视为与信息资源产业在概念上存在着交集的产业概念。

上述国家标准或政策文件对信息资源产业不做单独立类的原因是容易理解的。一方面是这些国家标准或政策文件制定的时间比较早，其时，信息资源产业形态还不够成熟，产业界限不够清晰；另外一方面是信息资源产业在国民经济中的总体贡献还很不突出。我国的一些省级政府确实有文件涉及信息资源产业的组成和分类。如在《2004 年北京市信息服务业发展报告》中，信息资源产业被分为“数字内容产业、信息咨询业和市场调查业；数字内容产业又分为互联网信息服务业、数据库业、电信增值服务业以及数字电视内容”①。我国台湾地区“经济部工业局”数字内容产业推进办公室将数字内容产业分为数字游戏类、计算机动画类、数字学习类、数字影音应用类、移动内容类、网络服务类、内容软件类和数字出版典藏类八个细分行业。

对于信息资源产业应具体包括哪些行业，在学界和业界都存在不同的认知：在相关行业中，对新闻出版、广播电视电影、电视剧和音像制作、咨询、数据库、软件、社会调查、广告制作、互联网信息资源服务、游戏、动漫、移动内容、在线学习等行业有普遍的认同性；而对于各类通信传输业、公共信息资源服务业、测绘业等是否属于信息资源产业，并未形成一致性的意见。赛迪顾问股份有限公司在《2004—2005 年中国数字内容产业投资机会研究年度报告》中，将数字内容服务产业划分为核心和外围两层：互联网服务、数字电视、在线游戏、在线教育、数字动画、无线内容六类属于核心细分行业；游戏娱乐、电视电影、教育、通信、音乐、医疗、广播、出版等领域属于外围细分行业。②

---

① 北京市信息化工作办公室．北京市信息服务业发展报告 2004. 北京：中国发展出版社，2005.

② 赛迪顾问．中国地理信息资源行业呈“强者愈强，扩散发展”演进趋势．（2014－01－04）［2015－08－15］．http://www.ccidconsulting.com/ei/gdcy/gdzb/sdpl/webinfo/2012/09/1346633865786936.htm.

1.1.3 信息资源产业概念的界定

对信息资源产业概念内涵和外延的讨论是非常正常和有益的，但应当根据国家进行行业管理，特别是公共政策制定的需要，尽快拿出一个不一定绝对完善但可以确认该产业基本特征和产业边界，以解决实际问题的信息资源产业概念。

我们认为，信息资源产业是以信息为劳动对象和生产原料，以信息形态的产品和服务为产出物和主要利润来源，主要通过对信息的生产、加工、传播、提供等活动创造经济价值和社会价值的国民经济部门。

这个表述实际上是用属加种差的方法揭示了信息资源产业的内涵。首先说明信息资源产业如同其他产业一样，是一个相对独立的国民经济部门，接着重点揭示了信息资源产业区别于其他产业的主要特征：以信息为主要劳动对象和生产原料；以信息形态的产品或者提供信息为主的服务为产出成果和主要利润来源，主要在信息产品和服务的生产、加工、传播、提供各个环节创造经济价值和社会价值；在性质上属于战略性的新兴主导产业、劳动与知识双密集型产业、高投入型产业、高增值型产业；在经济特性方面的突出表现是投入高、知识人力资本高、高风险、“沉没成本”高，产业链特殊。

关于信息资源产业与其他产业的关系，我们认为，其中一部分概念间的交集问题在政府产业管理实践中，特别是产业政策实践中影响不大。但处理好和文化产业间的边界区分还是必要的，这将有助于避免出现漏管和重复管理。我们的具体意见是：信息资源产业和信息技术产业共同构成信息产业；信息资源产业和文化产业有交融又有区别，两个产业是交叉关系，文化产业中包含部分以信息资源为劳动对象的内容，而其中的物质生产部分则不应作为信息资源产业的内容；数字出版业、数字广电业、数字电影业、网络游戏业、动漫产业、数字学习业及网络广告业等虽然应作为信息资源产业的一部分，但从政府职能管理便利的角度，可考虑划归为文化产业管理，而通信增值服务业的部分、内容软件业、数字处理及数字库业、咨询与调查业、代理业（贸易经济与代理）则不应属于文化产业管理的范畴。信息资源产业与相关产业的关系如图 1－1 所示。

为了认识信息资源产业的外延，根据上述对该产业特征的揭示，我们开展了一项耗费时日且艰苦细致的工作：在我国《国民经济行业分类》

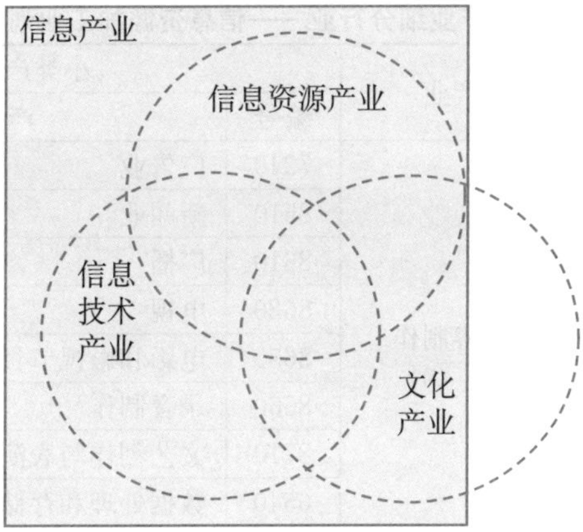

图1-1 信息资源产业与相关产业关系

(GB/T 4754-2011) 中规定的四级代码行业中，通过一一地比对分析和计算，界定出满足这些特征的93个行业，并将这93个行业作为我国信息资源产业的细分行业。这实际上就是对信息资源产业外延的界定。

接着，我们根据信息资源产业主要活动的性质，将信息资源产业分为采集业、加工业、提供业三大类别。信息资源采集业包括14个行业，信息资源加工业包括14个行业，信息资源提供业由65个行业构成。这三类的具体构成情况见表1-1、表1-2和表1-3。

表1-1 信息资源产业细分行业——信息资源采集业划分

大类产业	中类产业	小类产业	
		编号	产业名称
信息资源采集业(14)	调查监测业(8)	7410	气象服务
		7420	地震服务
		7430	海洋服务
		7640	水文服务
		7462	生态监测
		7461	环境保护监测
		7450	质检技术服务
		7232	市场调查
	勘探测绘业(6)	7471	能源矿产地质勘查
		7472	固体矿产地质勘查
		7473	水、二氧化碳等矿产地质勘查
		7474	基础地质勘查
		7475	地质勘查技术服务
		7440	测绘服务

表 1-2　　信息资源产业细分行业——信息资源加工业划分

大类产业	中类产业	小类产业	
		编号	产业名称
信息资源加工业（14）	数据内容制作处理业（9）	7240	广告业
		8510	新闻业
		8610	广播
		8620	电视
		8630	电影和影视节目制作
		8660	录音制作
		8710	文艺创作与表演
		6540	数据处理和存储服务
		6591	数字内容服务
	设计开发业（5）	6510	软件开发
		6520	信息系统集成服务
		6550	集成电路设计
		7482	工程勘察设计
		7491	专业化设计服务

表 1-3　　信息资源产业细分行业——信息资源提供业划分

大类产业	中类产业	小类产业	
		编号	产业名称
信息资源提供业（65）	档案博物业（3）	8731	图书服务
		8732	档案服务
		8750	博物服务
	咨询与管理服务业（14）	6530	信息技术咨询服务
		6790	其他资本市场服务
		6891	风险和损失评估
		6940	金融信息服务
		7221	律师及相关法律服务
		7222	公证服务
		7231	会计、审计及税务服务
		7233	社会经济咨询
		7239	其他专业咨询
		7250	知识产权服务
		7295	信用服务
		6910	金融信托与管理服务
		7481	工程管理服务
		7483	规划管理

续前表

大类产业	中类产业	小类产业	
		编号	产业名称
信息资源提供业（65）	代理经纪中介业（16）	5181	贸易代理
		5189	其他贸易经纪与代理
		5821	货物运输代理
		5822	旅客票务代理
		5829	其他运输代理业
		6850	保险经纪与代理服务
		8941	文化娱乐经纪人
		8942	体育经纪人
		8949	其他文化艺术经纪代理
		7030	房地产中介服务
		7261	公共就业服务
		7262	职业中介服务
		7263	劳务派遣服务
		7269	其他人力资源服务
		7292	会议及展览服务
		7520	科技中介服务
	出版发行及租售业（15）	8521	图书出版
		8522	报纸出版
		8523	期刊出版
		8524	音像制品出版
		8525	电子出版物出版
		8529	其他出版业
		8640	电影和影视节目发行
		8650	电影放映
		5143	图书批发
		5144	报刊批发
		5145	音像制品及电子出版物批发
		5243	图书、报刊零售
		5244	音像制品及电子出版物零售
		7122	图书出租
		7123	音像制品出租
	技术推广服务业（6）	7511	农业技术推广服务
		7512	生物技术推广服务
		7513	新材料技术推广服务
		7514	节能技术推广服务
		7519	其他技术推广服务
		7590	其他科技推广和应用服务业

续前表

大类产业	中类产业	小类产业	
		编号	产业名称
信息资源提供业（65）	教育培训业（6）	8210	学前教育
		8291	职业技能培训
		8292	体校及体育培训
		8293	文化艺术培训
		8294	教育辅助服务
		8299	其他未列明教育
	通信技术服务业（5）	6319	其他电信服务
		6420	互联网信息服务
		6592	呼叫中心
		6599	其他未列明信息技术服务业
		6010	邮政基本服务

1.2 信息资源产业特性的分析

如前所述，要充分认识信息资源产业，特别是准确界定信息资源产业的内涵和外延，解决好这个产业是什么、由什么组成的基本认识问题，重要的是认识和理解这个产业的基本特质，也就是准确把握这个产业区别于其他产业的特殊属性。在这里，我们将这些特殊属性定位为信息资源产业特性。

1.2.1 劳动对象

信息资源产业以信息为主要劳动对象和生产原料，这一特性使其有别于以材料资源为主要劳动对象和生产原料的传统产业。虽然信息资源产业的生产活动也涉及特定的物质形态的对象，也会有物质资源（能源和各种过程性和工艺性原材料、载体材料等）的消耗，但是其劳动对象的主体是信息，主要的生产原料是信息。

1.2.2 利润产出

信息资源产业是以信息形态的产品和服务为产出成果和主要利润来

源，这一特性也使得信息资源产业与传统第一产业、第二产业和其他服务业有很大的不同。首先，它所形成的产出成果不是物质形态的，而是信息形态的，不管是一种产品，还是一种服务，都是旨在减少人们不确定性认识的信息制成品和信息服务提供过程和结果；其次，同任何产业一样，信息资源产业也需要创造利润，但它的利润来源或者说主要的利润来源不是物质产品和其他形态的服务感受，而是信息产品、信息服务。

1.2.3 价值来源

产业的终极使命当然是创造经济的和社会的价值，信息资源产业当然不例外。信息资源产业对经济社会发展的这些“有用性”，也就是它所创造的经济价值和社会价值，主要是在信息产品和信息服务的生产、加工、传播、提供等各个环节中完成的。

1.2.4 功能定位

我国经济在经历 30 多年的超高速发展并取得举世瞩目的成就后，已经逐步进入了经济增速趋缓，整体经济的质量、效益、生态和可持续性转向中高端水平的新常态。信息资源在这样的一个历史时期有着极为特殊的战略价值，因为在国家经济社会发展所必须破解的若干战略问题中，无论是经济发展方式的根本转变，还是产业结构的调整，抑或传统产业的优化升级，本质上都要求我们从根本上改变经济发展的资源结构，降低物质资源的消耗水平，充分发挥信息资源在创造和积累社会财富中的决定性作用。信息资源产业作为人类历史上的一种全新产业，既是信息资源的主要提供者，又是信息资源最大的示范性消费者，在应对解决国家经济社会发展必须解决的战略问题的过程中，具有举足轻重的决定性影响，在整个国家的产业体系的科学发展中具有不可或缺的主导作用。

1.2.5 要素特征

在传统的社会生产领域，不同产业在其生产过程中对人的劳动、技术和智力等要素的依赖程度是有所区别的，对人的劳动依赖程度高的产业通常就是劳动密集型产业，而对技术和智力等知识类要素依赖程度高的产业则是知识密集型产业。从我国的国情实际和经济发展的规律来看，劳动密集型和知识密集型产业都是重要的。

我国是世界上人口最多的国家，有大量人口需要充分就业，特别是有大量具有高学历的人口需要就业，我国每年仅高等学校的毕业生就有七八百万人。充分就业，特别是高学历人口的充分就业，对我国来说，实际上是关系人的发展、关系民生改善、关系社会稳定的重大社会问题。在破解这个社会问题的过程中，信息资源产业具有先天的优势，因为这个产业的生产过程不仅需要大量人的参与，而且对这些人有高学历高素质要求。这种双密集的性质，可以对我国高学历人口的充分就业发挥重要作用。

1.2.6 经济特性

在经济特性方面，信息资源产业有一系列特殊表现，其中最突出的表现是：

（1）投入高，即产业的门槛高，高技术含量、高知识含量、易于形成垄断的特点，使进入这个产业时必须有巨额的经济投入，没有一定的经济实力就难以入门更遑论发展。

（2）增值幅度大，指该产业的增值空间大，通常可以在不长的时间范围内实现利润的快速增长，我国的几个知名企业如 BAT（百度、阿里巴巴、腾讯）等都是典型的信息资源企业，它们都是在很短的时间范围内从无到有、从小到大，实现了产值和利润的高速增长，迅速成为不仅在全国而且在世界范围内著名的高增值企业。

（3）知识人力资本构成高，是指信息资源产业对高素质人才有极高的依赖性，因此，在该产业的资本构成中，人力资本特别是知识人力资本所占比重非常高。

（4）风险高，是指该产业面临的不确定性、不可预知性都非常强，导致生产、经营、投资或授信后偏离预期结果而造成损失的可能性非常高，失败甚至是彻底失败的可能性远远高于其他产业。

（5）“沉没成本”高，是指在产业的成本构成中，由于过去的决策已经发生了的，而不能由现在或将来的任何决策改变的成本所占比重高。这就意味着投入该产业的时间、金钱、精力等，绝大多数情况下一经投入就不可回收。比如投入到信息资源建设的成本、投入到高素质人才队伍建设中的知识人力资本，只能用于特定目的，一旦投入没有产生预定的收益，它们就都不可能像投入到厂房和通用设备上的那部分资本那样，可以回收（甚至会因房地产增值而创造收益），而基本上是“血本无归”。沉没成本高的特点，使该产业中的企业决策者经常处于决策困境：一方面因害怕出现没有效益产出的“沉淀成本”而不敢投入；另外一方面又可能对“沉没成本”过分眷恋和惋惜，继续原来的错误，造成更大的亏损。

1.2.7 产业链条

产业链实际上是人们对产业部门间基于技术经济联系而表现出的环环相扣的关联关系的一种形象描述。建构完整有效的产业链意义重大，有利于企业成本的降低，有利于新企业的出现，有利于企业创新氛围的形成，有利于整个产业的科学发展。信息资源产业的产业链与其他产业的产业链有许多方面的差异，呈现出明显的特殊性。这主要表现在：

（1）构成信息资源产业链的价值链、企业链、供需链和空间链四个维度中，空间链的实质性意义不高。因为，信息资源产业的物流基本上可以忽略不计，企业群集聚经济效益不明显，通过空间位置的优化配置对产业价值倍增的作用不突出。

（2）经济活动性质和收益与区域整体经济发达程度的相关度不高。信息资源产业的经济活动附加值的高低、技术和资金含量的高低、劳动密集性强弱，属于粗加工还是精加工，与企业所处区域经济的发达程度没有必然联系。这一特性有利于经济欠发达地区通过信息资源产业发展实现“弯道超越”，发挥“后发优势”。

（3）信息资源产业链呈网状结构。纵向由系统设备商、基础网络业务提供商、信息资源开发商、信息内容存贮商、信息内容集成商、信息内容服务提供商、管制机构和最终用户等环节构成，横向同一环节内的企业数量庞杂、大小不一，而且更为专业，划分精细。

（4）信息资源产业链的构成条件突出强调三个方面，一是利益共享机制的形成，二是信息消费意识与消费行为的成熟，三是信息服务内容的丰沛性和优质，能够满足客户的需求。

（5）政府因素突出。信息资源的战略价值决定信息资源国家控制力的必要性。同时，信息资源还带有比较强的文化和意识形态属性，为此，在信息资源企业所有制成分、产权以及市场监管等方面，政府作用特殊，需要比其他产业更加凸显政府因素。

(6) 盈利模式特殊：间接盈利的比重高。既有信息资源产业通常很少能够通过信息产品和信息服务直接获得利润，而主要依靠“羊毛出在猪身上”的方式获得盈利。也就是信息产品和信息服务通常都是免费至少是以低于成本价的方式提供给消费者的，信息资源企业的利润需要通过第三方支付的方式间接获得。

1.3 信息资源产业的基本功能

功能，通常是指事物有利的作用。这里讨论的信息资源产业基本功能，实际上就是指信息资源产业对我国经济社会发展的有利作用。

1.3.1 信息资源产业的经济功能

经济功能是指信息资源产业对国家经济发展的有利作用。作为一个国民经济部门，经济功能是信息资源产业功能中的首要功能。这一功能主要表现在两个主要方面：一是信息资源产业可以为经济发展供给基础资源；二是直接为社会提供消费级信息产品和服务，成为信息时代新的经济增长点。

经济活动的本质特征之一，就是将资源转化为社会财富，因此，离开资源经济活动就失去基本条件甚至失去存在的意义。世界进入信息时代之后，信息大规模进入人类经济活动领域，并与原材料和能源并列构成三足鼎立的资源体系。在这个颠覆传统的新的资源体系中，信息与其他两种物质形态的资源不仅同等重要，而且还因其对材料资源有明显的效用倍增作用，而被人们称作“资源的资源”。可以不夸张地说，信息资源是当今社会和未来社会物质财富和精神财富的主要来源。而信息资源产业就是以信息资源的累积、创造、提供广泛的社会利用为使命的，它以信息为主要生产对象，又以信息为主要的产出。为此，信息资源产业的存在和发展就成为当今和未来社会人类经济活动的基本条件，离开这个产业所能够实现的基础资源的供给，人类的经济活动就失去了基本前提。

在一定的意义上，消费是经济活动的最终目标。人类的经济活动是以满足自己的消费需求为目的的，如果不能为社会提供人类赖以生存的生活资料，产业就失去了存在的意义。信息资源产业的另外一个重要功能，就是它可以直接为社会提供消费级的信息产品和信息服务，创造出信息时代的一个新的经济增长点。随着社会的不断进步，人们在物质方面的需求不断得到满足的同时，会形成更多的精神消费需求，而且社会形态越高级，这种需求就越多越强烈。信息资源产业就是顺应这种需求而生的，它的出现和发展满足了人们的特定消费需要和消费要求，提高了人类生活的质量，同时也丰富了人类经济活动的内容。不可忽视的另外一个方面是，信息资源产业的发展，适用的信息产品和信息服务会促进人们进一步更新观念，形成更多的消费需求，使经济发展注入持续不间断的澎湃动力，进而拉动、推动、牵引经济获得更快发展，使得社会财富有更快的增长。

1.3.2 信息资源产业的政治功能

信息资源产业的政治功能是指它在保持国家政治生活的稳定和发展方面所具备的各种作用。信息资源产业政治功能表现在诸多方面。

首先，信息资源产业具有教化作用。信息资源产业所创造的产品和服务，相当一部分实际上是具有强烈价值导向性质的，社会成员在接受、享用信息产品和信息服务的同时，总是会受到他们所共同认可的价值观以及相应的行为准则、思想道德规范等方面的教育和引导，并对社会风气、社会行为产生显性或者隐性的根本性影响。

其次，信息资源产业还具有维护国家安全的作用。这重点表现在通过信息产品和信息服务的提供，有效传导符合国家和民族根本利益的正确的思想意识，依法约束各种社会组织和公民个人的政治行为，维护国家政权的巩固和稳定。

最后，信息资源产业具有维护社会安定的作用。这一方面表现在信息资源产业可以通过社会主义市场经济体制带来的优势，以市场手段为主、计划手段作为重要补充的方式，对信息资源这种信息时代的核心资源进行科学有效的配置，使得不同类型、不同地区的社会组织和社会成员公平平等地获得所需要的发展资源，公平平等地享用这些资源所创造的社会财富，更有效地维护社会正义，维护社会的稳定发展。另外一方面，信息资源产业所创造的相当一部分信息产品和信息服务，可以为社会大众提供各种文化娱乐和精神享受，使社会大众可以更好地享用业余时间，获得身心的放松和精神愉悦，提高他们的幸福感、满足感，提高他们的生活品位和生活质量。这无疑会对社会的安定具有促进和保障作用。

1.3.3 信息资源产业的社会功能

信息资源产业的社会功能是指它在社会发展、社会进步方面的作用，这些作用主要表现在以下方面。

首先，信息资源产业具有促进和支撑社会治理现代化的重要作用。在一定意义上，社会治理的现代化，本质上就是一种依托信息资源的国家管理形态。与传统的依托能源和原材料资源实现管理目标的政府管理不同，现代化的社会治理，已经将信息资源作为国家管理的核心资源和主要资源。信息资源产业形成和发展必然会在客观上深度促进政府信息资源的开发利用，因为无论中外，社会信息资源的大部分，特别是其中质量最佳的部分都在政府的直接掌控之下。信息资源产业对生产原料的巨大需求，必然会对政府信息资源的开放和深度利用形成不可估量的促进和保障作用。这样的结果，一方面会为新形态的国家管理（即社会治理的现代化）注入澎湃的动力，从而促进政府信息资源的开放和深度社会利用；一方面也会为依托信息资源的国家管理提供更多更有力的资源条件支持，确保这些管理活动不断提高公开、公平、公正的水平。

其次，信息资源产业有优化环境，扩大就业，改善民生，创造更多社会公平、社会福利和提升生活质量的作用。信息资源产业的低能耗、低物耗、少污染的特点，可以克服经济发展带来的环境污染和一系列人类生存条件的恶化。信息资源产业劳动和知识双密集的特点，会给广泛的社会就业，特别是现代社会高学历高素质人群的就业创造更多的机会，使更多的社会成员能够享受社会发展带来的安居和乐业，享受到更多的社会福利和社会公平。信息资源产业生产的一部分信息产品和信息服务，还能够满足大众放松身心、活动肌体、交流情感、陶冶心灵、愉悦精神、丰富知识的需要，全面提升社会大众的生活质量。娱乐功能是信息资源产业重要的功能，也是最基本的功能。

1.4 我国信息资源产业发展的战略价值

如前所述，信息资源产业在我国是一个战略性的新兴主导产业。所以如此，概源于这个产业的发展对我国经济社会发展具有重要的战略价值。

信息资源对经济社会发展的战略价值，一方面表现为信息资源成为我国国民经济几乎所有行业领域的发展均不可或缺的资源，而且是具有全局性根本性影响的资源，几乎所有的产业，不管是第一产业，还是第二产业，更不必说第三产业，都需要以信息资源作为生产要素；另外一方面则表现为以信息资源为原料、以信息产品和信息服务为输出物的信息资源产业迅速壮大，并以为整个经济社会发展供给重要发展资源的方式，对经济社会的发展方向、发展方式、发展状态形成全局性根本性影响。

对于我国而言，改革开放经历30多年的发展之后，已经取得举世瞩目的成就，现在全国每年的国民经济总量都是1978年的几十倍，就是扣除价格上涨因素的影响也达到了十几倍，2013年我国的经济总量已经跃居世界第二位。[①] 但是，要完成党中央规划的“双一百”[②] 战略目标，必须花大气力解决好经济发展方式转变、产业结构调整、传统产业优化升级、改善民生、完成社会根本性变革的战略任务。而这一系列战略问题的破解、战略任务的完成、战略目标的实现，都需要解决好新时期经济社会发展的资源结构问题，大幅度降低对存量有限又不可再生的原材料资源和能源的消耗，大力开发利用取之不尽、用之不竭的信息资源。大力发展信息资源产业正是在这样一个关系国家经济社会发展大局和根本的历史进程中，表现出不可或缺、无可替代的战略价值。

1.4.1 关涉我国经济发展的资源结构

在新时期我国经济社会发展过程中必须破解的战略问题中，无论是经济发展方式转变，产业结构调整，还是传统产业优化升级，根本的破解之道就是一个：改变经济发展的资源结构，降低原材料消耗和能源消耗，大力开发和利用信息资源，充分发挥信息资源的战略价值。

我国既有经济发展方式的弊端，就是基本上靠拼原材料消耗、拼能源消耗换发展，在我国经济总量仅为世界GDP总量5.5%的2004年，我国消耗了世界50%的水泥、30%的钢材、15%的能源。继续用这种方式发展

---

① 本书中各项统计数据，如无特殊说明，均未包括香港特别行政区、澳门特别行政区和台湾省。

② 在中国共产党第十八次全国代表大会上，党中央提出两个奋斗目标，即在中国共产党成立一百年时全面建成小康社会、在新中国成立一百年时建成富强民主文明和谐的社会主义现代化国家。

经济，既不经济也不可能，世界不允许，更划不来，因为这样的发展换来的是我国生态环境的恶化，这样的发展实质上也没有使我们的国家和民族从中真正受益。出路就一条，加大对信息资源的依赖，降低物质资源的消耗。

我国既有产业结构中的突出问题，就是长期以来，第三产业所占比重过低，在发达国家2006年前后第三产业普遍占比达70%～80%[①]、非洲国家一般占比也在50%左右的情况下，我国第三产业所占比重长期徘徊在40%以下，而且一些年份这一比重不是逐年上升而是有所下降。30多年来，我国的经济增长严重依靠工业增长的带动。统计数据表明，1979年至2006年间，我国农业、工业、服务业三大产业的年均增长速度分别是4.6%、11.4%和10.7%，而在2001年至2006年的几年间变化很小，仍旧分别是4.1%、11.1%和10.3%。[②] 这些数据证明，我国经济增长主要依靠工业带动的状况一直没有发生结构性改善。特别是具有标志性意义的工业增加值占GDP的比重一直以来非但没有下降，相反则是从2002年的44.8%一路攀升到2006年的48.9%。而这一时期我国第三产业占GDP的比重不仅没有上升，甚至还从41.5%又下降到39.4%。[③] 经过艰辛的努力直到2015年我国第三产业才开始撑起国民经济总量的半壁江山，达到50.5%。而这距离世界各国平均占比60%的指标值还有很大差距。这样的产业结构反映出我国的经济发展依然对物质形态的资源有过高的依赖性。

当然，对于有十几亿人口的社会主义大国来说，国家要安全、要和谐发展，不管怎样调整产业结构，必须大力巩固农业在国民经济中的基础地位，使中国的农业生产从弱变强；同时，我们也需要继续提高工业生产水平，使中国的工业特别是制造业由大变强；而重中之重就是要大力加快服务业的发展，使服务业发展由慢变快，使服务业由小到大、由弱变强，全面实现产业协同，全面带动经济增长。而要使这一切成为现实，就必须在资源结构方面下大功夫，依然是继续大幅度降低物耗，更多地消耗信息资源。

我国传统产业优化升级是一个急迫的问题，而破解这个问题的出路绝不是简单的关停并转，而必须主要在“升级”二字上下功夫。这些功夫说到底，还是一个资源结构调整问题。对以技术落后、知识含量低为特点的

---

① 郑新立．毫不动摇地加快经济发展方式转变．经济日报，2010-06-28.

② 汪同三．转变经济发展方式——关系经济社会发展全局的战略任务．人民日报，2008-01-04.

③ 汪同三．转变经济发展方式——关系经济社会发展全局的战略任务．人民日报，2008-01-04.

传统产业而言，优化升级主要是提升这些产业的技术水平，发挥知识、信息的效用倍增作用，降低能源和原材料的消耗，用信息资源以一当百、以一当万创造更多的附加值。我国传统产业的优化升级之路就是工业化与信息化的融合发展，本质上就是为传统产业注入更多的信息资源因素，而这恰恰正是信息资源产业之所长。有分析表明，如果互联网推动工业生产率每年增长 1～1.5 个百分点，未来 20 年，企业平均收入水平将增长 25%～40%。通用电气预计，在未来 20 年，工业互联网将使得全球 GDP 增加 10 万亿至 15 万亿美元，差不多相当于再造一个美国经济。① 日本的实践表明，通过引进国外专利和使用失效专利改造传统产业，大约可以节省 2/3 的时间，节约 9/10 的研究开发费用。在这方面我国存在巨大潜力。

破解国家经济社会发展战略问题所需要的资源结构调整问题，说到底就是要扩大信息资源的供给，用信息资源替代或者倍增材料资源的效用。这一点决定了发展我国信息资源产业的战略价值。作为社会信息产品和信息服务的主要供给者，信息资源产业的发展水平决定着整个社会信息产品和信息服务的供给水平，决定着国家优质信息资源的丰裕程度，决定着国家经济社会发展的资源结构能不能优化，能不能满足经济社会科学发展的需要和要求。

江泽民同志在《新时期我国信息技术产业的发展》一文中提出："在现代社会，经济增长的要素已经从资本、土地和劳动扩展到技术、知识和信息。信息作为一种可以无限利用的生产要素，能够产生递增收益，拓展增长源泉，促进经济的持续发展。信息的开发利用，使技术、知识等新的生产要素得以在经济发展中充分发挥作用，对经济发展的贡献越来越大。"② 习近平同志将这个道理讲得更加直接和透彻，他认为，信息流引领技术流、资金流、人才流，信息资源日益成为重要生产要素和社会财富，信息掌握的多寡成为国家软实力和竞争力的重要标志。③

1.4.2 关涉我国社会发展的基本走向

我国改革开放 30 多年来，经济社会发展迅速，经济和社会事业也都有

① 工业互联网将再造一个美国经济 经济效益显著．(2014-12-18) [2015-06-21]. http://news.xinhuanet.com/fortune/2014-12/18/c_127314441.htm.

② 江泽民．新时期我国信息技术产业的发展．上海交通大学学报，2008 (10).

③ 习近平同志 2014 年 2 月 27 日在中央网络安全和信息化领导小组第一次会议上的讲话。

发展，但在发展中一直存在如温家宝同志所说的“一条腿长、一条腿短”的问题。[①]

1. 我国社会发展中存在的主要战略问题

受多种因素的影响，30 多年来，我国经济发展可以称得上步伐既大又快，但以改善民生为标志的社会事业发展则相对不足，也就是说，我们的经济发展与社会发展的协调性还不够强。这主要表现在以下方面。

（1）确保自主创新的现代科学技术体系还没有真正建立起来

自主创新既是国家现代科学技术体系成熟的重要标志，也是国家经济发展方式转变、经济结构调整的中心环节。改革开放 30 多年来，我国科学技术有很大发展，但是，迄今为止，确保自主创新的现代科学技术体系还没有真正建立起来，我国在原始创新能力和关键核心技术创新能力方面还不强。如果这样的局面不改变，我国将无法在新的科技革命中把握先机，无法在日益激烈的世界经济科技竞争中赢得战略主动权。

（2）我国教育事业发展与经济社会发展需要相比、与广大人民群众的期许相比，还有很大的差距

改革开放 30 多年来，尽管党和国家做出了部署，相关方面也付出了努力，但社会主义教育改革的任务始终没有完成。真正的教育公平远还没有实现。教育资源的优化配置问题，不同群体受教育程度的差距问题，都还没有解决好。社会主义各项事业发展所需要的人才培养任务都还非常繁重，我国教育事业从规模到结构再到内在质量，都还不能真正满足经济社会发展的客观需要和要求，与广大人民群众的希望和期许之间差距还很大。

（3）我国社会主义文化还没有真正实现繁荣

改革开放无疑较大幅度地提高了中国人民的物质生活水平，社会主义文化事业也有所发展，但目前的发展现状和广大人民群众提高自身文化素质、丰富精神文化生活的要求相比，差距还很大，我国文化事业发展中的缺口、瓶颈问题都比较突出，公共文化事业发展中的欠账还有许多。

（4）我国基本的就业制度、收入分配制度，以及社会保障制度、医疗卫生制度等还没有真正完全彻底地惠及广大人民群众

社会主义制度在本质上是惠及所有社会成员的政治制度和经济制度，

---

① 温家宝．关于发展社会事业和改善民生的几个问题．求是，2010（7）．

但改革开放 30 多年来，让全体人民共享改革开放成果，还没有成为全面的事实，与广大人民群众切身利益相关度高的就业和社会保障问题、收入分配问题，以及基本的医疗卫生问题还都没有得到根本性解决。

首先，就业形势紧张。我国是人口大国，需要就业的人口多。今后一个时期，每年需要就业的城镇劳动力就超过 2 000 万人，但在正常增长条件下，国家每年新增就业岗位只有这个数字的 50%左右。同时，国家劳动力总体素质还处于偏低水平，大量劳动力只能从事简单的体力劳动，不能胜任技术要求高的岗位。知识型劳动者的就业岗位不足，部分大学毕业生就业困难。

其次，不同地区、行业领域、不同职业、不同层次的社会成员收入差距过大，收入分配不公问题严重，已经开始形成社会危害，衍生出一部分严重的社会问题，制约了社会主义制度的发展。

再次，我国社会保障的总体水平与世界其他国家相比差距还很大。城乡社会保障发展严重不均衡，基本保障制度覆盖面狭窄，保障水平不高。社会成员中弱势群体的社会保障问题非常突出。

最后，医药卫生体制改革并不成功，全社会的医药卫生水平不高。改革开放以来，我国医药卫生事业有发展，但总体的医疗服务供给不足，优质资源高度集中在城市和少数大医院，城乡医疗保障体系都不完善。医药卫生体制改革已经到了非重新彻底进行改革不可的地步。

2. 我国社会发展所面临的战略性问题，实质上同样是一个发展资源结构问题

我国社会发展将与经济发展并驾齐驱逐步实现均衡发展，社会发展同样既需要物质资源提供支持，也更加需要信息资源的支撑。要实现惠及民生的社会发展目标，当然需要通过物质资源的投入产生更多更好的物质财富，以供更多的人享用，但同时，也更需要通过非物质形态的资源的投入产生更多更好的精神财富，以满足更广大社会成员日益增长的精神文化需求。人类社会发展可以依托的资源就是三大类，原材料、能源都是物质形态的资源，非物质形态的资源只有信息资源。因此，无论是直接还是间接实现惠及民生的社会发展目标，都将既需要物质资源，也更需要信息资源。其实，科技、教育和文化等社会事业发展的主要成果主体都是信息形态的，发展所必需的资源也主要是信息资源，离开了信息资源这些社会事业实际上就不存在了，也更谈不上什么发展。而扩大就业、强化社会保

障、提高全民医疗卫生水平，在当今时代则既离不开物质资源的投入，也离不开信息资源的作用。先不要说，我国的就业岗位将主要依靠大力开发利用信息资源发展第三产业产生，就是强化社会保障和提高医疗卫生水平，也在相当大的程度上需要发挥信息资源的作用。无论是在我国还是在世界范围内，社会保障和医疗卫生服务都在借助信息化实现大力发展的现实就可以支持我们的这种判断。这两大领域的信息化都是在通过对信息资源的投入，降低成本、减少物质资源的投入、放大效益效果。信息流对人员流、物流的引导作用和效用倍增作用从来都是显而易见的。

我国城乡间、行业间、区域间、不同人群间的协调发展，和谐社会的建设任务艰巨，因此，我们需要更加重视维护不同社会成员在信息资源获取和利用方面的平等权利，为促进和保障社会协调发展、和谐发展做出贡献。

受各种复杂自然因素、社会因素的影响，新时期我国城乡之间，不同地区、不同行业、不同人群之间发展的严重不均衡性将成为制约社会科学发展、和谐发展的重要因素。实际上在信息时代，许多不平等、不公平现象，特别是社会财富分配不合理现象等，都源于不同地区、不同行业、不同人群信息资源获取权利的不平等，这种不平等又是与信息资源实际的可开发利用程度密切相关的。因此，大力开发信息资源，使更多的信息资源处于更加便利于人们使用的状态，有利于消除各种不公平现象。可以预见，在人们可以更多地公平平等地获取和利用信息资源的情况下，信息资源对其他各种资源所产生的效用倍增作用，非常有利于发挥相对贫困和落后地区、行业和人群在经济发展社会进步方面的后发优势，促进社会的均衡发展、协调发展、和谐发展。

3. 大力发展信息资源产业，坚持我国社会协调发展的正确方向

如前所述，要坚持我国社会协调发展的正确方向，同样必须解决好社会发展所必需的资源结构问题，唯有在原材料、能源和信息这三大资源中，注重突出强调发挥信息资源的作用，确保自主创新的现代科学技术体系才能建立起来，教育事业发展才能与经济社会发展需要、与广大人民群众的期许相匹配相一致，社会主义文化才能真正实现大繁荣、大发展，我国的基本就业制度、收入分配制度，以及社会保障制度、医疗卫生制度等才能真正完全彻底地惠及广大人民群众。而在这其中，信息资源产业的发展至关重要、至关紧要。因为，如果没有信息资源产业发展带来的我国信

息资源丰裕度的大幅度提升，就无法满足社会发展对信息资源的需求，社会协调发展就会因失去强有力的资源支撑而成为无源之水、无本之木，就会沦为空谈。

信息资源产业发展不仅可以为我国的社会事业发展提供基础资源，为社会协调发展提供充沛的动力和坚强有力的产业支撑，可以通过更充分的优质信息产品和信息服务的直接供给，提升国民素质，丰富公众的精神和物质生活内容，改善生活质量，使更多的人享受改革开放特别是经济发展带来的实惠；而且能给更多的社会成员，特别是其中的知识型人才带来适合的发展机会，全面改善我国的民生状况，克服收入分配不均衡、社会保障不健全、医疗卫生不能惠及全部社会成员等社会不公现象，全面提高我国社会发展的科学化水平。

民生改善的第一要务就是扩大就业，使广大社会成员，特别是其中的知识型人才获得发展的机会。信息资源产业在扩大广泛的社会就业方面的卓著功勋非常值得肯定。一方面，信息资源产业的发展会大幅度提高我国第三产业的规模和发展水平，进而使更多的社会成员获得就业机会，这在当前一个时期我国第二产业产能过剩现象极度严重的情况下，尤其突出。另外一方面，信息资源产业本身的“知识密集和劳动密集的双密集”特性，使其生产过程既需要大量的技术、研发等知识创新性活动，又涉及大量的数据处理、产品提供等一般劳动。因此，信息资源产业具有巨大的吸纳就业人口能力，不仅能解决大量“蓝领”工作者的就业问题，对于吸纳知识型“白领”工作者就业，更有不可替代的作用。美国化学文摘社属于典型的信息资源企业，它的运营为 500～700 名博士提供了就业岗位；美国 SAS 软件的研发和营销解决了数千人的就业问题；日本东京利用政府所采集的交通信息资源，开展商业化的交通出行服务，同样也解决了数千人的就业问题。在我国，2012 年信息资源产业从业人口达到 2 615 万，2013 年则突破 2 887 万。传统的“劳动密集型”产业很难吸纳高校毕业生这类的知识型人才，而信息资源产业则具有“双密集型”特征，能在解决知识型人才就业问题中发挥重要作用。

信息资源产业的发展在提升国家的文化软实力，使社会大众享受更充分的教育公平，满足人们的精神生活需要方面的作用同样不容忽视。信息资源产业的发展在很大程度上能够满足过去接触不到优质教育资源的人群的需求，促使广大国民在获取更多、更全面的信息和知识的同时实现知识内容的丰富、知识结构的改善，从而获得自身素质的提升。另外，信息资源产业的产品或者服务又具有明显的娱乐文化特性，公众在消费的同时可以获得生活质量尤其是精神生活的改善。比如动漫、电影和网络游戏等行业，为丰富公众精神生活内容、提升公众文化内涵提供了不菲的价值，提高了公众的生活质量。在国际文化交流中，信息资源产业的发展也起到了提升国家文化软实力和信息资源国家控制力的作用。在国际化背景下，文化软实力对于强化民族凝聚力、形成和维护中华民族共同的价值观和文化精神都是非常重要的。

第 2 章

信息资源产业发展的基本理论

产业发展理论是研究产业的发展规律、发展周期、构成要素、产业组织、产业聚集与扩散、发展政策等问题的理论。对产业发展理论的研究有利于政府决策部门根据产业发展各个不同阶段的规律采取不同的产业政策，有利于企业根据这些规律采取相应的发展战略，从而使得企业在竞争中获得一定的优势。本章将从哲学视野、外部动力、内生结构、价值驱动、政策依托等方面来阐释对信息资源产业及其政策发展具有重要指导意义的动态资源三角形理论、信息消费理论、产业共生形态理论、信息资源产业链理论、政府有限干预理论等一系列理论，重点介绍这些理论的产生背景和基本内涵，试图对信息资源产业及其政策发展的基本原理和基本规律做出有意义的探索。

2.1 信息资源产业的哲学视野：动态资源三角形理论

国内外学术界普遍认同世界由材料、能量、信息三大要素组成（徐才等，1992；孙根年，1999；邬焜，2002；孙东川，2004；周光召，2009），材料资源、能量资源、信息资源构成人类社会发展的三大基础资源（Oettinger et al.，1990）。以哈佛大学安瑟尼·欧廷格（Anthony G. Oettinger）教授为代表的一批学者提出了“资源三角形”模型来描述上述社会基础资源结构。随着信息技术日新月异的发展和全面深入的普及，信息资源在人类社会发展中的战略价值日益凸显，逐渐成为一个国家和地区实现经济财富增长、形成国际和地区影响力的重要战略性资源。以云计算、大数据、物联网等新事物为标志的新一代互联网技术的应用，使得信息资源能够更加有效地实现对传统材料资源和能量资源的节约和效用倍增。本节作为基础理论研究部分，相关的研究工作以“资源三角形”理论为基础，纳入时间变量，构建了描述社会资源结构演变特征的“动态资源三角形”概念模型，进而提出了“动态资源三角形重心曲线”及其函数表达，并解释了该曲线的形态特征及其理论价值。后续研究将以该曲线为工具，应用实际测算数据来刻画一定时期特定区域或行业的“动态资源三角形重心曲线”，以此反映社会或产业基础资源的结构特征与发展趋势，为管理部门的科学决策提供支持。

2.1.1 “资源三角形”理论的回溯分析

安瑟尼·欧廷格教授领导的信息资源政策研究中心在其1976年的年度报告中，首次构造了“等边三角形”模型来描述材料、能量和信息三者之间的关系，如图2-1（a）所示。该研究团队认为：“社会的资源包括材料、能量和信息；没有材料的世界是虚无的世界，没有能量的世界是死寂的世界，而没有信息的世界是混乱的世界。”（报告中的英文原文是：“The resources of societies are materials, energy and information; without materials there is nothing; without energy all stands still; without information all is chaos.”）1978年到1980年间，研究者们基于管理层的视角，尝试应用该模型对信息资源在邮政系统、媒体系统、国际组织系统、计算机通信系统等四个领域中的应用所带来的变化展开讨论。他们认为信息资源的开发利用会扩展产业边界，给组织带来新的利益点。特别是在应用“资源三角形”模型来解释“组织机构管理”的相关问题时，研究者们对模型的变量结构进行了调整，如图2-1（b）所示。之后，研究者们的视角进一步由“管理层”向“利益相关者”拓展，并且指出该模型可以揭示信息的三个属性：内容（substance）、格式（format）与传递（process），如图2-1（c）所示。（Oettinger et al.，1990；Oettinger et al.，1998）欧廷格（2001）又一次拓展资源三角形的应用范围，如图2-1（d）所示，认为在推动当代社会文明进步的过程中，信息资源发挥着越来越重大的作用；对于所有人而言，信息资源都是赖以生存的三大基础资源之一，区别于材料与能量且与材料、能量同等重要。

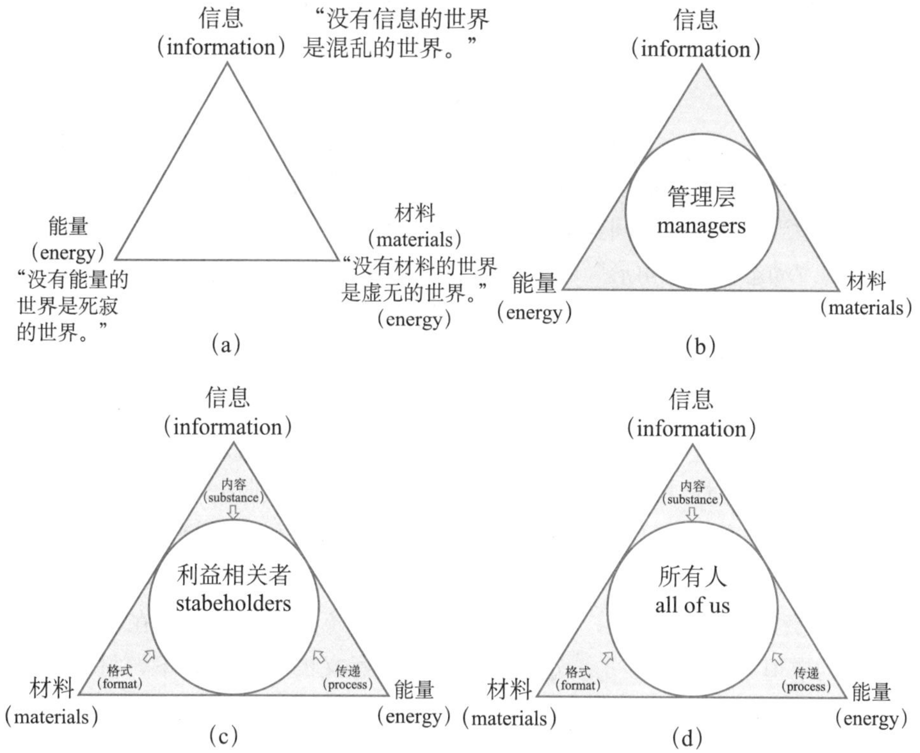

图 2－1 “资源三角形”模型研究进展

从对已有研究成果的梳理来看，众多学者都围绕三类社会基础资源的特征及其关系展开了深入的研究（任娟，2006；张玉祥，2011；何绍华等，2010）。但是，课题组发现依然存在以下两方面的不足：一是“资源三角形”模型是一种静态模型，无法反映社会资源结构的动态变化，即在不同的社会形态下，社会发展对上述三类基础资源的依赖程度并不相同，从而导致社会基础资源结构的变化；二是学术界现有的关于三类社会基础资源属性的讨论大多基于抽象的概念描述，缺乏具体的可量化的指标来展开不同社会形态基础资源结构的比较。

2.1.2 动态资源三角形模型的构建与特征分析

以美国社会学家丹尼尔·贝尔（Daniel Bell）为代表的一批学者，对不同社会形态下的资源结构特征给出了定性判断：在传统社会（又称前工业社会）当中，社会资源投入的比重依次为材料、能量、信息；在工业社会，能量资源投入的比重会明显增加；而在信息社会（又称后工业社会），资源投入比重增加最多的是信息（Bell，1976；Bell，1973；堺屋太一，1987；Manuel et al.，1994；Servan-Schreiber et al.，1981；Naisbitt et al.，1982；Toffler et al.，1990）。因此，在不同的社会发展阶段，“资源三角形”应呈现不同的形状，而不是单一的等边三角形。为此，课题组在“资源三角形”模型当中增加对时间变量的考量，构建反映不同社会发展阶段资源结构特征的“动态资源三角形”（Dynamic Resource Triangle，简称DRT）模型。

为了更好地解释DRT模型在不同社会发展阶段下产生的三角形形状的变化，课题组将首先以“资源三角形”模型为基础，从中引入三轴坐标系。该三轴坐标系以“资源三角形”的中心为原点，从中心向三个顶点引出三个坐标维度，分别代表材料、能量、信息三类资源在特定社会形态下单位社会财富创造中所耗费的比重，在坐标系中分别用大写英文字母M（材料）、E（能量）、I（信息）来表示。因为各维度代表的是三类基础资源所占的比重，因此M轴、E轴、I轴坐标的最大取值（即该坐标轴全长）为1。“资源三角形”的三个顶点分别表示为M_0、E_0、I_0，其在相应坐标轴中的取值为m_0、e_0、i_0，分别表示在一般意义的社会形态下，材料、能量、信息三类基础资源在社会发展中各自所占的比重，因此有：$m_0+e_0+i_0=1$。另外，由于“资源三角形”为等边三角形，所以三维坐标系中两两坐标轴之间的夹角为120°，并且有：$m_0=e_0=i_0=1/3$。基于学术界对不同社会形态下主要发展资源和战略资源的质性判断，课题组把不同社会发展阶段的资源结构特征在上述三轴坐标系中示意出来，如表2-1所示。

上述分析思路为探讨产业结构的优化升级提供了理论思路。材料、能量、信息作为基础性资源（Oettinger et al.，1990），在人类社会的发展过程中发挥着基础性作用，其资源结构变动深刻影响着人类社会形态的演变。同样，各类产业的发展也离不开上述三类资源的基础性作用。产业结构的优化升级，既包括对传统高物耗、高能耗产业的技术改造和升级，以改善这类产业的发展质量，也包括对战略性新兴产业的加快发展，以期在总体产业结构当中增加这类产业的比重（赵玉林等，2008）。因此，尽管动态资源三角形模型是根据对社会形态演变的分析和推理构建起来的，但它作为一项分析工具，同样可以用于揭示特定社会经济增长过程中，可资循环利用的信息资源对经济发展的贡献，分析和探讨各类具体产业内资源结构的变化特征，跟踪产业发展过程中信息资源投入的趋势，为产业决策部门寻找产业升级的方向和产业结构优化的路径提供理论思路。

表 2-1　　　　资源结构特征在不同社会发展阶段的体现

社会阶段	三角形形态	数学特征	三角形名称
传统社会：材料资源的比重最高，能量资源次之，信息资源最少	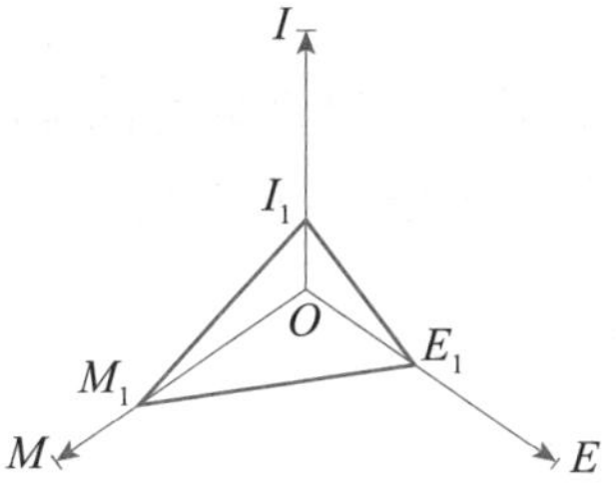	$m_1 \geqslant e_1 \geqslant i_1$	左偏型锐角三角形
工业社会：能量资源的比重大幅增加并超过材料资源，而信息资源的比重则相对较低	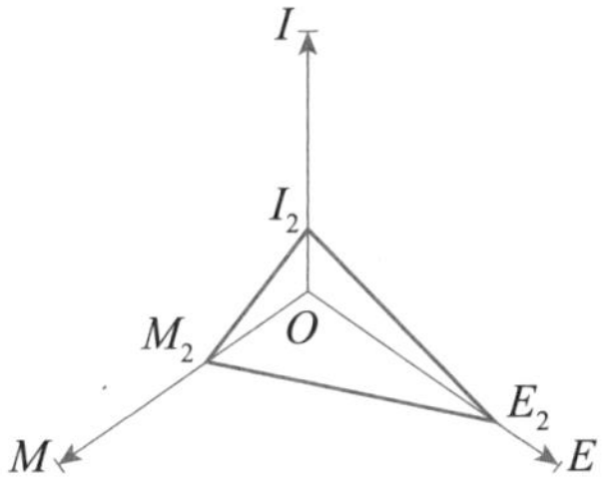	$e_2 \geqslant m_2 \geqslant i_2$	右偏型锐角三角形
信息社会：在信息社会中，信息资源比重增加最快，甚至有可能成为比重最高的资源类型，而能量资源和材料资源的消耗则会大幅降低，材料资源的比重最少	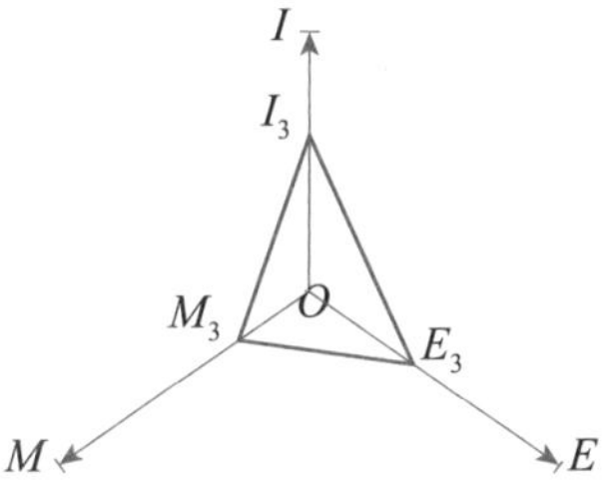	$i_3 \geqslant e_3 \geqslant m_3$	中峰型锐角三角形

2.1.3　动态资源三角形重心曲线分析

动态资源三角形模型可以清晰地显示人类社会不同发展阶段下资源结构的特征，但当需要对不同时期、不同区域或不同行业的社会基础资源结构展开比较分析时，直接应用 DRT 模型似乎还不够直观和便捷。为此，课题组尝试绘制动态资源三角形重心曲线（Dynamic-resource-triangle Barycenter curve，简称 DB 曲线）来作为分析工具。为揭示社会经济的发展规律提供分析工具。通过引入时间变量，动态资源三角形及其重心曲线理论将能够突破“资源三角形”静态研究的局限，揭示不同社会时点下基础资源结构的主要特征，以及伴随社会变迁这一基础资源结构的变化趋势。因此，DB 曲线在一定程度上可以反映某一区域在一定时期内经济发展方式的主要特点，进而分析其经济发展的质量。对于某一区域的决策部门而言，既可以将 DB 曲线作为监测区域经济发展状况、把握经济形态变化趋势的理论工具之一，也可以将其用作跨区域之间经济发展比较的理论指标，从而为本地区的经济发展决策提供参照和借鉴。

1. 动态资源三角形重心的数学特征

在数学上，对于任何一个三角形，都具有唯一的一个重心。并且在一个直角坐标系当中，当已知三角形的三个顶点坐标时，可以非常方便地计算出重心的坐标。但是对于顶点可以任意变换的三角形，在其顶点位置发生改变并导致三角形的形状也发生变化时，其重心的位置可能并不改变。但是在一定的约束条件下，上述判断却会失效，即可以获得以下新的判断：在一定约束条件下，三角形顶点位置发生改变并导致三角形的形状也发生变化时，其重心也会发生位移。

所以当研究问题的情境具备所谓的“约束条件”时，则重心的取值与三角形形状的集合之间就会存在一对一的映射关系，因而也就可以用其重心来表征不同形状的“动态资源三角形”。课题组利用 DRT 重心计算公式证明了所揭示的“动态资源三角形”的数学属性正好可以成为上述“约束条件”，也即可以用任意 DRT 的重心来表征相应的 DRT。所以当研究问题的情境具备所谓的“约束条件”时，则重心的取值与三角形形状的集合之间就会存在一对一的映射关系，即可以用任意 DRT 的重心来表征相应的 DRT。

2. 动态资源三角形的重心曲线及其特点

在前文的论述当中可以看到，随着人类社会形态的演变，“动态资源三角形”的形状呈现出“左偏型锐角三角形—右偏型锐角三角形—中峰型锐角三角形”的变化过程。而这一变化过程，也可以通过分析各个 DRT 所对应的重心的位移路径显示出来。为此，课题组分别针对传统社会、工业社会和信息社会这三类社会形态下的动态资源三角形，尝试逐一找出其重心，如图 2－2（a－c）所示。为了凸显上述重心之间的位移，课题组把这三个重心置于同一个直角坐标系当中，并保持各个重心的相对位置不变，如图 2－2（d）所示。并且为进一步显示社会发展过程中 DRT 重心位移的特点和趋势，还可以描绘出更多不同社会发展阶段的 DRT 重心。当这些代表不同 DRT 重心的点足够多时，其位移的路径便会形成一条曲线，如图 2-2（e）所示。[需要说明的是：图 2-2（e）所示的倒“几”形曲线是 DB 曲线一种可能的典型形态。其中，B_1'到 B_2'表现的是社会基础资源结构当中能量资源比重的持续增加，反映了人类社会发展中的“工业化”进程；B_2'到 B_3'表现的是社会基础资源结构当中信息资源比重的持续增加，反映了人类社会发展中的“信息化”进程。而利用实际数据所绘制的一定时期内某一国家或地区，或者是针对某一具体行业的 DB 曲线，而可能会显示出多种不同的形态，而不一定会呈完整的倒“几”字线形。] 课题组将这条曲线定义为“动态资源三角形重心曲线”，其函数表达式如下：

$$y=f(x),(x,y)\in\left\{\left(\frac{\sqrt{3}}{6}(1-i_n-2m_n),\frac{2+3i_n}{6}\right)\right\}$$

“资源三角形”理论表明材料、能量、信息是人类社会发展的三类基础资源，在任何社会形态下，都离不开这三类资源。但是，为了便于讨论问题，可以在理论上设想以下三种“极限”情形，即社会中仅有三类基础资源中的一种，此时“动态资源三角形”将成为一条线段。容易证明，DRT 重心曲线的取值范围将在以三维坐标系的原点［该点在直角坐标系中的坐标为（0，1/2）］为中心，边分别经过重心 B_m、B_e、B_i 的圆（即半径为 1/3）之内，如图 2-2（f）所示。由此可知，对于 DB 曲线，始终满足：

$$\left(\frac{\sqrt{3}}{6}(1-i_n-2m_n),\frac{2+3i_n}{6}\right)\in\{(x',y')\mid x'^2+(y'-1/2)^2=(1/3)^2\}$$

DB 曲线除了进一步丰富和发展“资源三角形”理论之外，也为揭示社会经济的发展规律提供了分析工具。通过引入时间变量，动态资源三角形及其重心曲线理论将能够突破“资源三角形”静态研究的局限，揭示不同社会时点下基础资源结构的主要特征，以及伴随社会变迁这一基础资源结构的变化趋势。因此，DB 曲线在一定程度上可以反映某一区域在一定时期内经济发展方式的主要特点，进而分析其经济发展的质量。对于某一区域的决策部门而言，既可以将 DB 曲线作为监测区域经济发展状况、把握经济形态变化趋势的理论工具之一，也可以将其用作跨区域之间经济发展比较的理论指标，从而为本地区的经济发展决策提供参照和借鉴。同时，DB 曲线也为分析社会现代化进程特点提供了解释依据。社会现代化（social modernization）是指人类利用现代科学技术全面改造自身生存的物质条件和精神条件的过程（陆学艺等，2012）。DB 曲线的形态反映了不同

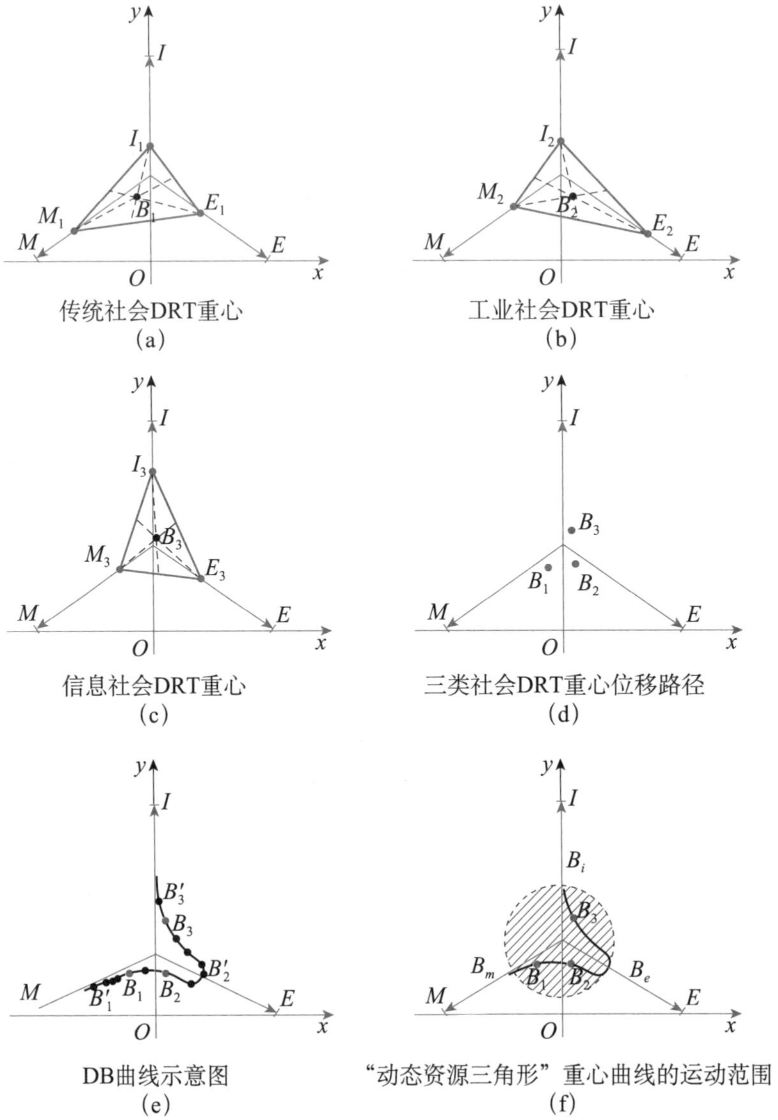

图 2-2　不同社会形态下“动态资源三角形”重心位移路径及 DB 曲线示意图

社会发展阶段下动态资源三角形的形态特征，DB 曲线斜率的数学意义代表的是在社会基础资源结构当中信息资源比重增加的速度，其实质是揭示了在社会现代化演进的过程中信息资源所发挥作用的程度。在一个理论上“典型”的 DB 曲线中，既存在曲线形态平缓的部分［如图 2-2（f）B_1—B_2 部分］，也存在曲线形态陡峭的部分［如图 2-2（f）B_2—B_3 部分］。当

DB曲线的形态比较平缓，即曲线的斜率较小时，则表明在社会发展过程中信息资源的作用有限，这时引导曲线运动的是能量资源投入比重的不断增加，这部分DB曲线实际上反映了社会工业化过程的特点；而当DB曲线的形态开始“抬头”并向上提升时，曲线的斜率开始不断加大，表明信息资源的比重开始不断增加，社会现代化过程中信息资源的作用日益凸显，这部分的DB曲线则揭示了社会信息化的特点。因此，借助对曲线形态和斜率变化的分析，可以为解释不同国家和地区社会现代化进程的特点和发展态势提供理论依据。

2.2 信息资源产业发展动力探源：信息消费理论

2013年8月，国务院印发了《关于促进信息消费扩大内需的若干意见》(国发〔2013〕32号）提出了信息消费增长目标——到2015年，信息消费规模超过3.2万亿元，年均增长20%以上，带动相关行业新增产出超过1.2万亿元，其中基于互联网的新型信息消费规模达到2.4万亿元，年均增长30%以上。基于电子商务、云计算等信息平台的消费快速增长，电子商务交易额超过18万亿元，网络零售交易额突破3万亿元。[①] 该文件的发布引起了业界和学术界的高度关注，使信息消费成为一个新的热点话题。

需要明确提出的是“信息消费”是一种市场行为，与另一概念——“信息资源开发利用”之间存在一定的区别和联系。“信息资源开发利用”是指根据社会需要，对信息资源进行采集、处理、存储、传播、服务、交换、共享和应用的过程[②]，其内涵和外延大于“信息消费”，不仅包括信息资源的非市场化开发利用（如内部利用)，还包括市场化开发利用（如信息消费)。对此，我国政府曾出台多个文件［如《习近平主席在中央网络安全和信息化领导小组第一次会议上的讲话》《“十二五”国家战略性新兴产业发展规划》《2006—2020年国家信息化发展战略》、工业和信息化部印发的《信息化发展规划》以及《中共中央办公厅、国务院办公厅关于加强信息资源开发利用工作的若干意见》(中办发〔2004〕34号）等］予以明确。

---

① 国务院办公厅．国务院关于促进信息消费扩大内需的若干意见（国发〔2013〕32号）．(2013-08-14)［2015-1-6］．http://www.gov.cn/zwgk/2013-08/14/content_2466856.htm.

② 赖茂生，杨秀丹，胡晓峰，徐波．信息资源开发利用基本理论研究．情报理论与实践，2004（3）：229-235.

在外文文献中，对信息消费进行系统研究的成果较少，而且这些有限的成果主要集中在以下三个方面：第一，对信息消费特征、机制①及行为建模②等一般问题的探讨。第二，特定消费群体的消费特征分析，例如学生群体③或农村地区④的信息消费特征分析等。第三，在其他相关问题的探讨中涉及信息消费问题，例如个人信息管理的目的需要从信息消费向信息生产转变⑤。

我们认为，就我国目前的经济社会发展需求而言，在信息消费理论的研究中需要首先重点解决两个重要问题：一是作为一种新兴的市场行为，信息消费表现出了哪些特征；二是这些特征为相关政策制定提出了哪些特殊的需求，我们拟将这两方面的初步研究成果做概要阐释。相关内容将以信息消费特征的解释模型为基本线索，探索研究信息消费的市场特征、结构特征、演化特征以及政策需求特征，同时，还以我国网络视频行业调查数据作为基本的论据支持。这些调查数据源于课题组的相关调研报告，以及《2013 年中国网民网络视频应用研究报告》《第 33 次中国互联网络发展状况统计报告》⑥、《2013—2014 年中国在线视频行业年度监测报告》（艾瑞咨询集团）、《2013 年网络视频智能电视行业分析报告》（艾瑞咨询集团）等。

2.2.1 解释模型

为了深入解释信息消费的基本特征，我们在实地调查、专家咨询、案例分析、文献研究和充分的内部讨论基础上，经过理论概括，提出了一个信息消费特征的解释模型（见图 2 - 3）。从图 2 - 3 可以看出，对信息消费特征的研究，需要以消费经济学和信息经济学等为理论基础，从信息消费

① ZHE-MING M A. Research on mechanism of information consumption. Information Science，2012，12：008.

② SEPSTRUP P. Consumption of mass communication—construction of a model on information consumption behaviour. 1977.

③ SEPSTRUP P. Consumption of mass communication—construction of a model on information consumption behaviour. 1977.

④ YACCI M，ROZANSKI E P. Student information consumption strategies：implications of the Google effect//Proceedings of the 2012 iConference. ACM，2012：248 - 253.

⑤ WHITTAKER S. Personal information management：from information consumption to curation. Annual review of information science and technology，2011，45（1）：1 - 62.

⑥ 中国互联网络信息中心．第 33 次中国互联网络发展状况统计报告．（2014 - 03 - 05）[2015 - 1 - 26]．http://www.cnnic.net.cn/hlwfzyj/hlwxzbg/hlwtjbg/201403/t20140305_46240.htm.

与传统消费的差异性的分析界定入手，重点探究信息消费模式、消费结构及其演化规律，以及政策需求和它们之间的内在联系，其目的一是完善信息消费理论，二是为国家相关政策体系建设和发展提供依据。

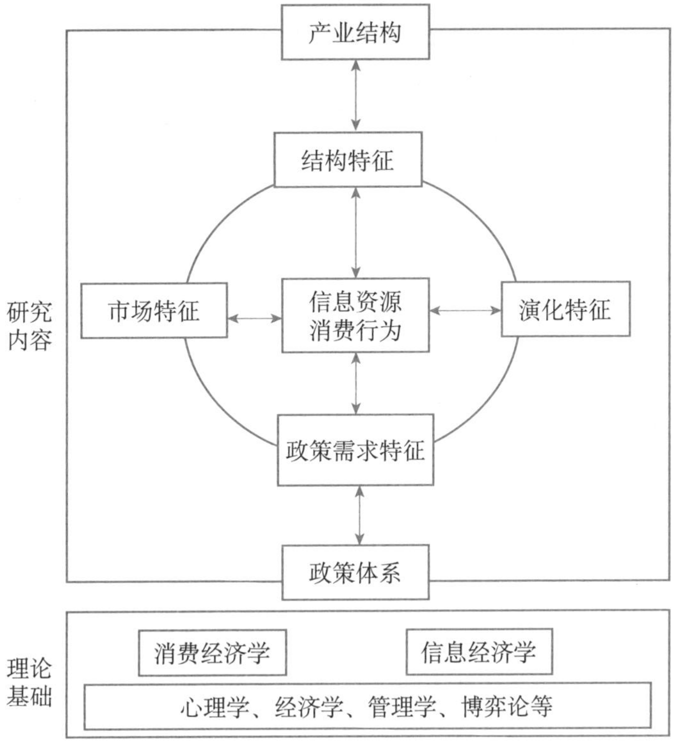

图 2-3 信息消费特征的解释模型

以下有关信息消费特征的认识即是以这个信息消费特征的解释模型为依据展开的研究成果，这些成果的基本价值，就是力争从消费视角研究探索信息资源产业健康发展的机制，明确信息资源产业的政策需求与管理需求。

2.2.2 市场特征

与材料和能量消费相比，信息消费具有如下三个基本特征：

1. 从经营者角度看，信息消费可导致边际成本的最小化和边际效益的最大化

在经济学领域中，边际成本表示新增 1 个单位产出的额外的或增加的

成本。由定义得知边际成本（*MC*）等于总成本（*TC*）的变化量（ΔTC）除以对应的产量上的变化量（ΔQ），即：

$$MC(Q)=\frac{\Delta TC(Q)}{\Delta Q}$$

因此，在成本可变的情况下，随着产量的增加，材料产品和传统服务产品的边际成本和边际效益往往会呈现出浮动现象。一般情况下，随着产量的增加，材料产品和传统服务产品的边际成本会先减少，后增加，相反，边际效益则先增加后减少。但是，信息消费则呈现出了完全不同的特征。由于信息产品具有可共享性，其成本基本固定，与产量之间并不存在明显的影响关系，信息产品可以被重复消费，经营者可以付出 1 个单位产品的成本来获取 N 个单位产品的收益。因此，信息消费可导致边际成本的最小化和边际效益的最大化。

版权费是导致我国网络视频消费成本居高不下的重要原因之一。为此，多数视频信息平台改变其从外部购买版权的模式，开始转向自制视频内容，进而降低成本。与一般意义上的成本不同的是，网络视频信息的可共享性，使其消费的边际成本具备可最小化的特点。

2. 从市场环境角度看，信息消费的主要交易环境是双边市场或多边市场

与传统材料与服务消费不同，在信息消费过程中，信息的消费者和提供者往往通过中间平台进行交易，而且提供者加入平台的收益取决于加入该平台消费者的数量。一般情况下，消费者越多，信息提供者获得的收益就更多。2013 年中国在线视频市场规模中，广告收入所占份额高达 72.1%[①]，可见其主要收入并非来自消费者的付费使用，而是来自第三方的广告投入，表现出了典型的双边或多边市场的特征。

信息消费市场涉及三种基本的双边市场（市场创造型、受众创造型和需求协调型）[②]，导致了其定价策略和支付模式的多样性（见表 2－2）。例如，淘宝、京东、亚马逊等电子商务平台属于市场创造型双边市场，采取的是注册费、服务费或交易费等定价策略；谷歌、百度等搜索引擎则属于受众创造型双边市场，在市场两边用户之间没有直接的交易，主要按照广

① 艾瑞咨询．2013 年中国在线视频市场规模达 135.9 亿元，移动端商业化开启．（2014－08－18）［2015－1－26］．http://www.iresearch.com.cn/View/236618.html.

② 纪汉霖．双边市场定价方式的模型研究．产业经济研究，2006（4）：11－20.

告定价方式进行定价；移动增值业务平台等中间平台则属于需求协调型双边市场，其信息消费的定价方式更为复杂，包括年费、版税、交易费等。

表 2-2　信息消费市场的类型

类型	举例	定价策略
市场创造型	淘宝、京东、亚马逊等电子商务平台	注册费、服务费或交易费
受众创造型	谷歌、百度等搜索引擎	广告定价方式
需求协调型	移动增值业务平台等中间平台	更为复杂，包括年费、版税、交易费等

3. 从消费者角度看，信息消费易于表现出正外部性

在经济学领域，外部性是指生产或消费对其他团体强征了不可补偿的成本或给予了无需补偿的收益的情形。① 从外部性的影响效果可以分为正外部经济性和负外部性。由于信息具有可共享性，信息消费过程中，消费主体可以与其他主体免费分享，导致了信息消费链条中可能出现有偿消费和无偿消费并存状况，有时会出现一人付费之后，多人免费用的现象，例如电子图书的消费等。信息消费的正外部性导致了信息消费中的一些新的问题，如版权保护、身份认证、消息鉴别等技术的必要性。据《2013 年中国网民网络视频应用研究报告》的统计数据显示，网络视频信息的边际成本较低，有 54.1%的用户使用在线视频网站的离线缓存/下载功能，此外一部分用户会通过“朋友、同事的分享”（36.9%）、“网盘或个人空间”（27.4%）、“视频下载论坛或 BBS”（20.1%）等来源下载视频②，易于表现出正外部性。

2.2.3　结构特征

消费结构是信息消费与材料、能量资源消费的根本区别所在。因此，消费结构的分析是信息资源产业消费理论研究的主要突破口之一。信息消费的特殊性使信息资源产业消费结构的研究变量和分析重点不同于传统意

① 沈满洪，何灵巧．外部性的分类及外部性理论的演化．浙江大学学报（人文社会科学版），2002（1）：152-160.

② 中国互联网络信息中心．2013 年中国网民网络视频应用研究报告．（2014-06-09）[2015-01-26]. http://www.cnnic.net.cn/hlwfzyj/hlwxzbg/spbg/201406/t20140609_47180.htm.

义上的消费经济学和产业经济学。因此，信息消费结构的深入分析需要方法论层次的创新。

为此，根据消费对象的被消费方式，我们将信息消费分为直接消费和间接消费。前者为对信息本身的直接消费；后者是指在其他资源、产品或服务过程中间接地消费信息的过程。同时，按照消费过程中主体的主观意愿，信息消费可以分为主动消费和被动消费两种。从消费对象的被消费方式（直接消费与间接消费）、主体在信息资源消费过程中的主观意愿（主动消费与被动消费）之间的比例和组合关系看，信息消费中存在四种基本类型，即以直接主动型、直接被动型、间接主动型和间接被动型信息消费[1]，如图 2－4 所示。通过对信息消费结构的深入研究，我们可以发现信息消费结构有着两个突出的特点：

	直接消费	间接消费
主动消费	主动行为，在专业化程度较高或兴趣爱好强烈的消费者人群之中较为常见。例如学者文献研究工作	主动行为，以基于信息资源的演化信息、增值服务和衍生产品为主。例如科技查新
被动消费	被动行为，在信息资源推送服务领域最为常见。例如个性化推送广告的消费	被动行为，以基于信息资源的演化信息、增值服务和衍生产品为主。例如汽车产品的消费过程中，间接、被动地消费信息资源

图 2－4　信息消费的结构特征

1. 消费行为与动机之间的松耦合性

与材料和能量消费不同的是，信息消费中存在主动消费与被动消费不同的消费活动类型，使信息消费中“行为”与“动机”出现的分离，导致同一个信息消费活动的动机和行为可能分布在不同主体之中。相反，材料和能量的消费一般是消费主体的主动行为，其动机和行为来自同一个主体——消费者，这可以采用动机—行为模式进行解释。但是，信息消费发生在双边市场，其动机和行为往往分离，同一个消费活动中可能存在动机与行为的主体不一致的情况。例如，在被动消费广告信息的过程中，消费动机并非

① 冯惠玲，朝乐门．信息资源产业消费结构的演化规律与优化策略研究．情报理论与实践，2014（5）：17－22.

来自消费行为的执行主体，而是来自信息产品的提供商或第三方广告商。我国网络视频信息市场的结构中主动直接消费和被动直接消费并存。其中，视频内容的消费主要以主动直接消费为主，而广告信息的消费则以被动直接消费为主。相关统计数据显示，2013 年开始，我国网络视频信息行业用户寻找所需视频的方式表现出了主动性，寻找方式包括站内搜索功能（45.7%）、分类浏览（36%）、播放记录（30.6%）。① 但是，用户对网络视频中的各种广告，尤其是暂停式广告的被动消费过程的不满非常明显。

2. 信息与材料（或能量）消费之间的紧耦合性

与材料和能量消费不同的是，信息消费中存在直接消费与间接消费的比例结构以及“信息”与“材料（或能量）”的融合。信息消费往往伴随着材料或能量消费的过程，很难与其他类型的资源分离。因此，信息消费中存在一种间接消费模式，实现了信息消费与材料消费（或能量消费）之间的融合。

2.2.4 演化特征

从信息消费结构的类型及其变化方式看，信息消费的演化过程可分为三个基本阶段，即内容消费、集成消费和服务消费，分别对应于信息消费结构中的被动直接消费、被动间接消费和主动间接消费，如表 2－3 所示。我国网络视频行业信息消费已表现出了从简单视频内容消费到垂直一体化消费（集成消费）趋势，但尚未进入服务消费阶段。例如，优酷土豆网于 2014 年推出了三款硬件产品，即优酷路由宝、优酷盒子、土豆派等，支持了垂直一体化形式的整合消费，推动了从内容消费向集成消费的过渡。

表 2－3　信息消费的演化特征

	内容消费	集成消费	服务消费
演化阶段	初级阶段	关键阶段	高级阶段
消费粒度	内容	内容＋材料＋能量	内容＋材料＋能量＋智慧
消费主动性	主动	被动	主动
消费直接性	直接	间接	间接

① 中国互联网络信息中心．2013 年中国网民网络视频应用研究报告．（2014－06－09）［2015－1－26］．http://www.cnnic.net.cn/hlwfzyj/hlwxzbg/spbg/201406/t20140609_47180.htm.

续前表

	内容消费	集成消费	服务消费
消费方式	体验或订阅式消费	垂直一体化消费	个性化定制消费
举例	视频内容	视频内容+视频播放器（软件）+视频播放硬件	视频行业数据分析、管理咨询或决策支持

1. 小粒度消费向大粒度消费发展

内容消费阶段的消费对象的粒度最小，主要以信息内容为主，而集成消费阶段的消费对象不仅包括信息，还涉及材料和能量，其消费粒度大于内容消费阶段。服务消费阶段的消费粒度最大，一般超过特定的信息、材料、能量等具体资源的范畴，将大量人的智慧融入消费对象之中，其粒度往往大于前两个阶段。

2. 被动消费向主动消费转变

在内容消费阶段，被动消费为主，信息消费主动性的表现形式较为复杂。从信息的消费角度看，集成消费阶段往往是被动消费过程，在消费材料或能量资源过程中被动消费信息内容。例如，在消费硬件产品的过程中被动消费绑定在此产品中的信息内容。然而，服务消费阶段往往是一种高度主动性的消费形式，服务提供方需要根据消费者的个性化需求给出高质量的针对性服务。

3. 直接消费向间接消费过渡

内容消费阶段是典型的直接信息消费，而集成消费阶段间接消费为主。在服务消费阶段，消费者并不直接消费信息的原始内容（一次信息），而消费对象为二次或三次信息。

4. 大众消费向个性化消费渗透

内容消费阶段的消费模式主要以体验或订阅式消费方式，而集成消费阶段往往采取垂直一体化消费方式。服务消费则是一种个性化定制的问题导向的消费过程。

从信息消费的演化过程看，内容消费和服务消费分别为信息消费的起步和高级发展阶段，而集成消费则是信息消费的关键阶段。如果没有集成消费，信息消费很难从内容消费阶段演化为服务消费阶段。

2.2.5 政策需求特征

信息消费的上述特征为信息资源产业政策制订提出了特殊要求。内容消费是信息消费演化的基础，决定着整个信息消费市场的根本动力。但是，内容消费具有生命周期短、成本高、不确定性高、影响因素多等局限性，难以发展成为集成消费。以图书信息的消费为例，只有少数图书内容的消费演变成了集成消费。例如，图书《哈利·波特》带动了一个包括电影、动漫、游戏、玩具、日用品、旅游在内的庞大的集成消费产业链。内容消费到集成消费是信息内容的增值过程，所涉及的产业范畴会得到扩展，是实现信息服务消费的关键环节。从信息消费角度看，信息资源产业政策制订需要注意以下三个问题。

1. 保障信息内容提供者的权益

信息内容提供者权益保障已成为信息消费领域最突出的显性挑战。信息消费的正外部性和间接消费形式的存在使信息内容的生产者容易受损，进而导致内容产品在数量和质量上的下降，成为信息资源产业发展的重要障碍。因此，从政策和管理角度保障信息内容提供者的权益成为必要。以我国网络视频行业为例，视频信息的版权成为发展集成消费的主要瓶颈，多数网络视频信息服务商采取 PGC（专业产生内容）的方式，将其经营模式从“外部购买版权剧”改为“自制剧”或二者结合的模式，从而降低成本、减少对版权的依赖度、避免法律风险以及提高自己的知名度。

2. 保护信息消费者的个人隐私

个人隐私是信息消费领域存在的最大的潜在挑战。但是，传统的隐私保护技术难以直接应用于信息消费中，但发展一套全新的个人隐私保护技术目前并不现实，仍需要时间。① 信息消费的多边市场性和动机与行为的可分离等特征导致了信息消费过程中往往存在信息的双向流动或灰色交易，使得用户个人隐私的随意收集、买卖和滥用现象日益突出。以我国网络视频行业为例，各大平台已经开始通过 UGC（用户产生内容）提升网络

---

① 刘雅辉，张铁赢，靳小龙，程学旗．大数据时代的个人隐私保护．计算机研究与发展，2015（1）：1-7.

视频信息价值，但用户数据的过度捕获和滥用导致了信息消费者的担忧，甚至影响了消费者利益。因此，国家应加快信息消费用户的隐私保护与信息安全保障方面政策制定的进度。

3. 规范信息消费市场秩序

市场秩序是一种在市场配置资源的过程中所形成的利益和谐、关系和谐、收益共享、竞争适度、交易有序、结构稳定的资源配置状态和利益关系体系。[①] 信息的被动消费以及信息消费与材料（或能量）消费之间的紧耦合性导致了信息消费市场中的利益矛盾、竞争过度、交易混乱等新问题。虽然国家和行业层面已出台过《持有互联网电视牌照机构运营管理要求》（广办发网字〔181〕号）和“一剧两星”政策等政策，在实际调研过程中我们发现，我国网络视频行业的市场秩序仍然混乱，缺少自组织式的市场秩序。因此，国家和行业应重视规范信息消费市场的秩序，制定相关的规章制度，明确市场各参与方的职责，培育自组织式的市场秩序。

2.3 信息资源产业的内生结构：产业共生形态理论

信息资源产业结构方面有一个突出特点，就是它有着极强的“渗透融合性”，即产业内部各细分行业之间，以及信息资源产业与其他产业之间均存在高强度、高频次的密切关联关系，内部行业间、与其他产业间难以完全“划清界限”。换句话说，信息资源产业内部及其与其他产业之间存在着极强的“你中有我、我中有你”“剪不断、理还乱”的“共生关系”。这个特点说明信息资源产业的内生结构与其他产业有很大不同，我们可以将信息资源产业内部及其与其他产业的关系概括为“基于信息资源的产业共生形态”。下面，我们将讨论课题组通过文献调研、理论演绎、逻辑推理、案例分析、产业发展数据测算等方法提出的信息资源产业共生形态理论。主要内容包括对“基于信息资源的产业共生系统”的构成与特性、共生关系的形态与类型、共生效益的影响因素与测度、共生对管理与政策的需求等方面的概要阐释。

① 纪宝成．论市场秩序的本质与作用．中国人民大学学报，2004（1）：26－32.

2.3.1 基于信息资源的产业共生系统构成与特性

“产业共生”这一术语最早出现于 1947 年的经济地理文献，用以描述不同企业相互之间存在的“有机关系”。[①] 最为广泛接受的产业共生概念是丹麦卡伦堡公司出版的《产业共生》[②] 中的定义：产业共生是指通过不同企业间的合作，共同提高企业的生存能力和获利能力，并实现对资源的节约和环境保护。根据这一概念，产业共生将形成一个完整的产业生态系统，系统中的企业之间因同类资源共享或异类资源互补发生共生关系，改善了资源配置效率，提高了系统产出效益。事实上，产业共生既具有经济特征，又具有生态特征，它以追求经济价值和环境改善为双重目标，受政策法规、技术变革等影响更为强烈。此外，获得共生效益的主要途径是共生单元之间的合理分工，共生现象的本质特征之一是合作竞争关系，共生还具有资源使用的循环性、上下游产业的关联性、生产成果的增值性等重要特征。[③]

产业共生系统通常由共生单元、共生环境和共生关系构成。[④] 一个产业共生系统中的企业之间因同类资源共享或异类资源互补发生共生关系，实现改善资源配置效率，提高产业产出效益的目标。本书对基于信息资源的产业共生系统中的要素进行了如下界定：共生单元是指发生共生关系的主体，包括企业、政府部门等各类组织；共生环境，既包括组织内部环境，也包括产业内部环境，还包括跨产业的外部政治、经济、社会、技术等环境。在共生环境中，共生单元之间基于节约成本、分割市场、提高生产效率或利益最大化等需要，通过材料、能量和信息资源的共享交换发生各种不同的共生关系。

“基于信息资源的产业共生系统”在微观方面比其他产业共生系统更为复杂，其最为关键的特征是，在共生单元之间除了材料和能量资源以外，最主要的是要进行大量高频度的信息资源的共享交换，这使其有别于

---

① RENNER G T. Geography of industrial localization. Economic Geography，1947，23（3）：167－189.

② 产业共生．[2015－12－15]．http://wiki.mbalib.com/wiki/%E4%BA%A7%E4%B8%9A%E5%85%B1%E7%94%9F.

③ 胡晓鹏．产业共生：理论界定及其内在机理，中国工业经济，2008（9）：118－128.

④ HOOD C. The tools of government. London：Macmillan，1983：5.

传统的产业共生系统。通过信息资源共享交换实现的产业共生，其特殊性主要体现在：第一，由于信息资源外部性和共享性更大，可以同时进行多次“反复”利用，因此信息资源的共享交换以“并联”的共生模式为主，与材料和能量资源循环利用的“串联”共生模式存在明显差异，如图 2－5 所示；第二，在共生活动中，信息资源在提高其他产业效率、转变经济发展方式、降低材料能源消耗、创造“绿色 GDP”等方面发挥着材料或能量资源无法替代的作用。

可以说，由于信息资源在产业共生中发挥的特殊作用，信息、材料和能量三类资源的功能分化日趋明显，产业间的资源共享交换日趋频繁、共生关系也日趋密切，正在使产业共生形态逐渐由“物理共生”向“化学共生”过渡。

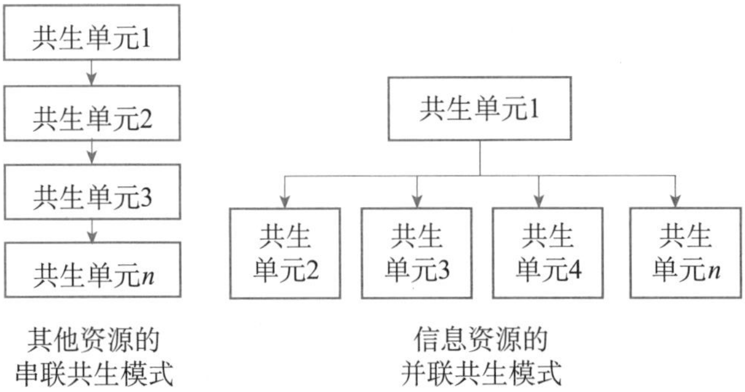

图 2－5　信息资源的并联共生模式和其他资源的串联共生模式

注：———→ 表示资源的流动方向

2.3.2　基于信息资源的产业共生关系形态与类型

对共生关系进行分类分析，是研究信息资源产业发展政策及管理的重要视角之一。事实上，产业共生关系是具有层次性的。比如可按照共生系统的开放水平划分出四个层级：以企业部门为共生单元的企业内部共生系统Ⅰ、以企业部门为共生单元的企业间共生系统Ⅱ，以独立企业为共生单元的企业间共生系统Ⅲ、以区域产业集群或主导产业群为共生单元的产业间共生系统Ⅳ；四个层级的共生系统依次通过企业内部指令、资本纽带、关系型契约、市场交换契约等手段，以及多种复合方式形成共生关系。[①]

① 胡晓鹏．产业共生：理论界定及其内在机理．中国工业经济，2008（9）：118－128.

基于这一思路，按照信息资源产业共生单元所处的层级和位于信息资源产业内外两个维度，可将“基于信息资源的产业共生关系”分为 6 种不同的类型，如表 2－4 所示。

表 2－4　“基于信息资源的产业共生关系”的 6 种基本类型

共生单元所处层级	共生关系发生在信息资源产业内部/跨产业	
	信息资源产业内部：各共生单元均从事信息资源业务	跨产业：有的共生单元从事信息资源业务；有的共生单元从事其他产业业务
同一组织内部不同部门之间	类型 1（如某电子地图制造商内部的地图信息采集部门和加工部门之间发生资源流转）	类型 2（如某制造企业的信息部门为原料采购部门提供数据依据）
不同独立组织之间	类型 3（如商业化教育培训机构的师资信息可能成为职业中介公司的重要资源）	类型 4（如食品生产企业的市场调查数据在过期后为市场调查公司开发利用）
不同产业之间	类型 5（即信息资源产业细分行业之间，如图书、报刊出版行业为图书报刊零售行业提供商品）	类型 6（即信息资源产业与其他产业之间，如气象监测服务行业所提供的信息可为农业生产提供决策依据）

如表 2－4 所示，三个层级和两种内外情况交叉组合共形成 6 种产业共生关系类型。需要指出的是，政府部门、事业单位、公益组织等也可能成为共生单元，但企业是产业中最重要的组成单位。表 2－4 中仅用组织这一概念代表所有可能成为共生单元的组织类型。

共生单元所属层级分为同一组织内部不同部门之间、不同独立组织之间和不同产业之间三种。当共生单元所处层级不同时，治理手段和管理政策也将体现出差异。比如，同一组织内部的共生依靠组织指令即可进行治理，跨组织的共生则依靠契约或市场进行管理，跨产业的共生对政策的依赖程度明显强于其他两个层级的共生。

共生活动分为处于信息资源产业内外两种情况：一是发生在信息资源产业内部的共生，各共生单元均从事信息资源业务，在信息资源产业内部进行资源共享交换；二是发生在信息资源产业和其他产业之间的共生，跨产业进行资源共享交换。信息资源产业内部的共生侧重于对信息资源的共享交换和反复利用，比如多家数据库公司可能利用同一批政府数据进行生产加工，形成不同的信息产品；信息资源产业与其他产业之间的共生则侧重于信息与材料、能量资源之间的互补式共享交换和循环利用，比如在电子商务和工业互联网中，信息资源大大提高了物流产业、工业的效率，同时也提升了材料、能量的循环利用率，降低了这些产业不必要的材料、能量消耗；而工业、农业、制造业等其他产业则为信息资源产业提供必要的计算机等硬件设备和水电等能源支撑。

2.3.3 基于信息资源的产业共生效益影响因素与测度

信息资源产业共生效益受到哪些因素的影响？如何判断信息资源产业共生效益是否是正向的、充分的？回答这些问题对于形成有效的信息资源产业共生政策至关重要，这就涉及对产业共生效益的测度问题。

现有研究对一般产业共生的测度内容可分为三类：（1）共生模式，描述的是共生关系的自然状况，如共生的形式和方式，共生单元之间的利害关系等。比如肖忠东、刘永清、孙林岩[①]等设定了 $S=\frac{O-I}{I}$，其中 S 表示该产业对于上游工业剩余物的摄取率，O 表示该产业的输出物数量，I 表示该产业的输入物数量，它有别于该产业的投入量。（2）共生程度，如共生紧密程度、共生多样性、共生稳定性等。比如胡晓鹏[②]设定了质参量求导的公式，描述两个共生单元之间的共生度：用 A 和 B 表示两个共生单元，分别有质参量 Z_i 和 Z_j，则定义 A 和 B 的共生度为 δ_{ij}，则 $\delta_{ij}=\frac{dZ_i/Z_i}{dZ_j/Z_j}$，$(dz_j\neq0)$。（3）共生效益，在内涵上至少包括产业效率和社会福利两大项内容，可通过多个指标表示，如资源循环利用率通过描述共生过程的关键变量得出共生效益，产业产出增长率、成本节约率等通过描述生产结果得出共生效益。比如蔡小军、李双杰、刘启浩[③]借助 Shapley 值法，设定了产业链共生效益函数 $v(s)$，该函数设定一条共生产业链总体中有 n 个个体，其集合记为 $I=\{1,2,\cdots,n\}$，S 为 n 个个体集合中的一种合作，$v(s)$ 为合作 S 所产生的效益。

在这三类中，共生效益是产业共生追求的终极目标，事实上，并非所有共生系统都会产生正向的共生效益；只有当共生效益为正向时，共生程

---

① 肖忠东，刘永清，孙林岩．工业产业共生体系中的食物链研究．科技进步与对策，2008（3）：72-75.

② 胡晓鹏．产业共生：理论界定及其内在机理．中国工业经济，2008（9）：118-128.

③ 蔡小军，李双杰，刘启浩．生态工业园共生产业链的形成机理及其稳定性研究．软科学，2006（3）：12-14.

度的提高才会进一步推动共生效益的最大化。对于负向和消极的共生来说，共生程度的提高并不意味着更好的共生结果，这就需要共生环境发挥作用。在共生环境中，政府政策是不可缺少的。政策手段需要通过对共生模式的引导和干预，改变共生系统的内在作用机理，从而确保实现积极的共生效益、避免消极的共生效益，并通过调节共生程度使积极的共生效益最大化。

在信息社会背景下，信息资源作为生产要素的作用日益凸显，这一作用的发挥集中体现在信息资源产业的发展水平上。然而通过研究我们发现，信息资源产业不是独立发展的，而是与其他产业共生发展，这从本质上体现了信息资源作为生产要素向其他产业的渗透性。因而，信息资源产业效益的测度不能仅关注信息资源产业自身产值和增加值，通过共生活动在提升其他产业产值和增加值中发挥的作用也有必要进行测算。通过资源循环利用，把产业经济引向类似自然生态系统的循环，从而实现产业生态化，较为符合当前全社会建设生态文明的导向。因此，资源循环利用率能较好地揭示产业共生系统的“共生效益”。

在“基于信息资源的产业共生效益”的概念框架下，借助杜邦分析法对企业利润的分析思路，可初步设定如下公式表示信息资源产业与其他产业发生共生关系时所产生的共生效益：

$$Y = \beta \cdot \frac{\sum_{i=1}^{n} R_i \cdot K_i}{Q} (i = 1,2,3,\cdots,n)$$

其中，Y 表示“基于信息资源的产业共生效益”(相当于杜邦分析法中的净资产收益率)，即共生系统中每一单位资源反复或循环利用所带来的净产出。共生效益不仅包括经济效益，还包括社会效益、生态效益。此处的资源包括其他产业向信息资源产业提供的材料、能量等资源，也包括信息资源产业向其他产业提供的信息资源。

i 表示资源的种类，其中一类或多类为信息资源；n 表示资源的种类数量。

R_i 表示第 i 类资源反复或循环利用一次所带来的净产出；K_i 表示第 i 类资源的反复循环利用频次；事实上，R 和 K 共同表征共生程度。

Q 表示“基于信息资源的产业共生系统”中各类资源的总量。

β 表示共生系统中反复或循环利用的信息资源量与其他资源量的比值；β 值越高，意味着在产业共生中信息资源所占比例越大，资源结构越优化，共生效益及其提升潜力也越大。设置β这一变量有利于强化信息资源在共生系统中的社会效益，尤其是生态效益。

2.3.4 产业共生新形态对信息资源产业政策与管理的新要求

政策与管理是共生环境的重要组成部分，是共生单元的外部条件，也是共生关系形成和发展的基础。作为共生系统的重要内生变量，产业共生政策会全面影响共生环境、共生单元和共生关系，对于共生系统能量的形成和提升同样具有重要作用，也对共生系统的功能和效率进行制约。因此，要提升信息资源产业共生效益，有必要充分发挥产业政策和管理的作用。如图2-6所示，事实上，基于信息资源的产业共生新形态对信息资源的产业结构、产业组织和产业促进三个方面的政策与管理均有较为迫切的需求。

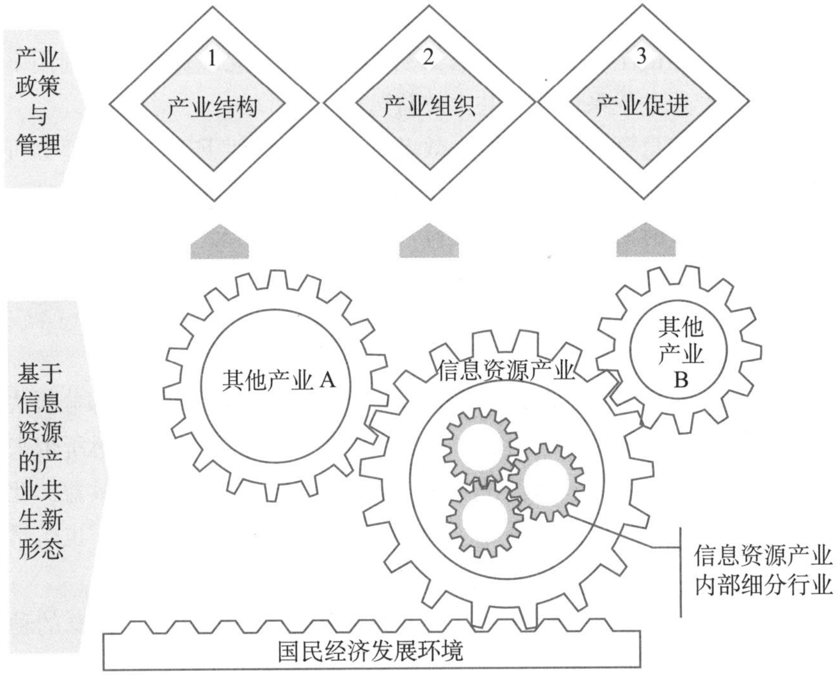

图2-6 "基于信息资源的产业共生"相关政策与管理分析

1. 对信息资源产业结构政策与管理的需求分析

应围绕信息资源产业的各类共生关系，对相关产业群实行综合治理，而不是针对信息资源产业进行单独治理。政策与管理需求体现在两个层面：一是在信息资源产业宏观结构层面，应充分关注在共生关系中信息资源产业对于其他产业升级换代和转变经济增长方式的重要战略价值；二是在产业中观结构层面，信息资源产业内部各细分行业之间的共生关系，对信息资源的共享、互补和交换提出了较高的政策和管理需求。

2. 对信息资源产业组织政策与管理的需求分析

产业共生新形态对信息资源产业横向和纵向组织均产生了影响及其政策与管理需求：在横向上，处于相同信息资源市场中，共生对于信息资源企业之间的横向竞争合作关系、市场集中度、行业竞争特性均产生了影响；在纵向上，不同信息资源企业之间基于共生在产业链的各环节上，需要开展更多的共生合作。由于这种状况的存在，关于共生与垄断的协调控制、共生与产业链的纵向治理、共生与协同创新引导等政策与管理问题，应形成一系列新的规律性认识。

3. 对信息资源产业发展政策与管理的需求分析

应将促进产业共生效益提升作为产业发展的重要目标之一，并围绕这一宏观目标，对产业发展的具体目标及目标之间的关系进行微观调整。同时，还有必要通过调整资源结构、促进资源结构重心向信息资源倾斜，搭建共生平台、引导共生关系和效益提升等方式，有针对性地通过政策和管理手段提升信息资源产业的共生效益。

2.4 信息资源产业的价值驱动：信息资源产业链理论

2.4.1 产业链理论

1. 理论演变

随着社会分工的细化，没有任何一种产品或服务可以由一家企业完全提供。一个企业所能向顾客提供的价值，不仅受制于其自身的能力，而且还受上下游企业的制约，这样就形成了产业链。因此，现代企业竞争优势的基础已经超出了单个企业自身的能力和资源范围，竞争范围从单个企业竞争扩展到了产业链竞争。产业链作为新时代背景下产生的一种应对市场激烈竞争的新型组织模式，成为21世纪获得竞争优势的主要组织形式。①

产业链的思想来自经济学家鼻祖亚当·斯密关于分工的论断。亚当·斯密以制针为例，从企业内部产业链功能进行描述，论述了分工和专业化对于经济发展的重要意义。早期的产业链的概念局限于企业的内部操作，注重企业自身资源的利用。马歇尔将其扩展到企业与企业之间，这可以说是产业链理论的起源。产业链不仅仅是一个产品链，同时也是一个信息链和功能链。史蒂文斯（Stevens，1989）将产业链看作由供应商、制造商、分销商和消费者连接在一起组成的系统，其中贯穿着反馈的物流和信息流。这种观点把信息提升到了与产品同等重要的地位，并且强调产业链中的存在的反馈过程。20世纪80年代初，哈佛商学院经济学教授迈克尔·波特在其建立的价值链理论中提出了产业链问题，之后，迈克尔·波特在其竞争战略研究（2000）及国家竞争优势研究中扩大了产业链的性质，进一步强调了产业链的作用。②

2. 产业链的内涵

产业链在本质上是以知识分工协作为基础的功能网链，通过知识的分工和知识共享创造递增报酬，为顾客创造价值，产品的生产联系和由此产生的物质流动只是产业链的外在表现形式。

针对产业链的内涵问题，有许多学者对此进行了讨论和综述，比较有代表性的观点包括：

杨公朴和夏大慰（1999）认为，产业链是构成同一产业内所有具有连续追加价值关系的活动所构成的价值链关系。③

蒋国俊和蒋明新（2004）认为，产业链指在一定的产业群聚区内，由在某个产业中具有较强国际竞争力（或国际竞争潜力）的企业，与其相关产业中的企业结成的一种战略联盟关系链。④

龚勤林（2004）认为，产业链是各个产业部门之间基于一定的技术经济关联并依据特定的逻辑关系和时空布局关系客观形成的链条式关联关系

① 芮明杰，刘明宇，任江波．论产业链整合．上海：复旦大学出版社，2006.

② PORTER M E. Location，competition，and economic development：local clusters in a global economy. Economic Development Quarterly，2000，14（1）：15－34.

③ 杨公朴，夏大慰．现代产业经济学．上海：上海财经出版社，1999.

④ 蒋国俊，蒋明新．产业链理论及其稳定机制研究．重庆大学学报（社会科学版），2004（1）.

形态。①

郁义鸿和管锡展（2006）认为，产业链是指在一种最终产品的生产加工过程——从最初的矿产资源或原材料一直到最终产品到达消费者手中——中所包含的各个环节所构成的整个纵向的链条。②

可以看出，以上学者在界定产业链内涵时的侧重点有所不同，杨公朴和夏大慰的定义基于价值链视角，蒋国军和蒋明新的定义基于战略联盟视角，龚勤林的定义基于产业关联视角，郁义鸿和管锡展的定义则侧重于生产工艺流程视角。除此之外，还有学者从生态学、知识共享等角度对产业链内涵进行了研究，也取得了一定的成果。

在对其他学者的研究成果进行全面分析和归纳的基础上，刘贵富（2007）给出了一个比较全面的产业链定义：产业链是同一产业或不同产业的企业，以产品为对象，以投入产出为纽带，以价值增值为导向，以满足用户需求为目标，依据特定的逻辑联系和时空布局形成的上下关联的、动态的链式中间组织。③

按照系统经济学的观点，经济系统具有层次性，并且这种层次性总是与特定的“资源位”相联系。经济系统具有结构性的特征，经济系统的演化就是结构转换的过程。产业链的结构就是产业内部的分工结构，从演化形式上看，这种结构的转换表现为：单一结构（规模经济）—专业化分工结构—模块化结构，推动结构转换的动力是市场竞争，这种竞争以企业间的价值竞争为起点，最后落实为知识的创新与使用效率的竞争。不同的分工结构以不同的资源禀赋为基础，不同的资源禀赋又决定了经济系统竞争力的高低。④

3. 产业链的结构

针对产业链的结构问题，刘贵富（2008）进行了比较全面的阐述。⑤他提出，产业链的结构组成中包括企业以及其上游的供应商和下游的销售商，并根据各个环节的竞争垄断情况划分了不同的产业链。王秋菊（2012）对产业链结构的范围进行了扩展，认为产业链是由链、链主以及链体组成，除了我们通常理解的“链”之外，还强调了链中龙头企业的作用，以

① 龚勤林．论产业链构建与城乡统筹发展．经济学家，2004（3）：121－123.

② 郁义鸿，管锡展．产业链纵向控制与经济规制．上海：复旦大学出版社，2006.

③ 刘贵富．产业链的基本内涵研究．工业技术经济，2007（8）：92－96.

④ 王杨，肖旭，于淑艳．软件产业发展模式研究．北京：科学出版社，2009.

⑤ 刘贵富．产业链“内含链”的结构模型研究．税务与经济，2008（2）：43－45.

及产业链作为经济"体"的实质。[①] 在此基础上，他还从产业链上企业间关系以及企业空间分布情况两个角度对产业链结构进行了分类。

在产业链结构研究的成果中，邵昶和李健（2007）提出的产业链"玻尔原子"模型非常具有创新性。[②] 他们认为，产业链条之间存在显性和隐性的传输过程，这一过程中节点的变化表现出"波动性"，而节点企业间的融合则表现出"粒子性"，产业链的"波粒二象性"决定了其结构的特殊性。产业链"玻尔原子"模型由原子核（终端产品企业）、电子（配套企业、关键企业与产业链瓶颈）以及轨道（产业链条、节点与产业配套半径）构成，其中会发生量子跃迁（中间产品的移动）。

总体来看，目前学界针对产业链结构进行的纯理论研究并不多，学者们更多地关注于某一具体产业的产业链结构，并以此为基础对产业链升级、治理等问题进行研究。例如，刘盈等人（2014）研究了中药产业链的结构，并对其复杂性的产生进行了深入分析。[③] 余向平（2008）则对会展产业链的上、中、下游各个主体及其活动进行了介绍，并分析了其在产业内外所能带来的延展效应。[④]

2.4.2 信息资源产业链

1. 信息资源产业链的研究

针对信息资源产业链的研究，尽管国外学者并没有直接使用"信息资源产业"及"产业链"概念，但是从研究内容来看仍有一些相关的成果可供借鉴。针对电脑游戏行业这一典型的信息资源产业，约克尔（Jöckel, S.）等人（2008）指出了用户参与对于电脑游戏产业的重要性，并强调要对这一产业的价值链重新进行配置。[⑤] 萨利希（Salehi-Sangari, E.）(2010)

---

① 王秋菊．产业链内涵及结构分析．物流科技，2012（5）：89－91.

② 邵昶，李健．产业链"波粒二象性"研究——论产业链的特性、结构及其整合．中国工业经济，2007（9）：5－13.

③ 刘盈，李祺，汪晓凡．中药产业链结构复杂性分析．中国中药杂志，2014（16）：3187－3191.

④ 余向平．会展产业链的结构与效应．经济论坛，2008（1）：67－69.

⑤ JÖCKEL S, WILL A, SCHWARZER F. Participatory media culture and digital online distribution—reconfiguring the value chain in the computer game industry. The International Journal on Media Management, 2008, 10 (3): 102－111.

选取苹果公司为例进行了案例研究，发现目前媒体内容产业的传统供应商已经开始将目光转向数字领域，产业供应链发生巨变，而无法成功进入数字领域的供应商将会被淘汰。① 阿迪达（Hadida，A. L.）等人（2014）指出，在数字音乐产业中，技术的发展带来了产业的变革，为了获得持续的竞争优势，必须对产业中的价值链进行全面有效的管理。②

目前，国内直接针对信息资源产业链的研究成果也非常少，中国期刊全文数据库中以“信息资源产业＋产业链”为搜索词进行主题搜索得到的 5 条结果中，仅有两条同本主题具有较高的相关性。崔洪铭和赵国俊（2013）指出，在信息资源产业链中，信息资源提供方、信息资源所有方、信息技术提供方和信息服务提供方分别对应产业链的内容价值、权属价值、技术价值和服务价值。③ 在另外一篇文章中，崔洪铭（2014）则选取数字出版业作为具体案例，研究了信息资源产业链的结构。④

但是，对于游戏产业、动漫产业等具体信息资源产业的产业链问题，学者们已经进行了比较广泛的研究，取得了一定成果。李贵孚（2007）研究了有线数字电视产业的产业链，并提出了维护我国有线数字电视产业链稳定运行和不断发展的三种机制。⑤ 杨传明（2008）指出，通过构建模块化产业链，能够扩展网游企业的合作网络。⑥ 朱佳俊等人（2014）对动漫产业链结构进行了分析，并围绕动漫产业结构与盈利模式提出动漫全产业链的一体化发展战略。⑦

2. 信息资源产业链的概念界定

在人类社会发展的早期阶段，商品交换行为比较简单，商品的制作和销售通常由小型的手工作坊完成。而随着工业化的推进，人们需要的物品

---

① SALEHI-SANGARI E，NATH A K，SAHA P. Transforming supply chains in digital content delivery：a case study in apple//IFIP International Federation for Information Processing，2010，255（1）.

② HADIDA A L，PARIS T. Managerial cognition and the value chain in the digital music industry. Technological Forecasting and Social Change，2014，83：84－97.

③ 崔洪铭，赵国俊．信息资源产业链的价值流动研究——兼论信息资源产品的价值束．情报杂志，2013（8）：169－173，168.

④ 崔洪铭．信息资源产业链结构分析——以数字出版业为例．情报资料工作，2014（1）：62－66.

⑤ 李贵孚．我国有线数字电视产业链研究．工业技术经济，2007（3）：124－126.

⑥ 杨传明．网游产业链模块化研究．情报杂志，2008（7）：25－27，36.

⑦ 朱佳俊，唐红珍，刘进．动漫全产业链发展模式比较研究．科技管理研究，2014（11）：92－95.

变得越来越复杂、数量越来越大，其生产过程难以由某一企业独立完成，于是出现了产业内的分工行为，并进一步出现了产业链这种组织形态。

在分工后的市场中，企业之间需要进行频繁的交易，来获得生产的原材料，并将产品销售出去。但是，对于企业来说，如果每一次交易前都需要在市场中寻找合适的合作伙伴，就必须付出十分高昂的成本。于是，相互之间存在供需关系的企业往往会进行长期的合作，形成一种比纯市场关系更加亲密的联系，这些企业所构成的组织形态就是产业链。

笔者认为，产业链的概念是指：同一产业内存在供需关系的若干企业之间，为了生产某一产品而进行前后向联系所形成的纵向链条。产业链上的企业依据分工，依次完成原料采集、生产加工、销售等活动，最终实现产品的提供。

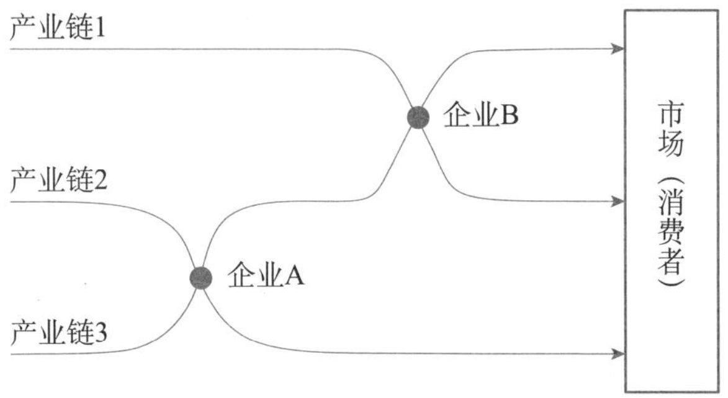

图 2-7　产业链示意图

图 2-7 是对某一产业内部产业链表现形态的简单描述，关于我们所讨论的产业链概念，需要进行如下说明：

第一，产业链是由企业构成的，企业是产业链上的实体节点，每个企业承担不同的产品生产环节。一个企业可以同时存在于若干条产业链上，例如同时为两家生产厂家提供原料的企业就同时存在于二者所在的产业链。图中企业 A、B 均属于不同产业链的交叉节点。

第二，同一条产业链上的企业相互之间存在供需关系，是合作而非竞争的。即使企业间的其他业务存在冲突，在考虑两者所共存的特定产业链时，二者仍然是合作的。

第三，企业联系在一起构成产业链的目的是更高效地生产出最终产品，同一产业内可以存在若干条产业链，不同产业链的产品面对的是同一市场，相互之间存在竞争关系。如图中的三条产业链，其最终面对的市场是相同的。

信息资源产业链，指的就是信息资源产业内存在供需关系的若干企业之间，为了生产某一产品而进行前后向联系所形成的纵向链条。研究信息资源产业链问题，首先需要分析产业链上的节点类型、节点间关系；进一步地，可以对其产业链特性进行总结，并由此对产业链的完善和升级做出指导。

2.4.3 信息商品特性对信息资源产业链的影响

1. 信息商品特性

信息商品不但具有非实体性、独立性等信息特性，还具有外部性、网络效应等经济特性。[①] 从信息商品对信息资源产业链结构影响的角度出发，笔者重点分析信息商品的非实体性、独立性、不完全消耗性、时效性以及网络效应。

（1）非实体性与独立性

信息商品的非实体性是指信息商品需要依附于一定的物质载体之上而不能单独存在。信息是看不到、摸不着的，而信息商品也必须附着在特定载体之上才能够被人们消费和使用。文学家并不能直接销售自己头脑中的“创意”，而是要将其印制成图书才能供人选购消费。但是同时，信息商品的价值并不由其载体决定，即信息商品具有独立性。对于特定的信息商品来说，更换载体并不会从根本上影响其使用价值，既不会损害消费者的利益，更不会为消费者提供更多的信息。例如，消费者在购买一本电子书之后，只要生产商不作限制，就可以将其安装在自己的个人电脑中，也可以将其复制到移动存储设备中，并在工作单位的电脑上再次安装使用。其个人电脑和工作电脑中的电子书在功能上是完全一样的，并不因位于不同的电脑中而有价值上的差异。

对于信息商品来说，不仅可以将其直接复制到同类别的载体之上，还可以直接更换不同的载体。我们可以将纸质图书输入电脑，获得其数字版本，也可以将网络上的图书打印成纸质版本，尽管同一本书的纸质版本和电子版本售价不同，但是从内容价值来看，二者并无不同。

---

① 马费成，王槐，查先进．信息经济学．武汉：武汉大学出版社，1997：115－127.

（2）不完全消耗性

信息商品的不完全消耗性也被称为消费无损耗性，指的是信息商品不会随着消费者的购买和使用而消失的特性。物质商品在被消费和使用的过程中必然会产生消耗和磨损，从生产者的角度来看，一旦物质商品被消费者购买，那么自己就将完全失去产品的所有权和使用权。从消费者的角度来看，在购买了物质商品之后，对于食品、日用品等消耗品来说，其使用过程是一次性的，产品会随着使用过程的结束而消失，对于电器、汽车等耐用消费品来说，尽管可以被多次使用，但是这些商品也具有一定的使用寿命，最终会失去本身的使用价值，消费过程都会走向终结。信息商品则不同，消费者在购买信息商品时，获得的仅仅是使用权和部分的所有权，商品的生产者所拥有的商品的内容价值并没有被剥夺，仍然可以对其进行进一步的操作。消费者也不会因为使用了自己购买的信息商品而导致商品消失或贬值，以电子书为例，读者在购买一本电子书之后，无论是否阅读这本书，都不会影响其价值。

（3）时效性

尽管信息商品不会因为被消费和使用而受到消耗和磨损，但是其仍然面临着无形损耗的危险，这主要是由于信息商品具有时效性。信息商品的时效性体现在两个方面：

第一，对于一些信息商品来说，其效用的发挥是受到时间限制的，即只有在某一特定的时间段内被使用才能保证效益的最大化，一旦超出了这一时间界限，信息商品的价值将大打折扣，甚至变得毫无用处。信息商品的这一特性在商场中表现得极为明显，许多企业在制定发展规划之前会委托咨询公司进行分析，咨询公司通过对信息的搜集和分析，可以预测出未来几年内市场的发展趋势，并指导委托企业的进一步决策，咨询公司所提供的信息商品对于企业来说具有重大价值。但是，如果咨询公司的工作效率过低，当其为企业提供咨询报告时，原本有发展潜力的市场可能已经被其他企业抢占，那么此时的这份信息商品也就不具有价值了。

第二，信息商品的价值也会由于更高级的替代品的出现而降低。相较于传统产业，信息资源产业中技术的升级和产品的换代要更加频繁。根据摩尔定律，每隔 18 至 24 个月，同等价格的电脑性能就可以翻一倍。在这种情况下，软件业等以信息技术为依托的产业中也会不断出现新的技术和产品，当市场中出现功能更完善、操作更便捷的同类软件时，原有产品就不可避免地面临被淘汰的命运。因此，随着时间的发展，尽管信息商品仍然能够很好地实现其自身所拥有的功能，但是已经不能够满足消费者的需求，也就无法继续在市场中生存下去。

(4) 网络效应

信息商品的网络效应是指商品价值随着使用者网络规模变化而变化的特性。信息本身就是人们用来进行沟通的工具，是需要在不同个体之间进行传递的。在信息商品中，除了小部分单向提供、单独使用的商品外，大部分商品效用的发挥都受到网络规模的影响，随着使用人数的增加，商品的价值也会增加。

网络效应包括直接网络效应和间接网络效应两种。[①] 其中，直接网络效应是指一些具有互联需求的信息商品所带来的网络效应，这种情况目前十分常见，也比较容易理解。例如，现在有许多社交类软件，用户可以在软件中阅读其他人创作或分享的内容，也可以和其他用户进行沟通。如果只有一个用户使用该软件，那么该用户完全无法从软件中获得任何信息，但随着用户数量的增长，其他人所能获得的信息也不断增加，软件也更加具有价值。

间接网络效应则是由于互补产品的发展所引起的，这种效应观察起来不如直接网络效应那么直观，但是对于市场的发展具有十分重要的作用。例如，亚马逊通过以较低的价格销售电子书阅读器 Kindle 来促进电子书的销售，而手机 4G 网络的逐步普及则促进了手机软件领域的发展，这都是间接网络效应的具体表现。

2. 信息商品特性对信息资源产业链的影响

(1) 企业间物质交换过程相对弱化

对于传统产业来说，产业链上的企业之间所进行的最重要也是最基本的交流活动就是物质交换，有序高效的物质交换是保障产业链良好运转的必要条件。产业链中的上游企业将原材料传递给生产企业，生产环节中的各个企业间进行半成品的传递，并将最终的成品传递给分销企业，实现商品向市场的流动。物质交换过程的存在对企业的经营活动提出了许多要求：首先，企业在选址时必须考虑原材料市场和终端产品市场的位置，从而有效控制成本；其次，企业间在进行合作时也严格受到地域限制，跨地区的企业合作必须付出更大的运输成本；此外，物质交换过程的存在还要

---

① 马费成. 信息资源管理. 武汉：武汉大学出版社，2001：206.

求企业必须进行有效的库存管理，因为大量的库存需要占用企业空间，同时造成资金流动困难，而库存不足又会降低企业生产效率，甚至影响企业信誉。

相比来说，由于信息商品具有非实体性与独立性，信息资源产业中对物质交换的依赖程度得以大幅度降低。对于一些信息商品来说，由于可以直接通过网络进行传输和销售，其生产和流入市场的全过程都不会涉及物质交换，例如软件、数据库等；而对于需要依附于特定载体进行销售的信息商品来说，通常也并不需要在生产的初期阶段就引入物质载体，而只需要在生产的最终环节将其转移到物质载体上并投入市场，例如，一些刊物的早期校对和修改只需要在电脑上进行，定稿之后才会进行印刷。

因此，在信息资源产业链中，物质交换将不再作为重要活动存在，即使部分信息商品的生产和销售过程中仍然会涉及一些物质载体的运输，但产业的核心价值仍存在于商品的信息内容部分。

(2) 网络运营商成为产业链的重要成员

在信息资源产业中，伴随着物质交换活动的弱化，必然出现信息交换活动的增加。这些在企业间流动的信息由两部分构成：第一部分是同传统产业链相同的、关于商品生产过程的信息，包括企业间就商品的设计、生产、销售等活动所进行的讨论、制定的规划等；第二部分则是信息商品本身，包括商品设计和改进过程中的各个版本内容等。

在企业间进行信息交换，需要网络运营商的支持，运营商的服务能力在很大程度上限制了产业链内企业的合作程度。例如，早期的企业之间只能通过电话、传真进行交流，传递的信息形式比较单一，企业间很难进行深度的合作。而随着信息技术的发展，如今的企业之间已经可以通过网络进行更多维度的沟通，包括视频会议、远程操控等，使跨地区的企业深度合作成为可能，甚至可以使位于不同地区、不同企业的工作人员像面对面一样沟通与合作。此外，大部分信息商品在进行分销时也需要借助网络运营商提供的平台，从而将产品推送至移动用户。

与此同时，网络运营商也逐渐不再满足于单纯为企业提供网络支持，而是希望能够更加深入地参与到各个产业当中，在利用自身优势为动漫、音乐、游戏等产业提供平台的同时，也努力提升自己在产业链中的地位，加强话语权，增强盈利能力。

(3) 产业链中容易增加新的企业

在传统产业中，由于企业间具有比较明确的上下游关系，所以产业链形态相对比较固定，即使产业链上的企业发生变化，通常也是同类型的、具有竞争关系的企业之间通过市场活动替代了原有的产业链内企业。如图 2－8 所示，企业 A′同企业 A 在产业链中所能够承担的活动相同，当 A′所提供的条件对产业链内其他企业来说更加优越时，其他企业就可能选择用 A′来代替原本的企业 A。而由于物质商品在消费过程中完全被消耗，因此产业链内基本不存在可以被再次利用的资源，产业链外其他类别的企业很难加入到已有的产业链中。

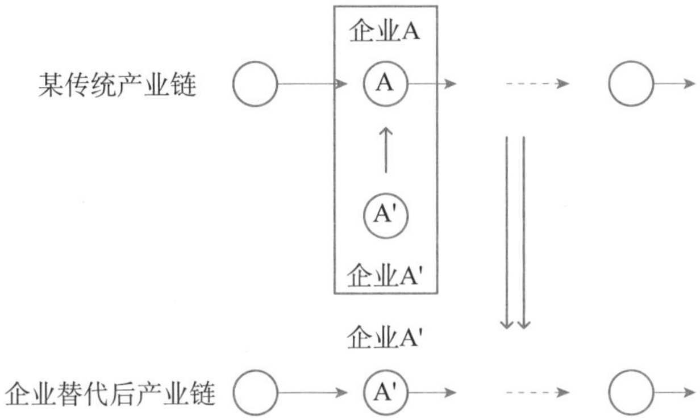

图 2－8 传统产业链内企业替代情况

与此不同的是，在信息资源产业内，由于信息商品具有不完全消耗的特性，使得企业对信息商品的多次开发利用成为可能，也为产业链外的企业加入产业链提供了机会。如图 2－9 所示，在原始产业链中，企业 1 作为企业 2 的供应商，将自身所掌握的信息原料或信息商品半成品传递给企业 2，供其进行进一步的加工和销售。但是，企业 2 获取的仅仅是企业 1 所提供的信息资源的使用权，企业 1 仍然可以保有该部分信息资源的所有权，也可以对其进行进一步的加工，或对其进行形式上的改变。因此，企业 1 可以邀请企业 B 加入现有产业链，对其所拥有的信息资源进行加工，同样，产业链内的其他企业也可以邀请企业进入，如企业 2 引入企业 A 成为自己的下游企业。在这种情况下，新加入的企业 A、B 同产业链内的原有企业间不是竞争和替代的关系，而是一种互补与合作，从而使产业链的产品种类得以丰富，目标市场得以扩张。

（4）对产业链的生产效率要求更高

尽管生产效率对于所有产业来说都是十分重要的，但是由于信息商品具有时效性，信息资源产业中对生产效率的要求要更高。

在现代产业中，由于产业复杂程度增加，单一企业难以完成整个生产

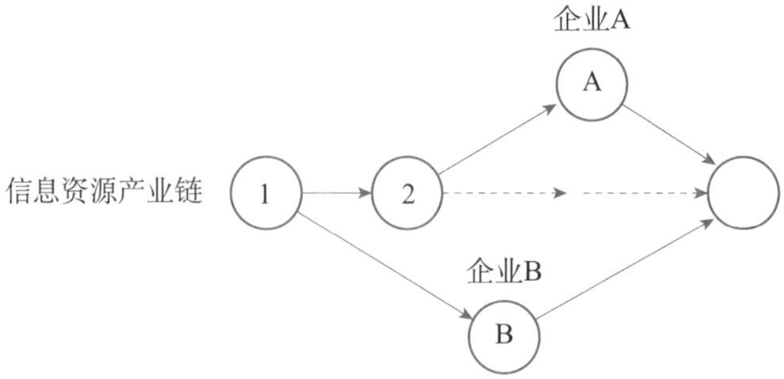

图 2-9　信息资源产业链内企业增长情况

活动，产业内的企业间不得不进行专业分工来提高生产效率，从而出现了产业链这种新的组织形态。诚然，在进行了专业分工之后，企业能够更专注于自身业务活动，通过技术革新、日程管理等手段提高自身效率。但是，信息、资金等资源在产业链内的流通毕竟不同于在单一企业内的流通，各种客观因素的存在会在一定程度上限制产业链的效率。这种限制对于传统产业来说或许是可以被接受的，因为对于传统企业来说，其产品比较固定，一旦生产线进入正常运转的状态，先期的延误就可以被弥补，产品仍然可以源源不断地被生产出来。

但是，对于信息资源产业来说，其中的大量产品都是独创的，尤其是咨询报告等产品，更是一次性消费品，一旦企业不能在限定时限内将产品提供给消费者，那么消费者将不再需要这份产品。即使是软件等可大量复制的信息商品，也时刻面临着被同类商品取代的威胁，对于企业来说，如果不能在第一时间将自己的产品投入市场，而是被其他企业的同类产品捷足先登，那么企业所投入的沉没成本将很难收回，企业甚至会直接破产。因此，在信息资源产业链中，对生产效率的要求要远远高于传统产业，只有保持产业链的高效性，才能在市场中占据一席之地。

(5) 消费者的参与程度增加

在信息资源产业中，消费者在产业链内的重要性明显增强，其作用主要包括两个方面：

第一，为其他消费者提供关于商品的信息。消费者在购买传统的物质商品时，可以直接观察商品的外在特征，例如材质、颜色等，并由此做出是否购买的判断。但是由于信息商品的非实体性，消费者很难通过直接观察获得商品的相关信息，因此也无法进行进一步的判断。在这种情况下，消费者就会更加依赖其他购买者所提供的建议，他们会搜集市场中已经购买了某一信息商品的用户对该商品的评价，并作为决定自己是否购买该商品的重要依据。

第二，参与对信息商品内容的完善。对于传统企业来说，一旦商品被投入市场并被消费者购买，那么整个生产和销售过程就已经基本完成，商品的形式和内容不会再发生改变，消费者已经购得的商品也不会发生价值上的改变。在此之后企业同消费者之间的交互主要是售后服务，即针对消费者在使用商品过程中遇到的问题进行解答，并对商品所出现的问题进行维修。但是，对于一些信息商品来说，其在被消费者购买之后仍然可以实现价值的增长。消费者在购入信息商品之后，可以依据自身的情况对该商品进行信息的增添，通过同一商品不同使用者之间的互联互通，消费者就可以获得更多的信息，信息商品所能发挥的作用得以大幅提升。

2.5 信息资源产业政策依托：政府有限干预理论

2004 年《中共中央办公厅、国务院办公厅关于加强信息资源开发利用工作的若干意见》中，明确提出了“提高信息资源产业的社会效益和经济效益”要求。我国当前实行的是社会主义市场经济体制，包括信息在内的所有社会资源的配置应主要依靠市场机制进行。是故，信息资源产业的发展，应立足于、顺应和依靠市场力量。但我国是发展中国家，信息资源产业又是新兴产业，产业自身的特性及外部环境决定了在其发展过程中会存在更多的“市场失灵”现象，因此，要在我国尽可能快地发展这样一个新产业，还需要依靠政府产业政策这只“看得见的手”。

2.5.1 市场失灵理论及其政策意涵

市场失灵是现代经济学中关于政府干预的基本理由之一。[①] 弥补和纠正市场失灵给经济发展带来的消极影响，通常被视为产业政策的基本功能。

在信息资源产业领域，市场失灵有不同的原因、表现和后果。大体而

① 沃尔夫．市场还是政府：市场政府失灵真相．陆俊，谢旭，译．重庆：重庆出版社，2009.

言，信息资源产业领域的市场失灵主要有三种：第一，机制失灵。即市场机制缺乏必要的组件而不能有效运作，从而不能形成资源的优化配置。比如，市场机制运作需要充足的信息，而信息不充分或不对称则是市场的常态，由此形成了较为普遍的市场失灵状态；又比如，市场机制运作要求有充分的竞争和相应的制度和法律环境，但在中国这样一个由计划向市场转型的经济形态中，可能会存在着市场竞争不足或法律制度环境建设不足的情况。第二，作用失灵。即市场机制本身没有问题，但在特定领域中其作用失效。比如，信息资源作为内容产品，本身与文化、文明相关，具有一定的公共产品性质。想要实现其有效供给，就需要政府以公共利益的代表者身份，或者亲自生产，或者以公共政策的方式促进社会和市场主体有效供给。第三，效果失灵。即市场运作良好，但这种运作可能会给社会带来不好的效果。如市场机制可能会形成垄断性产业组织的出现，不仅会抑制产业的健康发展，还可能会刺激形成信息鸿沟，或者强化其强度和社会不公的恶劣后果。

针对这三种市场失灵，信息资源产业政策也会有不同的功能目标和工具手段：第一，针对机制失灵，产业政策的主要目标就是完善市场机制本身。比如，制定产业组织的信息披露制度，让市场中的信息更加充分，不同主体之间的信息更加对称。强化政策措施，培育信息资源产业组织，形成企业之间的良性竞争；完善市场监管制度，确保信息资源市场的健康平稳发展等。第二，针对作用失灵，产业政策的目标就是建立和完善专门的体制机制，弥补市场作用不及之处。比如建立和完善信息资源的公益性开发利用和服务机制，提升社会信息资源丰裕度水平等。第三，针对效果失灵，产业政策的目标是通过事中或事后有效的监控举措，避免不良后果的发生，或抑制和消除不良后果的影响。比如制定和完善反垄断法，防止和制止不正当竞争，加强信息资源产业的社会管制，维护国家根本利益，保护社会组织和公民个人正当权益。

2.5.2 规模经济理论及其政策意涵

规模经济强调的是规模报酬递增规律，即在达到生产费用最低的最优规模之前，单位生产费用是递减的，所以扩大规模（直至最优规模）对产业或企业而言是有利的。

规模经济理论通常允许甚至鼓励一定程度的垄断。它常常在三种情况下被采用：一是当某个产业的国内或国外市场被外国企业垄断时，为了打破“加入壁垒”，需要政府采用一定的政策，鼓励本国企业达到一定的规模；二是对经济落后的国家而言，为了实现赶超效应，需要在短时间内运用政策手段，提升工厂规模，并进而提升本国产业的实力；三是对某些自然垄断企业，通常由政府直接投资，以使其能够迅速达到使其生产费用最小化的最优经济规模。

规模经济理论与前述的市场失灵理论是相抵触的。对于那些新制度主义经济学的赞成者而言，规模经济理论及其政策可能相对重视企业规模而非产业规模，从而降低企业效率和竞争力。但在相对落后的国家和产业领域，规模经济理论及其产业政策至少在其特定阶段被证明是有效的。

2.5.3 后发优势理论及其政策意涵

后发优势理论起源于李嘉图的国际分工和比较生产费用理论。按照这个理论，各个国家在不同产业上的生产费用之间存在差别，每个国家都应优先发展那些生产费用相对占优的产业（当一个国家的多项产业都占优时，就优先发展优势最大的产业；多项产业都没有优势时，优先发展劣势最小的产业）。借此，每个国家都能通过国际贸易获得比较利益。

比较优势理论后来被日本学者发展成后发优势理论。该理论的核心观点是，落后国家由于可以通过各种方式吸收、利用先进国家的资金、技术和管理经验，同时期劳动力成本较低，在国家的产业政策扶持之下，只要能够达到规模经济，就可能发展出比先进国家更具优势的企业和产业。

后发优势理论基础上的产业政策核心有两点：一是继承了规模经济产业政策的内容，容忍甚至鼓励一定程度的垄断，以提升企业规模；二是保持对外开放，吸收外部资金和技术，同时发展对外贸易。

2.5.4 结构转换理论及其政策意涵

经济增长并非仅仅是一个量的增加过程，也是一个经济结构不断改变的过程。所谓的“配第-克拉克定理”就明确指出，随着经济发展，一国的劳动力会出现从第一产业向第二产业转移，然后向第三产业转移的规律。其后，霍夫曼和库兹涅茨等人先后提出了“霍夫曼定理”和“库兹涅茨增长理论”，分析了经济增长中的产业结构变化规律。

结构转换理论是对上述理论的一个发展。上述理论主要分析的是经济增长过程与产业结构之间的关系；结构转换理论则将其观点应用于产业政策实践，认为产业政策的功能即在于通过促进一国产业结构的改变，推动整个国家的产业结构由低级向高级不断转化，来实现国家的经济增长，最终实现该国的经济赶超战略。

结构转换的本质是利益的再分配过程。在理论上，它借由市场机制自发进行。但在实践中，为了加速结构转换、推动经济快速增长，就需要通过适当的产业政策工具，限制、弱化和淘汰落后产业，维持、强化和发展优势产业，鼓励、支持和壮大新兴产业。

2.5.5 技术开发理论、国家利益理论及其政策意涵

技术开发理论强调技术的知识财富性质。这种知识财富具有三个特征：一是具有公共物品性质；二是前期开发风险巨大；三是开发和利用过程具有外溢性，社会效益大于企业效益。这三个特征表明，私有企业一般情况下不愿、不能进行技术开发，因而，以适当的产业政策来引导和鼓励企业从事技术开发，以为信息资源产业的快速发展提供技术基础和前进动力，成为信息资源产业政策的基本功能。

国家利益理论从维护国家安全和利益的角度出发，认为落后国家的产业面临着先进国家产业的激烈竞争，往往处于不利地位。这时，就需要国家以其看得见的手，通过设立保护壁垒、帮助拓展国内外市场等手段，保护本国弱小的民族产业，待其发展壮大后再逐步放开保护措施。

2.5.6 归结：信息资源产业发展需要有限度的政府干预

前述理论从不同视角揭示了政府在信息资源产业发展中的干预目标和干预方式，这些目标和方式表明，我国信息资源产业的发展，需要政府干预，政府也有条件、有能力干预，但这种干预是有限度的。通常在特定目标实现过程中，主要以产业政策形式完成这种干预。在现实中，信息资源产业政策往往是综合性的，同时融入多种政策目标、内容和手段，见表 2-5。

表 2-5　信息资源产业中的政府干预：目的、理论和具体目标

基本目标	理论基础	具体目标
解决市场失灵	市场失灵理论	• 培育市场主体 • 完善市场制度 • 优化市场环境
		• 提供信息资源服务
		• 反垄断 • 保护消费者、社会和国家利益 • 维护社会公平正义
提升企业实力	规模经济理论	• 培育大型企业规模实力 • 提升国家产业规模实力
提升竞争力	后发优势理论	• 吸引外国技术和管理 • 开拓国际市场 • 提升企业能力
促进经济增长	结构转换理论	• 培育新兴产业 • 淘汰落后产业 • 壮大优势产业
夯实产业技术	技术研发理论	• 增强国家技术研发能力 • 促进企业技术研发活动
维护国家利益	国家利益理论	• 保护民族产业

表 2-5 阐释的政府干预的目标和逻辑，表面上看各有差异，但也具有共同性，这种共同性的集中表现就是政府以产业政策实现的干预是有限度的。这种限度具体体现在以下几个方面：

一是以市场为基础和前提。政府干预不是取代市场，而是对市场予以协助、补充；除了市场难以提供的公共产品需要政府直接提供外，政府产业政策往往通过市场、以利益诱导和信息引导的方式来间接发挥作用。

二是重点着眼于国际市场。政府的干预，特别是产业政策的确立，不管是为了参与国际分工，还是参加国际竞争，或是实现经济增长，都将国际产业分工和国际市场置于政策制定的前提。就此意义而言，产业政策在本质上均属于战略性的经济决策。

三是重在引导企业行为。产业政策属于微观经济政策，以企业作为基本的标的群体。[①] 虽然弥补市场失灵和实现规模经济两种理论下，产业政策应着眼于提升企业规模还是提升企业竞争力，人们有不同的争论，但总

① 曹休宁，田银华，江海潮．产业政策研究的新进展．中国工业经济，2007 (12)：117-123。

体而言，不论哪种产业政策，其结果最终都要通过企业来实现。因而，如何运用产业政策来引导企业行为，使其资源配置沿着政府希望的方向前进，成为产业政策能否成功的关键。

四是不断变化。也就是政府干预是随着经济社会发展、产业自身发展需要而不断变化的。比如，在国家经济较为落后、产业规模较小、层次较低的时期，往往可以采用完善市场机制、通过倾斜政策培育若干重要产业部门或大型企业组织等方式。待产业得到发展、具有一定规模实力后，往往以后发优势和技术研发理论为基础，大力引进外来先进技术和管理，发展国家基础研究，鼓励企业积极进行技术改造，以提升企业的国际竞争力。再后，积极提供公共产品和公共服务，加强和完善对产业的经济和社会管制，为企业发展营造有利的、公平的竞争环境，让企业在竞争中优胜劣汰，以提升企业的整体竞争力。最后，当国家产业和经济实力发展到一定程度时，需要通过产业政策积极引导产业结构升级和转换，以结构升级来促进国家经济的稳定健康发展。

第3章

我国信息资源产业的发展历程

进入信息社会以来，世界各主要发达国家和地区，都对信息资源产业的发展给予了高度的关注和高强度政策支持。这是因为信息资源既可以创造产业价值，也可以与传统产业融合，改造传统流程，优化资源配置，间接产生对材料资源和能量资源的替代效应，意味着发展机遇和战略制高点。① 本章将通过对一系列数据的分析，呈现出我国信息资源产业在近十几年中的发展轨迹，揭示信息资源悄然从消除不确定认识的因素，变身生产要素走向产业化发展的历程。

信息作为消除人们不确定性认识的因素而言，可以说是历史悠久了，但作为生产要素和社会财富的来源在我国却只有几十年的历史，信息资源走向产业化则只正式始于十几年前。我们把信息资源产业在我国的发展历程分为四个阶段：产业萌芽期、初步发展期、快速发展期和平稳发展期，其总体发展特征如表 3－1 所示：

表 3－1　　中国信息资源产业发展的阶段及其特征

特征 阶段	发展规模与速度	细分行业发展	地区分布
产业萌芽期（1990—2003 年）	信息资源产业的概念尚不清晰，具备其特征的出版、数据、互联网信息服务等行业分散、规模较小、竞争力较差	细分行业组成和结构尚不清晰，传统的细分行业（如出版业）、围绕互联网和信息技术的新兴行业（如网游、网络教育）均有一定发展	局限在个别经济较为发达的省市（如上海、北京、广东），其余地区的信息资源相关产业发展水平均较低

① 冯惠玲．重视“信息资源”的战略价值．人民日报，2014－10－23．

续前表

阶段＼特征	发展规模与速度	细分行业发展	地区分布
初步发展期（2004—2007 年）	在信息资源产业的总概念下，发展规模不大但增速较高	传统细分行业（如出版业）比重较高，新兴的或知识密集的细分行业（如咨询业、中介业）增速较快；个别细分行业（如档案博物业）尚未起步	各地区信息资源产业普遍发展，其中华北、华东和华南地区经济较为发达的省级地区（如北京、浙江、广东）呈现明显领先优势
快速发展期（2008—2011 年）	发展规模明显壮大且继续保持较高的增速	部分新兴行业（如咨询业、中介业）的比重显著提高、传统细分行业（如出版业）的比重下降；个别细分行业（如档案博物业）的发展起步	更多的省级地区信息资源产业发展迅速，规模迅速扩展；华东地区各省的领先优势凸显，占据产业发展高地
平稳发展期（2012 年至今）	发展规模继续壮大，发展增速有所回落，但仍保持上涨趋势	各细分行业均有所发展，细分行业结构趋于稳定；新兴行业继续保持高速发展，传统行业比重平稳下降，让位于新兴行业；信息资源产业与其他产业的相互渗透加剧，如工业互联网、电子商务等	信息资源产业的地区布局基本稳定，集中于经济发达的几大地带，形成华东为主、华北与华南为两翼的“东强西弱”的分布图

3.1 产业萌芽期

随着我国经济社会信息化水平的不断提升，信息资源的战略价值逐渐凸显，日益为社会各方面所关注和重视。早在 1984 年，邓小平同志为《经济参考报》的题词“开发信息资源，服务四化建设”就已经明确地提出“信息资源”概念。但根据笔者的调查，国际上尚未见到“信息资源产业”的提法。90 年代初，信息资源在信息化中的核心地位得到普遍认可，“3C”（communication，computer，content）即“通信、计算机、内容”的提法开始出现，其中，内容（Content）代表的是信息资源本身。由于信息提供和信息咨询的产业规模异军突起，为了与原有的“信息服务业”进行区分，国际上开始使用“信息内容产业”概念，亦即“信息资源产业”。1996年，朱幼平等人首次指出“信息资源业即开发利用信息资源的行业”。[①] 1998年，庞景安在其文章中提到“信息资源产业”对应于3C中的“content”。[②] 2001年12月27日，江泽民在为《中国信息化探索与实践》一书所作的序言中指出，材料、能源和信息是现代社会发展的三大资源，要保持我国经济持续快速健康发展，必须把开发信息资源摆在重要战略位置。基于以上阐述可以发现，事实上，中国的信息资源产业已经萌芽，体现在出版业、咨询业、动漫业、广播影视、市场调查、网络游戏、互联网信息服务等产业的发展方面。虽然这些产业在名称上尚未被冠以“信息资源产业”之名，但其从事的经济活动内容性质已符合本书前文提到的信息资源产业的基本特征。

3.1.1 相关行业的规模和竞争力

由于在2004年及之前国家统计局颁布的《统计上划分信息相关产业暂行规定》中，信息资源产业未被清晰界定，只在与信息内容相关的子类中找到数据，因此关于信息资源产业萌芽时期的发展状况也只能以“拼图”的方式窥见一斑。比如，2001年中国网络游戏产值仅3.1亿元，2002年仅一年就增长至9.1亿元，2003年市场产值已经直逼20亿元，相当于电影业的产值；2003年我国数字出版相关产业直接产值为25亿元；2003年全国的网络教育市场规模达到17.8亿元，同比增长55.3%。[③] 2003年中国网络广告收入达到8.7亿元，比2002年增加2.9亿元，增幅达到50%。[④] 内容产业是与信息资源产业在概念内涵和外延上关系最密切的，研究显示，2003年中国数字内容产业的总规模为310亿元，主要以网络服务、数字影音动画、无线内容服务、数字教育、数字出版为主。[⑤]

然而，这一时期信息资源产业的总体规模仍较小，除了带有一部分传统产业特点的新闻出版行业等之外，绝大多数行业，特别是新兴行业内部

① 朱幼平．我国信息资源业发展的十大问题．中国软科学，1996（6）．

② 庞景安．网络环境下我国信息资源产业的发展．中国信息导报，1998（3）．

③ 国务院发展研究中心产业经济研究部．促进信息资源产业发展的政策研究．2005-12-28.

④ 赛迪顾问．2003年中国传媒产业投资机会研究年度报告．2004年2月．

⑤ 赛迪顾问．2004—2005年中国数字内容产业投资机会研究年度报告．2005年12月．

企业规模偏小、竞争力不足是常规形态。2003年之前，符合信息资源产业特征的新兴企业中，万方、慧聪、清华同方光盘就算是比较大的了，却也不过只有几亿的营业规模。大约有50%左右企业的注册资金不超过1 000万元，由此推断，当时国内信息资源产业（不含传统新闻出版行业等）的总规模很难超过30亿元，即使加上外企在中国的销售不会超过50亿。根据国家信息中心统计的数据，信息资源服务企业普遍处于亏损阶段，盈利的企业只占极小部分，2001年，约占55.6%的企业处于亏损状态。① 信息内容和服务产品缺乏深度、客户群不稳定、服务方式单一等是这一阶段信息资源产业发展的主要特征。在管理和政策方面也存在明显的制度建设不完善、政策力度较弱、多头管理、公共部门垄断等问题，同时政府管理部门对信息资源作为生产要素的认识较差、信息资源市场监管不到位、企业体制僵化等也是制约信息资源产业发展的重要因素。

3.1.2 产业分布的过度集中问题

这一阶段，信息资源产业明显集中于经济较为发达的少数地区。以信息服务业为例，由于以北京为中心的华北地区，以上海和南京为中心的华东地区，以深圳和广州为中心的华南地区IT应用需求规模一直占据重要位置，为此形成这些地区占据信息服务市场的大部分份额的局面。这种态势仍将继续保持相当长的时间。② 再以网游业为例，北京、上海、广东、福建和四川五个省市，汇聚了95%左右的游戏数量和运营商数量；从盈利份额的区域分布上看，以盛大和九城为代表的上海企业无疑占据了绝对的优势，以75%的比重领先于北京和广东地区。③ 再以数字电视业为例，虽然政府批复的数字电视试点城市范围较为广泛，但其消费高地仍然集中于北京、上海、广东等省市，此外，山东、浙江等省的消费数额也较高。④

---

① 中国人民大学信息学院课题组．信息市场与信息资源产业政策研究．2005年4月．

② 赛迪顾问．信息服务报告．2002年2月．

③ 赛迪顾问．2004—2005年中国数字内容产业投资机会研究年度报告．2005年12月．

④ 赛迪顾问．2004数字电视产业发展年度报告．2005年2月．

3.2 初步发展期

2004年12月《中共中央办公厅、国务院办公厅关于加强信息资源开发利用工作的若干意见》(中办发〔2004〕34号)的发布，可以称得上我国信息资源产业大规模发展的始发站。这份纲领性文件第一次以我国最高层次党政机关名义明确提出“促进信息资源产业健康快速发展。研究制定促进信息资源产业发展的政策和规划”，充分肯定了信息资源产业的重要性，明确了党和国家对信息资源产业发展的基本价值判断和鲜明态度。随后在由中共中央办公厅、国务院办公厅印发的《2006—2020年国家信息化发展战略》中进一步明确强调“信息资源日益成为重要生产要素、无形资产和社会财富”，并指出要“坚持把开发利用信息资源放到重要位置”，“确立科学的信息资源观，把信息资源提升到与能源、材料同等重要的地位，为发展知识密集型产业创造条件”，“大力发展以数字化、网络化为主要特征的现代信息服务业，促进信息资源的开发利用。充分发挥信息资源开发利用对节约资源、能源和提高效益的作用，发挥信息流对人员流、物质流和资金流的引导作用，促进经济增长方式的转变和资源节约型社会的建设”。

在党和国家一系列“谋大局，促发展，深耕作，放长远”重要战略安排的推动下，我国信息资源产业在2004年至2007年间，从小渐大、由弱向强，产业规模逐年扩大、发展水平逐年提高。具体来讲，此阶段信息资源产业的发展呈现如下特征。

3.2.1 发展概貌

2004—2007年间，中国信息资源产业的营业收入年增长率依次为25.50%、18.90%和18.40%，产业总体上呈现平稳上涨趋势。根据我们对相关统计数据的折合计算，2004年我国信息资源产业营业收入约为5 636亿元人民币，而到2007年这一数据增至9 958亿元人民币，信息资源产业实现了初步的发展。

如图3-1所示，各个细分行业的营业收入年增长率均超过15%，其中绝大多数领域保持了较高的增长。在各细分行业中，技术推广服务业的营业收入年均增长率最高，达到了30.2%，营业收入从2004年的218亿元增长到了2007年的477亿元；勘探测绘业的营业收入年均增长率次之，达到了27.7%，营业收入从2004年的38亿元增长到了2007年的75亿元。代理经纪中介业、数据内容制作处理业、通信技术服务业、咨询与管理服务业的产业规模更大，并且营业收入年均增长率均超过了20%，2007年的营业收入分别达到了1 155亿元、1 272亿元、1 620亿元和2 030亿元；出版发行及租售业的增速在各细分行业中相对不高，年均增长率仅为15.3%，但其总规模较大，2007年达到了1 968亿元。

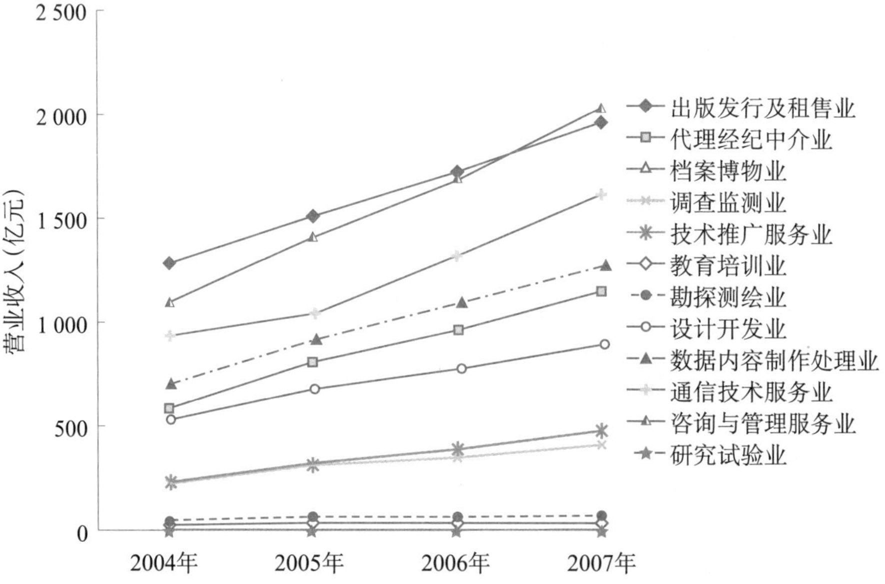

图3-1 2004—2007年间信息资源产业细分行业的发展变化

3.2.2 产业结构

在2004—2008年间，信息资源产业内部各细分行业的比重如图3-2所示：出版发行及租售业、咨询与管理服务业依次位居前两位，占比分别为20%左右，在此期间的总营业收入依次为6 490亿元和6 221亿元；通信技术服务业、数据内容制作处理业与代理经纪中介业所占比重均处于10%～15%之间，在此期间的总营业收入依次为4 891亿元、3 981亿元和3 517亿元；此外，设计开发业、技术推广服务业和调查监测业也占有一定比重，在此期间的总营业收入依次达到了2 887亿元、1 398亿元和

1 298 亿元；勘探测绘业、教育培训业、档案博物业、研究试验业等其他细分行业的占比均较小，在此期间的总营业收入均不超过 300 亿元，发展水平仍有待提高。

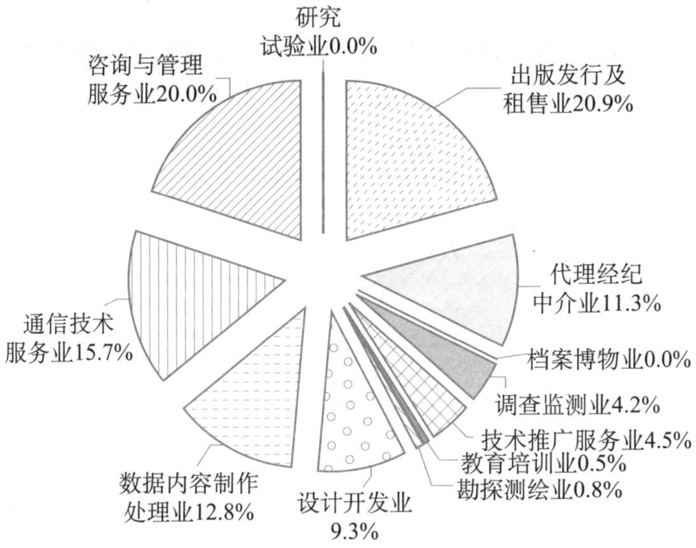

图 3 - 2　2004—2007 年间信息资源行业内部细分行业的比重

此外，结合图 3 - 1 和图 3 - 2 还可以看出，部分细分行业的增速与产业平均增速的差异较为明显。比如：咨询与管理服务业营业收入的增速显著高于信息资源产业平均水平，虽然在 2004 年信息资源产业各细分行业中，该行业以 1 085 亿元的营业收入额在各细分行业中位列第二位，但在 2007 年其营业收入已达到 2 030 亿元，并超过出版发行及租售业 1 968 亿元的数字，跃居各细分行业营业收入第一位；技术推广服务业也出现了类似的情况，2004 年的营业收入（218 亿元）略低于调查监测业（229 亿元），在 2005 之后的两年则逐步显现出领先优势，2007 年技术推广服务业以 477 亿元的营业收入额超过调查监测业 418 亿元的数字。这种在增速上的变化趋势，反映出信息资源产业内部格局正在悄然变化之中，为下一阶段的快速发展与结构调整奠定了基础。

3.2.3　区域差异

2004—2007 年间，我国信息资源产业的营业收入存在明显的地区差异。根据地理特征可将我国划分为华北、华东、华中、华南、东北、西南和西北共七个区域。按照这一划分方式，如图 3－3 所示，可以发现华北与华东地区的信息资源产业营业收入均占全国的 26.5%，在此期间的总收入分别达到 8 200 多亿元，并居首位；其次是华南地区，占比 14.9%，在此期间的总收入达到 4 628 亿元；再次是西南、华中、东北地区，占比均为 10%左右，在此期间的总收入分别达到 3 000 亿元左右，西北地区占比最小，仅为 4.3%，在此期间的总收入为 1 344 亿元。

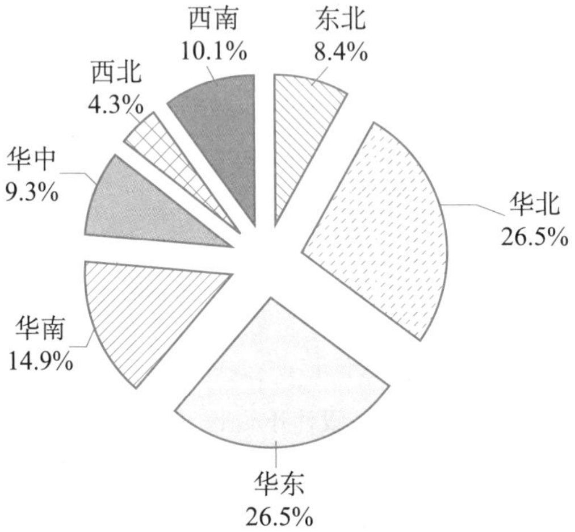

图 3－3　2004—2007 年信息资源产业的地域分布

从省级行政区域来看，信息资源产业的发展也存在不均衡的状况。在华北地区中，北京市的信息资源产业总营业收入为 5 286 亿元，为全国各省级地区之首，占华北地区收入总量的 65.5%。在华东地区中，各省级地区信息资源产业发展更为均衡，浙江、山东和上海三省的营业收入均占地区总量的 20%以上，总营业收入依次达到 2 172 亿元、1 706 亿元和 1 698 亿元；华南地区信息资源产业的主力是广东省，其营业收入为 3 618 亿元，在全国各省级地区中位居第二位，占华南地区总量的 78.2%。

在此阶段，信息资源产业的地区格局与 2004 年之前相比发生了明显的变化。最显著的是华南地区的迅猛发展。如图 3－4 所示，华南地区信息资源产业在 2004 年以前，与东北、西南、华中等地区相差无几，信息资源产业总营业收入均为 600 多亿元，但 2006 年开始飞速发展，在其他三个地区信息资源产业营业收入无明显的上涨趋势（均不超过 850 亿元）的情况下，华南地区的营业收入达到 1 252 亿元，远远领先于另外三个地区，跃居各地区营业收入第三位。

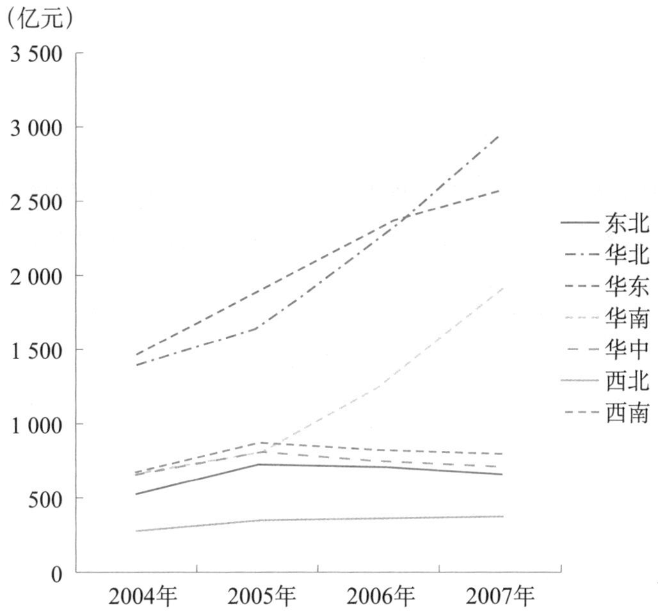

图 3-4　2004—2007 年各地区信息资源产业的增长趋势

总体来看，2004—2007 年间，中国信息资源产业呈现良好的上升态势，在国家政策的引导下，实现了初步的发展并达到了可观的规模，在国民经济各产业发展中已占据重要地位（营业收入约为 GDP 的 5%），为后续的发展奠定了基础。然而，信息资源产业细分行业和地区间发展不均衡，个别细分行业发展尚且起步等问题，应引起足够重视。

3.3　快速发展期

2008 年，中国信息资源产业的营业收入比 2007 年增长超过 40.47%，产业总营业收入从 2007 年的 9 958 亿元，一跃达到 13 988 亿元，信息资源产业从业人口同样呈现稳健增长态势，2008 年达到 1 522 万人，标志着中国信息资源产业进入快速发展阶段。这一阶段大致持续到 2011 年。此阶段的发展呈现如下特征：

3.3.1　发展概貌

2008—2011 年期间，信息资源产业保持了较高的发展速度，年增长率依次为40.47%、28.81%、16.93%和19.51%，截至2011年，信息资源产业总营业收入已达到25 179.5亿元。在这4年中，信息资源产业总营业收入达到78 255亿元，约为初步发展期（2004—2007年）同类数据的3.5倍，发展速度可见一斑。

从各地区来看，信息资源产业在此阶段均保持了良好的增长速度。从图3-5可以看出，信息资源产业发展水平从高至低依次为华东、华北、华南、华中、西南和西北，但无一例外地实现了营业收入的提高。其中，华东地区不仅产业总量最大，增长速度也最快，信息资源产业总营业收入从2008年的4 476亿元，提升至2011年的9 242亿元，增长幅度达到206.5%，带动了中国信息资源产业在此期间实现了总体的快速发展。华北和华南地区的信息资源产业总营业收入也实现了明显的增长，华北地区增速相对较慢但总量较大，到2011年达到了4 783亿元，增长了133.6%；华南地区增速相对较快但总量相对较小，到2011年达到了3 813亿元，增长了173.4%。华中、东北和西南三个地区的总量和增幅均相对较小，但截至2011年，信息资源产业总营业收入也均超过了1 700亿元，总量和增幅最小的西北地区在2011年也达到了近1 000亿元，比2008年增长了168.4%。

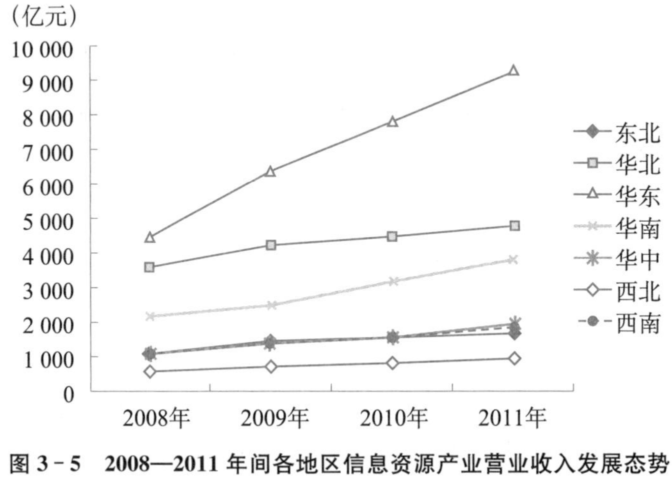

图3-5　2008—2011年间各地区信息资源产业营业收入发展态势

此阶段信息资源产业中的诸多各细分行业均保持了较高的增长速度，比如从图3-6可以看出，咨询与管理服务业在此期间的营业收入年增长率依次为31.4%、18.2%和18.0%，从2008年的2 961亿元，增长到2011年的5 429亿元；代理经纪中介业的营业收入年增长率依次为39.3%、19.5%和20.6%，从2008年的1 902亿元，增长到2011年的3 818亿元；

数据内容制作处理业的营业收入年增长率依次为 32.0%、14.5%和 17.0%，从 2008 年的 1 870 亿元，增长到 2011 年的 3 307 亿元。可以说，除了教育培训、研究试验等个别行业以外，绝大多数信息资源产业的细分行业均实现了快速增长。

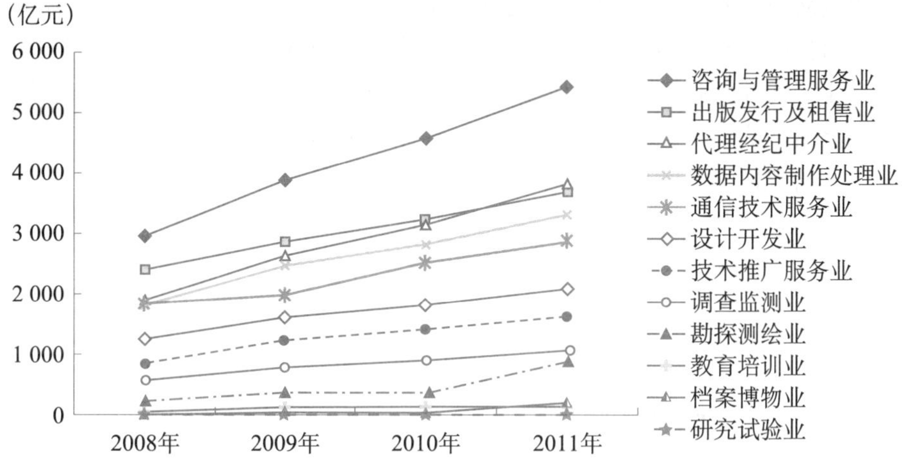

图 3-6 2008—2011 年间信息资源产业各细分行业营业收入发展趋势

3.3.2 产业结构

2008—2011 年期间，中国信息资源产业内部细分行业的增速仍延续了初步发展期的趋势，比如，如图 3-6 所示，咨询与管理服务业和代理经纪中介业的年均增长率（分别为 22.5%和 26.5%）进一步提高，出版发行及租售业的发展速度继续下降，在此期间的年均增长率仅为 15.2%，为各细分行业最低。此外，勘探测绘业在 2011 年的发展增速也超过了产业平均速度。这些发展趋势上的变化使信息资源产业内部细分行业之间的结构发生了调整。

此阶段信息资源产业内部各细分行业的比重如图 3-7 所示。其最显著的变化是，出版发行及租售业的占比从初步发展期的 20.9%下降到 15.6%，在此期间的总营业收入为 12 241 亿元，退居第二位，咨询与管理服务业的占比从 20.0%上升至 21.6%，在此期间的总营业收入为 16 882 亿元，跃居第一位。从图 3-6 也可以看出，在这四年中，咨询与管理服务业的营业收入始终领先于出版发行及租售业，在细分行业中的“领头羊”地位已然确立。通信技术服务业、数据内容制作业与代理经纪中介业所占比重仍处于10%～15%之间，但代理经纪中介业的比重明显上升，在此期间的总营业收入达到11 536亿元，比重提至14.7%，通信技术服务业的比重有所下降，在此期间的总营业收入达到9 215亿元，比重降至11.8%。

此外，设计开发业、技术推广服务业和调查监测业占信息资源产业的总比重从初步发展期的18.0%提升至19.7%，总营业收入从上一阶段的5 581亿元提升至此阶段的15 409亿元；勘探测绘业、教育培训业、档案博物业等细分行业的占比较小的行业，在产业中的总比重在这一阶段也有明显提高，从1.3%提升至3.2%，总营业收入从上一阶段的395亿元提升至此阶段的2 500亿元。这说明这些在信息资源产业中占比较小的行业取得的进步较大，整体上，信息资源产业的各细分行业正在向全面发展迈进。

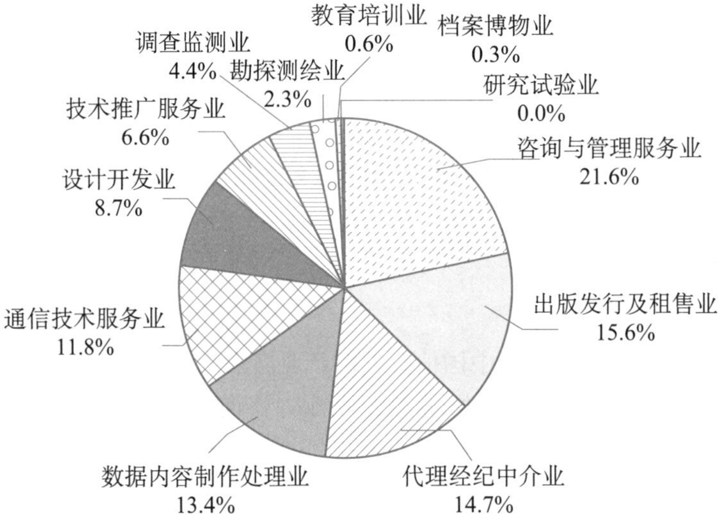

图3-7　2008—2011年间信息资源产业各细分行业比重

3.3.3　区域差异

在此阶段，信息资源产业地区发展不均衡的状况持续存在，但与初步发展期的特征却不同。如图3-8所示，2008—2011年间，华东地区的上海、浙江、山东、江苏、福建、安徽六省市均在信息资源产业发展上取得了不俗的成绩，其中前四名在此期间的营业收入均超过5 000亿元，在各省级地区中依次位居第3、4、5、6名，福建省和安徽省的信息资源产业总营业收入分别为 2 000 亿元左右，在各省级地区中依次位居第 9、12 名；华东地区只有江西省的表现相对较差，在此期间的总营业收入也达到了近 1 000 亿元，位居省级地区第 23 名。可以说，在此期间华东地区在中国信息资源产业发展上面发挥了引领作用。

与之相比，在华北地区只有北京市的信息资源产业增长迅猛，几乎比上一阶段翻了一番，在此期间的总营业收入达到了 11 278 亿元，仍旧位居各省级地区之首，但由于该地区其他四省无显著增长，因而在地区总实力上不敌华东地区。与初步发展期相比，华南地区的信息资源产业比重略有提升，从 14.9%提升至 15.6%，此阶段的地区总营业收入也从上一阶段的 4 628 亿元提升至 21 101 亿元；其中，广东省的总营业收入达到了 9 627 亿元，仍然位居各省级地区的第二位。相比之下，华中、西南、东北、西北四个地区仍为信息资源产业发展的低谷，所占比重均不超过 8%，在此期间，这些地区的产业总营业收入最高不超过 11 000 亿元。

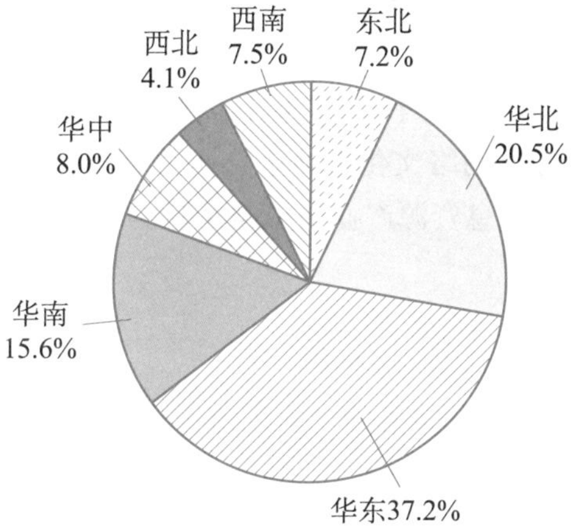

图 3－8　2008—2011 年间信息资源产业营业收入地区分布

3.4　平稳发展期

经历了产业萌芽期、初步发展期和快速发展期三个阶段，2012 年开始，中国信息资源产业的发展已逐渐步入稳定阶段，这一阶段持续至今。2013 年，在世界经济形势继续向下滑行的大背景下，中国经济局势复杂，上半年经济形势严峻，经济增速出现连续两个季度的下滑，下半年政府宏观政策展现强有力的引导作用，改革进一步深化到经济生活的方方面面，在复杂的经济局势中，信息资源的产业迸发出惊人的活力，逐渐崭露头角。在这一年，国务院印发《关于促进信息消费扩大内需的若干意见》，提出要“加快信息产业优化升级，大力丰富信息消费内容，提高信息网络安全保障能力，建立促进信息消费持续稳定增长的长效机制，推动面向生产、生活和管理的信息消费快速健康增长，为经济平稳较快发展和民生改善发挥更大作用”，要“打破行业进入壁垒，促进信息资源开放共享和企业公平竞争，在竞争性领域坚持市场化运行，在社会管理和公共服务领域积极引入市场机制，增强信息消费发展的内生动力”，要“培育发展新型业态，提升信息产品、服务、内容的有效供给水平，挖掘和释放消费潜力”，要使“面向生产、生活和管理的信息产品和服务更加丰富”，要“拓展新兴信息服务业态”，要“大力发展数字出版、互动新媒体、移动多媒体等新兴文化产业，促进动漫游戏、数字音乐、网络艺术品等数字文化内容的消费”，要“加强数字文化内容产品和服务开发，建立数字内容生产、转换、加工、投送平台，丰富信息消费内容产品供给”，要“加强基于互联网的新兴媒体建设，实施网络文化信息内容建设工程，推动优秀文化产品网络传播，鼓励各类网络文化企业生产提供健康向上的信息内容”。在政策的强力支撑下，信息资源产业却取得了较为平稳的发展，并保持上升趋势。

3.4.1 发展概貌

2012—2014 年期间，信息资源产业发展速度有所减缓但依然保持增长趋势，年增长率依次为 10.9%和 2.1%，截至 2014 年，信息资源产业总营业收入已达到 31 248 亿元，约为 2004 年同类数据的 5.5 倍；2013 年信息资源产业的从业人口增长到 2 888 万人，比 2008 年增长了将近一倍。总的来说，信息资源产业的发展已进入了较为稳定的阶段。

从各地区来看，信息资源产业的增长速度也明显放缓了。从图 3－9 可以看出，只有华东和华南两个发展水平较高的地区呈现出了较为明显的增长趋势，其他地区在近 3 年中的增长趋势都十分平缓。其中，华东地区不仅产业总量最大，增长速度也仍然保持最快，信息资源产业总营业收入从 2012 年的 10 630 亿元，提升至 2014 年的 12 136 亿元，增长幅度为 14.2%。华南地区信息资源产业总营业收入从 2012 年的 4 423 亿元，提升至 2014 年的5 096亿元，增长幅度为15.2%。华中、西南、西北三个地区近三年的信息资源产业营业收入增长幅度也达到了15%左右，但总量相对较小，信息资源产业在2014年的营业收入依次达到2 668亿元、2 362亿元和1 335亿元。相比之下，华北和东北两个地区的增长幅度较低，2014年的产业总营业收入比2012年增长的幅度均低于10%。

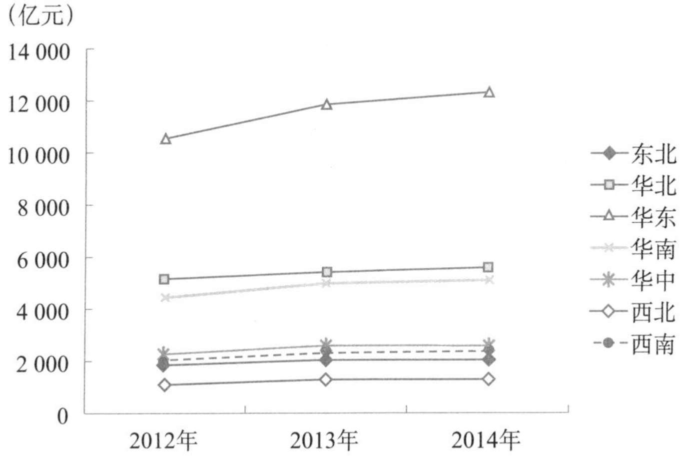

图3-9　2012—2014年信息资源产业的各地区发展趋势

从信息资源产业的细分行业发展趋势也可以看出，大部分细分行业的平缓速度均较为平缓，营业收入年均增长率处于4.8%～7.5%之间，如图3-10所示。在各行业中，代理经纪中介业的营业收入年均增长率为7.5%，从2012年的4 405亿元，增长到2014年的5 078亿元。咨询与管理服务业在此期间的营业收入年均增长率位列第二位，为6.9%，从2012年的6 174亿元，增长到2014年的7 040亿元。数据内容制作处理业在此期间的营业收入年均增长率位列第三位，为6.7%，从2012年的3 740亿元，增长到2014年的4 246亿元。

3.4.2　产业结构

2012—2014年期间，中国信息资源产业内部细分行业的增速仍延续了快速发展期的趋势，比如，如图3-10所示，咨询与管理服务业和代理经纪中介业的营业收入仍然保持较快的上升趋势，与之相比，出版发行及租售业的发展速度继续下降。这种状况进一步夯实了快速发展期的产业内部细分行业结构。

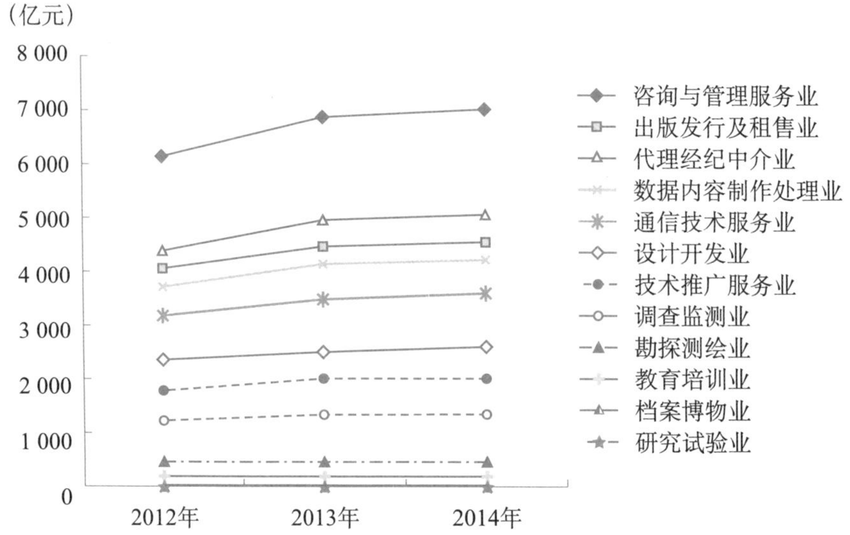

图 3-10　2012—2014 年信息资源产业细分行业的发展趋势

具体来讲，此阶段信息资源产业内部各细分行业的比重如图 3-11 所示。咨询与管理服务业的占比上升至 22.5%，在此期间的总营业收入为 20 110 亿元，仍旧占据各行业第一位；从图 3-10 也可以看出，在这三年中，咨询与管理服务业的营业收入始终领先于出版发行及租售业，在细分行业中的“领头羊”地位日益稳固。代理经纪中介业的比重明显上升，在此期间的总营业收入达到 14 459 亿元，比重提至 16%，上升为各行业第二位。出版发行及租售业的占比继续下降至 14.7%，在此期间的总营业收入为 13 185 亿元，退居第三位。通信技术服务业的占比继续下降至 11.6%，在此期间的总营业收入为 10 368 亿元。数据内容制作处理业的占比略有提高，为 13.6%，在此期间的总营业收入为 12 147 亿元。

与快速发展期相比，设计开发业、技术推广服务业、调查监测业、勘探测绘业、教育培训业、档案博物业等细分行业占信息资源产业的总比重变化不大，信息资源产业的各细分行业仍然保持全面发展的趋势，但显然这些细分行业仍需要更强的发展动力。

此外，这一期间信息资源产业内部细分行业还有呈现出一个新特征，即与其他产业的相互渗透加剧，如工业互联网、电子商务等行业，对信息资源的依赖度显著增强，通过开发利用相关数据促进了其他类型业务的快速发展。

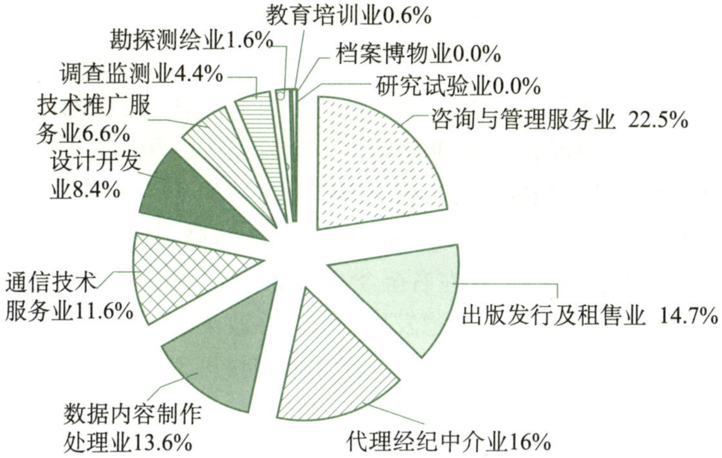

图 3－11　2012—2014 年信息资源产业细分行业的比重

3.4.3　区域差异

在此阶段，信息资源产业地区发展不均衡的状况持续存在，但最为突出的特征是华东地区的优势进一步增加、华南优势提升、华北有所减弱，“华东为主、华北华南为辅”的基本格局形成。如图 3－12 所示，2012—2014 年间，华东地区各省在信息资源产业发展上仍保持卓越的成绩，在此期间总营业收入达到 34 635 亿元，继续引领中国信息资源产业的发展。

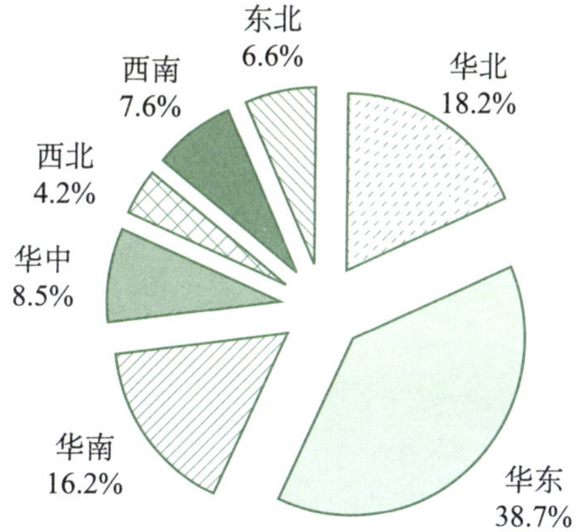

图 3－12　2012—2014 年信息资源产业的地区分布

与快速发展期相比，华南地区的信息资源产业比重略有提升，从 15.6% 提升至 16.2%；其中，广东省的总营业收入达到了 11 673 亿元，超越北京市位居各省级地区的第一位，带动华南地区与华北地区并驾齐驱。同时，在华北地区只有北京市的信息资源产业有所下降，在此期间的总营业收入为 9 330 亿元，退居各省级地区第二位，相应地，华北地区的产业发展水平也下降了，在此期间的总营业收入为 16 267 亿元。相比之下，华中、西南、东北、西北四个地区仍为信息资源产业发展的低谷，所占比重均不超过 9%，在此期间，这些地区的产业总营业收入最高不超过 8 000 亿元。

信息资源产业自 1990 年左右至今，已经经历了萌芽、初步发展和快速发展三个阶段，目前正处于平稳发展阶段。在政策的强力推动下，信息资源产业从无到有、从弱到强，发展速度从慢到快再到平稳，始终保持持续增长的趋势；产业内部细分行业中，新兴行业的比重不断提高，传统行业的比重逐步降低，华东地区信息资源产业的发展水平不断提高，目前已形成以华东为主、华北和华南为辅的产业区域分布局面。当然，这一过程也展现出中国信息资源产业发展的不足，比如整体规模和国际竞争力仍有待提升，地区和细分行业不均衡，部分地区和细分行业的发展水平仍较低，信息资源产业整体虽然已进入平稳发展期，但在现阶段明显动力不足，对政策的需求更加强烈。

第二篇 信息资源产业核心特征与发展评价

中国信息资源产业发展与政策

第 4 章

我国信息资源产业供需特征

在产业发展过程中，供给和需求是处于对立统一关系中的一对矛盾。只有这对矛盾处理得当时，需求和供给才能达到平衡，成为产业发展的动力。充分认识和把握信息资源产业在供需关系方面的特点，是使信息资源产业通过产业政策作用实现健康发展的重要前提条件。本章从需求因素和供给因素的基本分析入手，讨论了信息资源产业的供需关系问题，有关结论对信息资源产业及其政策的发展有重要价值。

4.1 需求因素分析

信息资源产业的发展得益于来自不同方面的需求，就相关度来说，其发展主要由以下四个方面的需求推动：第一，社会经济需要转型与升级；第二，社会在政治领域面临变革；第三，以改善民生为目的的社会事业在积极建设之中；第四，社会文化需求在不断攀升。

4.1.1 社会经济需求

随着现代信息与通信技术的发展及配套设施的逐步完善，信息资源在经济发展中发挥着越来越重要的作用，不仅为其他产业的发展提供资源条件支持，而且成为日趋壮大的独立产业，在国民经济中占有举足轻重的地位。信息资源产业的蓬勃发展是社会经济发展所需，逐渐成为社会经济发展的推动力和优化社会经济结构的关键，成为衡量各国与地区经济实力的重要指标。

国内外学术界普遍认同世界由材料、能量、信息三大要素组成，材料资源、能量资源、信息资源构成了人类社会发展的三大基础资源。早在20世纪70年代，美国社会学家丹尼尔·贝尔就曾提出这样的论断：在前工业社会，驱动社会发展的资源是风、水、牲畜、人力（体力）等自然资源；工业社会中的发展资源是以石油、天然气、煤等带来的电能、核能为代表的人造能源；而后工业社会，也就是信息社会，决定发展的资源是以计算机、数据传输系统等为表征的信息资源，这时社会财富的增长将以知识而不是体力劳动为基础。

目前，信息资源正逐渐成为一个国家和地区实现经济财富增长、形成国际和地区影响力的重要战略性资源。信息资源的规模正在呈现突飞猛进的增长，例如谷歌公司每天要处理超过24 PB（2的50次方字节）数据，Facebook每天收录30亿次点击和上传，这些处于创新前沿的行业巨头正在把数据当作其核心资产。凭借这些丰富的信息资源，这些巨头不仅带领着信息资源产业的发展，更是成为国家与地区乃至全球经济发展的引领者。在我国，阿里巴巴、百度、腾讯等信息资源产业的开拓者能够得以雄踞市场的原因就在于积极收集信息资源，并以创新的方式挖掘信息资源的价值，推出多元的信息资源产品与服务。资源结构重心向信息资源的转变，极大提升了整个经济环境的活力，促进经济结构的调整与优化、发展信息资源产业成为必要且迫切的事情。

因此，信息资源也开始受到各国政府前所未有的重视，当前，发展大数据产业，即大数据的商业化应用成为各国政府推动信息资源产业乃至整体经济发展的重要手段。例如美国政府投资2亿美元于2012年3月启动“大数据研究和发展计划”，我国国务院总理李克强在十二届全国人大二次会议上所做的政府工作报告中则明确提出要“要促进信息消费，实施‘宽带中国’战略”，于2015年8月国务院常务会议审议通过的《关于促进大数据发展的行动纲要》，强调要顺应潮流引导支持大数据产业发展，以企业为主体、以市场为导向，加大政策支持，着力营造宽松公平环境，建立市场化应用机制，深化大数据在各行业的创新应用，形成与需求紧密结合的大数据产品体系。

同时，随着以云计算、大数据、物联网等新事物为标志的新一代互联网技术的应用，信息资源产业的发展更加成为经济发展的关键因素之一。

一方面，信息与通信技术使得信息资源能够更加有效地实现对传统资源的节约和效用倍增。与发达国家相比，我国第一、第二产业的比重仍偏高，耗费大量的物质资源，就是在 2013 年，我国服务业的比重也没有达到 47%，与国际平均在 60%的水平差距很大。造成这些产业结构问题的原因之一在于我国信息资源产业还比较弱小，未能充分发挥应有的作用。因此，大力发展信息资源产业是我国调整产业结构的迫切要求。例如，利用信息资源仅仅将全球燃气发电厂生产效率提高 1%，就可以节约价值 660 亿美元的燃油。今天，信息资源的可重复利用性和可增值性使得信息资源对社会经济发展的贡献潜力显得格外引人瞩目。另一方面，信息资源开发与利用的技术的发展使得信息资源能够以更加满足市场需求的产品与服务的形式呈现，促进了产品结构的优化。信息资源产品与服务在能源消耗上相对较低，在组成上有很大一部分是虚拟产品，从数字出版到新兴媒体，都在使产品更加多元化，满足人们生活、学习和工作多方面的需求，使市场在高效的状态以更加活跃与节能的方式发展。我国传统产业当然不能全部消失，正确的选择应当是全面的优化升级。传统产业优化升级主要通过增加技术和知识含量实现，而技术和知识的生产都需要依靠信息资源产业供给。技术专利是制造业发展的重要资源，发达国家把失效专利作为宝贵的信息资源用于传统产业升级改造。日本的实践表明，通过引进国外专利和使用失效专利改造传统产业，大约可以节省 2/3 的时间，节约 90%的研究开发费用。在这方面我国则存在巨大潜力。此外，信息资源产业具有较强的产业辐射性，其生产的产品和服务在进入最终消费领域的同时，能够带动相关产业产品或服务的消费，实现与相关产业同步增长，促进我国经济实现包容性增长。有研究表明，网络游戏每增加 1 元的产值，就可以带动通信产业 4.16 元和信息技术产业 1.77 元的消费。

另外，信息资源产业生产出来的产品多带有原创的性质，这些原创内容还可带动文化、服装、玩具等产业的发展，比如美国电影《美国队长 2》，2014 年在我国上映一个月之内就创下了 7.09 亿元人民币的票房收入。2014 年中央电视台制作的纪录片《舌尖上的中国 2》，前期投资约 3 000 万，而播出权冠名、版权销售及其他广告营销等的收益达上亿元。在对传统行业的改造优化上，以充分依靠信息资源产业发展支撑作用为特点的工业互联网在航空、铁路运输、发电、石油与天然气开发及保健服务等行业展示了不凡的力量。有研究指出，工业互联网效率增长 1%将带来巨大影响。在商用航空领域，每节省 1%的燃料意味着在未来 15 年中减少 300 亿美元的支出。若全球燃气电厂运作效率提升1%，将节省660亿美元的能耗支出。医疗保健行业效率每增长一个百分点，将节省630亿美元。这些还只是工业互联网潜力的很小一部分。

4.1.2 社会政治需求

信息资源产业的发展同样受到社会政治体制改革需求的推动。进行社会主义政治体制改革，是我国经济体制改革发展到一定阶段的必然要求，也是克服政治体制本身存在着的弊端、发展社会主义民主政治的必然要求。信息资源产业的发展在满足社会经济发展的同时，也在推动着社会对政治层面优化改革的关注，并进一步促进政治体制的改革。

信息资源产业的发展目标与政治体制改革的目标有着相一致之处，因而，通过发展信息资源产业能够促进政治体制高效的正向改革。依据“十二五”规划，政治体制改革的目标是兴利除弊，建设高度民主、法制完备、富有效率、充满活力的中国特色社会主义民主政治，使人民更好地行使当家做主的权利，更好地解放和发展生产力。信息资源产业在其中发挥着两大方面的作用：一方面，信息资源产业提供的信息资源产品与服务能够为政治体制改革提供工具；另一方面，信息资源产业的发展能够促进信息的公开、共享与利用。

关于信息资源产业提供的产品与服务为政治体制改革提供工具，具体表现为政治体制改革过程中，通过职能与权力的调整实现的社会民主将依赖于信息产品与服务而实现。我国国务院办公厅在2015年7月发布了《关于运用大数据加强对市场主体服务和监管的若干意见》，其中指出充分运用大数据的先进理念、技术和资源，是提升国家竞争力的战略选择，是提高政府服务和监管能力的必然要求，有利于政府充分获取和运用信息，更加准确地了解市场主体需求，提高服务和监管的针对性、有效性，有利于顺利推进简政放权，实现放管结合，切实转变政府职能，不断提升政府治理能力。例如，电子政务建设中搭建的信息平台、政务微博发布厅以及国家开放数据门户等，都是信息资源产业的一部分，同样为政府升级转型而服务，促进政治体制改革。

实行人民民主，充分保障人民当家做主的民主权利，是我国政治体制改革的根本出发点和归宿。信息资源产业发展的前提是从政府到社会的信息资源能够得以公开与整合，实现共建与共享。保障公众对信息资源的获取，既是从民主层面确保公众平等享有对信息的获取与使用权，也能通过这些信息资源使得公众能够更加深入地监督与参与社会事务，使政府向服务型转变，在这个过程中信息资源是不可或缺的。因而，在美国、英国、加拿大等国通过开放政府实现政府升级与转型，优化政治体制的过程中，开放信息与数据是基础主力，各国不仅出台了开放信息与数据的动议、策略与行动计划，更是成立了 G8 开放数据联盟等国际组织，通过信息治理的优化提升各国政府的社会治理能力。

4.1.3 民生改善需求

信息资源产业同样因以改善民生为目标的社会事业的建设所需而迅速发展壮大。社会事业是出于社会公益目的，由国家机关或其他组织提供的教育、科技、文化、卫生等活动的社会服务，涵盖了教育事业、医疗卫生、劳动就业、社会保障、科技事业、文化事业、体育事业、社区建设、旅游事业、人口与计划生育等 10 个方面。而这些方面的社会事业的建设无一不与信息资源产业的发展息息相关，信息资源产业为这些事业提供丰富的数据、技术和平台，使这些事业以更加智能的方式满足各方面的需求。例如，我国在开放数据与大数据产业的建设中，通过《关于促进大数据发展的行动纲要》强调，在具体的数据开放上优先推动交通、医疗、就业、社保等民生领域政府数据向社会开放，在城市建设、社会救助、质量安全、社区服务等方面开展大数据应用示范，提高社会治理水平。

在以社会事业建设推动改善民生的过程中，需要建立起政府信息资源管理体系，以优化公共服务。在这个过程中需要全面推行政府信息电子化、系统化管理；探索建立政府信息资源目录；在战略规划、管理方式、技术手段、保障措施等方面加大创新力度，增强政府信息资源管理能力，充分挖掘政府信息资源价值；鼓励地方因地制宜统一政府信息资源管理力量，统筹推进政府信息资源的建设、管理和开发利用。而这些都需要发展信息资源产业以提升产业支撑能力。只有进一步健全创新体系，推进信息资源协同融合创新，建成丰富的信息资源库，加快突破非关系型数据库、数据挖掘、数据智能分析、数据可视化等信息资源开发与利用的技术，支持高性能计算机、存储设备、网络设备、智能终端和大型通用数据库软件等信息资源产品创新，开展信息资源公共技术服务平台建设，鼓励具有自主知识产权和技术创新能力的信息资源企业做强做大，社会事业才能有坚实的数字基础。通过信息资源产业的建设，推动信息资源在社会事业各领域的创新应用，才能提升社会治理、公共服务和科学决策水平，真正实现民生改善。

发展信息资源产业现今成为各国政府推动改善民生的社会事业建设的重点举措，以信息资源产业的支持提升社会治理水平、使决策能够满足公众的需求，在各国的政策中都得到明文规定。2013 年美国、英国、加拿大等组成的 G8 开放数据联盟发布的《G8 开放数据宪章》中就明文规定要优先开放教育、交通、健康等 14 个方面的数据，通过向社会组织与个人免费开放，鼓励其用于商业，既是为了促进经济的创新发展，也是为了实现数据价值的深度挖掘与利用，以此满足民生的各项需求。这些规定随后成为 G8 各国制定开放数据、促进信息资源产业发展政策的依据，并落实在具体的行动计划中。

4.1.4 社会文化需求

信息资源产业的发展同样与公众日益增长的文化需求密不可分。信息资源产业与文化产业不尽一致，却有交集。信息资源产业与文化需求二者间相互作用，信息资源产业满足着文化需求，也进一步提升了公众的文化需求，而信息资源产业也在这一过程中不断发展，因而更加成熟与健全。

一方面，公众的文化需求需要通过消费信息资源产业提供的产品与服务得到满足。当前，随着经济的发展、网络基础设施的完善与数字设备的普及，公众对文化的需求很大程度上转移至数字世界中，信息资源的共建与共享在这样的背景下显得应时应景。尤其是在网络世界中，数字出版、搜索引擎、数字音乐、网络视频、在线教育、即时信息等信息资源产业都在近年快速发展，关键的原因就是公众在满足文化需求的过程中对信息资源产品的获取。在这样的需求刺激下，信息资源产业深入公众的文化生活，例如 Facebook、维基百科、百度搜索、知乎社区、谷歌学术、谷歌搜索、YouTube 等不同类型的满足文化需求的互联网企业发展成为全球创新产业的引领者，将信息资源产业发展壮大。

另一方面，公众的文化需求也能通过信息资源产业的发展而得到精细与实时的满足。文化产业本身就能够不断地产生或获得新的信息资源。如何有效利用这些庞大的信息资源，加深对消费者需求和偏好的了解，生产出更符合目标人群的商品，实现价值提升，已成为文化企业的新课题。信息资源产业提供的智能产品，如大数据技术，则在分析消费者需求、依据需求及时地推送产品与服务方面有着很大的优势。

例如，在影视领域，大数据运用的成功案例当数美剧《纸牌屋》。该剧的制作方既不是电视台，也不是传统的电影公司，而是一家视频播放网站。2012 年，视频网站 Netflix 开始准备推出自制剧。在决定拍什么、怎么拍时，Netflix 抛开了传统的制作方式，启用了大数据。通过对该网站上 3 000 多万订阅用户每天的点击操作，如收藏、推荐、回放、暂停、搜索请求等的精准分析，倒推影片生产。通过对大数据的分析、挖掘，Netflix 发现，其用户中有很多人仍在点播 1990 年 BBC 经典老片《纸牌屋》。这些观众中，又有许多人喜欢导演大卫·芬奇，爱看演员凯文·史派西出演的电影。Netflix 大胆预测，一部影片如果同时满足这几个要素，就可能大卖。于是，《纸牌屋》出现了，并大获成功。整部剧集一次性在 Netflix 网站发布，供订阅者观看，完全颠覆了传统的每周一集的播出模式。在文化需求更加多元和丰富的情况下，信息资源产业也能得到发展的契机与资源。

4.2 供给因素分析

信息资源产业的发展既受社会各层面的需求所驱动，也依赖于各项供给因素的拉动而发展，会由于各项供给因素的不同而有不同的发展。主要的因素包括：劳动力投入、资本投入、城市化水平与人口密度、市场供给和需求关系的变化；科学技术的创新和应用、外贸进出口与国际竞争、文化心理因素的影响、政府产业政策及其他产业管理因素。

4.2.1 劳动力投入

信息资源产业是典型的劳动力和知识双密集型产业。作为一类目前尚未发展成熟的产业，经济支持和人才管培政策尤为重要，前者可以为产业的进一步发展创造良好环境和机遇，后者是产业得以高速发展的必要动力，是产业核心竞争力的直接来源。当前信息资源产业的发展与劳动力投入都处于正向发展之中，例如当前的互联网行业是就业群体的期待行业，而劳动力投入，尤其是高知识、高技术水平劳动力的投入，极大地促进着信息资源产业的发展。

以北京市为例，北京信息资源产业从业人口数量在2009—2011年之间有所增长，由2009年的14.91万人增长到2011年的15.46万人；但在2012年却有所下降，下降到15.21万人，同比下降1.6%；而2013年又增加到15.99万人，同比增长5.15%（见图4-1）。总的说来，北京信息资源产业从业人口数量有较大增长。相应地，近五年来，北京信息资源产业的营业收入保持持续增长态势，2009年为2 832.50亿元，2013年增长到3 109.08亿元，占全部产业的全国信息资源产业总收入的比重达到9.75%，是全国各省市信息资源产业营业收入平均值的3倍，同比增长2.04%。

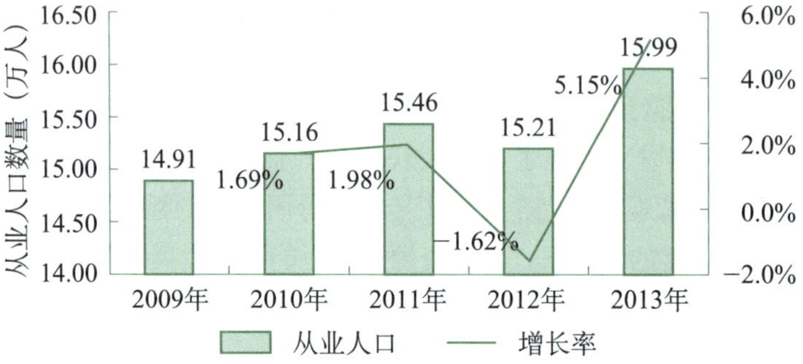

图4-1　2009—2013年北京市信息资源产业从业人口变化情况

4.2.2　资本投入

信息资源产业的基本特征在经济特性方面的突出表现是：投入高，知识人力资本高，高风险，“沉没成本”高。资本投入依旧是促进信息资源产业发展的重要因素，一般来说，资本的投入是产业先期发展的必要条件，而产业的壮大也离不开资本的持续投入。特别是对以内容为主的一类信息资源产业而言，资本投入的重要性就更为突出，这在当前的互联网行业中表现极为明显。

在互联网行业中，如视频、搜索、音乐等网站，消费者的消费行为在消费过程中提供了两样东西：流量与个人信息。第一，对网络平台而言，流量是决定市场份额的关键，这与运营商的广告收入息息相关。第二，消费者在信息资源消费中会形成一系列个人信息，运营商利用这类信息可以优化广告投放与消费者的消费体验，形成盈利模式的良性运转。因此，也可以说，消费者的流量与个人信息的价值在消费过程中也将成为有市场价值的筹码，那么免费模式也就成为一种合理且盛行的方式。也正因为如此，资本投入才成为一个互联网信息资源企业重要的支持，从企业建设到壮大市场份额的过程中，只有先提供足够的信息资源产品与服务，才能吸纳足够的消费者，从而通过广告等方式实现盈利的目的。

资本投入，并且是充足的资本投入是当前信息资源产业发展必不可少的要素。无论是技术研发、产品与服务的升级还是市场份额的抢占，都是相对漫长的过程，如没有资本的持续投入，企业将难以为继，因此“烧钱”成为相当一部分互联网企业前期运营的代名词。然而，互联网泡沫的产生也在催促资本投入以更加合理的方式推动信息资源产业的发展。

4.2.3 城市化水平与人口密度

城市化水平与人口密度也是信息资源产业发展的关键供给因素，城市化水平与人口密度是经济发展水平的重要指标。一般来说，城市化水平与人口密度越高，经济发展水平也越高，对经济结构升级和信息资源消费的需求也更大，也能够为信息资源产业的发展提供更好的基础：一方面是信息需求更高，市场环境更好；另一方面是基础设施更加完善，例如网络设施水平高。

依据《2014 中国信息资源产业发展报告》，2013 年，北京市在信息资源产业发展指数排名中位列第一（见表 4－1）。北京市作为我国的首都，是我国的政治、文化、科教和国际交往中心，我国经济、金融的决策和管理中心。北京市在产业价值及产业环境指标上处于领先地位，产业价值指标得分比华北平均水平高 8.42，比全国平均水平高 8.74，而产业环境指标得分比华北平均水平高 8.11，比全国平均水平高 9.22，相应地，北京市是我国城市化水平与人口密度最高的城市之一。

表 4－1　　2013 年中国信息资源产业发展指数排名

省级地区名	综合得分	排名	产业价值	排名	产业环境	排名
北京市	91.83	1	92.37	2	91.30	1
浙江省	90.37	2	90.74	4	89.99	2
广东省	90.31	3	92.64	1	87.98	4
江苏省	88.62	4	91.86	3	85.37	6
上海市	88.41	5	88.30	5	88.53	3
山东省	87.34	6	86.87	6	87.81	5
福建省	84.10	7	85.45	9	82.74	8
重庆市	83.98	8	83.88	12	84.07	7

续前表

省级地区名	综合得分	排名	产业价值	排名	产业环境	排名
天津市	83.84	9	84.98	11	82.69	9
湖北省	83.72	10	85.71	8	81.73	14
安徽省	83.24	11	85.81	7	80.67	18
辽宁省	82.80	12	83.65	13	81.96	11
陕西省	82.72	13	85.37	10	80.07	20
湖南省	81.98	14	82.17	16	81.79	12
云南省	81.91	15	83.15	15	80.67	19
四川省	81.72	16	80.96	21	82.48	10
广西壮族自治区	81.56	17	83.23	14	79.89	23
河北省	81.40	18	81.42	19	81.39	15
黑龙江省	81.30	19	80.84	22	81.77	13
海南省	80.94	20	81.81	17	80.06	21
山西省	80.93	21	81.08	20	80.77	17
河南省	80.87	22	80.66	24	81.07	16
江西省	80.78	23	81.75	18	79.80	24
吉林省	80.30	24	80.60	25	80.00	22
新疆维吾尔自治区	80.08	25	80.79	23	79.37	27
内蒙古自治区	79.84	26	79.89	28	79.80	25
贵州省	79.55	27	79.72	29	79.39	26
宁夏回族自治区	79.20	28	79.90	27	78.51	28
甘肃省	78.94	29	79.97	26	77.90	29
青海省	78.02	30	78.67	30	77.36	31
西藏自治区	77.87	31	78.24	31	77.49	30

4.2.4 市场供给和需求关系的变化

市场供给和需求关系的变化也是影响信息资源产业发展的重要因素，市场供给大于需求时，产业会面临缩减的风险，反之，产业会遇到发展与壮大的机遇。当前，信息资源产业的发展就处于需求大于供给的阶段，信息资源产品与服务的需求十分强烈，涉及不同内容、不同方面与不同形式的产品与服务。

以网络信息资源为例，依据中国互联网络信息中心的《第 36 次中国互联网络发展状况统计报告》，当前网络信息资源的消费规模在网民中占据极高的比例，消费者对于信息搜索、数字音乐、视频、图书等信息资源都有很大的需求（见表4-2）。在这样的背景下，以网络信息资源为代表的信息资源需求催生了更多的产业增长点，吸引了资本、人力、技术、政策等多方的投入与支持，从而推动了信息资源产业的发展。例如百度、阿里巴巴、腾讯作为中国互联网的巨头，已经成为中国乃至世界关注的知名企业，带动了信息资源产业的迅速发展。

表4-2　部分网络信息资源行业消费规模

网络应用	概述	消费者规模	使用率
搜索引擎	指根据一定的策略、运用特定的计算机程序从互联网上搜集信息，在对信息进行组织和处理后，为消费者提供搜索服务，将消费者搜索的相关信息展示给消费者的系统。	53 615万	80.3%
网络音乐	指通过互联网、移动通信网等各种有线和无线方式传播的音乐作品，其主要特点是形成了数字化的音乐产品制作、传播和消费模式。	48 046万	72%
网络视频	指由网络视频服务商提供的、以流媒体为播放格式的、可以在线直播或点播的声像文件。	46 121万	69.1%
网络游戏	指以互联网为传输媒介，以游戏运营商服务器和消费者计算机为处理终端，以游戏客户端软件为信息交互窗口，旨在实现娱乐、休闲、交流和取得虚拟成就的具有可持续性的个体性多人在线游戏。	38 021万	56.9%
网络文学	指新近产生的，以互联网为展示平台和传播媒介的，借助超文本链接和多媒体演绎等手段来表现的文学作品、类文学文本及含有一部分文学成分的网络艺术品。其中以网络原创作品为主。	28 467	42.6%

4.2.5　科学技术的创新和应用

科学技术的创新和应用是信息资源产业发展的直接供给因素，信息资源产品与服务的开发和应用离不开技术的支持，涉及硬件、软件、程序等多层面的技术支撑。在信息资源产业的发展中，信息技术本身可以作为单独的行业，是信息资源产业的组成部分，它的发展就是信息资源产业发展的一部分，例如通信技术行业。

2013年1—12月节能环保、生物、新一代信息技术以及新能源等领域重点产业主营业务收入达到16.7万亿元人民币，同比增长15.6%，高于工业总体 11.2%的增速。产业经济效益良好，1—12 月重点产业利润总额达 7 643.2 亿元，同比增长 20.7%，明显高于工业总体 12.2%的增速。战略性新兴产业继续成为社会资本追逐的热点领域，2013 年年末，战略性新兴产业 A 股上市公司总市值占总体市值的比重达到了 20.7%，较 2012 年年末提升了 5.8 个百分点。2013 年新一代信息技术产业平稳发展，软件与电子信息制造两大主要产业平均增速为 13.5%，在创新带动下，产业结构调整明显。一是在国务院出台信息消费政策的鼓励下，软件服务业创新不断，规模快速增长。国内首支互联网基金天弘增利宝（余额宝）上线仅半年规模已突破 1 800 亿，开户数超 4 000 万。大数据、云计算、移动互联等快速发展，2013 年，信息技术咨询服务、数据处理和运行服务收入均取得 30%以上增长，带动软件业务收入同比增长 24.6%。二是制造业结构调整，部分行业创新不足，面临困境，如微型计算机和彩色电视机产量同比均出现负增长。而技术领先行业脱颖而出，我国主导的 TD-LTE（增强型时分同步长期演进）技术开始规模商用，4G 产业快速发展，带动通信设备制造业主营收入同比增长 20.2%，较 2012 年提升 6.1 个百分点。

同时，信息技术可以促进信息资源的开发与利用，优化信息资源产品与服务，从而推动信息资源产业的发展。例如，测绘服务业的发展与 3S 技术（GIS 地理信息系统、GPS 全球定位系统、RS 遥感技术）的发展和应用密不可分。我国的 3S 技术于 20 世纪 80 年代起步，相比国外晚大约 20 年。3S 技术在我国的发展经历了起步、试验、实验三大阶段，目前发展非常迅速，已经研发出了国际一流水准的地理信息系统产品。这种技术的发展既直接用于当前互联网的地图产品和服务，也和互联网餐饮、搜索等产品结合，推动了产业的发展。其在百度、搜狗、高德、谷歌等的地图产品中就得到了广泛应用。我国地理信息行业也在高速发展中，预计到“十二五”末期，我国地理信息产业产值将超过 2 000 亿元，到 2020 年将成为万亿元人民币级别产值的产业，根据 CCNIC 2013 年 4 月发布的中国移动互联报告，手机地图在我国手机网民中的渗透率达到了 35.4%，已经具备一定的市场规模。

4.2.6 政府产业政策及其他产业管理因素影响

信息资源产业的发展离不开政府产业政策支持，市场环境、基础设施建设、税收政策、市场管理、补助支持等各方面都是推动产业发展的关键。一般来说，政府产业政策的支持力度越大，信息资源产业发展得越好。然而，这种正相关的关系并不是绝对的，受地域、经济发展水平等方面因素的影响，政府产业政策对信息资源产业发展的正向支持程度不尽相同。

以地理测绘行业为例，通过分析全国各地区政策文本中相应关键词出现的频数，我们可以大致确定政府部门对于测绘服务业的关注程度。通过观察对比发现，政府对于测绘服务业的关注程度与该产业的发展程度并不呈现严格的一致性：有些地区的政府部门对于测绘服务业关注程度较高，然而该产业发展程度并不高；相反，有些地区政府部门对该产业关注程度一般，但其发展程度却较高。具体统计结果及对比参见表 4－3、表 4－4、图 4－2。

表 4－3　七大地区政府部门测绘服务业关注程度与产业发展状况对比

地域	整体关注度	基本措施	成果管理	市场监管	营业收入（亿元）
华东	25 964	6 412	3 911	1 284	42.47
华南	8 025	1 747	1 286	290	11.52
华中	8 879	2 379	1 252	423	9.12
华北	10 379	2 394	1 388	485	21.67
西北	8 442	2 184	1 217	560	6.41
西南	8 053	1 837	1 188	317	15.62
东北	7 946	1 716	905	749	13.63

表 4－4　七大地区测绘服务业省均关注程度与产值统计表

	华南	华东	华中	华北	东北	西北	西南
省均行业整体关注度	2 675	3 709	2 960	2 076	2 649	1 688	1 611
省均行业产值（亿元）	3.84	6.07	3.04	4.33	4.54	1.28	3.12

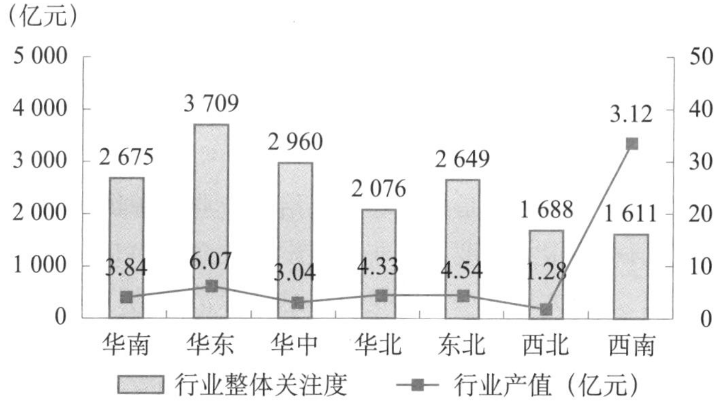

图 4－2　七大地区测绘服务业省均关注程度与产值对比柱状图

从以上数据可以看出：华中地区对于测绘服务业的整体关注程度较高，其发展水平（行业营业收入）却居于七大区域的第六位；华北地区关注程度与华中地区基本相同，但其测绘服务业的营业收入却居于全国第二位。与华中地区形成尤为鲜明的对比的是西南地区，其关注程度居于全国末位，但是行业的产值却超过华中地区。

4.3 供需关系分析

需求和供给因素作为两大驱动力量正共同推进着我国信息资源产业的发展。这两股驱动力量有其不同的侧重点，在促进我国信息资源产业发展的过程中起着不同的作用，但是它们却不是完全独立的，而是相互关联与作用的。总的来说，在信息资源产业起步与发展的过程中，供给与需求在功能上有一致之处，例如都受到地区经济发展水平的影响；也有各自的特点，例如需求层面是通过经济结构的调整来拉动信息资源产业的参与，而供给层面则是通过经济上的资本投入来直接推动产业发展；同时二者又是相互作用的，对信息资源产业的供给很大程度上受需求显现与提升的促进，而供给的投入又能通过产品的增多来吸引更多的需求来扩大市场，从而形成相互促进的循环。就我国的信息资源产业来说，供需因素在促进其发展的过程中既有以上共性，也有各自的特征。而在产业的发展过程中，供需因素起着正向的推动作用的同时，也存在一定的问题，阻碍了产业发展。同时，信息资源产业的供需特征及其存在的问题也在呼唤着政策的参与，从而促进我国信息资源产业更加快速、稳定与健康地发展。

4.3.1 基本特征

（1）供需关系的间接作用性

供需关系的间接作用性是指代表着供给的产业资源供应方与代表着需求的信息资源消费者很大程度上并非直接发生关系，而是在多边市场的体制下进行交易。这很大程度上是由我国信息资源消费的过程中非货币支付与第三方支付模式凸显造成的。消费者的流量与个人信息的价值在消费过程中成为有市场价值的筹码，免费模式成为一种合理且盛行的方式。因而基于个人信息与流量的消费就造成消费者不支付货币，而由第三方通过广告投放或是依据所吸引流量来支付相应的费用。这与美国、欧盟等发达国家有着相对更大比例的直接付费消费信息资源的情况有很大不同。

由此，在我国信息资源产业发展过程中，供给与需求相互作用在很大程度上是通过其他主体或因素实现的，例如资本的投入很大程度上是由于广告商愿意在信息资源产品与服务的提供平台上进行广告投放，令投资者看到其中的价值与商机，而广告商愿意投入则是因为信息资源产品与服务能够吸引足够数量的消费者到其进行广告投入的平台。在这样的情况下，供需之间的关系变得更加复杂，凸显出间接作用的特征。

(2) 供需的强劲以大众化的消费人群为基础

我国信息资源产业的发展成绩有目共睹，以阿里巴巴、腾讯、百度、京东为代表的信息资源企业在全球都占据着重要位置，这很大程度上是由于我国在产业大量投入与需求上有足够的消费支持的保障，这是由于信息资源产品与服务在我国有着具有绝对优势的消费群体。

一方面，网络信息资源有着广泛的消费者基础。这包括两方面的内涵：一是指网络信息资源的人群与覆盖率的广泛。在 2015 年，中国网民数量超过 6 亿，是全球拥有最多网民的国家。主要的几类网络信息资源的消费者的基数也都以亿计，搜索引擎最高达到 80%的使用率。二是指网络信息资源可以满足大众的多样化需求，大众有着强烈的信息资源产品与服务的消费意识。以搜索引擎为例，它是消费者获取信息资源的工具，消费者可以借助它获得消费各类信息资源的入口。因而“百度一下”也成为中国网民在实际工作与生活中遇到问题，需要获取解决方案信息时的口头禅。

另一方面，大众化的消费意味着网络信息资源消费的市场价值是供需双方面需求强劲的体现。第一，网络信息资源产品可以成为直接盈利的产品进入市场，为网络信息资源产品的内容提供方创造利润。第二，网络信息资源消费平台不受空间限制，受众广泛的优势将使其成为营销广告的重要阵地，这也为网络信息资源产业的发展注入强大动力。

(3) 供需因素可实现相互转化

这是指我国信息资源产业的供给因素可以在一定条件下转换为需求因素，而需求因素又可以在一定程度上转化为供给因素，例如，网络信息资源的消费者不仅仅是单纯的消费者，也是内容提供方，网络信息资源的消费是传统模式与新型的共建共享模式的融合。一方面，消费者为运营商贡献的个人信息与流量成为运营商从第三方获取广告投放收入或流量费的筹码，形成了联结运营商与第三方的关键节点。另一方面，消费者同样为所在平台贡献与分享同类资源。例如，视频网站上，消费者既是观看视频的群体，也可上传自制视频，丰富视频网站资源，为网站吸引更多流量，当前的视频网站动辄数百万的用户自制视频已经有相当规模。又如“百度知道”，消费者既可以在上面提问，也可以搜索相关问题获取所需答案，同样，回答者也是百度的消费者。

（4）消费需求是内容与形式的统一

第一，信息资源产品的内容是满足消费者需求的根本。第二，信息资源的形式是信息资源能否成为有竞争性的产品而为运营商获利的关键要素。从消费者的需求出发，从形式上优化消费者对网络信息资源产品的使用，将使网络信息资源产业持续发展，尤其是为付费模式的运作提供助力。

4.3.2 存在问题

当前，信息资源产业发展过程中的供需关系问题在于供需之间的不对等，主要是消费者、产品生产者、产品供应方以及政策环境相互之间存在的问题。

（1）消费者与内容提供方的矛盾

网络信息资源消费者与内容提供方的矛盾的焦点在于版权与付费问题。第一，盗版的网络信息资源有着广大的消费群体。一方面，盗版经济与法律成本低，但其提供的网络信息资源同样可以满足需求，这就损害了内容提供方的利益。以数字音乐为例，2010 年中国的数字音乐比例为 71%，盗版率为 99%。第二，消费者付费消费的意识缺失，甚至抵制付费。这也是音乐行业一直推迟整体的付费模式的原因之一。2012 年，正版音乐网站虾米网的付费消费者只占千万级消费者群体的 1%。作为对比，以电子书为例，截至 2012 年，亚马逊的电子书在线销售创造了 61 亿美元营收，占亚马逊年度总营收的 10%。其成功的原因在于亚马逊在出售电子书的同时开发出了相应的阅读器 Kindle，它可用于购买、下载和阅读电子书、报纸、杂志、博客及其他电子媒体。Kindle 在阅读体验上（如尺寸、分辨率等）尽量与纸质书接近，并且提供了许多智能服务，还提供了音乐、视频等播放功能。这样以设备助力电子书销售的方式，即内容与形式优化组合的销售模式也成为典型的范例。而作为中国最大的图书销售电商的当当网，在 2012 年涉足电子书的销售时结果却不尽如人意。

(2) 消费者与运营商的矛盾

网络信息资源消费者与运营商的矛盾在于盈利与消费者消费体验相矛盾。尤其对于免费模式占主导的运营商而言，需要通过更多的广告收入来弥补成本，而广告的投放使消费者在消费过程中受到干扰，可能造成不佳的消费体验，这方面百度的竞价排名是个典型的案例。由于百度占据巨大的市场份额，收入多来源于广告，因而消费者的搜索结果经常受到广告信息的干扰，并且这些信息中有时存在虚假信息，因而多被诟病。

(3) 消费需求与网络信息资源产品供给间的矛盾

消费的主体和客体在目前的网络信息资源产业中也存在较明显的矛盾，即网络信息资源产品无法满足消费者的消费需求。这一方面体现在内容上。由于网络信息资源来源于大众，除了受法律限定之外，在质量上并无相对严格的控制，质量参差不齐。因此消费者获得的信息资源可能有失真、质量低等问题。例如，盛大的网络文学模式是作者自行上传作品，消费者可以选择消费，由于缺少了出版商的审核这一流程，在给予消费者更多选择的同时，质量堪忧也成了消费者放弃这一消费平台的原因之一。另一方面体现在形式上。由于网络信息资源产品的开发还处于成长期，因而形式不大完善。之前所列举的电子书遇冷就是这样的情况，因此尽管其价格低于实体图书，但仍然没有足够大的市场。

(4) 政策法规有所缺失的消费环境

这里所提的政策法规的缺失，主要是针对版权问题。在版权问题上，国家并未在政策法规中给予各类数字信息资源以明确的界定。2013 年 4 月 25 日，国家版权局副局长阎晓宏在国务院新闻办公室举行的 2012 年中国知识产权发展状况新闻发布会上表示，关于音乐下载收费的问题，收费或不收费两种方式都有存在的必然性和可能性。直至 2015 年，关于数字音乐的版权才有了严格控制，不允许无版权音乐传播才逐渐使数字音乐产业的乱象停止。但是，这种版权纷争的问题依旧在网络文学、网络视频、网络游戏中存在，即便是数字音乐，也无法即刻解决所有的版权问题。

4.3.3 政策取向

从政策角度来看，我国信息资源产业政策中，旨在处理供需关系的策略点主要需要围绕着版权、内容以及相关的技术和硬件展开。其中，在如下方面应当形成高度明确的政策取向。

（1）版权

一方面，要以满足大众的网络信息资源消费的需求来界定版权，即版权相对宽松。第一，大众既是网络信息资源的内容提供方，也是消费者。从这个层面来看，尽管就具体的网络信息资源而言，所有者与消费者不尽相同，但是就网络信息资源整体来看，二者的重合面相当大，因而版权的界定需要宽松些。第二，网络信息资源的形成是相对分散的，有着行业、阶层等不同维度的限制，因而，需要形成相对集成的网络信息资源，实现互通有无，精确满足需求的资源配置是必要的，这也要求对版权的界定相对宽松。第三，网络信息资源是有时效性的，过分严格的版权界定反而会使信息资源失去其价值。

另一方面，版权的界定是必要的。这有两个内涵：一是指无论是宽松还是严格，版权的界定都要清晰。只有清晰的界定才能使网络信息资源消费有法有理可依，使网络信息资源消费方式得以明确。二是部分网络信息资源需要严格的版权界定，如传统的图书、影像等产业在网络环境中需要严格的版权界定以获得规范的发展环境。

（2）内容

作为《国务院关于促进信息消费扩大内需的若干意见》相对缺失的一部分，或是重视程度稍弱的一部分，网络信息资源的内容需要政策上更为关注。内容是刺激消费的最终动力，无内容的网络信息资源，就如无源之水，信息技术与相关硬件再发达，也难以真正实现网络信息资源市场的繁荣。内容的相关政策应重点放在以下方面：首先，在政策上协调好版权与生产以及消费的关系，利用政策导向保护好网络信息资源内容提供方、运营商、消费者等相关利益者的合法权益；其次，鼓励网络信息资源的生产与运营，利用税收政策、政府补贴等行为鼓励相关平台的开发与发展；最后，注意应用政策协调网络信息资源的市场，尤其是各类网络信息资源行业的竞争，例如，当前百度、360、腾讯等中国网络领头运营商的竞争甚至引起了诸多法律纠纷，不仅对市场产生了负面影响，也影响了消费者的消费行为。因此规范竞争也是政策的重点。

（3）技术与硬件

信息技术与硬件是信息资源内容得以消费的重要因素，因此网络信息资源的相关政策应当继续注重促进信息技术与硬件的发展。信息技术与硬件的发展是使信息资源丰富和得以广泛利用的关键，信息资源的整合、呈现以及消费形式都与信息技术以及硬件息息相关。只有消费者拥有设备获取信息，并且通过技术来满足多元的信息需求，信息需求才能进一步提升并且得以满足。因此，通过政策鼓励产业对技术和硬件的投入和开发，既能够供应更完善的信息资源来及时满足消费者的信息需求，同时也能够通过“信息消费”设施的完善来刺激与提升消费者的信息需求，双向推动信息的生产与消费。

第 5 章

我国信息资源产业结构特征

系统论告诉我们，系统结构决定系统功能，系统功能对系统结构具有反作用性。充分认识信息资源产业的结构，充分认识产业结构和产业功能间的关系，对我国信息资源产业及其政策发展而言，都是至关重要的。本章讨论了信息资源产业的结构问题，重点对产业内部结构特征进行了梳理分析，提出了信息资源产业结构优化的基本方法路径。

5.1 我国信息资源产业的行业构成

2015 年 3 月，李克强总理在政府工作报告中指出要“促进服务业和战略性新兴产业比重提高，水平提升”，“推动产业结构迈向中高端”，“把一批新兴产业培育成主导产业”，“制定‘互联网+’行动计划”。信息资源产业是战略性新兴产业的重要组成部分，自 2004 年《中共中央办公厅、国务院办公厅关于加强信息资源开发利用工作的若干意见》确立信息资源产业的概念与其在我国经济社会资源结构中的重要地位以来，信息资源产业经过 10 年的发展，呈现出丰富的产业形态，不仅传统的文献服务、调查与咨询、图书出版等行业不断发展，以计算机网络信息技术广泛应用为特点的数据库服务、数字出版、互联网内容服务、地理空间信息开发等新型行业的发展更是突飞猛进、日新月异。

5.1.1 界定产业归属的标准

确定信息资源产业的结构及分类，是研究信息资源产业发展问题的基础性工作，只有确定了构成信息资源产业的各个小类行业，才能够根据具体行业的数据，分析信息资源产业发展的整体状况，明确发展中的经验与不足，为信息资源产业未来的发展提供方向。本研究拟采用信息计量学的方法，通过文献分析构建起信息资源产业的主题词表，进而以此对《国民经济行业分类》(GB/T 4754－2011）中的小类行业名称与内涵描述进行词频分析，并结合专家意见确定构成信息资源产业的小类行业。而后，本研究拟进一步采用主题词分析与专家评价相结合的方法测算各个小类行业对信息资源的依赖程度，根据依赖度的高低对信息资源产业进行分类研究，进而揭示我国信息资源产业结构的特征。

在关于信息资源产业的小类行业构成问题上，国内外相关机构和学者有着不同的理解。国家信息中心（2006）按传统产业、数字化产业和新兴产业把信息资源产业划分成三大类。赛迪顾问（2008）把内容服务业划分为核心细分行业和外围细分行业两层。2003 年《上海市政府工作报告》将内容产业的类型划分为：软件、信息化、教育、动画、媒体出版、数字音像、数字电视节目、电子游戏等产业。在学术界，贺德方（2005）、赖茂生（2008）、韩国永奎珠（Yong Gyu Joo，2008）等人都认为信息资源产业或信息内容产业包括新闻出版、广播电视电影、电视剧和音像制作、咨询、数据库、软件、社会调查、广告制作、互联网信息资源服务、游戏、动漫、移动内容、在线学习等小类行业。我们认为在分析信息资源产业小类行业的构成时，应该参照信息资源产业的基本内涵来展开产业归属的界定工作，信息资源产业的关键解释在于“以信息资源为原料”，并在生产、加工、传播、提供各个环节“创造经济价值”，基于这一逻辑，可以通过小类行业的基本定义与内涵来辅助判断其是否属于信息资源产业的范畴。

5.1.2 信息资源产业细分行业构成分析

本研究采用主题词表分析法（马费成，2011）来对信息资源产业的主题词进行筛选。基于文献的发现理论（梁战平，2002）对关键词进行提取，首先，查阅 2003 年至 2013 年涉及“信息资源产业内涵、构成或分类”的文献 26 篇，选取文献中涉及信息资源产业行业分类特征的主题词共计 97 个，在去掉其中重复、内涵或外延近似的名词后，针对剩余 74 个主题词，分别计算其在选定的 12 篇相关度较高的文献中出现的频度。由于与信息资源产业构成与分类相关度高的文献数较少，主题词出现频率相对较低，因此在选取过程中，主题词至少在两篇文献中出现过即进行统计，也就是对其中频度大于 15%的主题词进行统计（张云秋，2009），并据此选定 51 个主题词作为判断信息资源产业小类行业构成的主题词，如表 5－1 所示。

表 5－1　　信息资源产业小类行业判定关键词频度表（节略）

序号	关键词 \ 文献编号	01	02	03	04	05	06	07	08	09	10	11	12	频度
1	信息评估		+	+	+		+	+	+	+		+	+	75.00%
2	咨询与调查		+	+	+		+	+		+		+	+	66.67%
3	信息服务		+		+		+		+	+	+	+		58.33%
4	数字内容		+				+	+	+	+		+	+	58.33%
5	数据处理		+				+		+	+	+	+	+	58.33%
6	存储服务		+	+			+	+		+	+			50.00%
7	调查监测		+	+	+		+			+	+			50.00%
8	测绘服务		+	+				+	+			+		41.67%
9	市场调查			+	+	+	+			+				41.67%
10	质量检测		+						+	+	+	+		41.67%
…	…	…	…	…	…	…	…	…	…	…	…	…	…	…
43	规划管理	+			+									16.67%
44	代理服务						+				+			16.67%
45	中介服务						+				+			16.67%
46	零售批发			+								+		16.67%
47	呼叫中心		+	+										16.67%
48	发行						+			+				16.67%
49	会议展览				+					+				16.67%
50	人力资源		+					+						16.67%
51	劳务派遣			+								+		16.67%

而后通过德尔菲法向来自经济学、管理学、图书情报学等领域的 19 位专家咨询意见，并按照专家小组的意见，结合信息资源产业内涵所揭示的产业过程，将 51 个信息资源产业主题词划分为采集类、加工类与提供类三大类，得到如表 5－2 所示的判断信息资源产业小类行业的主题词表。

表 5－2　　信息资源产业小类行业判定关键词表

类别	关键词
采集类	调查监测、测绘服务、市场调查、质量监测、勘察勘探、质检技术、生态监测、气象、环境保护
加工类	广播电视、电影、数据处理、存储服务、设计开发、设计服务、广告、新闻、文艺创作、数字内容、录音制作、内容服务、软件开发、系统集成

续前表

类别	关键词
提供类	动漫、出版、互联网、信息服务、代理中介、咨询与调查、推广服务、信息评估、图书馆、博物馆、档案、专业服务、管理服务、文化娱乐、教育培训、技术服务、风险管控、法律服务、公证服务、规划管理、代理服务、中介服务、零售批发、呼叫中心、发行、会议展览、人力资源、劳务派遣

在确定信息资源产业主题词的基础上，我们进一步针对国家统计局发布的《国民经济行业分类》（GB/T 4754－2011）中的 1 095 个小类行业（四级代码对应的行业）展开分析。首先，根据由代码表中提供的行业名称和内涵描述所构成的行业简介，结合信息资源产业的基本内涵与特点，剔除明显与信息资源产业无关的行业，如谷物种植业、家具制造业、水产养殖业等，对剩余的 207 个小类行业进行词频分析。根据信息资源产业主题词在小类行业简介中出现的次数（出现一个主题词计数为 1，同一主题词出现多次计数为 1），对小类行业进行一次划分，简介中出现 5 个主题词及以上的产业直接划分为信息资源产业，简介中出现 1～4 个主题词的产业划分为待判定产业，由专家小组来评分判定，简介中未出现主题词的产业直接剔除，第一轮筛选后共确定 111 个小类行业（包含确定的信息资源产业和待定产业），结果如表 5－3 所示。

表 5－3　信息资源产业一次划分结果

产业类型	关键词数量	行业数量
信息资源产业	大于等于 5	36
待定产业	1～4 个	75
非信息资源产业	0 个	96

而后，我们采用专家小组成员背对背打分的方法，对待定的 75 个小类行业进行二次划分，根据小类行业的内涵及其涉及的劳动对象、加工方式、产出成果等进行分析，从相关性高到无相关性按照 1～0 分进行打分，将平均分大于 0.5 的小类行业划归为信息资源产业。经过二次划分，共确定 93 个小类行业为信息资源产业。在确定信息资源产业小类行业的基础上，按照行业简介中涉及的主题词对小类行业进行进一步的加工整理。信息资源产业主题词涉及采集类、加工类和提供类三种，根据小类行业简介中涉及的三类主题词的数量，赋予小类行业在三类主题词上从 0～6 分不等的得分值。而后，我们根据 93 个小类行业在三类主题词中的得分对小类行业进行聚类分析，同时将聚类分析结果与专家小组的意见相结合，最终得到的信息资源产业的构成行业结果如表 5－4 所示。

表 5－4　　信息资源产业二次划分结果

信息资源产业类型	小类行业数量	小类行业
信息资源采集业	14	气象服务（7410），地震服务（7420），海洋服务（7430），水文服务（7640），生态监测（7462），环境保护监测（7461），质检技术服务（7450），市场调查（7232），能源矿产地质勘查（7471），固体矿产地质勘查（7472），水、二氧化碳等矿产地质勘查（7473），基础地质勘查（7474），地质勘查技术服务（7475），测绘服务（7440）
信息资源加工业	14	广告业（7240）、新闻业（8510）、广播（8610）、电视（8620）、电影和影视节目制作（8630）、录音制作（8660）、文艺创作与表演（8710）、数据处理和存储服务（6540）、数字内容服务（6591）、软件开发（6510）、信息系统集成服务（6520）、集成电路设计（6550）、工程勘察设计（7482）、专业化设计服务（7491）
信息资源提供业	65	图书服务（8731），档案服务（8732），博物服务（8750），信息技术咨询服务（6530），其他资本市场服务（6790），风险和损失评估（6891），金融信息服务（6940），律师及相关法律服务（7221），公证服务（7222），会计、审计及税务服务（7231），社会经济咨询（7233），其他专业咨询（7239），知识产权服务（7250），信用服务（7295），金融信托与管理服务（6910），工程管理服务（7481），规划管理（7483），贸易代理（5181），其他贸易经纪与代理（5189），货物运输代理（5821），旅客票务代理（5122），其他运输代理业（5829），保险经纪与代理服务（6850），文化娱乐经纪人（8941），体育经纪人（8942），其他文化艺术经纪代理（8949），房地产中介服务（7030），公共就业服务（7261），职业中介服务（7262），劳务派遣服务（7263），其他人力资源服务（7269），会议及展览服务（7292），科技中介服务（7520），图书出版（8521），报纸出版（8522），期刊出版（8523），音像制品出版（8524），电子出版物出版（8525），其他出版业（8529），电影和影视节目发行（8640），电影放映（8650），图书批发（5143），报刊批发（5144），音像制品及电子出版物批发（5145），图书，报刊零售（5243），音像制品及电子出版物零售（5244），图书出租（7122），音像制品出租（7123），农业技术推广服务（7511），生物技术推广服务（7512），新材料技术推广服务（7513），节能技术推广服务（7514），其他技术推广服务（7519），其他科技推广和应用服务业（7590），学前教育（8210），职业技能培训（8291），体校及体育培训（8292），文化艺术培训（8293），教育辅助服务（8294），其他未列明教育（8299），其他电信服务（6319），互联网信息服务（6420），呼叫中心（6592），其他未列明信息技术服务业（6599），邮政基本服务（6010）

注：表中小类行业名称后括号内数字为《国民经济行业分类》（GB/T 4754－2011）中的行业代码。

5.2 我国信息资源产业结构的分析

基于信息资源产业的基本内涵，我们识别出了属于信息资源产业的小类行业。在这些小类行业当中，其中有些行业是把信息资源作为其生产原料的一部分，但在“生产、加工、传播、提供”创造的经济价值中只有部分属于信息资源所创造的。对于这类产业，在统计分析其经济指标时，如果有关的指标数据完全纳入信息资源产业的范畴，则会放大信息资源产业的实际成果而使研究不准确。另外，美国经济学家马克·尤里·波拉特（1977）曾依据信息产品或服务的市场化程度（是否进入市场交易）为标准，将国家信息部门划分为一级部门和二级部门。延续波拉特的产业研究思想，本研究提出了“信息资源依赖度”指标来解决上述问题。信息资源依赖度用来反映某个行业实现经济价值的过程中对“信息资源原料”的依赖程度，以及在生产环节中信息资源所创造价值的比重高低。本部分的研究采取主题词分析与专家评价相结合的研究方法，一方面计算信息资源小类行业对信息资源产业主题词的覆盖度，另一方面组织专家小组对信息资源小类行业的信息资源依赖程度进行打分，将二者的结果进行综合分析后得出信息资源产业各个小类行业对信息资源的依赖度，进而对小类行业进行分类。

5.2.1 我国信息资源产业细分行业的类别

利用主题词表计算信息资源产业对信息资源小类行业的覆盖度，即根据选定的信息资源产业主题词表与划分出来的93个信息资源小类行业的简介内容，进行覆盖度计算。每个小类行业与三类信息资源产业均有可能存在大于零的覆盖度，但为了便于分类，将每个小类行业覆盖度最大的信息资源产业类型保留，其余覆盖度数值删除，这样就将93个信息资源小类行业划分为信息资源采集业、信息资源加工业和信息资源提供业三类主要产业（见图5-1）。

对于划分的93个小类行业，通过专家打分法对信息资源依赖程度进行了评分，提出了“信息资源依赖程度综合评分”的指标，评分从1分到3分不等：1分代表产业生产过程当中存在部分信息资源开发利用的活动，

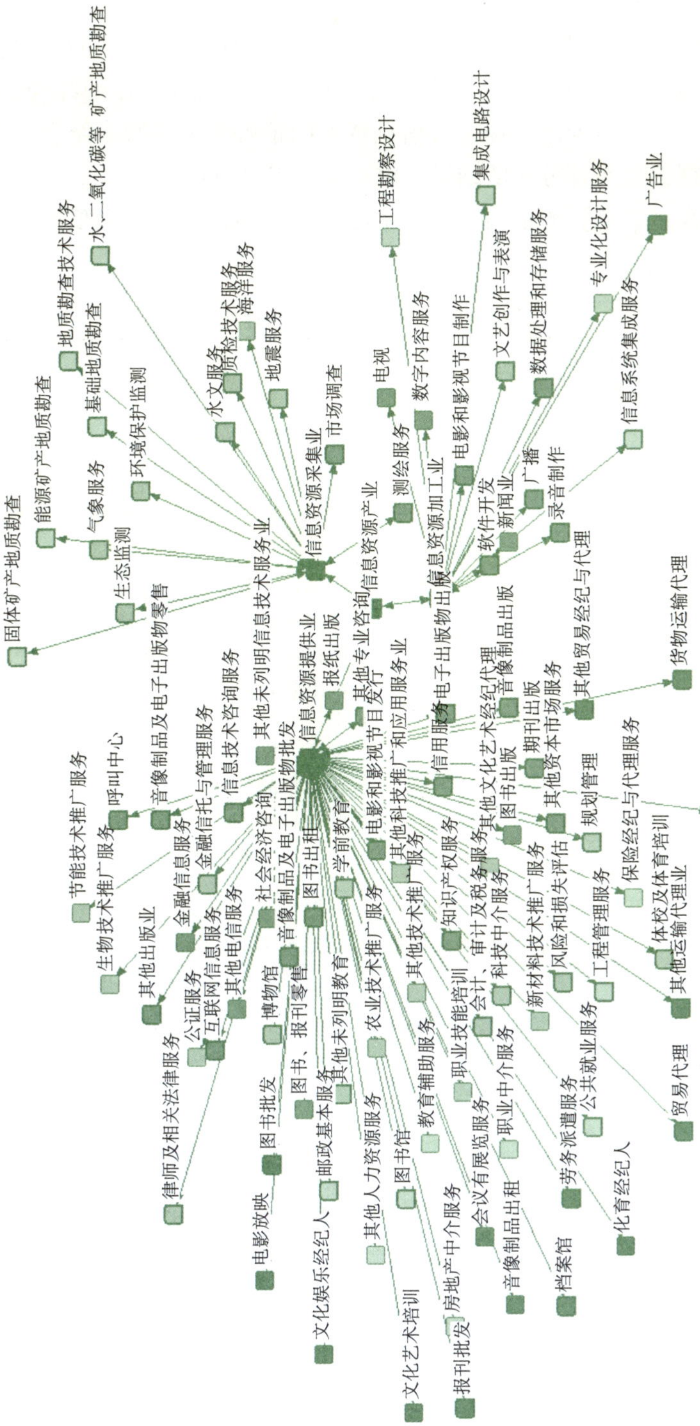

图5-1 信息资源细分行业与信息资源产业关键词覆盖度

信息资源所创造的经济利润在产业的产出中所占比重较低；3 分代表产业所创造经济利润几乎完全依赖于开发利用信息资源，其他类型的资源所创造的经济价值所占比重很小。而后，再将专家小组对各行业的综合评分，换算成该行业在价值创造过程中对信息资源的依赖程度系数。结合主题词覆盖度的数据得分与评分表的结果，由专家小组进行讨论后，将 93 个小类行业划分为高度信息资源依赖产业、中度信息资源依赖产业和低度信息资源依赖产业（见表 5-5）。

表 5-5　　信息资源行业对信息资源依赖程度

信息资源依赖程度	信息资源依赖程度系数	大类产业	小类行业
高	0.85～1.00	信息资源采集业	市场调查、测绘服务
		信息资源加工业	新闻业、电影和影视节目制作、录音制作、数据处理和存储服务、数字内容服务
		信息资源提供业	信息技术咨询服务，金融信息服务，社会经济咨询，其他专业咨询，知识产权服务，信用服务，图书出版，期刊出版，音像制品出版，电子出版物出版，其他出版业，电影和影视节目发行，图书、报刊零售，图书出租，音像制品出租，其他电信服务，互联网信息服务，呼叫中心，其他未列明信息技术服务业
	0.7～0.85	信息资源加工业	广播、电视
		信息资源提供业	其他资本市场服务
中	0.40～0.70	信息资源采集业	气象服务、地震服务、海洋服务、水文服务、生态监测、环境保护监测、质检技术服务
		信息资源加工业	文艺创作与表演
		信息资源提供业	博物馆、风险和损失评估、律师及相关法律服务、公证服务、会计、审计及税务服务、金融信托与管理服务、科技中介服务、农业技术推广服务、生物技术推广服务、新材料技术推广服务、节能技术推广服务、其他技术推广服务、其他技术推广和应用服务业

续前表

信息资源依赖程度	信息资源依赖程度系数	大类产业	小类行业
低	0.30～0.39	信息资源采集业	能源矿产地质勘查，固体矿产地质勘查，水、二氧化碳等矿产地质勘查，基础地质勘查，地质勘查技术服务
		信息资源加工业	软件开发、信息系统集成服务、集成电路设计、工程勘查涉及、专业化设计服务
		信息资源提供业	图书馆、工程管理服务、规划管理、保险经济与代理服务、房地产中介服务、公共就业服务、职业中介服务、劳务派遣服务、其他人力资源服务、学前教育、职业技能培训、体校及体育培训、文化艺术培训、教育辅助服务、其他未列明教育、邮政基本服务
	0.15～0.29	信息资源加工业	广告业
		信息资源提供业	档案馆、贸易代理、其他贸易经济与代理、货物运输代理、旅客票务代理、其他运输代理业、文化娱乐经纪人、体育经纪人、其他文化艺术经纪代理、会议及展览服务

5.2.2 现实存在的我国信息资源产业结构

对产业结构特征的分析，可以通过对不同地域产业的营业收入及从业人口等数据信息的梳理，分析出产业整体布局（李国平，2006）。对信息资源产业的结构分析，目前主要是根据产业的定义、内涵及现有的产业分类对信息资源行业大类进行分析（赖茂生，2008）。课题组在对产业结构特征分析的研究部分，结合对信息资源构成和分类的研究基础，从信息资源产业的行业类别、地域特征和信息资源的依赖程度等方面对信息资源产业的发展情况进行分析。另外，信息资源产业发展指数评价中所需要的基础数据，主要来源于中国统计年鉴、经济普查年鉴和人口普查年鉴。课题组对信息资源产业细分行业的划分依据是《国民经济行业分类》(GB/T 4754－2011)，这样做的目的是便于协调现有的统计口径获取有效的统计数据，以期采集内地31个省级行政区域各个信息资源产业细分行业自2004年到2013年间，在营业收入、法人单位数、从业人口等经济指标上的基础数据。但这依然不能完全避免数据缺失情况的出现。从实际数据采集的情况来看，缺失数据主要集中在部分地区、部分行业的营业收入、从业人口等指标上。为了解决数据采集过程中所遇到的部分数据缺失的问题，课题组还针对不同的数据缺失情形，分别设计了不同的缺失数据估算方法与模型，如表 5-6 所示。

表 5-6　　信息资源产业发展指数缺失数据的估算方法

情形	描述	对策	算法
1	原始数据中没有某 4 级行业的营业收入，只包含 4 级行业的法人单位数。	通过该行业今年法人单位数与上一年法人单位数的比值，以及上一年该 4 级产业营业收入进行估算。	$A_4^X = \frac{C_4^X}{C_4^{X-1}} * A_4^{X-1}$
2	原始数据没有某 4 级产业的所有数据，但是包含其相对应产业的 3 级产业法人单位数。	通过 3 级产业当年法人单位数与上一年法人单位数的比值，以及上一年该 4 级产业的营业收入进行估算。	$A_4^X = \frac{C_3^X}{C_3^{X-1}} * A_4^{X-1}$
3	某项 4 级产业及其上一级产业数据全部缺失。	通过采用当年现有产业法人单位数和上一年相同产业法人数的比值，以及上一年该 4 级产业各个数据项进行估算。	$A_4^X = \frac{A_3^{X全国}}{A_3^{X-1全国}} * A_4^{X-1}$
4	部分地区缺乏产业法人单位数据的产业。	通过采用布朗指数平滑的时间序列方法，通过往年数据进行估算。	$S_t = a \cdot y_t + (1-a)S_{t-1}$

通过多轮估算和微调，最后确定了指标计算的全部产业数据。

从总体来看，2009—2013 年中国信息资源产业持续发展，信息资源产业的总营业收入不断提高，从 2009 年的 18 018.3 亿元增长到 2013 年的 30 613.2 亿元（GDP 占比为 5.38%），法人单位数也从 2009 年的 60 多万家增长至 2013 年的 100 多万家，从业人口数目从 2009 年的 1 712.7 万人增长到 2013 年的 2 887.5 万人，总体产业规模不断扩大，影响力也逐步提升（见表 5-7）。

表 5-7　　2009—2013 年信息资源产业营业收入、法人单位、从业人口数量表

年份	营业收入（亿）	营业收入在当年 GDP 的占比	法人单位数（个）	从业人口（万人）	从业人口在当年劳动人口中的占比
2009	18 018.30	5.29%	616 428	1 712.7	2.26%
2010	21 069.02	5.25%	705 534	2 005.1	2.63%

续前表

年份	营业收入（亿）	营业收入在当年GDP的占比	法人单位数（个）	从业人口（万人）	从业人口在当年劳动人口中的占比
2011	25 179.50	5.32%	813 032	2 302.9	3.01%
2012	27 608.49	5.32%	911 278	2 615.6	3.41%
2013	30 613.20	5.38%	1 007 119	2 887.5	3.75%

1. 信息资源产业结构：基于产业过程的视角

根据信息资源产业小类行业的内涵，将信息资源产业范畴内的 93 个小类行业划分为三大类，分别是信息资源采集业、信息资源加工业和信息资源提供业。其中信息资源采集业包含 14 个小类行业，信息资源加工业包含 14 个小类行业，信息资源提供业包含 65 个小类行业。

根据图 5－2 可以看出，2009—2013 年间，信息资源采集业、信息资源加工业和信息资源提供业各自的营业收入和从业人口均有所增加，由于信息资源提供业涉及的行业较多，所以其在信息资源产业整体营业收入、法人单位和从业人口中的占比较高。

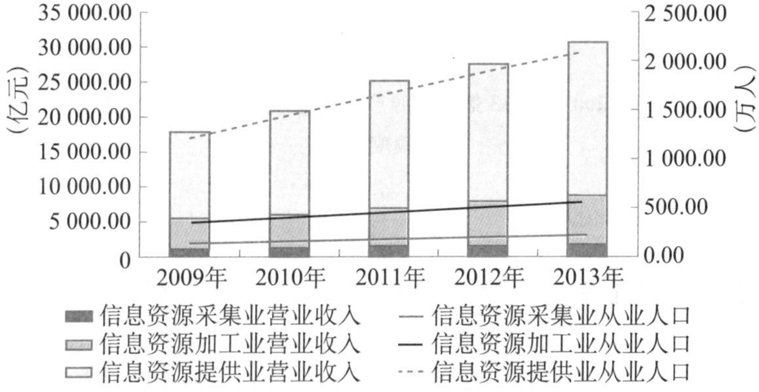

图 5－2 2009—2013 信息资源产业营业收入和从业人口特征图（行业大类角度）

2. 信息资源产业结构：基于依赖度的角度

根据信息资源产业小类行业对信息资源的依赖度，可以将 93 个信息资源细分产业划分为三大类，分别是信息资源高度依赖型产业（得分在 0.7～1.0 分的共有 35 个）、信息资源中度依赖产业（得分在 0.4～0.69 分的共有 21 个）和信息资源低度依赖产业（得分在 0.0～0.39 分的共有 37 个）。

根据图 5－3 可以看出，2009—2013 年间，对信息资源不同依赖程度的产业在营业收入和从业人口数方面均有所增加。其中，占比最大的是对信息资源依赖程度较低的产业，其次是高度依赖型的产业，中度依赖型产业最少。与信息资源依赖程度较低的产业进行对比可见，虽然信息资源高度依赖型产业的从业人口数较少，但其贡献的营业收入占比相对较大，说明对信息资源高度依赖的产业主要是智力密集型产业，从业人口平均创造的价值较高。

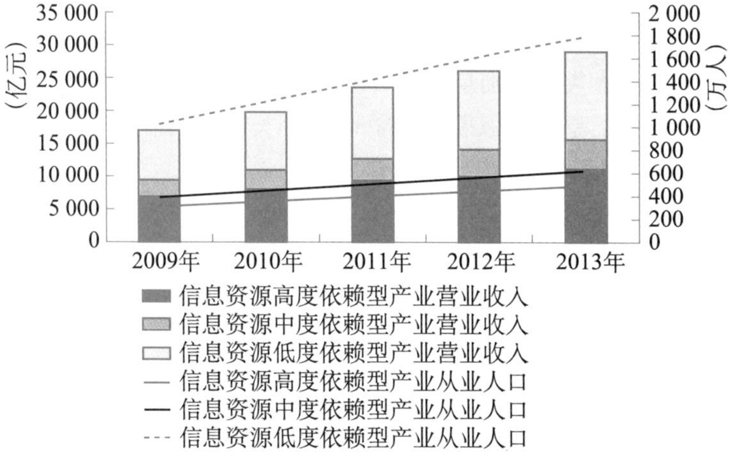

图 5－3　2009—2013 信息资源产业营业收入和从业人口特征图（依赖度角度）

3. 信息资源产业结构：基于地域的角度

根据地域位置将全国信息资源产业按区域结构进行划分，分成华北、华东、华南、华中、西南、西北、东北七大区域，图 5－4 是七大区域信息资源产业 2013 年的营业收入比例、法人单位比例和从业人口比例。

从图 5－4 中可以看出，各地信息资源产业的从业人口、法人单位和营业收入占比呈正相关，其中华东地区的信息资源整体规模较大，发展较好，西北地区整体发展最为薄弱。

通过对信息资源结构特征的分析可以看出，目前我国信息资源产业总体发展趋势良好，具有如下特点：（1）信息资源采集业、信息资源加工业和信息资源提供业三类行业在营业收入、法人单位和从业人口数量上均保持稳定增长，其中信息资源提供业涉及行业较广，发展速度相对较快；（2）信息资源产业是智力密集型产业，对信息资源的依赖程度越大，行业

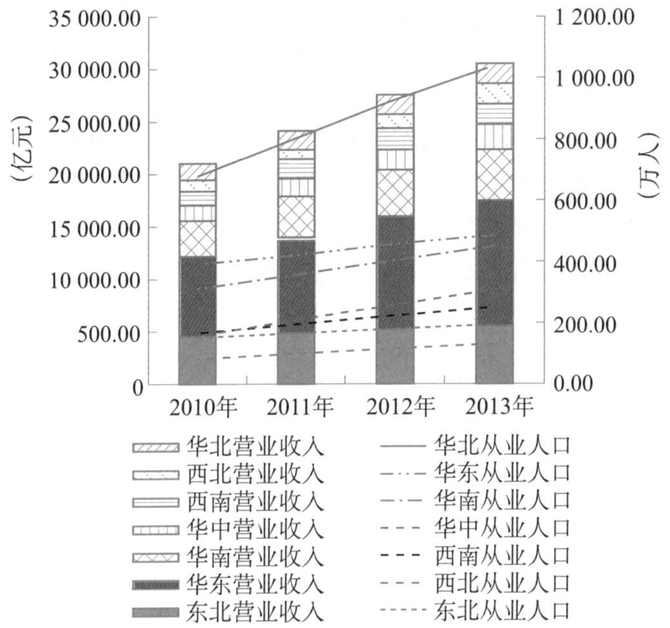

图 5-4　2013 年信息资源产业营业收入和从业人口特征图
(区域角度)

整体发展水平就越好，创造的经济效益就越大；(3) 信息资源产业在地域发展上存在一定的不平衡，华东地区信息资源产业发展水平高，增长速度快，而西北地区则属于刚起步阶段。因此，应加大对信息资源采集业和提供业的扶持程度，进一步鼓励信息资源产业的发展，加大对偏远地区信息资源产业的政策扶持，促进信息资源产业整体又好又快发展。

5.3　信息资源产业结构的优化

产业结构，也被称为国民经济的部门结构，是指国民经济各产业部门之间以及各产业部门内部的构成。随着我国经济的不断发展，产业结构也在不断调整，经济发展重点从第一产业向第二产业和第三产业转移，在这一过程中，信息资源产业作为第三产业的重要组成部分，是产业结构优化升级的重点领域。所谓产业结构优化，指的是通过产业调整，使各个产业实现协调发展，整体素质和效率不断提升的过程。信息资源产业中包含着诸多细分行业，如何进一步平衡行业间的资源分布成为一个亟待解决的问题。本节从宏观产业结构优化的基本原则和理念层面进行简要的介绍，力图为信息资源产业中具体的结构优化体征提供借鉴与参考，针对信息资源产业结构的详细研究将在后文中进行具体的分析。

产业结构优化问题在国内外均有许多专家学者进行研究。对产业结构优化升级过程研究的观点演进如下：罗斯托在《经济成长的过程》中提出，经济成长从低级向高级演进的过程中，主导产业群也依次发生相应的更替，从而推动产业结构的转换，通过选择正确的主导产业，促进其快速发展可以带动区域经济的整体增长；筱原三代平在罗斯托的基础上提出了两个优化产业结构的基准，一个是需求收入弹性基准，也就是认为需求弹性大的产业，由于其产品的增加能够带来更大的收入，便于利用规模经济效益快速提升利润水平，另一个是生产率上升基准，也就是说一般生产率增长较快的产业，其技术进步的速度都比较快，产品生产费用低，容易吸引资源向该产业流动，进而促进该产业的快速发展；艾伯特则依据投入产出原理，提出了产业关联度标准，他认为，产业关联度高的产业会对其他产业产生较强的作用力，进而促进整体经济结构的优化升级，因此应该重点发展这些产业。

产业结构优化的机理其实就是通过四步过程实现国民经济的持续快速发展。第一步，调整影响产业结构的决定因素；第二步，使产业结构得到优化；第三步，促进结构效应发挥作用；第四步，保证国民经济得到快速发展。

实际上，产业结构优化所包含的基本要点主要有三个方面。第一，强调产业结构优化是一个动态过程，是产业结构逐渐趋于合理化、不断升级的过程，在国家经济发展的不同阶段，产业结构优化的衡量标准不同；第二，产业结构优化以产业间协调发展和实现高效率为原则；第三，产业结构优化的目标是实现资源配置的最优化和宏观经济效益的最大化。

我们在对信息资源产业进行内部结构优化的过程中，应当注意选择行之有效的策略。基本的策略思想是：选择信息资源产业中整体生产率较高、需求量较大的具体行业作为突破口，加以重点扶持与促进，通过发展重点行业来带动整体产业的快速发展，同时，对行业关联度较高的具体行业应该进一步优化其生态环境，带动相关行业的共同繁荣。

2014 年 2 月，习近平总书记在中央网络安全和信息化领导小组会议中指出，“信息资源日益成为重要生产要素和社会财富，信息掌握的多寡成为国家软实力和竞争力的重要标志”。从 2004 年至今，经过十余年的发展，我国信息资源产业整体规模不断扩大，从业人口和法人单位数量持续上升，进一步加快了我国经济结构转型升级的速度，成为知识经济时代的重要产业类型。同时，对信息资源产业内涵、结构与发展模式的探索也成为近年来学术界研究的热点问题。目前，北京、江苏、浙江等地区已针对信息资源产业的发展发布具体的地方性指导政策，为信息资源产业在我国的进一步发展提供了政策基础，结合对信息资源产业不断深入的研究与探索，我国信息资源产业的实践也将迈上更好更快发展的新台阶。

第6章

我国信息资源产业区域特征

近些年来，我国信息资源产业发展很快，为社会创造了巨大的财富，形成了新的经济增长点。但产业发展在区域分布的严重不均衡性问题不仅未见根本性改变，相反却在一定意义上有越演越烈之势。就总体来说，东部地区凭借优越的地理条件、人才资源，产业发展处于遥遥领先的位置，中部地区部分省级行政区和西部个别省级行政区的产业发展态势不错，而中西部大部分省级行政区产业发展目前的总体水平还不高。本章讨论了我国信息资源产业发展的区域特征问题，用大量数据，分别对东部地区、中部地区、西部地区信息资源产业发展的基本状况和基本特点进行了梳理和分析，所形成的对信息资源产业发展区域特征的判断，对我国信息资源产业政策的制定和实施有一定的参考支撑作用。

6.1 信息资源产业区域发展状况

对于一个国家的特定产业发展而言，区域发展的均衡性是衡量这个产业发展优化程度的重要指标。我国的信息资源产业区域发展是否均衡不仅仅关系产业内部结构是否优化，是否有利于产业的健康发展，同时还关系到我国整个国民经济发展和社会发展的大局。因为能否将我国改革开放取得的成果，均等地惠及全中国各个不同地区、各个不同民族的人民，实际上已经成为当今社会主义中国能否实现持续、和谐发展的关键。受产业基本特性的影响，大力发展对既有经济基础条件要求不高的信息资源产业，是中西部欠发达地区在我国迈向信息社会进程中实现“弯道超越”，实现全国经济社会同步均衡发展的重要机遇，为此，从国家到地区再到企业和公民个人，都应当充分认识和牢牢抓住这个难得的历史机遇，在信息资源产业区域均衡发展中积极作为。为了实现这样的目标，我们首先需要对信息资源产业区域发展的实际状况有全面的了解。

为了反映我国信息资源产业发展的基本面貌，课题组从2014年开始，编制并对外公开发布上一年度的《中国信息资源产业发展报告》。为了提高报告的质量，课题组建构了一个信息资源产业发展的评价体系，该体系试图从产业价值和产业环境两个维度去反映信息资源产业的发展状况和特征。

在课题组搭建的评价体系中，对于产业价值的评价，主要从产业规模、产业贡献、产业发展和产业结构等四个维度（实际上就是四个一级指标）进行观察测量；对于产业环境的评价，主要从基础设施、政策环境、决策强度三大因素（实际上就是三个一级指标）来进行衡量。最终的综合评价结果用信息资源产业发展指数表示。最新一版即2015年发布的《2014中国信息资源产业发展报告》对2014年我国信息资源产业的省级行政区发展情况进行了总结（见表6-1）。

表6-1　2014年中国信息资源产业省级行政区发展指数排名

省级行政区	综合得分	排名	产业价值	排名	产业环境	排名
北京市	90.37	2	91.47	2	89.27	3
浙江省	89.47	4	89.00	4	89.94	2
上海市	87.01	5	86.72	5	87.30	5
广东省	89.80	3	91.69	1	87.91	4
山东省	85.46	6	84.61	6	86.32	6
江苏省	91.67	1	91.19	3	92.15	1
重庆市	81.81	15	82.34	11	81.27	21
福建省	83.76	7	83.52	9	83.99	9
天津市	82.71	10	82.89	10	82.53	15
四川省	81.63	16	79.18	22	84.09	8
辽宁省	81.81	14	82.00	13	81.63	18
湖南省	81.12	18	80.69	15	81.54	20
黑龙江省	80.48	21	79.71	21	81.25	22
湖北省	83.64	8	84.04	8	83.24	11
河北省	80.61	20	80.10	19	81.11	23
河南省	82.50	11	78.96	23	86.03	7

续前表

省级行政区	综合得分	排名	产业价值	排名	产业环境	排名
山西省	80.65	19	80.43	18	80.87	24
安徽省	82.99	9	84.27	7	81.72	17
云南省	80.34	22	80.66	16	80.02	26
陕西省	82.44	12	82.15	12	82.73	13
海南省	79.60	25	80.44	17	78.76	31
吉林省	79.10	26	78.76	25	79.43	27
广西壮族自治区	82.11	13	81.18	14	83.05	12
江西省	80.10	23	79.88	20	80.36	25
内蒙古自治区	78.70	30	78.07	27	79.34	29
贵州省	78.92	28	75.20	31	82.67	14
新疆维吾尔自治区	81.37	17	78.84	24	83.90	10
宁夏回族自治区	78.91	29	78.47	26	79.35	28
甘肃省	79.81	24	77.88	28	81.74	16
西藏自治区	79.02	27	76.45	30	81.59	19
青海省	78.05	31	77.06	29	79.05	30

从表 6 - 1 中可以明显地看到我国信息资源产业在区域发展方面的东高西低特征，东部沿海地区在产业价值和产业环境方面均明显优于中部和西部。

仔细分析表 6 - 1 的数据我们会发现，我国信息资源产业区域发展程度基本可以划分为三大梯队，从沿海向内地呈现阶梯状分布，不同地区之间的差距悬殊，发展指数最高分与最低分相差 13.621 分。除了地区之间发展不平衡外，信息资源产业细分行业发展程度在同一地区或不同地区之间也存在比较明显的差异。例如北京市各个信息资源产业细分行业发展得比较均衡，而广东省则只有少数几个信息资源产业的细分行业比较发达。一些基础性的、不太受地域因素影响的信息资源产业细分行业，如知识产权服务业、质检技术服务业等信息资源产业细分行业，在不同地域也存在较大差异。

6.2 东部地区信息资源产业特征

东部地区包括北京、天津、河北、辽宁、上海、江苏、浙江、福建、山东、广东、海南 11 个省（直辖市），大部分省市处于东南沿海地区，地理条件优越，交通便利，经济发达。东部地区信息资源产业发展的整体水平在全国三大地区中处于明显的领先位置。

6.2.1 产业发展基本状况

表 6－2 是根据《2014 中国信息资源产业发展报告》中的数据绘制的反映东部地区各省级行政区 2014 年信息资源产业发展状况的表单。从该表可以看出，东部地区信息资源产业总体情况综合排名较高，江苏省总体排名居全国之首，北京市全国排名第 2、广东省、浙江省、上海市、山东省、福建省以及天津市分别排名第 3、4、5、6、7 和第 10。这也就是说，就综合排名而言，全国前十强中东部地区就占了八强。但该表同时也告诉我们，河北和海南两省处于较为靠后的位置，也就是说，东部地区内部各省级行政区间的差距也比较大。

表 6－2　东部地区各省级行政区信息资源产业发展指数得分及排名

省级行政区	信息资源产业发展指数得分	全国排名（不含港澳台）
江苏省	91.67	1
北京市	90.37	2
广东省	89.80	3
浙江省	89.47	4
上海市	87.01	5
山东省	85.46	6
福建省	83.76	7
天津市	82.71	10
辽宁省	81.81	14
河北省	80.61	20
海南省	79.60	25

从图 6－1 可以看出，总体上东部地区整体的信息资源产业发展水平处于全国前列。从具体省份来看，广东作为我国较早的沿海开放地区，也是我国高新技术产业的聚集地之一，它的产业价值指标得分居全国之首，为 91.69，比全国平均水平高 9.7，产业环境也排名全国第四位，比全国平均水平高 5。另外江苏作为沿海发达地区，信息资源产业起步较早，产业发展环境指标得分高达 92.15，排名全国第一位。北京市作为我国首都，是我国政治、文化、交通、科研、教育中心，也是我国经济、金融的决策和管理中心。北京市在产业价值和产业环境指标上位于前列，产业价值指标

得分比华北地区平均水平高 5.77，产业环境指标得分比华北地区平均水平高 3.8。浙江、上海、广东、山东、福建等地作为经济飞速发展的沿海地区，在信息资源开发利用方面起步早、水平高，开放程度也比较高，因此对信息资源产业有着较强的依赖，产业价值和产业环境也都进入了全国前十强。天津、辽宁等地都有一定的经济基础，在某一产业方面有得天独厚的优势或者受到相邻地区辐射影响，信息资源产业发展处于中等水平。河北、海南信息产业起步较晚、发展较慢，与北京市、天津市均存在较大差距。

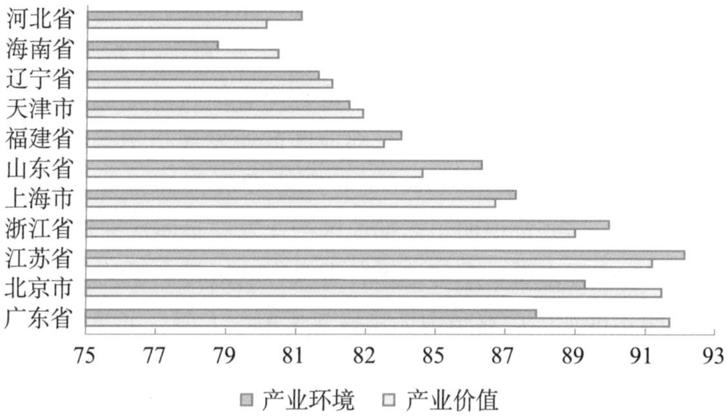

图 6－1　东部地区各省级行政区产业价值与产业环境指标得分

6.2.2　一级指标分项分析

从表 6－2 可以看出，东部地区信息资源产业发展在全国位于前列，但区域内部差异大。有北京、广东、江苏、浙江这样信息资源产业发展较好的省市，也有河北、海南这样的处于全国平均水平之下的省份，区域内部差异较大。

从表 6－3 的产业规模指标来看，东部地区平均水平高于全国平均水平，但内部发展十分不平衡，产业规模指标的排名方差为 53，产业规模指标平均值为 83.67，各省级行政区排名平均值为 9。北京、广东、江苏、浙江、上海、山东的产业规模包揽全国前六，辽宁、福建、天津位居全国中上等水平，而河北、海南的排名分别为 20、23，居于靠后的位置。

从产业贡献指标来看，东部地区平均水平高于全国平均水平，说明东部地区的信息资源产业在该地区经济发展的贡献中占据较高的比重。其中北京市以 90.54 分位居全国第一，比全国平均水平（81.10）、东部平均水平分别高出 9.44、8.24，说明北京市信息资源产业的产业贡献极高；江苏、上海、浙江、天津、广东也以领先优势位居全国第 2、3、4、5、6 位，福建、海南、辽宁的产业贡献指标得分也处于全国中等偏上的水平，而山东、辽宁、河北在产业贡献上的表现均低于全国平均水平和东部地区平均水平（82.30），说明三省（自治区）信息资源产业贡献还有待提升。东部地区产业贡献排名方差为 46，因此，就产业贡献指标来说，缩小地区差距，保持平衡发展对于东部地区而言是重中之重。

从产业发展指标来看，相对于其他指标，东部地区产业发展情况也较好，中部地区的产业发展指标总体水平较高。广东、江苏、浙江、北京、山东的产业发展指标得分排名前五，其他各个省级行政区也都处于中等或中等偏上的水平。在此情况之下，东部地区产业发展指标得分的平均值为 84.55，远高于全国平均水平（79.26），产业发展指标得分排名的平均值为 8，方差为 35，这些都说明了东部地区产业发展整体水平较高的事实。

从产业结构指标来看，东部地区各省级行政区排名平均值为 10，方差为 47，这说明东部地区产业结构优化较为平衡。上海、北京、浙江产业结构较好，得分排名分别为第 2、3、4；江苏、福建、海南、河北位居第 7、8、9、11；而广东、辽宁、天津排名则位于中等水平。这表明东部地区信息资源产业结构优化程度虽存在区域差异，但省市之间的平衡程度尚好。

表 6-3　东部地区各省级行政区信息资源产业价值指标得分与排名

省级行政区	产业规模	排名	产业贡献	排名	产业发展	排名	产业结构	排名
北京市	94.86	1	90.54	1	85.65	4	83.54	3
广东省	94.12	2	82.36	6	96.61	1	82.51	14
江苏省	89.60	3	86.57	2	94.70	2	83.08	7
浙江省	88.30	4	84.26	4	89.40	3	83.32	4
上海市	83.97	5	84.92	3	83.67	7	83.92	2
山东省	83.17	6	77.62	18	85.41	5	82.62	12
辽宁省	80.48	9	77.80	17	78.50	13	82.37	18
福建省	78.30	11	80.56	11	82.98	8	83.07	8
天津市	77.59	12	83.97	5	80.17	11	81.85	25
河北省	75.47	20	77.10	19	76.75	17	82.66	11
海南省	74.50	23	79.61	13	76.23	18	83.00	9
平均值	83.67	9	82.30	9	84.55	8	82.90	10
方差	51.87	53	17.91	46	46.32	35	0.34	47

从表 6－4 来看，东部地区各省级行政区政策环境指标全国排名的平均值为 11，指标得分的平均值为 86.37，高于全国平均水平（82.78）。在这一指标上，东部地区总体处于领先水平，但是地区内各省级行政区发展非常不平衡，排名方差高达 91。其中，广东、浙江、江苏、北京排在全国第 1、2、3、5 位；山东、福建、上海、辽宁处于全国中等偏上水平；天津、海南分别位于全国第 27、29 名，居于相当落后的位置。

从基础设施指标来看，东部地区各省级行政区全国排名的平均值为 7，指标得分的平均值为 93.12，高于全国平均水平（89.94），位于全国上游水平。北京、上海、江苏、山东、广东、浙江分位全国排名第 1～6 位，福建、天津、辽宁、河北处于全国中等偏上水平，海南省则位于全国第 22 名，较为落后，说明除海南外东部地区整体比较重视信息资源产业的基础设施建设。

从决策强度指标来看，东部地区各省级行政区全国排名的平均值为 14，处于中游水平。指标得分的平均值为 76.45，略高于全国平均水平（75.51）。江苏、北京、上海、天津分别以 84.95、80.40、79.70 和 79.00 分位于全国第 2、4、5、6 名，而河北、广东、海南排名则比较靠后。

表 6－4　东部地区各省级行政区信息资源产业环境指标得分及排名

省级行政区	政策环境	排名	基础设施	排名	决策强度	排名
北京市	90.65	5	96.17	1	80.40	4
天津市	76.21	27	91.52	8	79.00	6
河北省	81.31	16	89.30	14	72.00	21
辽宁省	82.01	12	90.12	10	72.00	23
上海市	85.28	10	96.11	2	79.70	5
江苏省	95.44	3	95.76	3	84.95	2
浙江省	95.60	2	94.83	6	79.00	6
福建省	85.29	9	92.20	7	73.75	16
山东省	86.71	7	95.25	4	76.20	11
广东省	96.06	1	95.08	5	72.00	27
海南省	75.51	29	87.92	22	72.00	28
平均值	86.37	11	93.12	7	76.45	14
方差	54.79	91	9.06	37	19.80	94

6.2.3 发展趋势分析

表6-5中的数据是分别从《2013中国信息资源产业发展报告》《2014中国信息资源产业发展报告》中获取的。从该表中可以看出，相比于2013年，2014年东部地区地区在产业贡献、产业结构方面表现稳定，平均分、方差变化不大；在产业规模发展指标方面，平均值无明显变化，方差由36.93增至51.87；在产业发展指标方面，方差无明显变化，样本均值在减小，由80.28减少至46.32；在政策环境指标方面，平均值无明显变化，方差增大，由24.23增至54.79；在基础设施指标方面，均值有所增大，方差有所减小；在决策强度指标方面，平均值下降，由80.44降至76.45，方差变小，由10.57上升至19.80。由此可以看出东部地区的主流发展趋势还是以平稳上升为主，但在政策环境上区域内部差异逐渐拉大。

表6-5　东部地区2013年、2014年信息资源产业发展各项指标得分对比

东部地区		2013年	2014年	变化值
产业规模	平均值	79.12	83.67	4.55
	样本方差	36.93	51.87	14.94
产业贡献	平均值	79.26	82.30	3.04
	样本方差	15.66	17.91	2.25
产业发展	平均值	80.28	84.55	4.27
	样本方差	32.21	46.32	14.11
产业结构	平均值	85.97	82.90	−3.07
	样本方差	1.86	0.34	−1.52
政策环境	平均值	79.99	86.37	6.38
	样本方差	24.23	54.79	30.56
基础设施	平均值	86.39	93.12	6.73
	样本方差	19.21	9.06	−10.15
决策强度	平均值	80.44	76.45	−3.99
	样本方差	10.57	19.80	9.23

6.3 中部地区信息资源产业特征

中部地区包括黑龙江、吉林、山西、安徽、江西、河南、湖北、湖南8个省。中部地区在信息资源产业的发展上整体水平一般，而且也呈较大的不平衡态势，湖北、安徽、河南大部分指标排名处于全国中等偏上的水平，其余省份大部分指标排在中等偏下水平，且吉林大部分指标均排在靠后的位置。这表明中部地区虽然有着湖北、安徽这样的发展还不错的区域，但也存在很大的不平衡性，因此中部地区在保持既有部分优势的情况下，应特别注意克服不同省份之间发展失衡问题。

6.3.1 产业发展基本状况

中部地区信息资源产业总体情况一般，在全国三大地区中排名居中。表 6-6 反映了中部地区各个省市信息资源产业发展指数得分以及全国排名，中部地区各省市信息资源产业发展指数得分排名的平均值为 17。除了湖北省和安徽省挤进了前十，其余各省市多位于中等偏下的水平。该地区各省份全国排名数的方差为 46，表示区域内地方差异相对较小。

表 6-6 中部地区各省份信息资源产业发展指数得分及排名

省份	信息资源产业发展指数得分	全国排名
湖北省	83.64	8
安徽省	82.99	9
河南省	82.50	11
湖南省	81.12	18
山西省	80.65	19
黑龙江省	80.48	21
江西省	80.10	23
吉林省	79.10	26
平均值	81.33	17
方差	2.45	46

从图 6-2 可以看出，中部地区各省市中，安徽省、湖北省产业价值指标得分居高（84.27、84.04），分属中档偏上水平，但相比于中部地区的其他省份，其产业价值指标处于领先地位。

从图 6-2 可以明显看出，产业环境指标来说，河南得分 86.03，表现较好，湖北得分为 83.24，处于全国中游水平，其余省份则处于比较落后的位置。

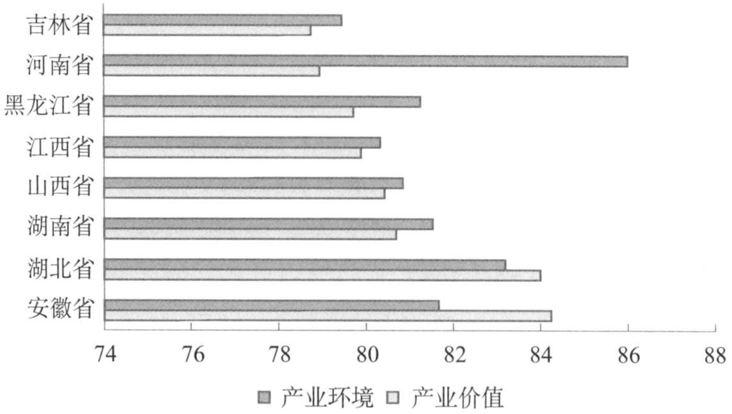

图 6-2　中部地区各省份产业价值与产业环境

6.3.2　一级指标分项分析

中部地区信息资源产业发展总体水平处于全国中游，根据表 6-7，中部地区各省份在产业价值指标上的具体表现如下。

中部地区产业规模指标得分均值为 77.30，各省份全国排名的平均值为 16，处于中等的位置。湖北、安徽、湖南分列全国第 7、8、10 位，而其余省份发展规模较为滞后。中部地区产业规模指标得分的方差为 7.55，区域内各省份之间存在一定的差距。

中部地区产业贡献指标得分均值为 77.86，各省份全国排名的平均值为 18。其中，湖北排在全国第 7 位，表明湖北信息资源产业对其总体经济发展贡献的相对水平比较高。而相比之下，吉林、河南则分别排在第 26、31 位，处于全国下游水平。这也造成了地区间产业贡献指标表现的不平衡，各省份之间差距较大。

中部地区产业发展指标得分均值为 77.31，各省份全国排名的平均值为 18。其中，湖北信息资源产业发展程度的相对水平很高，排在全国第 6 位，而河南、吉林处于全国中下游水平，分别排在全国第 24、25 名。区域内各省份之间的差距较大。

中部地区的产业结构指标得分均值为 82.44，各省份全国排名的平均值为 16。其中山西以 84.03 的得分居于全国之首，安徽排在全国第 6 位，其余省份则均处于中等偏后的位置，表明中部地区各省份信息资源产业结构优化程度的相对水平较低。

表 6-7　　中部地区信息资源产业价值指标得分与排名

省份	产业规模	排名	产业贡献	排名	产业发展	排名	产业结构	排名
湖北省	81.21	7	81.58	7	84.77	6	80.77	30
安徽省	80.58	8	81.44	9	82.50	9	83.11	6
湖南省	79.46	10	76.42	21	76.15	19	82.19	20
江西省	77.00	15	76.40	22	75.07	22	82.58	13
河南省	75.98	18	74.66	31	74.53	24	82.40	16
吉林省	75.09	21	75.18	26	74.24	25	82.39	17
黑龙江省	74.94	22	78.30	16	75.78	20	82.02	22
山西省	74.15	24	78.90	15	75.47	21	84.03	1
平均值	77.30	16	77.86	18	77.31	18	82.44	16
方差	7.55	44	7.07	67	15.97	49	0.86	83

由表 6-8 可知，总体上看，中部地区各省份在产业环境各项分项指标上的表现位于全国中游偏下水平。其中，河南在决策强度指标上的排名比较靠前，湖北在三项指标上的排名都比较靠前，各个省份之间的差距较明显，湖南与河南两省在产业环境上总体发展比较落后，处于全国靠后的位置。

政策环境指标反映该地区信息资源产业政策环境优化程度的相对水平，中部地区该项指标得分全国排名的平均值为 17，指标得分的平均值为 82.16。总体处于中下等水平，但地区内各省市之间发展非常不平衡。其中河南排在全国第 4 位；湖北、安徽位于第 11 名和第 13 名，处于全国中上游水平；其余省份则位于比较落后的位置。因此，对于政策环境指标来说，保持均衡发展是中部地区有关省市的当务之急。

中部地区各省市基础设施指标得分全国排名的平均值为 17，指标得分的平均值为 88.88，位于全国中下游水平。其中安徽位于全国第 9 位，跻身十强，其余省份则处于全国中下游的位置。因此，安徽在加紧信息资源产业相关基础设施的建设方面力度比中部其他地区大。

中部地区各省市决策强度指标得分全国排名的平均值为 18，处于中下游水平，指标得分的平均值为 73.75。相对于其他指标，中部地区在决策强度指标上的表现相对较差。其中安徽和江西均位于全国落后水平；河南位于全国前 10 名；黑龙江、湖北处于中游水平。决策强度指标反映了地方政府部门对信息资源产业发展重视程度和工作强度的相对水平，这表明中部地区政府部门整体对于信息资源产业重视程度一般。

表 6-8　　中部地区信息资源产业环境指标得分及排名

省份	政策环境	排名	基础设施	排名	决策强度	排名
山西省	79.70	22	88.80	17	73.40	19
吉林省	77.41	26	88.10	21	72.00	24
黑龙江省	80.34	20	87.69	25	75.15	13
安徽省	81.72	13	90.64	9	72.00	25
江西省	79.78	21	88.57	18	72.00	26
河南省	92.63	4	88.41	19	76.90	9
湖北省	84.67	11	89.68	12	74.80	14
湖南省	81.06	18	89.14	16	73.75	17
平均值	82.16	17	88.88	17	73.75	18
方差	22.13	50	0.88	25	3.19	39

6.3.3　发展趋势分析

从表 6-9 中可以看出。相比于 2013 年，2014 年中部地区在产业贡献、产业结构、政策环境和决策强度方面表现稳定，平均分、方差变化不大；在产业规模指标方面，平均值无明显变化，方差从 18.40 降至 7.55；在产业发展指标方面，平均值无明显变化，方差减少，由 26.39 降至 15.97；在基础设施指标方面，平均值无明显变化，方差减小，由 11.03 降至 0.88；在决策强度指标方面，平均值下降，由 78.98 降至 73.75，方差无明显变化；中部地区的主流发展趋势以平稳上升为主，区域整体提升较大。虽然在决策强度上区域内部差异稍微增大，但是中部地区信息资源产业发展的位置将会继续保持。

表 6-9　　中部地区 2013 年、2014 年信息资源产业发展各项指标得分对比

中部地区		2013 年	2014 年	变化值
产业规模	平均值	77.06	77.30	0.24
	样本方差	18.40	7.55	−10.85
产业贡献	平均值	78.25	77.86	−0.39
	样本方差	13.02	7.07	−5.95
产业发展	平均值	78.72	77.31	−1.41
	样本方差	26.39	15.97	−10.42
产业结构	平均值	85.63	82.44	−3.19
	样本方差	0.92	0.86	−0.06

续前表

中部地区		2013 年	2014 年	变化值
政策环境	平均值	78.67	82.16	3.49
	样本方差	21.51	22.13	0.62
基础设施	平均值	84.83	88.88	4.05
	样本方差	11.03	0.88	−10.15
决策强度	平均值	78.98	73.75	−5.23
	样本方差	1.34	3.19	1.85

6.4 西部地区信息资源产业特征

西部地区包括陕西、甘肃、青海、新疆、宁夏、云南、四川、贵州、西藏、重庆、内蒙古、广西等 12 个省级行政区，其信息资源产业总体发展水平位于全国三大地区之末，各项指标均处于相对落后的位置。

6.4.1 产业发展基本状况

从表 6－10 的信息资源产业发展指数的得分来看，西部地区信息资源产业发展现状较为严峻，西部地区发展指数平均得分为 80.26，低于全国平均水平（82.45），各省级行政区全国排名的平均值为 22，12 个省级行政区中陕西、广西处于全国靠前位置，重庆、四川、新疆处于中等位置，云南、甘肃处于中后等位置，而西藏、贵州、宁夏、内蒙古、青海则基本处于全国末位，分别排在第 27、28、29、30、31 位。因此，西部地区需要加大发展信息资源产业的发展力度。

表 6－10　西部地区各省级行政区信息资源产业发展指数得分及排名

省级行政区	信息资源产业发展指数得分	全国排名
陕西省	82.44	12
新疆维吾尔自治区	81.37	17
甘肃省	79.81	24
宁夏回族自治区	78.91	29
青海省	78.05	31
重庆市	81.81	15
四川省	81.63	16

续前表

省级行政区	信息资源产业发展指数得分	全国排名
云南省	80.34	22
西藏自治区	79.02	27
贵州省	78.92	28
内蒙古自治区	78.70	30
广西壮族自治区	82.11	13
平均值	80.26	22
方差	1.42	6.50

从图 6－3 的产业价值指标来看，西部地区的平均得分为 78.96，低于全国平均水平（82.26 分），区域内只有重庆的得分 82.34 高于全国平均水平；从产业环境指标来看，西部平均的平均得分为 81.56，低于全国平均水平（82.95），并且除新疆、四川、广西以外九个省级行政区均位于全国平均水平之下，这表明西部地区信息资源产业的产业环境形势比较严峻，需要加大产业环境的建设力度。

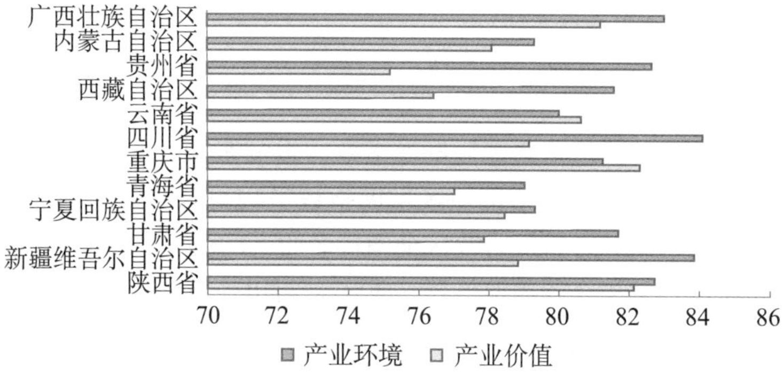

图 6－3　西部地区各省级行政区产业价值与产业环境

6.4.2　一级指标分项分析

从表 6－11 的产业规模指标来看，西部地区的平均得分为 74.45，低于全国平均水平（79.13），各省级行政区全国排名的平均值为 23。西部地区中陕西、四川处于全国较靠前的水平，重庆、广西、云南属于中等水平，其余七省区均位于全国排名的中后位置，其中，新疆、内蒙古和西藏分别排在全国第 26 位、第 25 位和第 30 位。因此，西部地区还需要持续扩大信息资源产业的发展规模。

从产业贡献指标来看，西部地区的平均得分为 77.08，低于全国平均水平（81.10）。在这一指标上，广西以 81.50 分处于全国第 8 的位置，产业贡献充分，重庆以 80.70 分排在全国第 10 位，宁夏与去年相同，处于中等偏下水平，云南以 79.12 分排在第 14 位，新疆、内蒙古、四川和西藏则处于落后位置。而产业规模得分相对靠前的四川在这一指标上的表现则排在全国第 30 位，说明四川虽然有着较好的产业规模，但是并未充分挖掘信息资源产业的经济效益和社会效益，没能发挥出其在地区经济发展中应有的作用。

从产业发展指标来看，西部地区的平均得分为 75.71，低于全国平均水平（79.26），各省级行政区全国排名的平均值为 22。重庆、陕西处于全国较靠前位置，云南、广西则处于全国中等水平，甘肃、内蒙古、四川、西藏和青海都处于非常落后的位置，新疆在这一指标上较去年处于中等的水平有大幅度的下降，表明新疆信息资源产业的发展趋势出现了一定的问题。西藏和贵州也出现了指标分数下降的现状，发展趋势表现出疲软滞后的态势，说明这两个省的发展力度还需大力加强。

从产业结构指标来看，西部地区的平均得分为 81.85，低于全国平均水平（82.38），各省级行政区全国排名的平均值为 22。在这一指标上，重庆、陕西处于全国第 5 和第 10 位，展现出了良好的发展趋势。宁夏则排在 15 位，表现较去年有所提升；去年排在第 10 位的云南下降到了第 21 位，表明相比去年该省信息资源产业的总体表现较差；新疆、内蒙古、青海、西藏均排在靠后的位置，说明在今后有必要对西部地区产业结构进行适当的调整。

表 6－11　西部地区各省级行政区信息资源产业价值指标得分及排名

省级行政区	产业规模	排名	产业贡献	排名	产业发展	排名	产业结构	排名
四川省	77.40	13	74.91	30	73.95	27	82.19	19
陕西省	77.24	14	80.45	12	79.47	12	82.76	10
重庆市	76.36	16	80.70	10	80.25	10	83.15	5
广西壮族自治区	76.18	17	81.50	8	77.54	15	81.77	28
云南省	75.49	19	79.12	14	77.99	14	82.09	21
内蒙古自治区	73.94	25	75.01	28	73.95	26	81.82	26
新疆维吾尔自治区	73.38	26	75.12	27	77.40	16	81.82	27
贵州省	73.21	27	75.55	24	73.33	30	81.97	23
甘肃省	72.95	28	75.54	25	73.60	28	81.93	24
宁夏回族自治区	72.46	29	76.48	20	74.56	23	82.51	15

续前表

省级行政区	产业规模	排名	产业贡献	排名	产业发展	排名	产业结构	排名
西藏自治区	72.44	30	74.93	29	73.59	29	79.33	31
青海省	72.30	31	75.64	23	72.89	31	80.85	29
平均值	74.45	23	77.08	21	75.71	22	81.85	22
方差	3.50	40	6.07	57	6.35	55	0.87	58

从表 6-12 的政策环境指标来看，西部地区的平均得分为 79.89，低于全国平均水平（82.78），各省级行政区全国排名的平均值为 20。四川以 88.23 排在全国第 6 位，陕西以 86.40 排在第 8 位，说明四川和陕西为信息资源产业发展创造了较为有利的政策环境；广西、重庆、甘肃、新疆处于中等偏后水平；而内蒙古、宁夏、青海、西藏的排名则相对靠后，处于全国末端位置，需要加大相关产业政策的供给力度。从基础设施指标来看，西部地区的平均得分为 87.73，低于全国平均水平（89.94），各省级行政区全国排名的平均值为 23。在这一指标上，排名最高的四川排在第 11 位，说明四川的基础设施发展情况良好。重庆、陕西处在全国中等位置，其他省级行政区均处于落后的位置，这反映了西部地区信息资源产业基础设施的建设水平相对落后，需要加大基础设施配套力度，为信息资源产业发展提供更为有利的基础条件。

从决策强度指标来看，西部地区的平均得分为 75.82，越高于于全国平均水平（75.51），指标得分的方差为 20.39，各省级行政区全国排名的平均值为 17。西藏和新疆分别位于全国第 1 和第 3 位，说明决策强度将成为改变西藏和新疆信息资源产业发展的重大因素。四川、云南、内蒙古处于中等水平，重庆、贵州、陕西则较为靠后，排在第 29、30、31 位，说明这些省级行政区还需加大决策力度。

表 6-12　　西部地区各省级行政区产业环境指标得分及排名

省级行政区	政策环境	排名	基础设施	排名	决策强度	排名
内蒙古自治区	77.53	25	87.72	24	72.00	22
广西壮族自治区	81.42	15	88.25	20	79.00	8
重庆市	81.44	14	89.63	13	72.00	29
四川省	88.23	6	89.80	11	73.75	18
贵州省	79.52	23	87.63	26	72.00	30
云南省	78.93	24	87.09	28	73.40	20
西藏自治区	72.65	31	85.04	31	86.70	1
陕西省	86.40	8	89.23	15	72.00	31

续前表

省级行政区	政策环境	排名	基础设施	排名	决策强度	排名
甘肃省	81.30	17	86.79	29	76.67	10
青海省	74.56	30	86.39	30	75.50	12
宁夏回族自治区	75.77	28	87.22	27	74.33	15
新疆维吾尔自治区	80.92	19	87.91	23	82.50	3
平均值	79.89	20	87.73	23	75.82	17
方差	18.68	62	1.75	43	20.39	96

6.4.3 发展趋势分析

西部地区 2013 年、2014 年信息资源产业发展各项指标得分对比如表 6－13 所示。

表 6－13　西部地区 2013 年、2014 年信息资源产业发展各项指标得分对比

西部地区		2013 年	2014 年	变化值
产业规模	平均值	74.60	74.45	−0.15
	样本方差	3.80	3.50	−0.30
产业贡献	平均值	77.90	77.08	−0.82
	样本方差	15.16	6.07	−9.09
产业发展	平均值	76.60	75.71	−0.89
	样本方差	6.60	6.35	−0.25
产业结构	平均值	85.20	81.85	−3.35
	样本方差	0.68	0.87	0.19
政策环境	平均值	77.50	79.89	2.39
	样本方差	10.72	18.68	7.96
基础设施	平均值	82.50	87.73	5.23
	样本方差	6.45	1.75	−4.70
决策强度	平均值	79.10	75.82	−3.28
	样本方差	1.90	20.39	18.49

西部地区信息资源产业发展目前的总体水平还处于全国靠后位置，陕西的产业发展良好，发展态势稳健，指标分数较高，变化幅度较小，发展趋势趋于稳固。新疆的指标分数排名上升明显，较去年上升了 8 位，处于全国中游位置。甘肃省发展也较好，相比去年有小幅度的上升。而青海和宁夏各方面都处在全国末端，发展滞后，各项指标都未呈现出上升趋势，还需从各方面进行改变，为信息资源产业发展提供良好的环境。

第7章

我国信息资源产业发展评价

产业发展评价指依据一定的评价标准和方法，对产业发展性质状态做出判断结论的过程或者行为。在一定意义上，产业发展评价本身就是一个非常重要的产业政策工具。科学的评价对处于特殊发展机遇期的信息资源产业发展而言，具有不可或缺的导向作用、激励作用、资源配置作用和诊断作用。本章介绍了课题组研究开发的信息资源产业发展评价体系的基本原理和方法，并应用这一评价体系，对2013年和2014年我国信息资源产业发展做出评价和分析。

7.1 信息资源产业发展评价体系的提出

对于信息资源产业这样一个新兴的、对国家经济社会发展大局有根本性影响的战略性产业来说，要确保其能够健康有序发展，需要来自社会各方面的积极作为。从产业内部的企业，到拟进入产业的资本持有者，再到准备通过产业政策促进和保障产业发展的政府机构，乃至作为信息产品、信息服务消费者的社会大众，他们的关注和各种形式的努力都是产业发展的动力来源。而这种关注和努力的基础性前提条件，就是必须保证他们能够正确认识和评价信息资源产业发展的实际状态。因为缺少了这样的认识和评价，所有的努力都将是盲目的，是无法获得有成效收益的。为了满足这样的需求，课题组研究开发了一个信息资源产业发展评价体系，试图为社会各方面正确认识我国信息资源产业发展的实际状况提供一个工具和手段。用这个评价体系，可以帮助各方面准确了解我国信息资源产业发展的整体水平、区域差异、行业构成、困难障碍、政策效果、经验教训、努力方向，为资源投入、产品研发、经营管理、消费决策、政策制定提供依据。

7.1.1 相关研究

信息资源产业的界定决定产业发展评价的对象范围，因而是探究信息资源发展评价问题的基础工作。目前已有不少学者对此了展开探讨。董宝青（2005）认为，信息资源产业是指从事信息资源生产加工，以信息资源的内容为基础，向社会提供产品或服务的经济部门。[①] 赖茂生等（2008）通过总结国内外已有的研究，认为信息资源产业是以信息资源和信息内容作为产业源头，有成熟的商业模式，利润来源是信息产品和服务的产业。[②] 赵京与钮晓红（2012）认为信息资源产业是高技术、高智力、高增长、高附加值产业，其种类繁多、应用广泛、综合规模大、价值链长。[③] 冯惠玲等（2011）学者撰文阐述了信息资源产业与信息产业、内容产业、信息服务业、文化创意产业等相关产业区别，把信息资源产业的内涵界定为“以信息资源为原料，从事信息形态的产品和服务的生产、加工、传播、提供等活动，并以此创造经济价值的国民经济部门”。[④] 我们认为，冯惠玲教授等关于信息资源产业内涵的阐释界定，反映了该产业的本质特征，有利于在相关理论研究中更深入地探究产业的基本构成、基本功能和发展规律，有利于在产业发展实践中直观明确地区分产业边界，遵从产业发展的基本规律和基本要求，为此课题组采用了这一概念。

当前，在产业发展评价领域，比较多的研究集中在产业竞争力评价，其中又以波特提出的竞争优势理论影响最广。邓飞等学者（Deng et al.，2013）提出的中国建筑业竞争力评价模型中，将波特提出的钻石模型作为

---

① 董宝青．推进国家信息资源与档案信息资源开发利用．中国档案，2005（6）：15－17.

② 赖茂生，阎慧，龙健．论信息资源产业及其范畴．情报科学，2008（4）：481－490.

③ 赵京，钮晓红．我国信息资源产业发展的战略思考．图书馆学研究，2012（15）：44－50.

④ 冯惠玲，杨红艳．信息资源产业内涵及其与相关产业的关系探究．情报资料工作，2011（2）：10－14.

概念框架，开发了包含34个潜在影响因素的竞争力指标体系。[①] 特丽莎·林（Lin，2012）将波特五力模型与其他分析框架相结合，设计了中国移动电视市场竞争力影响因素的评价指标。[②] 梁姗姗等（2007）基于波特钻石模型对中国煤炭产业竞争力评价方法进行了研究。[③] 竞争优势理论认为一国的特定产业是否具有竞争力取决于国内四个关键因素，即生产要素、需求条件、相关产业和支持性产业的表现、企业自己的战略结构和竞争对手。此外，政府的作用以及机遇等因素也具有相当的影响力。[④] 可见，不少国内外学者对产业竞争力评价的研究，在一定程度上都参考了波特竞争优势理论。尽管波特提出竞争优势理论之初是将其应用于国家层面的竞争力研究，但其竞争力模型设计思想也可以应用于描述区域内产业的竞争力。

另外，有关发展评价和竞争力的指标体系设计研究在一定程度上丰富了本研究对信息资源产业发展指数指标体系的设计思路。例如，中国人民大学发布的中国城市文化产业发展评价体系中，主要从产业生产力、产业影响力和产业驱动力三个维度分析城市文化产业发展状况，二级指标主要涉及产业规模、社会影响力、资源丰富程度、人力资源环境、市场环境、公共环境和创新环境等要素。[⑤] 上海交通大学发布的中国文化产业发展指标体系由内涵指数和表征指数两套体系综合而成，主要涵盖了文化产业发展水平、文化产业经济影响、文化产业发展社会文化影响等。[⑥] 世界经济论坛发布的全球竞争力指数中，一级指标由基本要求指标、效果提升指标和革新与社会因素指标构成。[⑦] 可见，已有的研究对产业竞争力的评价大

---

① DENG F，LIU G W，JIN Z G. Factors formulating the competitiveness of the Chinese construction industry：empirical investigation. JournaL of Management in Engineering，OCT 1，2013，29（4）：435－445，11.

② Lin T T C. Market competitiveness of mobile TV industry in China. TELECOMMUNICATIONS POLICY，NOV-DEC，2012，36：10-11，943-954，12. Special Issue：SI.

③ 梁姗姗，周敏．基于波特“钻石模型”的中国煤炭产业竞争力评价研究．资源与产业，2007（2）：37－42.

④ PORTER M E. Competitive advantage：creating and sustaining superior performance. New York：Free Press，1998.

⑤ 彭翊．中国城市文化产业发展评价体系研究．北京：中国人民大学出版社，2011.

⑥ 教育部哲学社会科学研究重大课题攻关项目“我国文化产业发展战略研究”（08JZD0034）课题组. 中国文化产业发展指数（CCIDI）研究成果报告．(2012－07－18)［2014－07－19］. http://cciidi. sjtu. edu. cn/news _ view. asp? newsid=365.

⑦ World Economic Forum. The Global Competitiveness Report 2008—2009.［2014－12－29］. http://www. weforum. org/reports/global-competitiveness-report-2008-2009.

多从内部和外部两个方面着手。但是现有产业评价指标体系对政府政策和政府决策关注程度不够。在国内，对于大部分新兴产业，政府的引导和扶持力度在一定程度上有着决定性的作用。因此，本研究在构建指标体系时也着重考虑如何更有效地反映政府因素在产业发展中的影响。

7.1.2 指标体系框架构建

信息资源产业发展评价体系，就是确保产业发展评价科学性、有效性所需的评价要素（评价者、评价对象、评价标准、评价指标、评价方法等），以及相应的组织结构、制度、程序和资源条件的集合。课题组认为，在上述评价体系要素中，评价指标体系的构建具有承上启下的关键作用，它是对产业评价所依据的价值尺度——评价标准的具体化和系统化，对其他要素发挥作用均有提供基础条件或者提供方向方法选择依据的规定性影响，为此，课题组集中力量重点在构建产业发展评价指标体系框架方面下功夫，拟合出信息资源产业发展指数（$IR_{ID}I$），使之既能反映信息资源产业的产业价值，又能反映产业发展的外部环境，还能保证指数计算所需基础数据是可收集的。

课题组提出的信息资源产业发展评价指标体系，要通过量化数据来反映特定时间、特定地区信息资源产业的发展水平。但是，在我国产业布局调整、经济结构转型的环境下，产业的发展不能仅用经济指标来衡量。用于反映产业发展状况的指标还来自社会贡献、产业结构、基础设施、政策环境等诸多方面。为此，本研究从产业价值和产业环境这两个维度来反映信息资源产业的发展状况和特征。

产业价值和产业环境是相辅相成的，产业价值的增加有助于产业环境的优化，产业环境的改善会促进产业价值的增长，两者对评价信息资源产业发展问题都是正向指标。对于产业价值，产业规模、产业贡献、产业发展、产业结构四大要素直接影响着产业价值的大小，因此通过上述四项指标的拟合来反映产业价值的规模程度。对于产业环境，通过基础设施、政策环境、决策强度三大要素来反映，以这三项指标的拟合来揭示产业环境的优劣。据此，设计了包括四级 70 个指标的信息资源产业发展评价指标体系。其中，一级指标有 2 个，二级指标 7 个，三级指标 17 个，四级指标 44 个。三级指标及其测算方法如表 7 - 1 所示。

表 7-1　　信息资源产业发展评价三级指标及测算方法

一级指标	二级指标	三级指标	测算方法
产业价值	产业规模	产业产值规模	通过高度信息资源依赖产业、中度信息资源依赖产业和低度信息资源依赖产业的经济规模数据进行拟合
		从业人口规模	通过高度信息资源依赖产业、中度信息资源依赖产业和低度信息资源依赖产业的从业人口规模数据进行拟合
		法人单位规模	通过高度信息资源依赖产业、中度信息资源依赖产业和低度信息资源依赖产业的法人单位规模数据进行拟合
		上市公司规模	通过信息资源产业上市公司数量、净资产收益率、营业总收入等数据进行拟合
	产业贡献	产业就业贡献	通过信息资源产业从业人口与区域从业人口数据进行拟合
		经济总量贡献	通过信息资源产业营业收入与区域 GDP 数据进行拟合
	产业发展	产值规模发展	通过近 10 年信息资源产业经济规模数据进行拟合
		法人单位发展	通过近 10 年信息资源产业从业人口规模数据进行拟合
		从业人口发展	通过近 10 年信息资源产业法人单位规模数据进行拟合
	产业结构	产业资源结构	通过完全依赖型信息资源产业比重数据拟合
		产业要素密集	通过产业价值密度和人口广度数据拟合
产业环境	公共政策	产业政策供给	通过政策规模数据拟合
		政务开放互动	通过政务公开和政务微博相关数据拟合
	基础设施	产业园区发展	通过产业园区数量和价格数据拟合
		信息技术利用	通过互联网、电话和有关广播/电视利用率数据拟合
	决策强度	决策层关注度	通过领导与政府关注度数据拟合
		政府工作强度	通过政府工作报告相关数据拟合

7.2　产业发展评价体系的构建

在已经有了信息资源产业发展评价的概念框架之后，如何确定各级指标的具体权重，以及如何保证评价体系的可靠性就成为体系构建中的重要问题了。课题组以因子分析法确定各级指标的权重。

7.2.1 指标权重确定

因子分析法是从多个变量中提取共性因子的统计学方法，用于减少变量数目，起到降维的作用。对于检验测试的变量组，根据因子分析结果设计变量权重，对于不通过检验的指标组，采用等权重的方式进行。指标权重如表 7－2 所示。

表 7－2　　信息资源产业发展评价体系指标权重设计

一级指标	权重	二级指标	权重	三级指标	权重
产业价值	0.500	产业规模	0.280	产业产值规模	0.272
				从业人口规模	0.272
				法人单位规模	0.271
				上市公司规模	0.185
		产业贡献	0.242	产业就业贡献	0.500
				经济总量贡献	0.500
		产业发展	0.260	产值规模发展	0.336
				法人单位发展	0.332
				从业人口发展	0.332
		产业结构	0.218	产业资源结构	0.500
				产业要素密集	0.500
产业环境	0.500	政策环境	0.322	产业政策供给	0.500
				政务开放互动	0.500
		基础设施	0.354	产业园区发展	0.500
				信息技术利用	0.500
		决策强度	0.324	决策层关注度	0.500
				政府工作强度	0.500

为了论证信息资源产业发展指数设计的科学性，需要进行敏感度分析和鲁棒性分析。敏感度分析是指评估结果对单个或者多个指标的敏感程度的分析，以避免计算结果对个别指标的过度依赖导致其他指标的失效。本研究采用敏感系数计量分析单个指标对最终结果的影响程度（敏感系数＝目标值变动百分比/参量值变动百分比），在单因素敏感性分析的基础上再进行多因素的敏感性分析。鲁棒性分析是指评估结果受到模型参数和环境参数的影响程度，要求指标体系具备一定的异常处理能力和动态适应能力。通过检测无量纲化方法变化、样本容量变化和数据震动来检测环境参

数对指标结果的影响，实现对指标体系鲁棒性的检验。

以无量纲化方法变化为例，课题组选取极差标准化法、极大化法、极小化法、均值化法和 Z 分数法五种方法对变量进行处理，运用肯德尔和谐系数来度量方法变化对结果的影响程度。肯德尔和谐系数的取值范围为［0，1］，肯德尔和谐系数越大，说明无量纲化方法对模型的影响越小。

经过验证，全国各省级行政区的肯德尔和谐系数取值在［0.9，1.0］区间内。分别取检验水平为 $\alpha=0.01$ 和 $\alpha=0.05$ 对结果进行显著性检验，并查询肯德尔和谐系数显著性临界值表，可以发现肯德尔和谐系数均达到显著性水平，31 个省级行政区的评价结果在不同无量纲化方法上是一致的。除无量纲化方法检验外，样本容量变化与数据震动检验结果均表明，本研究所开发的信息资源产业发展指数的在鲁棒性上表现优秀。

7.2.2 评价指标数据处理

数据处理是信息资源产业发展指数实证分析的关键步骤，在权重设计的基础上，采用综合评分法中的线性加权法计算信息资源发展指数：

$$F=\sum p_i \cdot w_i$$

其中 F 为信息资源产业发展指数，p 为评价指标 i 无量纲化处理后的结果，w 为评价指标 i 的权重。

在数据采集的问题上，信息资源产业发展指数中所需要的基础数据主要来源于《中国基本单位统计年鉴》、《中国经济普查年鉴》、《中国经济与社会发展统计数据库》、《中国政务微博客评估报告》、《第六次人口普查报告》、《中国电子信息产业统计年鉴》、各省市经济普查年鉴、信息资源开发利用报告以及信息资源产业上市公司的公开财报。本研究对信息资源产业构成行业的划分依据是《国民经济行业分类》（GB/T 4754－2011），这样做的目的是便于协调现有的统计口径，采集我国 31 个省级行政区域各个信息资源产业细分行业自 2004 年到 2013 年间，在营业收入、法人单位数、从业人口等经济指标上的基础数据。

标准化处理是为了解决信息资源产业发展指数中各指标项的量纲差异。常用的标准化处理方法包括极差标准化法、极大化法、极小化法、均值化法、Z 分数法等。本研究采用极差标准化法进行数据量纲处理。极差标准化法公式如下：

$$X' = \frac{X - X_{min}}{X_{max} - X_{min}}$$

其中 X' 为目标值，X 为原始值，X_{min} 为该指标数据组中的最小值，X_{max} 为该指标数据组中的最大值。

在对信息资源产业发展相关数据进行处理的过程中，个别细分行业或地区的指标所对应数据可能存在缺失或失真的问题，这就需要对数据进行估算和矫正，以减少缺失或失真数据对信息资源产业发展指数的影响。从实际数据采集的情况来看，缺失数据主要集中在部分地区、部分行业的营业收入、从业人口等指标上。为了解决数据采集过程中所遇到的部分数据缺失的问题，本研究还针对不同的数据缺失情形分别设计了估算方法与模型，如表 7－3 所示。通过多轮估算和微调，最后确定了指数计算所需的全部产业数据。

表 7－3　　信息资源产业发展指数缺失数据的估算方法

情形	描述	对策	算法
1	原始数据中没有某 4 级行业的营业收入，只包含 4 级行业的法人单位数（或从业人口数）	通过该行业今年法人单位数与上一年法人单位数的比值，以及上一年该 4 级产业营业收入进行估算	$A_4^X = \frac{C_4^X}{C_4^{X-1}} * A_4^{X-1}$
2	原始数据没有某 4 级产业的所有数据，但是包含其相对应产业的 3 级产业法人单位数（企业法人单位数）	通过 3 级产业当年与上一年的比值和上一年该 4 级产业的营业收入进行估算	$A_4^X = \frac{C_3^X}{C_3^{X-1}} * A_4^{X-1}$
3	原始数据某项 4 级产业及对应父级（3 级）产业数据全部缺失	通过当年现有的产业法人单位数和上一年相同产业法人数的比值及上一年该 4 级产业各个数据项进行估算	$A_4^x = \frac{C_3^{X全国}}{C_3^{X-1全国}} * A_4^{X-1}$
4	原始数据缺乏产业法人单位数据的地区产业	采用布朗指数平滑的时间序列方法，通过往年数据进行估算	$S_t = a \cdot y_t + (1-a)S_{t-1}$

7.3　信息资源产业发展评价实证分析

为了验证信息资源产业发展指标体系，课题组选取了 2014 年我国信息资源产业相关数据对我国信息资源产业发展状况进行实证分析，同时结合 2013 年的数据进行对比研究。

7.3.1 指数评价排名

通过对 2013 年、2014 年我国 31 个省、市、自治区的信息资源产业数据进行测算，可得出 2014 年我国信息资源产业发展指数及较之 2013 年排名的变化，如表 7－4 所示：

表 7－4　　2014 年中国信息资源产业省级行政区发展指数排名

省级行政区	综合得分	排名	上年排名	产业价值	排名	产业环境	排名
江苏省	91.67	1	4	91.19	3	92.15	1
北京市	90.37	2	1	91.47	2	89.27	3
广东省	89.80	3	3	91.69	1	87.91	4
浙江省	89.47	4	2	89.00	4	89.94	2
上海市	87.01	5	5	86.72	5	87.30	5
山东省	85.46	6	6	84.61	6	86.32	6
福建省	83.76	7	7	83.52	9	83.99	9
湖北省	83.64	8	10	84.04	8	83.24	11
安徽省	82.99	9	11	84.27	7	81.72	17
天津市	82.71	10	9	82.89	10	82.53	15
河南省	82.50	11	22	78.96	23	86.03	7
陕西省	82.44	12	13	82.15	12	82.73	13
广西壮族自治区	82.11	13	17	81.18	14	83.05	12
辽宁省	81.81	14	12	82.00	13	81.63	18
重庆市	81.81	15	8	82.34	11	81.27	21
四川省	81.63	16	16	79.18	22	84.09	8
新疆维吾尔自治区	81.37	17	25	78.84	24	83.90	10
湖南省	81.12	18	14	80.69	15	81.54	20
山西省	80.65	19	21	80.43	18	80.87	24
河北省	80.61	20	18	80.10	19	81.11	23
黑龙江省	80.48	21	19	79.71	21	81.25	22
云南省	80.34	22	15	80.66	16	80.02	26
江西省	80.12	23	23	79.88	20	80.36	25
甘肃省	79.81	24	29	77.88	28	81.74	16

续前表

省级行政区	综合得分	排名	上年排名	产业价值	排名	产业环境	排名
海南省	79.60	25	20	80.44	17	78.76	31
吉林省	79.10	26	24	78.76	25	79.43	27
西藏自治区	79.02	27	30	76.45	30	81.59	19
贵州省	78.92	28	27	75.20	31	82.67	14
宁夏回族自治区	78.91	29	28	78.47	26	79.35	28
内蒙古自治区	78.70	30	26	78.07	27	79.34	29
青海省	78.05	31	30	77.06	29	79.05	30

2014 年信息资源产业发展指数产业价值指标排名，及较之 2013 年的变化如表 7－5 所示：

表 7－5　　2014 年中国信息资源产业价值指标排名

省级行政区	产业价值	排名	上年排名	产业规模	产业贡献	产业发展	产业结构
广东省	91.69	1	1	94.12	82.36	96.61	82.51
北京市	91.47	2	2	94.86	90.54	85.65	83.54
江苏省	91.19	3	3	89.60	86.57	94.70	83.08
浙江省	89.00	4	4	88.30	84.26	89.40	83.32
上海市	86.72	5	5	83.97	84.92	83.67	83.92
山东省	84.61	6	6	83.17	77.62	85.41	82.62
安徽省	84.27	7	7	80.58	81.44	82.50	83.11
湖北省	84.04	8	8	81.21	81.58	84.77	80.77
福建省	83.52	9	9	78.30	80.56	82.98	83.07
天津市	82.89	10	11	77.59	83.97	80.17	81.85
重庆市	82.34	11	12	76.36	80.70	80.25	83.15
陕西省	82.15	12	10	77.24	80.45	79.47	82.76
辽宁省	82.00	13	13	80.48	77.80	78.50	82.37
广西壮族自治区	81.18	14	14	76.18	81.50	77.54	81.77
湖南省	80.69	15	16	79.46	76.42	76.15	82.19
云南省	80.66	16	15	75.49	79.12	77.99	82.09
海南省	80.44	17	17	74.50	79.61	76.23	83.00
山西省	80.43	18	20	74.15	78.90	75.47	84.03
河北省	80.10	19	19	75.47	77.10	76.75	82.66
江西省	79.88	20	18	77.00	76.40	75.07	82.58
黑龙江省	79.71	21	22	74.94	78.30	75.78	82.02
四川省	79.18	22	21	77.40	74.91	73.95	82.19

续前表

省级行政区	产业价值	排名	上年排名	产业规模	产业贡献	产业发展	产业结构
河南省	78.96	23	24	75.98	74.66	74.53	82.40
新疆维吾尔自治区	78.84	24	23	73.38	75.12	77.40	81.82
吉林省	78.76	25	25	75.09	75.18	74.24	82.39
宁夏回族自治区	78.47	26	27	72.46	76.48	74.56	82.51
内蒙古自治区	78.07	27	28	73.94	75.01	73.95	81.82
甘肃省	77.88	28	26	72.95	75.54	73.60	81.93
青海省	77.06	29	30	72.30	75.64	72.89	80.85
西藏自治区	76.45	30	31	72.44	74.93	73.59	79.33
贵州省	75.20	31	29	73.21	75.55	73.33	75.78

2014 年信息资源产业发展指数产业环境指标排名，及较之 2013 年的变化如表 7-6 所示：

表 7-6　2014 年中国信息资源产业环境指标排名及较之 2013 年的变化

省级行政区	产业环境	排名	上年排名	政策环境	基础设施	决策强度
江苏省	92.15	1	6	95.44	95.76	84.95
浙江省	89.94	2	2	95.60	94.83	79.00
北京市	89.27	3	1	90.65	96.17	80.40
广东省	87.91	4	4	96.06	95.08	72.00
上海市	87.30	5	3	85.28	96.11	79.70
山东省	86.32	6	5	86.71	95.25	76.20
河南省	86.03	7	16	92.63	88.41	76.90
四川省	84.09	8	10	88.23	89.80	73.75
福建省	83.99	9	8	85.29	92.20	73.75
新疆维吾尔自治区	83.90	10	27	80.92	87.91	82.50
湖北省	83.24	11	14	84.67	89.68	74.80
广西壮族自治区	83.05	12	23	81.42	88.25	79.00
陕西省	82.73	13	20	86.40	89.23	72.00
贵州省	82.67	14	26	79.52	87.63	80.40
天津市	82.53	15	9	76.21	91.52	79.00
甘肃省	81.74	16	29	81.30	86.79	76.67
安徽省	81.72	17	18	81.72	90.64	72.00
辽宁省	81.63	18	11	82.01	90.12	72.00
西藏自治区	81.59	19	30	72.65	85.04	86.70
湖南省	81.54	20	12	81.06	89.14	73.75
重庆市	81.27	21	7	81.44	89.63	72.00

续前表

省级行政区	产业环境	排名	上年排名	政策环境	基础设施	决策强度
黑龙江省	81.25	22	13	80.34	87.69	75.15
河北省	81.11	23	15	81.31	89.30	72.00
山西省	80.87	24	17	79.70	88.80	73.40
江西省	80.36	25	24	79.78	88.57	72.00
云南省	80.02	26	19	78.93	87.09	73.40
吉林省	79.43	27	22	77.41	88.10	72.00
宁夏回族自治区	79.35	28	28	75.77	87.22	74.33
内蒙古自治区	79.34	29	25	77.53	87.72	72.00
青海省	79.05	30	31	74.56	86.39	75.50
海南省	78.76	31	21	75.51	87.92	72.00

7.3.2 指数评价评述

信息资源产业发展指数中的两个一级指标产业价值和产业环境，分别反映了信息资源产业所创造的经济价值和各区域内对信息资源产业产生影响的环境因素。通过信息资源产业发展指标的评价分析，可以发现：

2014 年中国信息资源产业整体发展势头良好，地区间排名与 2013 年相比变化不大，整体规模稳步提升，基础设施、产业结构和公共政策三类指标的评价结果得分较高。同时，通过对比地区间信息资源产业发展指数与经济发展指数可以发现，二者之间呈现出明显的相关，经济发展较好的地区信息资源产业的整体发展水平也较高。但是，信息资源产业的发展仍存在一定的问题，地区间信息资源产业发展不平衡问题较为突出，整体呈现出“东高西低”的问题。

1. 信息资源产业基础建设日趋完善，信息资源利用水平亟待提升

信息资源产业发展二级指标包括产业规模、产业贡献、产业发展、产业结构、公共政策、基础设施和决策强度共 7 项指标。

产业规模指标反映该地区信息资源产业发展规模的相对水平，通过产业营业收入规模指数、从业人口规模指数、法人单位规模指数和上市公司规模指数四个指标来测算。该指标得分最高的前三名分别是北京（94.9）、广东（94.1）和 江苏（89.6），而全国平均得分只有 78.5 分，标准差为 6.1。有 21 个省级行政区的产业规模指标低于全国平均值，且前 6 名均为

东部地区，倒数 7 名均为西部地区。从产业规模指标来看，我国信息资源产业整体规模水平偏低，且地区间差异巨大，大多数省级行政区信息资源产业发展较弱。

产业贡献指标反映各地区信息资源产业对该地区总体经济发展贡献的相对水平，通过产业就业贡献指数和经济总量贡献指数两个指标来测算。该指标得分最高的是北京（90.5），得分最低的是河南（74.7），全国平均得分为 79.1 分，标准差为 4.0。从产业贡献指标来看，我国信息资源产业的产业贡献情况一般，在各地区经济格局中所占比重较低，与其他产业相比信息资源产业依然弱小。

产业发展指标反映该地区自 2004 年以来信息资源产业动态发展程度的相对水平，通过产业规模发展指数，法人单位发展指数和从业人口发展指数三个指标来测算。该指标得分最高的是广东（96.6），得分最低的是青海（72.9），全国平均得分为 79.3，标准差为 6.2，有 19 个省级行政区的产业发展指标低于全国平均值。从该指标来看，我国信息资源产业发展速度表现出较大的地域差异。

产业结构指标反映该地区信息资源产业结构优化程度的相对水平，通过产业资源结构指数和产业要素密集指数两个指标来测算。该指标得分最高的是山西（84.0），得分最低的是贵州（75.8），全国平均得分为 82.2，标准差为 1.5。从该指标来看，我国各地区信息资源产业结构比较合理，区域差异不大，也从侧面反映出各地发展信息资源产业的思路具有相似性。

政策环境指标反映该地区信息资源产业政策环境优化程度的相对水平，通过产业政策供给指数和政务开放互动指数两个指标来测算。该指标得分最高的是广东（96.1），得分最低的是西藏（72.7），全国平均得分 82.8 分，标准差为 6.3。可以看出，我国各地区对信息资源产业的政策供给和政务开放有着巨大差距，很多地区对信息资源产业没有足够的重视。政府需要进一步加快和完善信息资源相关产业的建设，做好规划，统一标准，加强法制和安全保障体系建设。

基础设施指标反映该地区信息资源产业相关基础设施配套程度的相对水平，通过产业园区发展指数和信息技术利用指数两个指标来测算。该指标得分最高的是北京（96.2），得分最低的是西藏（85.0），全国平均得分是 89.9，标准差是 3.1。值得注意的是，2013 年基础设施指标得分最低的是甘肃（79.2），平均得分为 86.1，标准差是 4.4。这表明 2014 年各个省级行政区信息资源产业相关的基础设施建设取得了很大进展，全国平均水平有较大提高，且各省级行政区在基础设施上的差距在减小。

决策强度指标反映该地区政府部门对信息资源产业发展重视程度和工作强度的相对水平，通过决策层关注度指数和政府工作强度指数两个指标来测算。该指标得分最高的是西藏（86.7），得分较低的是内蒙古等10个省市（72.0），全国平均得分是75.8，标准差为4.1。值得注意的是，2013年决策强度指标得分最低的是吉林（77.5），平均得分为80.2，标准差是3.3。可以看出，2014年我国各地区对信息资源产业发展的重视程度和政府工作强度依然不足，且相比2013年退步了很多。

从图7-1以看出，2014年7项指标中得分最低的是决策强度指标，为75.8，最高的是基础设施指标，为89.9，对应到三级指标为决策层关注度指数和政府工作强度指数较低，产业园区发展指数和信息技术利用指数较高。可以看出我国在产业园区建设以及信息化建设上已经比较成熟，经济结构调整在顺利进行，但同时也不得不承认现阶段信息资源产业发展仍然缺乏重视，在决策层面缺乏有利的引导，这成为制约信息资源产业发展的首要因素。产业结构和公共政策指标得分分别为82.2和82.8，处于较高水平。产业规模、产业贡献和产业发展指标得分分别为78.5、79.1和79.3，相对前三项指标来说有一定的差距，说明信息资源产业的建设还不够完善，信息资源开发和利用水平不高，产业规模相对不足，有一定的发展空间。

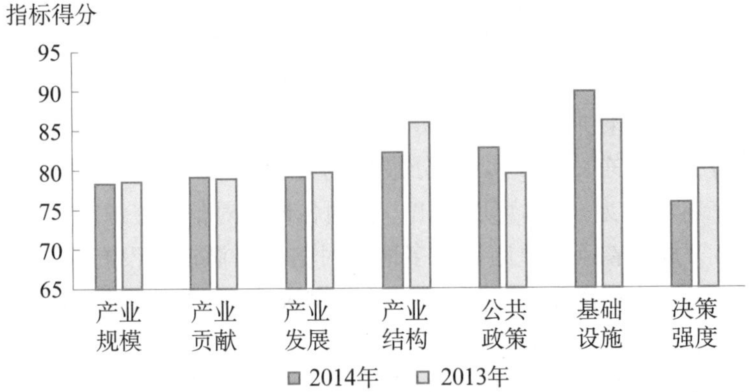

图7-1　2013年、2104全国信息资源产业发展二级指标

2. 信息资源产业区域排名基本稳定，部分省级行政区发力实现赶超

从表7-4可以看出，各地信息资源产业发展指数综合排名与上年相比有一定变化，但除少数几个省级行政区的排名变化较大外，其他的均只有

微小变动。其中，河南省、新疆维吾尔自治区和甘肃省排名进步幅度较大，分别为进步 11 名、8 名和 5 名，重庆市、云南省和海南省排名退步幅度较大，分别为退步 7 名、7 名、5 名。对应到具体指标，从表 7－6 可以看到，河南省、新疆维吾尔自治区和甘肃省的产业环境指标与去年相比有大幅进步，重庆市、云南省和海南省的产业环境指标与去年相比有大幅退步，这是导致这些省级行政区综合排名变化幅度较大的主要原因。

3. 信息资源产业区域发展不均衡，整体水平呈现“东高西低”

2014 年各地区信息资源产业发展之间的差距仍然很大（见图 7－2）。发展指数最高的 6 个省级行政区：江苏、浙江、北京、广东、上海、山东全部属于东部地区，且其发展指数高于全国平均水平，东部地区信息资源产业发展指数明显比中部、东北和西部地区高。西部地区的信息资源产业发展相对落后，虽然有陕西、广西等信息资源产业发展水平较靠前的省级行政区，但信息资源产业发展指数最低的 5 个省级行政区包括西藏、贵州、宁夏、内蒙古和青海都属于西部地区。在增长速度上，2014 年东部地区信息资源产业发展指数均值同比增长 1.64%，而中部、东北和西部地区分别同比增长 0.32%、1.12%和 0.63%，这说明东部地区发展速度也比其他三个地区快。虽然东部地区虽然发展优势明显，但各地区之间存在的差距较大，信息资源产业发展的总体水平还有待于提高。

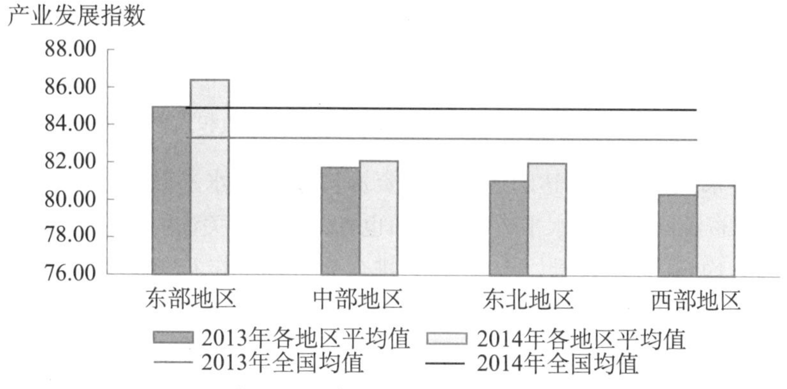

图 7－2 2013 年、2014 年各地区信息资源产业发展指数均值

4. 信息资源产业发展指数与经济指数相关，二者相辅相成

由信息资源产业发展指数和人均 GDP 的数据分析可得，两者的相关系数较大，为 0.670（见表 7－7），画出两变量散点图如图 7－3 所示。

表 7-7　人均 GDP 与信息资源产业发展指数的 Pearson 相关系数

		发展指数	人均 GDP
发展指数	Pearson Correlation	1	0.670**
	Sig. (2-tailed)		0.000
	N	31	31
人均 GDP	Pearson Correlation	0.670**	1
	Sig. (2-tailed)	0.000	
	N	31	31

注：** 显著性水平为 0.01（双侧）。

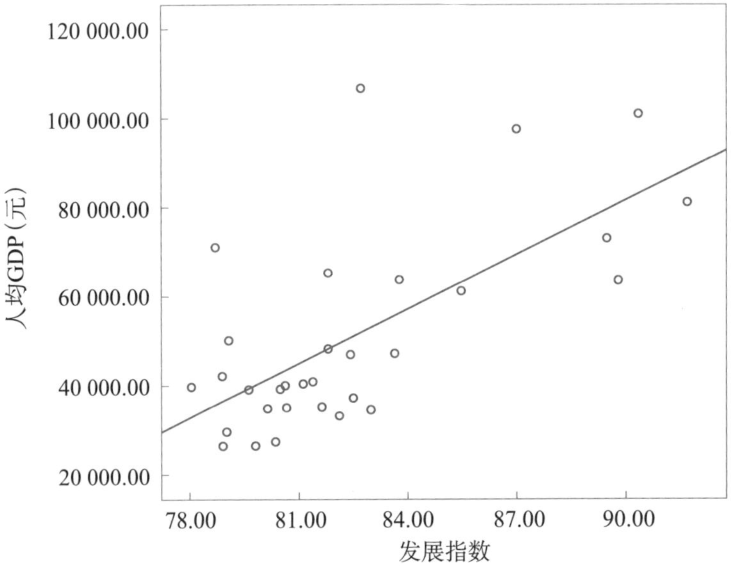

图 7-3　2014 年各省级行政区信息资源产业发展指数和人均 GDP 散点图

总体来说，经济发达的地区信息资源产业发展水平较高，经济落后的地区信息资源产业发展水平较低。然而也有一些值得关注的问题。从表 7-8 各地的人均 GDP 排名看，人均 GDP 排名前十的省级行政区中有 8 个属于东部，充分体现了东部地区的经济发达程度，而在这 8 个省级行政区中只有北京、上海、浙江、福建和江苏等的信息资源产业发展指数处于较高水平，天津市的信息资源产业发展指数排名与经济排名的差距为 9，信息资源产业发展水平相对滞后于经济的快速发展，信息资源产业发展尚未成为推动该地区经济发展的新引擎。而内蒙古自治区、吉林、宁夏回族自治区和青海等西部地区由于人口稀少、交通不便，信息资源产业发展指数不高，信息资源产业发展水平与经济排名差距分别为 24、15、14 和 12，从全国来看为信息资源产业发展水平与经济排名差距最大的 4 个省级行政区。我国西部地区水资源、矿产、天然气、旅游资源等自然资源十分丰富，但由于信息闭塞，信息资源未能合理开发，丰富的资源未能充分利用。应注重提高西部地区的信息资源开发与利用的能力，将各种潜在优势转化为现实生产力，继而推动经济发展。中部的一些地区如安徽、河南等地的信息资源产业发展则超前于经济发展水平，安徽和河南的信息资源产业发展水平与经济排名差距分别为 17 和 11，信息资源产业的发展无疑将成为这些省的新增长点。

表 7-8　2014 年各省级行政区信息资源产业发展指数、人均 GDP 及排名

省级行政区	人均 GDP（元）	人均 GDP 排名	发展指数	发展指数排名
天津市	106 796.02	1	82.71	10
北京市	100 864.38	2	90.37	2
上海市	97 554.77	3	87.01	5
江苏省	81 080.48	4	91.67	1
浙江省	73 032.02	5	89.47	4
内蒙古自治区	71 146.06	6	78.70	30
辽宁省	65 208.61	7	81.81	14
福建省	63 740.75	8	83.76	7
广东省	63 600.57	9	89.80	3
山东省	61 054.37	10	85.46	6
吉林省	50 172.32	11	79.10	26
重庆市	48 031.65	12	81.81	15
湖北省	47 192.69	13	83.64	8
陕西省	46 997.72	14	82.44	12
宁夏回族自治区	42 068.82	15	78.91	29
新疆维吾尔自治区	40 913.75	16	81.37	17
湖南省	40 427.56	17	81.12	18
河北省	40 123.71	18	80.61	20
青海省	39 626.23	19	78.05	31
黑龙江省	39 215.96	20	80.48	21
海南省	39 101.96	21	79.60	25
河南省	37 116.84	22	82.50	11
四川省	35 200.02	23	81.63	16
山西省	35 151.91	24	80.65	19
江西省	34 737.02	25	80.12	23

续前表

省级行政区	人均 GDP（元）	人均 GDP 排名	发展指数	发展指数排名
安徽省	34 576.27	26	82.99	9
广西壮族自治区	33 212.48	27	82.11	13
西藏自治区	29 510	28	79.02	27
云南省	27 343.04	29	80.34	22
甘肃省	26 470.93	30	79.81	24
贵州省	26 414.7	31	78.92	28

7.3.3 发展对策研究

基于当前我国信息资源产业发展的情况，相关政府部门在制定产业发展政策时应着重从以下三个方面加以把握。

1. 鼓励地区协调发展，实现跨地优势互补

造成地区之间差距的原因是多方面的，地方经济基础、政策环境、基础设施等都会带来影响。为此，需要中央政府优化地区间协调发展的相关政策，实现不同地区产业发展的优势互补。首先，政府需要加大对相对落后地区的政策扶持力度。通过政策支持，对于信息资源产业比较落后的地区，加强基础设施建设，引进信息人才，投入更多扶持资金。其次，落后地区可以向发达地区汲取经验，发达地区也应该给予落后地区更多的支援，中央政府应为地区间合作搭建起积极的政策环境。例如，上海市政府在“十二五”规划中明确提出建设信息城市的战略规划，这就体现了对信息资源产业发展的重视和关注，通过发展智慧信息产业、注重信息资源产业的创新，提高城市信息化程度，这些相关的政策与实践都为我国其他地区发展信息资源产业提供了借鉴。① 最后，有关部门可考虑在落后地区建立试点区域，例如西部地区的一些省会城市正逐渐发展起来，可以试点带动其周边地区发展，逐步缩小地区间差距。

2. 促进信息资源消费，加大政策支持力度

信息消费是信息资源产业发展的直接驱动力，信息资源消费水平不足

① 上海市人民政府．上海市人民政府关于印发《上海市工业发展“十二五”规划》的通知．[2014-8-13]. http://www.shanghai.gov.cn/shanghai/node2314/node2319/node12344/u26ai30908.html.

是产业发展水平薄弱和就业贡献偏低的核心原因。促进信息资源消费，应该增强信息产品的供给能力，同时提高信息消费需求。在供给层面，政府要打破行业壁垒，在原本垄断的领域引入市场机制，实现信息资源对传统产业的改造和优化，增加信息资源企业数量，制定有利于信息资源企业发展的融资和税收政策；在需求层面，应引导信息资源企业应对内需，积极开发新兴市场，关注海外市场，增强信息资源产品和服务质量，加大对信息资源产业的政策支持力度，借助市场杠杆，通过供需关系扩大信息资源产业规模，促进信息消费。除了供给与需求层面的政策引导，还可以借鉴发达国家发展信息资源产业的经验。美国信息资源产业发展主要依赖于市场机制，政府将精力更多地放在基础设施建设和人才政策上，也有少量金融政策的支持。因此从国家层面上来说，引导和促进信息资源产业发展，政策制定落脚点应该在人才政策、金融政策和监管政策，最终通过市场竞争激发信息资源产业的活力。

3. 加速管理体制改革，优化产业政策环境

加强信息资源产业相关部门建设，深化管理体制改革，完善政府部门的管理职能，根据信息资源产业的发展现状，为其“量身定做”切实可行的法律法规和相关政策，能够在很大程度上对优化产业政策环境起到推动作用。第一，各地政府可以制定专门的监管措施，并指派特定部门和人员负责监督相关政策的落实情况，将书面的提议落到实处，将每一笔建设资金用到刀刃上。第二，制定细致的人才考核、管理制度和人才奖罚制度。这样能够保证产业相关技术人员的较高业务水平和管理水平，同时也对吸引更多的高精尖技术人才产生激励作用。第三，制定并颁布严格的市场准入制度，保证信息资源产业市场的秩序性和稳定性。第四，加强知识产权的保护。创新是信息资源产业核心推力，加强知识产权保护意味着鼓励创新，能够促进信息资源产业的健康发展。除此之外，我国各地政府相关部门也要积极借鉴国外信息资源产业发展的经验，根据我国的实际情况进行适当的政策调整和优化，促进信息资源产业的发展。

第三篇

信息资源产业政策与政策工具应用

第8章 我国信息资源产业政策概要

信息资源产业发展对产业政策有着特殊的依赖性。经过十几年甚至是几十年的努力，我国已经制定和实施了一系列旨在促进和保障信息资源产业发展的产业政策，这些成体系的产业政策，已经在我国信息资源产业发展中发挥了主要作用。本章概要介绍了信息资源产业政策的特点及功能作用，梳理了我国信息资源产业政策形成和发展的概要线索，对我国既有信息资源产业政策体系的构成及发挥作用的情况做出了实事求是的分析评价。

8.1 产业发展与产业政策

产业，可以被定义为向社会提供产品或服务的国民经济部门，实际上它是一个居于作为微观经济的细胞（即企业），和作为宏观经济的整体（即国民经济）之间的“复合概念”。这主要体现在产业既是同一属性的企业的集合（也就是一个企业群落），同时也是根据某一标准对国民经济进行划分后形成的一类经济部门。因此，从这样的意义上说，无论微观经济，还是宏观经济的成果，都是产业创造的，人们要发展经济就离不开产业的发展。在人类的经济活动历史中，特别是人类进入工业社会之后，经济活动的历史基本上就是各产业发展史的集合。人类对经济活动有效性的追求，使社会管理者始终关注产业的发展，并在不同的历史时期采取不同的方式和手段去干预和影响产业发展的方向、进程和效果。其中的手段之一就是产业政策。虽然有其实也有其名的产业政策的历史只能追溯到几十年前，但无其名却有其实的产业政策，实际上已经深刻影响了人类经济发展许多年。

8.1.1 产业政策是公共政策的重要门类

1. 公共政策及其功能

通常所称的公共政策，是指公共管理机构经由规定的过程所选择和制定的为解决社会公共问题、实现社会公共利益的方案。这些方案的作用是规范和指导社会组织或个人的行动，建立和完善有利于实现公共利益的体制机制，营造有利于实现公共利益目标的环境。其表达形式包括法律法规、规章及其他规范性文件（包括及命令、指示、规划、计划、意见等)。

在不同的社会形态、不同的国家和地区，可以制定公共政策的公共管理机构是不同的。就社会主义中国而言，这里的公共管理机构包括中国共产党的各级委员会、各级行政机关和各级人民代表大会或其常务委员会、各级人民法院、各级人民检察院等党政机关、国家立法机关和司法机关，行政性的公司，依法行使公共管理职能的其他组织等。

公共政策有这样一些明显的特征：第一，公共政策致力于实现公共利益。第二，公共政策由依法享有制定权的公共管理机构制定和实施，代表的是国家和地方当局的意志。第三，公共政策的标的在于社会群体的行为。公共政策的目的在于通过政策手段来形塑或改变社会群体行为的激励结构，从而形成公共部门所希望的社会群体的行为偏好。第四，公共政策的形式多样。从行为规范的形式来看，公共政策有赋予权利和设定义务之分；从政策渊源看，有法律、法规、规章、其他规范性文件之别；从其实质性内容看，有政府作为和不作为之差；从作用目标上看，有象征性和工具性之异。第五，公共政策的基本职能是通过赋予权利或设定义务的方式来调整人们的社会关系。在法治社会，人们的基本权利和义务往往以最严格的方式——法律、法规和规章来规定。因此，除了法律、法规和规章之外的其他渊源的公共政策（如行政命令、国家战略、规划计划等规范性文件)，大都规范的是基本权利和义务范畴之外的其他权利和义务。这些权利和义务同样也是社会群体利益的体现。

公共政策在经济社会发展中具有不可替代的重要作用，这些作用不仅表现在对特定社会行为和过程的规范和约束，还表现在行动指导、权益维护、价值观表达、体制机制确立和完善、环境氛围的营造等诸多方面。通常人们将公共政策的功能概括为：第一，管控功能，公共政策的管控功能就是指它的管理控制功能，也就是公共政策通过规范、制约的方式对有关社会组织和社会成员的行为进行管制，使之按照政策制定者的愿望作为或者不作为。第二，导引功能，是指公共政策通过正向倡导和激励的方式，为有关的社会组织和社会成员确立有利于维护公共利益的正确价值观，以及行为目标和行动方向。第三，保障功能，是指公共政策可以通过有利或者不利环境氛围的营造，通过制度条件的构建，依靠体制机制的力量，“自动”形成确保公共利益得到维护的各种社会条件。第四，配置功能，是公共政策的核心功能，指政策制定者通过政策规则，对全社会所拥有的资源（包括材料资源和信息资源）在不同地区、不同部门、不同群体之间进行优化配置，实现对各种利益在不同地区、不同部门、不同群体之间的科学分配，维护社会的公共利益，实现有利于经济社会发展的社会公平。

2. 产业政策是公共政策的特殊组成部分

在公共政策中有一类特殊政策，是由政府部门等政策制定主体为实现一定的经济和社会发展目标而对产业形成和发展进行引导、干预和调控，这样的公共政策就是产业政策。

产业政策其实具有非常悠久的历史，封建社会统治者旨在对农业和手工业发展施加引导、干预和调控的政策安排，都可以称为产业政策。当然，现代意义上的产业政策的历史确实不长。从目前发现的材料可见，较早提出产业政策一词的应当是日本。

作为公共政策的一个类别，产业政策既具备公共政策的一般属性，同时也具备一般公共政策所不具备的特殊属性。产业政策的特殊性主要表现在：其一，政策的指向物，或者说是作用对象是构成国民经济特定部门的产业；其二，政策的基本目标就是促进和保障特定新兴产业的形成、既有特定产业的健康发展；其三，政策目标实现所采用的基本政策路径就是对产业的形成和发展进行引导、干预和调控；其四，政策的核心功能是对产业形成和发展所需要的社会资源进行优化配置；其五，在市场经济条件下政策所表现出的重要价值在于，它可以克服市场机制的失灵和不足现象；其六，政策制定者以中央政府及其产业主管部门为主，同时也不排斥更多的政策主体参与，如地方政府及其部门，以及产业行业协会性质的组织等。

3. 产业政策的多样性

产业发展对产业政策的广泛依赖，使得这类特殊的公共政策成为世界各主要国家和地区公共政策主体的普遍选择，并且在自身的发展过程中呈现出越来越鲜明的多样化色彩。从目前产业政策的实际应用情况看，更具实践价值的产业政策种类有如下几种，它们的具体性质不同，作用机制不同，具体的功能效用也有区别，各自有不同的适用范围。

（1）根据产业政策具体功能作用的不同，可以分为结构政策、组织政策、促进政策

产业结构政策是旨在优化产业结构的政策，它的具体功能作用就是通过调节，实现社会资源在不同产业之间、本产业各个不同行业之间的优化配置。它反映的是政策主体对国家宏观产业结构变动趋势、产业发展现状、产业地位的认识，以及根据这种认识对产业结构调整作出的政策安排。

产业组织政策是旨在优化同一产业内部各企业间在进行经济活动时所形成的相互联系及其组合形式的政策。它的具体功能作用就是通过调节，实现社会资源在产业内部不同规模、不同类型的企业之间的优化配置，重点是优化社会资源在产业发展的区域空间和时间上的分配，发展规模经济，促进和保障良性竞争、抑制垄断。

产业促进政策是旨在优化产业形成和产业发展动力、能力和空间环境条件的政策。它的具体功能作用就是通过调节，实现社会资源在产业形成发展中有针对性的重点投入、倾斜性投入，重点实现可供给产业形成和发展所需要的动力和能力方面的技术资源等配置的优化，以及社会资源配置中的空间布局方面的优化。在实践中所采用的产业促进政策包括：消费政策、技术政策、空间配置政策、贸易政策、金融政策、财税政策、收入分配政策、环保政策等，其中的重点是消费政策、技术政策和空间配置政策。

（2）根据产业政策来源的不同，可以划分为法律形态政策和非法律形态政策两类

法律形态的产业政策，是指以法律、法规、司法解释、规章等形式对产业形成和发展所做出的政策安排，它不仅体现在专门的产业法律制度之中，也可以是其他法律中规定的与产业形成和发展相关的条款。

非法律形态的产业政策，则主要是指法律形式以外的以诸如远景目标、中长期发展规划和战略计划、命令、指令、通知、通报、公告、通告、指导书、指南等形式存在的产业政策。在本书中，这部分非法律形态

的产业政策有时被称为其他规范性文件。

(3) 根据产业政策基本取向性质的不同，可以分为支持性产业政策、扶持性产业政策、竞争性产业政策、限制性产业政策、保护性产业政策等

支持性产业政策又被称为倾斜性产业政策。这类政策的支持对象通常是关涉国家竞争能力、对整个国民经济发展有重要价值的特定产业、特定企业及特定产品或者服务。特定政策取向的实现，主要是为支持对象提供优惠条件，如注入资本金、提供财政贴息、发行债券、实行债转股等。

扶持性产业政策又被称为鼓励性产业政策。这类政策的扶持对象，通常是国民经济发展特别需要但当前规模比较弱小、质量水平落后或者达不到应有程度，有待成长的重要产业、重点企业和战略性产品和服务。扶持性产业政策取向的实现，主要依靠国家的各种鼓励性措施手段，比较常见的方式，就是对扶持对象在一定时期内实行减免税费，目的是鼓励和吸引多方投资，调动内部积极性。

竞争性产业政策又被称为环境性产业政策。在我国，除了涉及国家安全的行业、自然垄断的行业、提供公共产品和服务的行业，以及支柱产业和高新技术产业中的重要骨干企业外，大多数行业、企业都在竞争性产业范畴之内，都需要遵从市场经济的发展规律，参与良性竞争。这是当今时代产业健康发展的必然道路。竞争性产业政策正是旨在鼓励良性竞争、反对垄断和抑制恶性竞争的政策。这类产业政策的基本取向大都是从公平的投资税收、严格的技术质量标准、规范的反垄断法规、有效的市场信息服务等方面创造公平、公正和透明的市场竞争环境，实现在产业发展中的优胜劣汰。

限制性产业政策是旨在通过对产业发展中的特定行为、产品、技术条件等做出限定性规范，以对产业的形成和发展进行规制的产业政策。比如对污染严重、技术水平落后或者严重供大于求的产品限制生产，对环境污染严重的产能进行压缩甚至是淘汰等。

保护性产业政策是旨在对关系国计民生或者关系国家安全的处于初步发展期的产业，以及一部分国际竞争能力较弱的产业实施特别保护的政策。这部分政策通常是给予需要特别保护的产业以有利于其生存发展的优惠条件，通过限制性安排抑制不良竞争对其构成的威胁和危害等。

8.1.2 产业发展离不开产业政策

纵观当今时代，不仅产业政策一词的诞生地日本，以及产业政策得到

普遍制定和实施的韩国等亚洲国家，就是欧美等市场经济形成更早也更加成熟的国家和地区，也在制定和实施产业政策；不仅实行资本主义制度的国家和地区广泛和较高程度地依赖产业政策实现经济社会发展，奉行社会主义制度的国家，特别是社会主义中国，也同样非常注重发挥产业政策的作用，并且都取得了预期效果。

有人可能要问，在中国实行计划经济体制时，在主要依靠政府计划（实际上也是一种政策）配置社会资源，管制社会经济，组织、干预、引导产业的形成和发展的情况下，依靠政府政策实现产业发展是可以理解的，但为什么在主要以市场机制配置社会资源、实行市场经济体制的今天的中国，以及各主要的资本主义国家，也都强调政府在产业发展中的引导和干预，注重发挥产业政策在社会资源配置中的作用呢？

要回答这个问题，既需要我们准确地认识前述所称的公共政策的资源配置功能，更需要我们准确认识市场机制在社会资源配置中的一大缺陷，就是市场失灵、市场不足现象。毫无疑问，市场经济体制的重要特征，就是它强调市场机制在社会资源配置中的主导性乃至决定性的作用。但是，同社会生活中的任何事物一样，市场机制的资源配置作用也不是万应灵验、完美无缺的，一旦出现特殊情况，市场就会在社会资源的配置中出现失灵或者不足现象，而这个时候，可以克服失灵和不足的就是同样具备资源配置功能的公共政策了，而且通常主要是公共政策中被称为产业政策的那部分。

综合现代市场经济国家公共政策的实践和理论研究进展情况，我们发现产业政策主要针对的市场失灵和市场不足现象重点表现在发生以下情况时：第一，特定产业向社会供给公共产品和低价格弹性产品时。因为具有较强的非竞争性和非排他性，市场机制很难在公共产品的供给和生产上起作用。同样，对于低价格弹性产品，市场机制也很难产生调节作用。第二，特定产业向社会提供的产品具有外溢性时。外溢性的存在会造成私人成本和社会成本之间，或私人收益和社会收益之间的不一致，这种成本和收益差别虽然会相互影响，却没有得到相应的补偿，因此造成市场机制不再灵光，如果这个时候没有产业政策出台来抑制外溢性，将对社会产生极其不利影响。第三，市场表现出一部分自身难以克服的消极后果时。诸如出现垄断、贫富分化、失业等消极后果时，除非依靠产业政策的作用，市场机制无法自己克服。第四，关键市场因素客观上处于非完备状态时。市场因素自身都需要形成和发展过程，而一旦其中的部分关键因素不够完善有效时，诸如市场主体、环境、信息等方面条件的培育和准备等出现严重问题时，市场机制就会显得乏力、难以发挥作用，不得不依赖公共政策之手。第五，国际市场竞争激烈，本国处于危险的劣势地位时。国际市场的非均衡性是客观存在的，一旦一国处于颠覆性的劣势地位时，要改变面貌，市场机制的作用就非常有限，不得不依靠国家政策干预。第六，出现与国家根本利益严重抵触的产业活动时。市场主体的利益并不总和国家的根本利益、国家的长治久安相一致，一旦这种利益冲突危害国家根本时，靠市场机制将难以在关涉国家根本的安全保障和利益维护方面有所作为，有效代表国家意志的产业政策则成为政府的必然选择。

通过研究，人们发现市场机制在社会资源配置中出现失灵或者不足的原因是非常复杂的，其中产业规模的经济性问题、产业转移成本问题、公私利益的矛盾冲突问题、信息知识财富价值实现规律问题、市场价格的发现机制与成本问题、经济社会发展的不平衡性问题等的客观存在是主要因素。

产业规模的经济性问题是指任何产业都有一个适度的规模，达不到或者超过这样的规模，在经济上就不划算，产业就难以健康成长。使产业规模经济的方式，通常不能依靠市场调节，因为多数情况下这种调节是失效的。在社会实际中我们可以看到，一些规模起点要求比较高的产业，例如冶金、石化、大型交通工具制造等行业，在没有达到经济规模前的起步和成长阶段，企业越小各方面成本费用就越高，产业的整体收益就越低，产业无法通过市场分配获得足够的发展资源。通常情况下就需要政府以产业政策方式设定准入门槛，以提高产业的整体经济效益。同时，我们还可以看到，对规模要求不高的产业，完全的市场调节可能会导致出现抑制竞争活力的垄断现象或者是导致资源浪费的过度竞争，从而破坏合理的经济秩序。而这时候，通常就需要政府通过产业政策，对各产业内部的企业规模、结构等进行合理的干预。

产业转移成本问题是指在市场经济条件下，资本的逐利本性会使我们在正常的产业转移过程中支付超过实际需要的过度成本，造成社会资源的浪费。我们知道，合理的产业结构调整、必要的产业迁移是国民经济健康发展的需要和要求，但受资本追求利润最大化本性的驱使，在产业结构调整过程中，因沉没成本、固定资产的专用性问题的存在，一些衰退产业中的过剩生产能力可能难以及时实现跨部门转移，从而出现恶性兼并、价格战等过度竞争现象，结果当然是资源的浪费。解决这方面问题的基本路径，通常也是靠政府部门制发的产业政策。强制关停并转，以利益诱导鼓励和吸引产业转移成为这些产业政策的基本取向。

公私利益的矛盾冲突问题在产业发展中是一个带有普遍性的问题。表现在社会资源配置上，如果单纯依靠以利益追逐为特点的市场机制的作用，产业发展中具有更多公共属性的那部分投资环境建设项目，如电力设施、给排水和道路、通信与交通设施，以及公害防治、环境保护等工程项目，只能获得更多的长期社会收益而非短期的投资者收益，极有可能会无人投资无人建设。解决问题的基本方法，只能是政府出面通过产业政策，或者自己投资建设，或者创造一种有利于获得投资的机制或者环境，甚至需要按照公共利益最大化的要求，强制相关社会组织和个人在经济方面作为或不作为。

信息知识财富的价值实现规律问题是指，单纯的市场机制调节并不能保证信息知识财富价值的全面实现，特别是不能保证技术开发的足够投入和有效扩散，这无疑会导致技术进步缓慢，妨碍产业竞争力的提高，进而制约国家经济的发展。我们知道，在市场经济条件下，社会的信息知识财富有时难以通过或者完全通过市场交换获得合理补偿或开发支持，特别是在信息知识还没有真正变现为看得见、摸得着、花得出的现实财富的情况下。这时，政府就需要出面通过制定相应的产业政策的方式，用直接投入、政府采购、鼓励奖励等多种方法，助力信息知识财富的价值实现，优化社会资源特别是其中信息资源的优化配置。

市场价格的发现机制问题，是指市场价格信号的传递通常都不是真正即时的和集中的，在市场机制的作用下，就是这些滞后和分散的信息企业也往往不能全部得到。而如果企业群落中每一个企业都不能获得这些关系其生存发展的价格信号，产业的健康发展就会成为空话。这时候，依旧只能由代表公共利益的政府出面，通过产业政策及时有效地向企业提供可靠的信息，或者向他们提供排除市场不确定性信息方面的指导，实现信息资源配置的合理化。

经济社会发展的不平衡性问题是指国与国之间、国内各地区间存在经济发展、社会发展的巨大差异，表现在产业发展上就是严重的资源获取权利失衡。单纯的市场机制往往会形成马太效应，加大这种差异，加剧这种失衡。这种差异问题大都还是政府通过产业政策方式予以破解。在现实中我们经常可以看到，当各国的相关产业发展水平存在巨大差异时，特别是当外国企业已经垄断了海外或国内的市场时，本国政府通常就会通过产业政策给本国企业以特别的保护措施，用以提高其竞争能力，使其可能加入产业的国际竞争，并通过努力形成竞争优势。当一个国家内部的各个地区间出现特定产业因资源禀赋、发展起点等方面的差异而发展不平衡的现象时，通常也不能只是简单听凭市场调节，因为简单的市场调节很可能会使地区差距扩大化，进而阻碍国家的协调发展，甚至影响到国家的稳定。常见的做法通常也是政府通过产业政策对产业布局进行国家干预，实现均衡的产业发展。

从以上的分析可以看出，产业政策就是公共政策中的一个门类，指的是政府等公共政策主体为实现一定的经济和社会发展目标，而对产业形成和发展进行引导、干预和调控的各种政策。在市场经济体制下，产业政策的基本功能就是针对市场失灵和市场不足现象，克服市场失灵、弥补市场缺陷，有效配置产业发展所需要的各种资源，通过引导、培育、扶持、保护等手段促进和保障产业的健康成长，发展国民经济。产业政策是引导、保障和促进战略性新兴产业健康发展的重要手段。[①] 产业政策对加快培育发展产业、推进产业结构调整、加快转变经济发展方式都具有十分重要的意义。

8.2 信息资源产业政策及其特点

如前所述，信息资源在经济社会发展中的重要战略价值，使信息资源产业在我国具有更加特殊的战略意义。在我国实行社会主义市场经济体制的情况下，信息资源产业的发展当然需要遵从市场经济发展的规律，产业形成和发展所需要的各种社会资源的配置当然主要依靠市场机制的作用，但是，信息资源产业的特点和发展的特殊规律性，决定了信息资源产业的形成和发展将不可避免地需要更多政府因素的参与，市场失灵、市场不足现象将会在信息资源产业发展中表现得更加突出和严重，为此，信息资源产业的形成和发展将更加依赖产业政策的作用。

顾名思义，信息资源产业政策，就是针对以信息为原材料并向社会提供信息形态的产品和服务的国民经济部门，或者说为信息资源企业群落的

① 刘澄，顾强，董瑞青．产业政策在战略性新兴产业发展中的作用．经济社会体制比较，2011（1）．

形成和发展制定的产业政策。作为产业政策的一部分，信息资源产业政策具备产业政策的一般属性，同时也有一系列有别于一般产业政策的特殊性。

8.2.1 信息资源产业政策有特定目标

信息资源产业政策的制定与实施目的，是为了顺应经济社会发展的需要，以及特定的事物发展规律，促进和保障信息资源产业实现符合客观规律的全面、协调、可持续发展。这种以对产业形成和发展的“促进”“保障”为政策目的和结果的目标设定，反映了信息资源产业在世界范围内的既有发展形态，反映了信息资源产业发展的内在需求。

放眼世界，无论是西方发达国家还是中国这样的发展中国家，信息资源产业都还处于初步形成和发展期，都不可避免地存在产业初创期普遍存在的“小微”“幼稚”“脆弱”等发展中的问题，市场主体通常缺乏积极参与的利益动因，市场环境难以因“有利可图”而形成叠加效应，产业发展所需要的社会资源很难得到有效和充分的供给。因此，市场失灵和市场不足重点表现在，市场机制在产业萌发并由弱渐强的过程中对其有效引导、支撑、护佑、助推方面的乏力和低效。以克服和弥补市场失灵、市场不足为使命的产业政策，在这个时候就需要有所作为，而这些作为将主要不是用管制、规制的方式去规范产业发展，而只能是方向指引、孵化培育、呵护保全、推动牵引。这主要是因为信息资源产业发展还处于初步发展阶段，柔弱稚嫩的产业形态经不起狂风暴雨和飞沙走石的打击，适度的保护甚至是呵护必不可少，同时也由于其处于初步发展阶段，相关事物多样性的发展还不充分，过早过多的规制将抑制有益的多样性发展，在客观上保护落后事物，影响产业的健康发展。

我们认为，鉴于对人类整体而言还没有真正进入信息社会，就是像中国这样的发展中的大国，也仅仅是在向信息社会迈进，真正进入信息社会将是一个不短的历史过程，而为信息社会提供资源供给的信息资源产业的初步发展期同样会是一个比较长的历史时期。因此，以“促进”“保障”为产业政策目标，将是现实中信息资源产业政策的基本特性之一。

8.2.2 信息资源产业政策的主体主要是中央政府及其部门

鉴于对信息资源产业的促进和保障主要是国家意志，而且信息资源产业通常都具有跨地区甚至是跨国发展的特点，相关产业政策主要是国家意志的直接表达，政策主体大都是中央政府及其部门而较少为地方政府。信息资源产业政策的这一特点在我国有更加鲜明的表现。在一定意义上，我国信息资源产业的发展事实上是我国政府从供给侧采取战略措施“创造”经济发展点的一个有代表性的尝试，促进信息资源产业的萌芽和健康发展，基本上是中央政府的一种“先知先觉”，因此这方面的国家意志基本上都是通过中央政府及其部门制定的产业政策直接表达的，部分地方政府有一部分配套性的产业政策安排，但数量有限，影响力更有限。

8.2.3 信息资源产业政策具有“双重”资源配置的重要使命

资源配置是产业政策的核心功能，社会经济发展之所以需要产业政策，就是因为在以市场机制配置社会资源的过程中，不可避免地会出现各种各样的市场失灵和市场不足现象，而克服和弥补失灵和不足的重要方式，就是产业政策。信息资源产业政策当然也不例外，配置资源是它主要的和核心的作用，但它在这个资源配置功能实现的过程中独具一个属性，就是它的资源配置是“双重”性质的。一方面，信息资源产业政策当然要为信息资源产业本身解决资源供给问题，通过这个问题的解决表现自己的生命力和实实在在的价值；另一方面，信息资源产业政策还有为信息资源产业之外的其他产业和社会事业发展配置信息资源的作用。这既表现在客观效果方面，也表现在信息资源产业政策的具体目标和相当一部分政策取向的设定方面。信息资源产业政策对产业形成发展发挥促进和保障作用的直接结果，在客观上就是扩大社会信息资源的产出量、提升产出的内在品质，满足社会对信息资源的供给需求；同时，信息资源产业的终极目标，就是根据信息社会资源结构的特点，确保信息资源供给的充分和有效，因此，这个产业领域的产业政策最终要把实现社会各方面对信息资源的优化配置作为出发点和归宿，在具体政策目标和政策取向的设定中，当然需要涉及整个社会对信息资源的需要和要求。

信息资源产业政策的双重资源配置特点，决定了这些产业政策制定和产生效用过程中一系列特殊规律性。

8.2.4 信息资源产业政策主要以其他规范性文件的形式出现

如果我们对国内外既有信息资源产业政策进行考察，会发现与其他产业政策不同，信息资源产业政策很少以法律法规和规章形式出现，主要为其他规范性文件。这实际上既与政府部门干预产业发展的传统有关，也与产业政策在产业初步发展期通常更需要与时俱进做高频度调整有关。

8.3 我国信息资源产业发展对产业政策的特殊依赖性

随着改革开放的深化，我国政府在经济发展中所扮演的角色逐渐转变，产业发展模式也有所变化。从计划经济时期由政府进行宏观调控，到目前市场机制发挥主要作用，我国经济环境正不断经历转型和升级。但不可否认的是，政府的有效引导对于产业发展具有重大的推动作用，而目前这种引导则主要通过政策实现。特别是由于在信息资源产业发展过程中，市场失灵和市场不足现象，相较于传统产业领域将出现得更加频繁，也更加严重，为此，信息资源产业发展对公共政策有特殊的依赖性，体系完善的产业政策对信息资源产业发展有特殊的决定性作用和价值。这种特殊依赖性一方面是因为信息资源产业更多地关涉国家根本利益，关涉国际竞争中的国家地位，关涉民族文化和意识形态因素，以利益机制为主体的市场机制常常会在这些方面表现出失灵或者不足；另外一方面则与信息资源产业自身的某些特殊属性相关。这两个方面的原因，使信息资源产业发展不得不更多和更强烈地表现出对产业政策的依赖。

8.3.1 信息资源产业产品的表现形态和交易方式特殊，更需要政策保障

信息资源产业中提供的大量商品和服务都是信息形态，商品在交付过程中购买者仅获得商品的使用权，卖方仍然可以保留商品的所有权。这种权属关系的特殊性给信息产品的生产、交换带来一系列有别于物质产品生产和交换的特殊性，给整个产业链的构成与接续带来特殊性。在这种情况下，信息资源产业的交易过程存在一定的风险和不确定性，需要通过相关的政策保障来提高交易的安全性和可靠性。

8.3.2 信息资源产业发展模式特殊，更需要政策保护

信息资源产业是伴随着社会技术基础的转变而逐步发展起来的新型产

业，与传统产业相比具有不同的产业发展基础和市场环境特征，也具有不同的产业发展特征和发展模式。因而，信息资源产业不可避免地要面临一些发展问题，需要产业政策保驾护航。首先，信息资源产业的产品和服务的价值衡量和定价模式与传统产业存在很大差别，具有更大的不确定性，致使信息资源产业的市场秩序中存在着更多的随机性、不确定性，容易导致市场交易行为失效，政策保障不足会严重影响信息资源产业的健康发展。其次，信息资源产业产品和服务由于其信息特性，更依赖于诸如知识产权、社会信用、隐私保护、信息安全以及社会信息总体开放度等新型社会经济环境的健全性，而政府在相关的社会经济环境建设中具有不可替代的作用，信息资源产业的发展必定会极大地受益于或受制于政策环境。

8.3.3 信息资源企业的存续有特殊的困难，需要政策呵护

由于信息技术及其应用的演进较快，在信息资源产业的产业结构中小型化企业比重比较高，企业技术和资金门槛不高，主要依靠信息产品形态和内容创新得以发展，企业存续具有脆弱性。因此，特别需要政府为信息资源产业的发展提供良好的政策环境，产业政策要能鼓励和支持依靠“社会创造”获得发展的企业。

8.3.4 新兴产业特性决定了信息资源产业需要更多的政策扶持

信息资源产业的发展，需要消费者形成新的对应的消费习惯，需要培育新的消费方式和消费市场，因此，公共政策对信息产业及其消费倾向的导引和扶植就尤为重要。目前，信息资源产业已经开始进入高速成长阶段。在这一阶段，产业发展迅速，产业内部竞争激烈，政府部门通过政策工具对其进行扶持，能够避免产业发展走弯路，加速产业发展。

8.3.5 信息资源产业在国民经济体系中的地位特殊，更需要政策引导

信息资源产业所提供的信息商品与服务不仅是国民经济生活中一种必不可少的商品，更是国家文化实力的直接体现。信息社会中，信息资源对一国经济社会发展具有的战略价值相关性决定了世界各国强化信息资源国

家控制力的必要性，而信息资源产业发展水平在相当大的程度上决定着信息资源的国家控制力的大小。

对于我国这样一个在工业化时代远远落后于西方发达国家的发展中国家，在信息时代大力发展信息资源产业，已经成为我们与发达国家在同一起跑线上竞争的重要契机，是我国经济社会发展实现“弯道超越”的现实路径。丢掉这样一个难得的历史机遇，对国家民族无疑是巨大的损失。因此，政府有理由有必要对这样一个战略性的新型产业的发展给予更充分的产业政策指导，实施更加有成效的产业管理。

8.4 我国信息资源产业政策形成和发展的概要线索

在严格的意义上，信息资源产业确实是一个新兴产业，但这不意味着这个产业一夜之间就可以从无到有。实际上这个产业同样经历过它的萌芽期，而在这个特殊时期，我国政府也确实出台过有产业政策作用的政策。有人认为，1962 年由文化部颁布的《关于图书馆、档案馆、博物馆可以根据业务需求采购图书期刊的通知》就可以被认为是我国最早的信息资源产业政策，在当时这个文件也确实对以“以信息资源为原料，从事信息形态的产品或服务的生产、加工、传播、提供等活动，并以此创造经济价值的国民经济部门”的经济活动行为产生过影响。而这一政策性文件的颁布，也被人们认作信息资源产业政策出现的标志。①

如果上述说法成立，那么，20 世纪 60 年代到 90 年代可以看作我国信息资源产业的萌芽发展期。这一时期信息资源产业的概念尚未出现，相关的政策也并无产业政策之名。政策性文件零散地出现，具体作用也仅限于对与图书情报活动相关的经济活动提出一些政策性要求。

20 世纪 90 年代到本世纪初的 2004 年底，可以看作我国信息资源产业政策初步形成期，虽然这一时期“信息资源产业”“信息资源产业政策”依旧未被正式命名，但实际上一部分产业政策已经开始指向以信息为原材料、以信息为产品的企业群。其间有两项里程碑事件可视作信息资源产业政策初步期的标志。一个事件是 1999 年国务院设立国家信息化工作领导小组，其后相当一部分的信息资源产业政策都出自该机构。另外一个事件是

① 张璋．我国信息资源产业政策：现状、分析与前瞻．图书情报工作，2012 (12).

2001年我国“十五”计划信息化重点专项规划正式出台，有了确定性的“利用市场机制发展信息产业”政策取向，为信息资源的开发利用活动走向产业化释放了重要的信号，而这以后我国国家层面出台的相关政策就是基于这样的政策基本主张。

2004年12月12日开始至今应当是我国信息资源产业政策正式形成期。其基本标志就是2004年12月12日《中共中央办公厅、国务院办公厅关于加强信息资源开发利用工作的若干意见》（中办发〔2004〕34号）的问世。这不仅是第一次在国家层面的重要政策文件中有了“信息资源产业”的正式提法，而且确立了“发展壮大信息资源产业”的国家产业政策总目标，明确提出要“研究制定促进信息资源产业发展的政策和规划”，同时提出了一系列具有战略地位的信息资源产业政策根本性取向，以及重大政策措施安排。自此，信息资源产业开始走上正轨，信息资源产业政策陆续出台，甚至出现了与信息资源产业发展相关的政策文件爆发式增长的局面。

8.5 我国信息资源产业政策现实状况

鉴于信息资源产业的形成和发展对我国经济社会发展的资源结构调整，对我国应对解决经济社会发展中所必须破解的经济发展方式转变、产业结构的调整、传统产业的优化升级问题，以及使改革开放的成果更多更好地惠及更多的社会成员问题等都具有重要的战略性影响，我国政府对信息资源产业的发展给予了高度的关注，并形成了一系列有特色的产业政策安排。为了了解我国信息资源产业政策的现实状况，为我国信息资源产业政策的优化发展确立认识上的基础，我们在2015年底通过在国际互联网进行专题搜索，并重点以北京北大英华科技有限公司和北京大学法制信息中心建立的“北大法宝—法律法规数据库”为对象，对我国中央级信息资源产业政策主体公开发布的信息资源产业政策情况进行了比较全面的调查，并据此形成了一个“中国信息资源产业政策库”。受多方面条件的限制，这个调查结果可能无法绝对精准地反映我国信息资源产业政策的面貌，也无法囊括我国现实存在的所有产业政策文本，但我们认为，这个调查结果和产业政策库，反映了我国信息资源产业政策的基本状况。通过应用基本的统计分析方法对这一基本状况进行初步分析，我们获得了如下基本认识。

8.5.1 我国信息资源产业政策体系

事实上，我们的信息资源产业政策调查是作为更大规模的我国信息资源开发利用公共政策调查的子项目展开的，之所以进行这样的设计，主要是试图将信息资源产业政策置于更大的公共政策环境中进行考察，以使我们的调查和分析活动有更广阔的视角，帮助我们更好地认识信息资源产业政策的社会背景，认识这些产业政策形成和产生效用的社会环境条件。

1. 信息资源产业政策有很大的数量规模

我们实际掌握的我国信息资源开发利用公共政策文件总计 5 295 件①，通过初步的统计分析和政策文本分析，发现可以被定位为我国的信息资源产业政策的政策文件的数量规模大，在全部信息资源开发利用政策中所占比例很高。在 5 295 件政策文件中，已经有 1 708 件重点涉及信息资源产业的形成和发展，这些产业政策文件占全部信息资源开发利用公共政策文件的 32%（见图 8－1）。

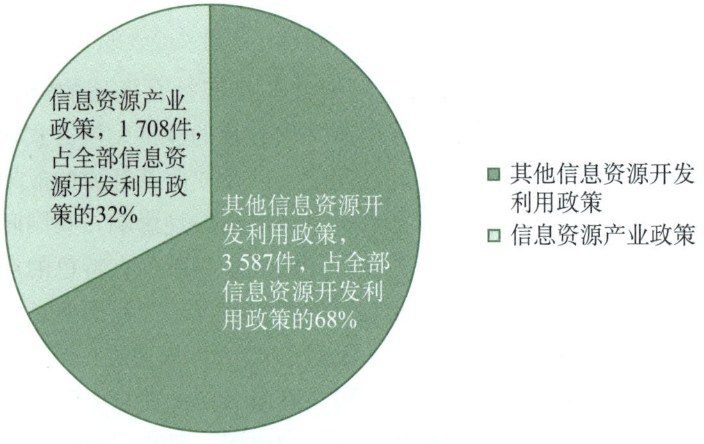

图 8－1　信息资源产业政策的数量规模

2. 我国信息资源产业政策主体种类多样，数量众多

针对 1 708 件涉及产业发展的政策文件制发名义的调查，发现其涉及

① 主要针对国际互联网特别是“北大法宝—法律法规数据库”进行搜索查询和筛选分析获得。

341 个机关单位，占全部 859 个信息资源开发利用公共政策主体单位的 40％（见图 8－2）。其中有党的领导机关、立法机关、行政机关、司法机关、行业协会等各种类型的机构。

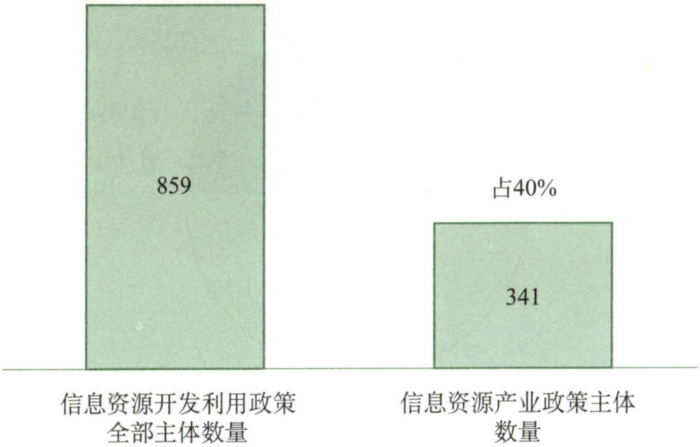

图 8－2　信息资源产业政策主体数量

3. 我国信息资源产业政策涉及全部细分行业

对 1 708 个政策文本的逐一审读结果表明，这些政策文件已经涉及我国信息资源产业 93 个细分行业中的全部，即 100％均有涉及（见图 8－3）。

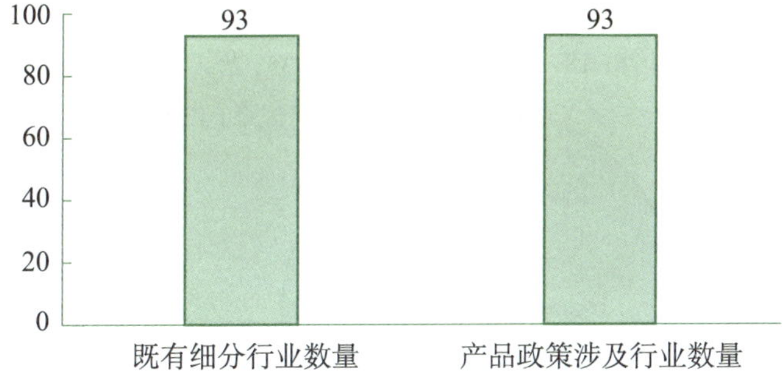

图 8－3　信息资源产业政策涉及细分行业情况

4. 我国信息资源产业政策功能类型齐全

统计分析和政策文本分析的结果显示，我国信息资源产业政策的功能类型齐全，规划类（21 件，占 1％）、引导类（43 件，占 3％）、促进类（34 件，占 2％）、调整类（183 件，占 11％）、保护类（56 件，占 3％）、扶持类（76 件，占 4%）、规范类（814 件，占 48%）、限制类（481 件，占 28%）等主要的功能类型均有政策文件涉及（见图 8－4）。

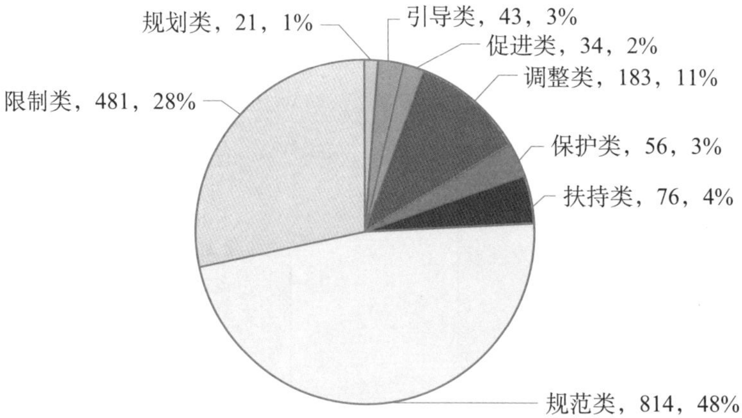

图 8－4　信息资源产业政策功能类型分布

5. 我国信息资源产业政策文件形式以其他规范性文件为主体

统计结果表明，我国信息资源产业政策的文件为法律的有 18 个，为行政法规的 35 个，为部门规章的 129 个，为其他规范性文件的 1 526 个，文件名称以公告、决定、通知、意见、规划、概要、计划、目录等为主，可见我国信息资源产业政策的“法律”性质还不强（见图 8－5）。

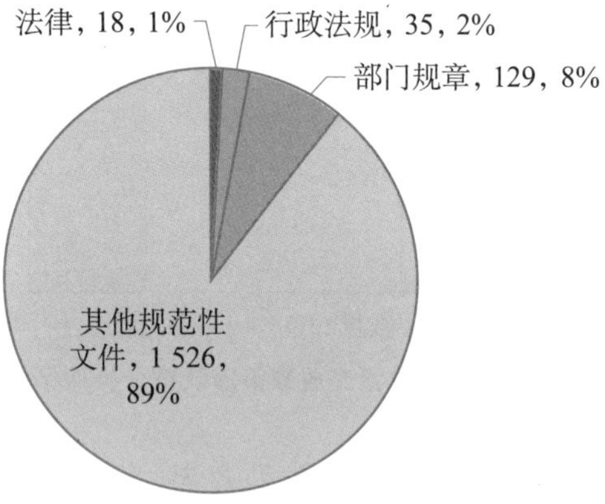

图 8－5　信息资源产业政策文件形式

8.5.2 我国信息资源产业政策的基本评价

1. 我国既有信息资源产业政策值得肯定之处

经过几十年特别是近十几年的建设与发展，我国已经在事实上形成了一个信息资源产业政策体系。这些专门针对信息资源产业形成和发展而制定的政策，在客观上非常有力地推动了我国信息资源产业的发展。20世纪60年代我国就出现了针对信息资源产业的专项政策，2004年12月在《中共中央办公厅、国务院办公厅关于加强信息资源开发利用工作的若干意见》（中办发〔2004〕34号）中，则第一次以权威性文件的方式，正式提出信息资源产业概念，并且非常明确地提出“发展壮大信息资源产业”“促进信息资源产业健康快速发展”的产业政策取向。这以后，重点针对信息资源产业中各细分行业的产业政策文件不断出台。《国民经济和社会发展第十一个五年规划纲要》就明确提出“十一五”期间要“鼓励教育、文化、出版、广播影视等领域的数字内容产业发展，丰富中文数字内容资源，发展动漫产业”的思路，从国家战略的高度将培育信息资源产业作为经济结构调整和转变经济发展方式的重要内容。

目前我国既有信息资源产业政策值得肯定的方面主要有以下几点。

（1）信息资源产业政策的总量已数以千计

信息资源产业政策文件的数量有了数以千计的规模，反映出相关主管部门有了产业政策意识，有了通过产业政策影响信息资源产业发展的具体行动。这应当可以成为我国信息资源产业政策发展的良好基础。

（2）信息资源产业政策全面覆盖整个产业

既有信息资源产业政策内容已经覆盖所有93个细分行业，说明我国相关产业政策主体已经有比较成体系的产业管理基础，有比较明确的责任分工，这无疑可以为我国信息资源产业政策制定协同机制的建立和实施提供便利条件。

（3）在信息资源产业政策推动下产业发展成效显著

从以上相关章节所反映的2004年至今我国信息资源产业发展的基本态势来看，这个新兴产业的整体规模、发展速度、质量成效均有可圈可点之处。这虽然不能全部归结为产业政策的作用，但应当可以在一定程度上映射我国信息资源产业政策的效益效果。

（4）信息资源产业政策整体质量不存在颠覆性问题

对于一个更容易出现市场失灵、市场不足的产业领域，一个处于萌芽发展阶段的产业领域，信息资源产业发展中公共政策主体缺位现象确实是存在的，但迄今我们并未发现有严重制约我国信息资源产业发展的政策，至少根据我们所进行的调查，没有发现既有政策规定严重制约信息资源产业发展的典型案例。

2. 我国既有信息资源产业政策的主要不足

但是，我们不得不指出的是，虽然我国以政府为主的公共政策主体在信息资源产业政策与管理方面有所作为，而且有所收益，但就其整体力度和实际成效而言，我国信息资源产业政策距离信息资源产业发展所提出的客观需要和要求还比较远。换言之，我国信息资源产业仅仅实现了与国民经济总体发展基本同步，但没有出现大幅度超越国民经济总体发展水平的局面。信息资源产业之所以还不能充分满足经济社会发展提出的需要和要求，重要原因之一就是我们还缺乏更加有利于这一产业健康发展的产业政策，为此，我国信息资源产业发展亟待优化相关产业政策，实现相关管理的全面创新。

我国信息资源产业政策方面的问题，从根本上说，与我国信息资源开发利用政策中暴露出的问题基本相同。这些问题集中表现在两个方面：一方面存在比较严重的结构性缺陷，大量应有的旨在促进和保障信息资源产业健康发展的政策还未出台，特别是有利于建立良好的市场运行机制，如供求机制、竞争机制、价格机制、风险机制的政策还非常欠缺；另外一方面存在严重的功能性缺陷，已有的政策大都内容不完备、功能不完善，存在相互交叉、不衔接和不配套的现象，政策的兼容性、可拓展性低，可操作性较差，实际执行效用还不高。这些问题具体表现为以下几点。

（1）既有信息资源产业政策呈现散乱状态，严重制约政策的整体效果

我国既有的 1 708 个信息资源产业政策文件，是由大大小小各式各样的 341 个机构组织制发，而且有一部分声音还不可避免地存在不一致，甚至是比较严重的不一致。比如，信息资源产业的属性决定了市场监管的特殊意义，但目前按照既有的体制分工，仅中央一级就有 16 个单位有市场监管职责。在缺乏统一协同机制的条件下，我国在信息资源市场监管方面的政策不一致情况就很严重。

(2) 既有信息资源产业政策的功能类型中，管制性质的公共政策所占比重过高，有违现阶段产业发展的规律性

如图 8-4 所示，我国既有信息资源产业政策中的以规范和限制为功能目标的政策文件总数达到 1 295 件，占全部政策文件的 76%。这样的结构特点应当是一个缺陷，因为对于尚处初步发展期甚至是萌芽发展期的信息资源产业而言，需要政策主体更多地给予引导、保护、扶持，但既有政策中有这类功能的文件最少。我们所进行的政策文本内容分析结果还表明，就是这有限的引导、保护、扶持性质的政策，实际的政策力度都没有达到应有的水平。相反，以规范和限制等管制性质功能为主的政策，管制的力度非常大，而且大都针对很细微的行为或者过程。

(3) 既有信息资源产业政策严重缺乏效力等级高的主干政策

按照相对严格的标准，目前我国既有的这 1 708 个相关政策文件，其中的绝大多数只能勉强称为带产业政策性质的文件，真正表达国家产业发展意志和价值取向的产业政策少之又少。主干产业政策的缺失不仅使信息资源产业政策体系失去骨架和灵魂，同时还使得由多个政府主管部门制定的产业政策之间的协调性偏低，造成产业政策之间的不一致，甚至出现了比较严重的产业政策内容方面的矛盾抵触。

(4) 既有信息资源产业政策政策取向不完备，政策措施少且缺乏执行性

我国既有成体系的信息资源产业政策基本取向，仅仅集中体现在 2004 年制发的《中共中央办公厅、国务院办公厅关于加强信息资源开发利用工作的若干意见》中。限于这份文件的国家信息资源开发利用战略的定位，文件内容不可能全面系统地表达国家最主要和最基本的产业政策取向，更难以将政策措施具体化。除了这份文件，目前的相关产业政策文件均没有成体系的政策取向表达。不仅 1 708 件文件中的绝大多数效力等级不高，而且这些文件中，真正涉及政策取向内容的也不多（粗略分析有明确产业政策取向的不足 7%），基本上都是针对具体事务处理提出的强制性要求，相关的措施大都还称不上政策措施，而大都仅仅是具体技术层面的限制性规定。

这种政策文件没有或者缺少“政策取向”和真正“政策措施”的现象是不正常的，也是非常有害的。不仅降低了产业政策本来的权威性、指向性，而且损害了产业政策的可操作性。

(5) 政策缺位现象比较严重，损害了产业政策的实际效果

对政策文本进行的初步内容分析表明，一方面我国中央人民政府及其部门已经形成了与信息资源产业相关的 1 708 件政策性文件，另外一方面

我国信息资源产业发展中亟待克服和弥补的市场失灵和市场不足现象举目可见，但相应的产业政策却迟迟没有到位。比如与信息资源产业发展紧密相关的信息权属关系问题、产业管理体制问题、信息资源产业在全国产业中的基本定位问题、信息资源产业自身的基本结构问题、全国统一信息资源市场的培育问题、集中统一的信息资源市场监管机制问题、信息资源交易环境建设和特殊交易规则制定问题、国家信息资源的建设和保护问题、特殊地区和特定行业的信息资源企业的培育和国家保护问题、信息资源知识产权保护问题、个人隐私保护问题等，基本上都没有涉及或者极少涉及。这样的重要产业政策缺位现象，已经削弱了我国信息资源产业政策的实际效果：资本、人才、技术、信息等资源或者徘徊在信息资源产业大门外不敢进入、不能进入，或者进入了产业大门但在空间、行业分布方面出现不均衡、不合理、效用低下的状态。

(6) 既有政策间的协调性与稳定性存在不足

信息资源产业政策所涉及的内容相当丰富，对应到信息资源产业发展的方方面面，产业政策主体又具有很强的多样性。在这种情况下，只有信息资源产业政策间呈现协调统一关系时，信息资源产业才能获得协同有效的发展。但现阶段，由于我国信息资源产业政策存在比较严重的归口不统一和整体规划的缺失，产业政策的制定和实施都缺乏科学有效的体制机制保障，因此，我国的信息资源产业政策间的协调性不足问题非常严重，产业政策间难以形成 1＋1＞2 的合力及成效，客观上削弱了信息资源产业政策在促进和保障产业形成和健康发展方面的实际价值。

我国信息资源产业至今一直没有实现统一的归口，无论是统计口径上还是主管部门上，都没有找到一个稳定的归属。而相应的，在政策的指导思想以及政策内容上，也就都缺乏继承性、稳定性。这导致相当多的政策的持久效力不足，甚至出现一些政策在发挥作用之前已被改变导致“零效果”的现象。

(7) 政策工具的选择和应用缺乏科学性

产业政策与其他公共政策相比，更需要在政策工具的选择和应用方面讲究科学性。但我国既有信息资源产业政策在政策工具的选用方面存在比较严重的偏向。主要表现在政策工具选择方面缺乏多样性，没有有针对性地去选择最适合的政策工具，高度集中地选择了强制力高的政策工具；在应用方面，组合应用若干种政策工具的政策文件不多。对于一个尚属于襁褓中的产业而言，较多的高强制力工具的应用将直接损害产业的活力与有益的多样性的成长。

第9章

多元协同的信息资源产业政策体制

有效的公共政策意味着能够以恰当的方式有效地解决政策问题。公共政策的传统理论以明确的问题和稳定的环境为假设前提，认为有效的公共政策依赖于官僚组织的理性选择过程。然而，这种理论模式在信息资源产业政策领域并不适用。信息资源产业兴起于21世纪，复杂、多样和动荡性是这个世纪的基本特征。面对着多元迥异的价值观、动荡不定的环境、模糊易变的问题、复杂的政策网络，以及充满了张力和曲折的政策过程，信息资源产业政策必须改变以部门主导、单一性质问题、优先序排列目标和理性优化过程等为主要特征的模式，以多元协同作为政策设计的基本考虑。本章讨论了信息资源产业政策体制问题，重点对以多元协同为特征的信息资源产业政策体制的主要特点，以及建构这样一个产业政策体制的重要性、必要性、可行性进行了分析。

9.1 理解政策协同：缘由与途径

政策协同（policy integration）是指“在政策制定过程中对跨领域议题的管理。这些议题超越了既有的政策领域边界，不能归结为单个部门的机构责任”①。政策协同是近年来在公共政策分析、政治学、管理学、公共行

① MEIJERS E，STEAD D. Policy integration：what does it mean and how can it be achieved? A multi-disciplinary review，2004 Berlin Conference on the Human Dimensions of Global Environmental Change：Greening of Policies-Interlinkages and Policy Integration.

政等多个学科中出现的一个较新概念。与政策协同相近或一致的概念还有政策一致性（policy coherent）、跨域政策制定（cross-cutting policy-making ）、政策协调（policy co-ordination）、协同决策（concerted decision-making ）、全观政府（holistic government）、整体政策（joined-up policy）、整体政府（joined-up government），以及组际协作（interorganisational co-ordination ）、组际合作（inter-organisational collaboration）、府际管理（inter-governmental management）和网络管理（network management）等。

协同是人的社会性的一个代名词。人类文明的一切现象、活动和成果，都是不同人之间的某种形式或程度的协同的体现。就此意义而言，公共政策本身就是人的一种协同行为。但政策协同概念的出现，显然并不仅仅是为了表明政策本身所意味的人的协同性。它反映了人们在新的历史条件下对既有政策所代表的既有协同模式的反思和创新。

政策协同概念的出现，首先表明人们已经意识到公共政策议题的性质出现的变化。自工业革命以来，尤其是信息革命以来，随着科学技术的发展和社会组织技术的进步，人类社会的行动能力不断加强，其活动在世界中所涉及的广度和深度也在不断加深。仅就公共政策而言，这种日趋提升的活动能力在客观上形成了公共政策议题三个方面的变化：一是公共政策议题的复杂度加大。随着更多社会问题被纳入公共政策考虑范围，公共政策议题的涉及面越来越大，数量越来越多，各个议题之间的联系也越来越紧密，各个议题之间的牵连、纠缠和干扰现象越来越突出，整个公共政策议题的复杂性不断增加；二是跨域性议题的出现频次增加。所谓跨域议题，指的是超越了人们传统认识上的领域界线、涉及了不同领域的政策议题，如减少贫困、可持续发展、全球治理、公共安全等。跨域议题的出现一方面源于公共政策议题复杂性的增加，另一方面也反映了人们对于政策议题认识的深化，以及在政策目标设置上的更大抱负；三是公共政策议题的风险程度在不断加大。在很长的一段时间里，人类生存的自然和社会所面临的风险主要来自自然。然而，科学技术的发展逐步改变着人类和自然之间的力量对比。目前，人类不仅能够左右自己的社会，而且对其所置身其中的地球的影响，已经从整体上超越了自然力量的影响。人类能力的增长，一方面让人们在抵抗自然风险方面有更大的自由，另一方面也给自己带来了更大的技术风险。公共政策作为人类的集体行动，对这些技术风险存在着集中和放大效应。这意味着失败的公共政策给人类造成的伤害可能会比自然带来的伤害更大。

政策系统概念的出现，也表明了人们已经意识到既有公共政策体制的弊端。从农业社会到工业社会，人类组织技术的进步最主要体现在分工上。在社会层面，全部的社会功能被分门别类，交由专业化的组织分别承担，并按照市场交换的原则来实现组织之间功能耦合；在组织内部，各项职能也按照性质、对象、工艺流程、地区等标准进行分工，交由职业化的工作人员履行，并依靠流水线工序或等级节制方式实现整合。现代社会公共政策体制也是按照分工的原则进行设计和运作的。首先，全社会的政策议题在静态上按照化约、分部化的原则被分成不同的议题领域；然后，按照不同议题领域设置不同的政策部门来专门负责；最后，在政策部门内部，又对政策议题再进行逐层细分并按此对政策部门进行细化，直至具体的工作岗位。这种建立在分工基础上的公共政策体制，其最大优势在于，在人力资源有限性的基础上，以最低的人力资源开发成本实现了人的使用价值的最大化。然而，这种以静止的、机械的和个体化的政策议题为基础的政策体制，越来越不适应新时代公共政策议题的性质。这种体制既不能处理跨域政策议题，也不能有效处理单个政策议题之间的复杂联系。更有可能的是，由于过于强调分工而形成了的“各人自扫门前雪”的专业化心态，不仅使得单项政策之间存在效益相互抵消的现象，而且让人们很难全面评估各项政策暗含的社会风险，从而降低全社会的政策风险防范能力。

是故，政策协同概念的出现，要求人们放弃部门化的政策制定和执行模式，以战略性的政策思维、整合的政策目标、体系化的政策方案、横向协调和前后一致的政策行动来实现综合的社会效益。

当前，人们已经对政策协同的模式和途径进行了广泛的探索。① 为阐述的方便，我们可以将其分为两种基本的途径：一是政策分析途径。该途径的注意焦点在于具体层面的公共政策，力图从政策问题认定、目标确立、方案评估与规划、政策执行等环节着手，通过程序上的整合来实现具体政策间的协同。二是制度主义途径，其特点是力图从法律、规则、组织体系和运作机制等方面入手，通过制度体制层面的整合实现公共政策的一体化，避免公共政策的冲突。两个途径的出发点是相同的，但看待政策冲突的视点与提出的协同策略不同。具体而言，前者主要针对的是新时代公

① MEIJERS E，STEAD D. Policy integration：what does it mean and how can it be achieved? A multi-disciplinary review，2004 Berlin Conference on the Human Dimensions of Global Environmental Change：Greening of Policies-Interlinkages and Policy Integration.

共政策本身的复杂性；后者注重的则是现有政策制定和执行分部化模式的弊端。

从学术研究历史来看，政策分析途径往往由专门领域的具体分析而来，并最终抽象到一定高度，形成一整套可以迁移的关于政策协同的知识体系。在此方面，国际开发援助政策的协同研究算是一个典型案例。20世纪50年代美国实施的“马歇尔计划”很快使战后的欧洲从凋敝中恢复过来。60年代以后，国际开发援助的重心从欧洲工业化国家转移到欠发展国家，同时，多边国际组织、石油输出国家与西方发达资本主义国家一道，成为实施开发援助的主要组织。在此后的将近半个世纪中，大量的开发政策被制定，大量的资源被注入欠发展国家，但世界上的贫困地区和穷人显然并没有显著减少。据世界银行统计，截至2011年，全球的贫困人口依然高达27亿。[①] 在此情况下，一些机构和学者开始注意到国际开发合作的重要性，开发政策协同（policy coherence for development，PCD）的概念也应运而生。所谓开发政策协同，按照OECD（经济合作与发展组织）的说法，意味着“不同的政策社群共同工作，以创造符合共同关切的更好的工具和产品。它意味着寻求协同和互补性，填充不同政策之间的鸿沟，以实现共同和共享的目标”。由于一个国家的开发政策通常会受到该国的外交政策和其他政策、其他援助国的开发政策、国际组织政策以及受援助国的政策影响，因而，开发政策协同的类型就包括内部协同、宽泛的内部协同、外部协同、国家间协同、国际协同、资助-受助国家协同等多种类型。OECD按照公共政策的“制定—执行—评估”三段模型，制定了一个“三段论”的开发政策协同框架，如图9-1。

制度主义途径与政策分析途径不同。与其说它关注的是政策协同，不如说它关注的是更为广泛的不可治理性。从20世纪70年代末开始，西方国家为了减轻财政负担、提升治理绩效，纷纷实行了以市场化和企业化为主要策略的新公共管理式改革。结果表明，这种改革在增强了公共管理领域竞争的同时，也带来了公共管理的空心化和公共政策的碎片化。联系到整个时代面临的全球化和信息化浪潮，必须以某种方式将公共组织内部与外部、政府与民间、国内和国外的各种治理主体的力量结合起来，以整合的行动来解决关联性的社会问题。制度主义从这一点入手，综合运用经济学、政治学、社会学、管理学的知识，提出了一系列从组织制度层面来提

① 根据世界银行数据，见 http://www.worldbank.org/Accessed December 2012。

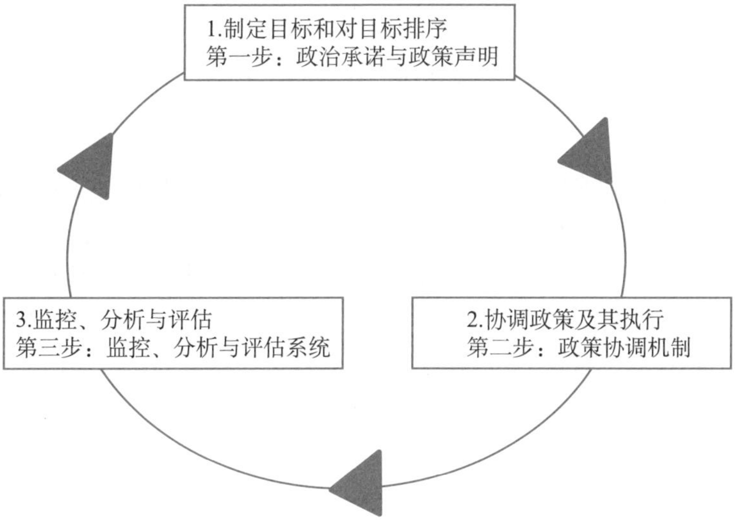

图 9-1　“三段论”开发政策协同框架

资料来源：Unit for Policy Coherence for Development，OECD Office of the Secretary-General. Policy Framework for Policy Coherence for Development. Working Paper no. 1，2012.

升政策协同水平的主张，前面所言的全观政府、整体政府、组际合作、府际管理和网络管理等，都属于此类。

综合以上两种研究途径，结合冲突管理、公共管理和其他学术观点，我们根据政策冲突的特征和水平，从管理的角度将政策协同的途径分为以下几种（见表 9-1）。

表 9-1　政策协同途径的类型

	部门内部	部门之间	政府与社会	政府与国外组织
偶发冲突：个案式协同	人事、政策评估与调整、会议	沟通、谈判、整合性目标，临时会议	宣传、教育、政策推销、听证	沟通、谈判、临时性会议
多发冲突：机制式协调	工艺、技术、程序、标准化、制度	工序服从、目标排序、联络员、固定的沟通机制、跨部门联系通道	政府信息公开、行政参与、监督行政	共同议程、计划、固定协商机制
重复冲突：体制式协调	增设专职人员或改革内部机构	永久性小组或委员会、专职协调部门	政策网络、合作伙伴关系	政策共同体、合作组织、同盟、双边或多边组织

9.2 信息资源产业的政策协同需求

信息资源产业是以信息资源为原料，从事信息形态的产品或服务的生产、加工、传播、提供等活动，并以此创造经济价值的国民经济部门。[①]

作为国民经济的一个部门，信息资源产业主要从事的是无形的知识的生产、分配和消费，与其他产业相比具有自己的特殊发展规律、特殊需要和要求。这些特殊规律、特殊需求是产业自身的功能和结构所决定的，对产业发展、产业政策的发展有规定性的影响，尤其对政策协同体制的建立提出了一整套有特色的要求。

首先，信息资源产业是资源产业，产业政策的国家战略性质突出。信息资源产业的原料和产品都是信息，对信息的特殊依赖是信息资源产业的首要特征。而信息，就其本意而言，可以界定为事物的运动状态和过程以及关于这种状态和过程的知识。[②] 作为人类认识功能的产物，信息源于人对客观世界的感觉、认知和思维，其积累和增长则反映了人类文明和智慧的积累和发展。长期以来，由于受到生产力水平的限制，人类对信息的采集、加工、储存、处理和传播，以相对较低的效率进行，整个社会储存的信息规模相对较小，信息在人们生产和生活中的作用受到限制。20 世纪中叶开始，随着现代通信和信息技术的快速发展，人类信息活动的效率获得极大提升，人类社会拥有的信息规模飞速扩展，信息在政治、经济、文化和社会生活中的作用越来越突出，从而引发了人们对信息在人类社会发展中的重要战略作用的思考，信息资源的概念呼之欲出。1970 年，学者罗尔科（J. O. Rourke）发表《加拿大的信息资源》（Information Resources in Canada）一文，首先提出了信息资源的概念。[③] 随后，信息资源开始在学术界和实践界得以广泛应用。在美国，1985 年的《文书工作削减法》中，明确指出政府拥有的信息及其他相关资源（如人员、设备、资金和信息技术）等都是政府重要的信息资源。在我国，2004 年《中共中央办公厅、国务院办公厅关于加强信息资源开发利用工作的若干意见》（中办发〔2004〕34 号）强调指出，“信息资源作为生产要素、无形资产和社会财富，与能

---

① 冯惠玲，杨红艳．信息资源产业内涵及其与相关产业的关系探究．情报资料工作，2011（2）.

② 钟义信．信息的科学．北京：光明日报出版社，1988.

③ ROURKE J O. Information resources in canada. Special Libraries，1970，61（2）：59－65.

源、材料资源同等重要，在经济社会资源结构中具有不可替代的地位”。

资源产业的属性，决定了信息资源产业在国家发展战略中的重要地位。所谓资源，既是生产之源，也是生活之源，是一切社会财富的来源。人类的生产、生活的实质，实际上就是对资源的开发和利用。在以国家为国际行动主体的时代，世界上的绝大部分资源实际上为主权国家所分割，而国家之间的竞争，在很大程度上以资源为主要对象——谁掌握了更多更重要的资源，谁就拥有更好更快发展的可能。农业社会时期，土地是最重要的生产资源，国家之间最高形式的竞争——战争往往以争夺土地为主要目标；工业化社会，矿产和能源资源的重要性提升，逐渐成为工业化国家竞争的基本对象；在信息社会，随着信息资源的重要性提升，信息资源的掌控就成为国家实力和竞争力的重要组成部分。[①] 因而，信息资源产业不是一般的产业，而是事关国家安全和重大利益的战略性产业。

其次，信息资源产业是高技术产业，政策问题的复杂多变性质和跨领域性质明显。朱迪·丽丝曾经指出：“任何东西在被归为资源之前，必须满足两个前提条件：首先，必须有获得和利用它的知识和技能；其次，必须对所产生的物质或服务有某种需求。因此，正是人类的能力和需要，而不仅仅是天然的存在，创造了资源的价值。”[②] 信息资源也是如此。表面上看，是信息在当代人类生产和生活中的巨大作用直接导致了人们对其资源地位的承认。实际上，使信息的巨大功用由潜在成为现实的，是那些能够提升信息开发利用水平的“知识和技能”，尤其是现代信息和通信技术（ITs）。科技引领是信息资源产业的重要特征。

高技术产业特性，使得信息资源产业和其他非高科技产业相比，呈现出特殊的形态与面貌：一是信息资源产业的初始投入较高。信息资源企业要形成竞争优势，必须将大量的成本用于资源聚集。但由于信息技术的发展，信息的复制、扩散极为容易，这就形成企业的边际成本大于社会边际成本[③]的境况。二是对信息产权具有特殊的依赖。要改变信息资源企业边际成本与社会边际成本的不平衡，就需要采用信息产权制度，形成信息资源复制和扩散的制度阻隔。而信息产权的本质是将某些信息资源交由某些社会主体来独断性占有或支配。因而，信息资源产业的发展，依赖于一定的信息垄断。三是信息资源产业的垄断具有特殊性。现代信息资源企业的

---

① 江泽民．新时期我国信息技术产业的发展．上海交通大学学报，2008（10）.

② 朱迪·丽丝．自然资源：分配、经济学与政策．北京：商务印书馆，2002.

③ 侯卫真．信息资源产业特性及政策优化．信息化建设，2010（2）.

信息采集、存储、提供和利用，大都以互联网为基本通道和媒介。基于所谓网络效应的缘故，垄断成为产业的常态。[①] 但这种垄断是在技术垄断基础上形成的。传统产业垄断形成需要较长的时间，形成后也具有长期性和稳定性。与此相反，信息资源产业垄断的形成则具有突发性，一旦某个信息资源企业具有了某些技术优势或特点，网络效应就会将其无限放大，从而导致市场占有率快速提高，形成垄断地位。但基于技术的垄断是不稳定的，一旦新的技术或创新产品出现，则企业原有的市场垄断地位就会被取代，形成新的垄断。[②]

最后，信息资源产业是内容产业，政策目标的多重组合性质鲜明。自1977年美国学者波拉特首次系统地提出信息产业的框架[③]以来，信息产业的内部结构划分一直是学术界争论的议题。就目前的研究看，无论怎样划分，以提供信息内容产品和服务为主要功能的信息资源产业都是信息产业的重要组成部分。

何为信息内容？这需要从信息的本质来分析。1948年，控制论的代表人物维纳（N. Wiener）在其《控制论——动物和机器中的通信与控制问题》提出："信息就是信息，不是材料，也不是能量。"也就是说，信息不是材料和能量存在的本身，而是材料和能量存在的表征。这样，所谓的信息内容，实际上指的是能够为人所把握的关于材料和能量的存在特征。信息内容既体现了它所指向的实际存在，也体现了作为认识主体的人和作为客体的实际存在的关系。

这种"内容"属性，决定了信息资源产业具有与其他产业不同的特征。首先，就信息内容体现了它所指向的实际存在这一点而言，信息资源产业是典型的横向产业。所谓横向产业，指的是不以商品而以"商品形成"为分析单元而形成的产业模式。任何商品的形成，都要经历三个环节——设计、制造和销售，每一个环节都是将人的体力和智力转化为使用价值的过程。从人类历史看，早期商品的形成主要依靠的是体力；随着社会的发展，智力贡献的比重逐步上升，并在信息时代成为商品形成的主要依赖。其主要体现就是，信息时代的商品形成，关键取决于主要依靠智力的设计和销售；即使在制造环节，其智力成分也大大增加。由于智力重要性的上

① 张丽芳，张清辨．网络经济与市场结构变迁——新经济条件下垄断与竞争关系的检验分析．财经研究，2006（5）.

② 蒋岩波．网络产业的反垄断研究．北京：中国社会科学出版社，2008：43.

③ 波拉特．信息经济论．长沙：湖南人民出版社，1987：25.

升，以及智力本身的专业化特点，现代企业越来越多地采用了按照“设计—制造—销售”环节进行分工的模式，从而形成了横向产业群。传统上假定任何一个企业都同时具备商品生产的三个环节，并进而以三个环节的最终产品作为产业划分的最终依据的做法已经失效。

信息资源产业作为横向产业的特性，意味着它跨越了现有的产业分工界线，成为现有的任何产业中的“小产业”。实际上，这个横跨所有产业的“小产业”，正在成为各个产业成长的增长极。无论是农业、工业制造业还是第三服务业，其开发、利用信息资源的程度越高，其智力成分越强，产业实力就越强。

其次，信息内容产品决定了信息消费的性质。人们对信息的消费，主要是对信息内容的消费。而对信息内容的消费，本质上是一种认识的过程；消费信息内容的结果，不仅是人们认知需求的满足，而且是人们认知结构和认识能力的改变。这样，信息内容消费在逻辑上可以分为两种功能类型：一是直接消费，主要是为了满足人的认识需求。二是间接消费，主要是为了满足人的认知结构和认识能力改变。粗略地讲，前者与我们进行的材料和能量消费并没有多大差别，都是一种生理或心理满足的过程。但后者与之不同，它不仅改变了人自身，而且改变着人与社会、自然的关系。

信息消费改变着人自身的观点，这往往被集中表述为信息的人文性。信息包含着人的价值成分，对人的精神成长具有重要的影响。因而，必须根据一定社会的主流价值，在信息内容成为消费对象之前，进行一定的控制、甄别和筛选，这成为信息资源内容管制的基本理由。事实上，无论是传统的印刷品（书籍、报刊），还是音像制品（电影电视和广播），或是现在的互联网内容，都要接受基于主流价值标准的某种程度的内容审查（如关于色情、种族、暴力）。那些违反了主流价值的信息内容，会被限制、修改乃至禁止。

信息消费改变着人与社会、自然的关系的观点，可以被称为信息的政治性。这种观点早已有之，最为典型的莫过于培根的“知识就是权力”的名言。从逻辑上看，知识之所以成为权力，是因为消费意味着通过消费信息，掌握了更多关于社会和自然存在的规律，从而能够采取更大限度的控制。实际上，社会中存在的绝大部分信息消费，都不在于获取信息后的直接的心理满足，而是为了借助信息而采取的进一步控制行动。知道作物生长的奥秘，是为了更好地种植；掌握结网的技巧，可以用来更好地捕鱼。认识基础上的控制，是信息消费的基本功能所在。

信息消费所带来的控制可能，一旦放在人与人的关系上，就具有非同寻常的政策意涵。从表达的内容看，信息内容可以分为人文社会信息（如经济信息、科技信息、教育信息、军事信息、文化信息等）和自然信息（如空间地理信息、气象信息、动植物物种信息以及人类遗传信息），但并非只有人文社会信息才能反映人的存在特征。从人的生物性存在的层面上看，绝大部分的所谓自然信息实际上都包含着人的信息，如一个地区的地理、气候和动植物信息，实际上显示了这个地区人们生活的基本内容和模式；而基因信息实际上就是人的自身信息。因而，信息资源的掌握就是对他人存在与发展的基本特征的掌握，实际上就是对他人进行控制的开始。当然，控制不一定意味着伤害。但在一个充满了竞争的世界中，只要国家与国家、地区与地区、企业与企业、个人与个人的竞争没有消除（也不应和不会消除），就必须对这种控制进行必要的防范。

资源产业、高技术产业和内容产业的性质，以及由此带来的高度关涉国家战略、高度关涉复杂多变社会问题、高度关涉诸多行业领域的突出表现，决定了信息资源产业政策对政策协同具有特殊的需求。

首先，资源产业性质要求信息资源产业政策的设计要从国家战略的高度出发，超越一般产业政策的定位。一般而言，产业政策的主要目标在于扶持产业发展、维护市场环境和保护消费者和环境。至于产业政策自身在国家政策体系中的重要性，则主要取决于产业本身在国民经济中的重要性。信息资源产业作为信息时代的战略性产业，其发展规模、水平与结构，除了经济意义外，更直接关系到社会发展、民族进步和国家繁荣。因而，制定信息资源产业政策，要从时代发展趋势和世界竞争格局出发，立足于民族国家的文明、富强总体目标，强调顶层设计和战略整合。

其次，高技术产业和内容产业性质决定了信息资源产业政策具有很强的跨界性，需要更加充分地整合其他产业政策。信息资源产业的横向产业性质，更意味着它横跨所有的第一、第二和第三产业。这样，信息资源产业所依赖的信息和通信技术，不仅仅是该产业发展的基础，而且影响到社会所有其他产业发展。事实上，自 20 世纪 90 年代以来，在信息和通信技术的发展，特别是互联网、物联网技术的推动下，信息资源产业已经在其他产业内部得到极大的发展，成为第一、第二和第三产业进步的增长点。人们已经认识到，在信息时代，任何产业离开了信息技术和知识，都将被颠覆和超越。是故，信息资源产业政策的影响不局限于该产业，而是扩展到所有其他产业；而其他产业政策的制定和执行，也都要与信息资源产业政策联系起来。

最后，内容产业的特点决定了信息资源产业政策的制定和执行要更多地考虑到多重目标的整合。历史上各国的产业政策目标，大都经历了从促进单一产业发展到维护良好市场竞争秩序、从促进经济增长到保护公众利益和环境、从维护产业利益到维护社会和国家利益的转变。信息资源产业的产品内涵及其消费，直接影响着人的心理健康、社会文明进步，影响着民主政治和国家安全。因而，信息资源产业政策的目标，除了要考虑到目标的经济价值外，更要考虑到目标的社会和国家价值；不仅要考虑到上述价值的实现，更要考虑到上述价值之间可能存在的冲突及其平衡。

宽阔的问题领域、关联性的政策因素以及复合的目标价值体系，意味着信息资源产业政策要抛弃传统上单一的、分部化的政策体制，在政策协同的旗帜下，调配国家所有政策资源，动员社会各界政策力量，整合各方所有的政策行动来实现综合的政策目标。

9.3 信息资源产业政策协同：概念与框架

一般而言，政策协同往往是一个后发概念。它往往在产业政策发展到一定程度、大家发现依靠既有产业政策体制本身很难解决问题以后才出现。但这在信息资源产业政策领域则属例外。

这一点，我们可以从信息资源产业政策概念自身的研究中看出。虽然信息时代信息资源的重要性已经为世人所知晓，信息资源产业的发展如火如荼，各个国家也为了限制或鼓励信息资源产业制定了各类信息资源产业政策，但时至今日，人们仍然缺乏一个关于信息资源产业政策的明晰概念。① 实践中各个国家的信息资源产业政策，有的包含在信息政策或信息技术政策之中而没有独立，有的则被文化产业政策、数字内容产业政策或数据产业政策代替从而窄化。之所以如此，原因在于：一方面“信息政策深入到政治、经济、社会文化的各个方面，与之相关的问题可谓无处不在”②；另一方面，人们囿于纵向产业分类基础形成的部门化产业政策体制，无法将跨领域、综合性和战略性的信息资源产业归于任何一个部门。

① OVERMAN E S and CAHILL A G. Information policy: a study of values in the policy process. Policy Studies Review, Summer 1990, Vol. 9, No. 4:803 - 81.

② 郑磊．西方公共信息政策文献概述：定义与分析框架．电子政务，2008（2）.

有鉴于此，有学者建议以信息资源产业政策体系来取代信息资源产业政策的概念，并试图按照某种逻辑来搭建信息资源政策体系的架构。如兰卡斯特（Lancaster）提出，以信息自身的衡量维度——层级（level）、领域（area）及范围（scope）构建信息资源产业体系。其中，政策的“层级”包括属于国际性、国家乃至组织等；“领域”指的是信息政策所指向的不同的标的群体，例如科技性的信息、隐私权、著作权、电传通信；“范围”是政策响应的范围，例如政策针对某个特殊行业、国家、联合性国家、公司法人或是个人的特殊的行为等。①

又如，高尔文（Galvin）指出，信息资源开发活动应考虑三项基本价值，即信息的获取权、信息的所有权和隐私权。在三种基本价值观的基础之上，信息资源产业政策体系包含了解决三类问题的政策：第一类政策主要解决在落实、执行或界定信息的获取权、所有权和隐私权中任何权利时所面临的问题；第二类政策主要解决某一项有关信息的基本权利与其他与之相冲突的（现实的或假想的）社会利益之间的矛盾，例如国家安全、公共安全、社会秩序、社会尊严等公共利益与信息获取权之间的矛盾；第三类政策主要解决信息的获取权、所有权、隐私权之间的冲突，政策通常不得不在这三个几乎同等重要的权利之间寻求平衡与妥协。②

罗兰兹（Rowlands）从信息资源的产品性质（公共产品对商品）和信息资源产业政策工具（鼓励对限制）入手，提出了一个由四类政策构成的信息资源产业政策分析框架（如图 9－2 所示）。③

上述学者的努力，充分展示了信息资源产业政策议题的广泛性和目标的多元性，也为我们理解信息资源产业政策内在的及其与其他政策之间的冲突提供了有益的线索，虽然他们没有直接研究如何解决这些矛盾和冲突。在此，我们强调“信息资源产业政策协同”这个概念，提醒人们从信息资源产业政策的复杂性着手来处理信息资源产业政策所面临的矛盾和冲突。

所谓“信息资源产业政策协同”，指的是在全面正确理解信息资源产

---

① LANCASTER F W，BURGER R H. Macroinformatics，microinformatics and information policy//The information environment：a world view studies in honour of professional A. I. Mikhailov，North-Holland：Elsevier，1990.

② GALVIN T J. Rights in conflict：public policy in an information age，New worlds in information and documentation：proceedings of the 46th FID conference and congress. The Hague，The Netherlands：FID，1994：59－66.

③ ROWLANDS I. General overview：understanding information policy. East Grinstead，West Sussex，Bower-Saur，1996：3－16.

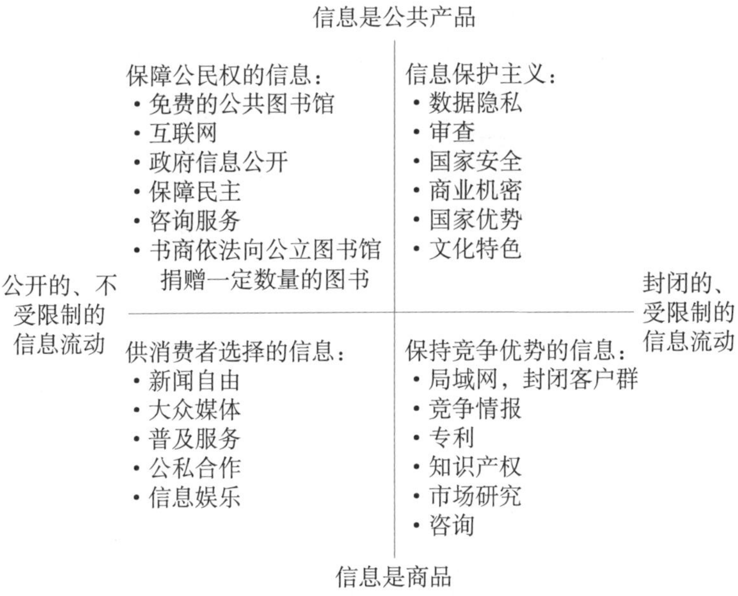

图 9－2　罗兰兹的信息资源产业政策分析框架

业政策复杂性的基础上，以“政策协同”作为规划、设计和评估信息资源产业政策的主要标准，通过理念的、机制的和技术的途径来管理信息资源产业政策内在的及其与其他政策的冲突，实现综合协调的政策目标。

我们可以从公共政策分析的三个基本问题来分析“信息资源产业政策协同”。

一是“为何协同”。公共政策总是针对一定的公共问题的，政策体制总是需要与有效解决这些问题保持适应。信息资源产业政策协同体制，针对的是依靠单项信息资源产业政策所不能解决的跨领域的公共信息资源问题。所谓跨领域，既可以从纵向上分为地方/部门、国家、区域和全球等多个层次（限于本书目的，主要讨论国家及以下层次），也可以从横向上分为经济、社会、文化、政治等多个部门。跨领域的问题属于公共产品性质的问题：一方面，它们具有不可分割和难以排他性；另一方面，它们也非单个部门或层次的努力所能解决的。

二是“由谁协同”。由于信息资源产业政策涉及不同的领域和层次，只有相关层次和领域所有的行动者采取共同的行动才能成功。由于这些行动者之间缺乏明确的上下隶属关系，传统上依靠单一的权威组织的层级节制来实现政策协同的方式不再完全适用，政策协同既依靠纵向的层级节制，又依靠行动者之间的横向联合。这就是所谓的政策协同网络。通过政策协同网络，各方政策行动者参与决策、达成共识、集合权威、分担责任并享受利益。

三是“如何协同”。信息资源产业政策协同是多方共同努力的过程。它体现在公共政策的各个环节（如图 9－3 所示）中。

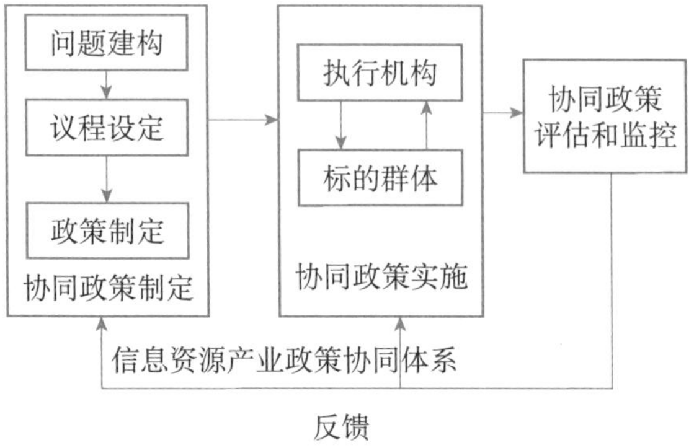

图 9－3　基于政策过程的信息资源产业政策协同体系示意

总的看来，信息资源产业政策协同可以分为两个层面：一是政策制定、政策实施和政策评估及监控等单项环节的协同，其目标是实现每个环节内部的整合；第二个层面是政策制定、实施和评估三个环节之间的协同，目的是实现整体政策的一致性。至于每个层面政策协同的途径，则根据政策冲突的发生频率，皆可以分为个案式、机制式和体制式。其中，个案式协同指的是致力于冲突问题的解决，不将解决方案进行上升、扩展或延长等处理的就事论事式协同。机制式协同针对经常发生的政策冲突，主要策略是通过不同政策行动者的互动规则进行调整，以在实际工作中实现政策协同。体制式协同是针对重复发生的政策冲突所做的体制调整。一般而言，重复发生的冲突表明政策体系之间存在着固有的、结构性的矛盾，只有通过组织体制的重组、优化和调整才能解决。

9.4　我国信息资源产业政策的协同优化：以管制政策为例

管制“是指依据一定的规则，对构成特定经济行为（从事生产性和服务性的经济活动）的经济主体的活动进行规范和限制的行为”[①]。管制政策

① 植草益．微观规制经济学．北京：中国发展出版社，1992：1.

是以政府为代表的公共部门对社会组织和个人的经济活动进行规范和限制的法律、法规、规定、命令和其他文件的总称。

一般的公共利益理论认为，在完备市场的假设情境中，经济组织在市场机制的作用下自动实现资源的最优配置，因而不需要任何外力干预。但是，在现实中，没有什么市场是完备的。公共物品、外溢性、信息不对称、市场势力等都会导致市场失灵，因而需要政府管制。

信息资源产业管制也有治理市场失灵问题的需要。然而，除此之外，信息资源产业对管制还有着其他需求，主要包括：其一，提升国家信息资源控制力的需求。[①] 其二，保护公民隐私、商业秘密和国家安全，维护政治秩序的要求。其三，保护公民精神健康，维护社会价值和文化，维护社会价值。有鉴于此，信息资源产业管制政策在世界各国广泛存在。

信息资源产业管制政策在我国也长期存在。信息资源产业目前并没有成为国民经济一个正式的统计部门，也缺乏针对信息资源产业的专门管制机构和政策体系。目前的信息资源产业管制职责主要由中央政府部门按照主管职责分工分别履行。其中，有的部门（如发改委、工商行政管理总局）实行的是跨行业性的一般管制，有的部门（如新闻出版广电总局、工业和信息化部）则针对专门的产业实行管制。按照王安耕、陈玉龙、朱雪宁、宣小红等人的研究[②]，我国信息资源产业的管制主要涉及以下几个方面：

● 针对从业主体进行的管制。它包括工商、税务等部门的监管以及职业资格、资质的审查等。

● 针对从业主体生产经营行为进行的管制。包括技术、质量、知识产权、行业（比如出版发行部门）等部门的监管行为，如产品质量的监管、知识产权的监管等。

● 针对信息产品内容进行的监管活动。它包括审查内容是否健康、有益、合法，以及对暴力内容、淫秽内容、反动内容的遏制等，主要由国家网信、教育、宣传、文化等部门进行。

● 针对信息产品的其他方面进行的管制，如对儿童保护、劳动安全、环境卫生、消防、价格进行的监管等。

从目前的整体情况看，我国信息资源产业管制主要存在以下几个方面

---

① 张璋，赵国俊．我国信息资源国家控制力问题研究．中国行政管理，2012（6）.

② 陈玉龙．信息资源市场监管体系研究．2005，内部报告；宣小红．信息资源市场培育初探．北京：中国文联出版社，2008；朱雪宁．国内信息资源市场政府监管研究．北京：世界图书出版公司，2011：12.

的问题。

第一是管制法律法规体系不完善。对于信息资源产业等新型业态的产业监管，我们目前还没有完善的法规体系。测绘、广告行业有明确的法律规定，在互联网和新兴信息资源产业领域仅有少数的法律；在新闻出版、广播电影电视和音像等传统信息资源产业领域，我国也没有出台专门的法律。与此同时，各个主管部门根据自己的管辖职责，出台了大量分散的部门规章和规范性文件，在客观上造成了部门管制政策之间的矛盾和冲突。

第二是体制不健全，管制政策政出多门。国家网信办、工信部、国务院新闻办公室、文化部、国家新闻出版广电总局等主管部门都负有信息资源市场的重要监管职能。在法律法规不完善的情况下，各个行政监管部门往往根据自身的工作范围出台了一些部门规章，必然缺乏统筹安排，造成职责不明问题，也易于形成管理上的职责冲突与交叉。比如在互联网上发布的药品广告，相关法律法规中规定了药监部门有药品广告的监管权，也规定了工商行政管理部门对违法药品广告有处罚权，这种监管权与处罚权分离的状况如果没有网络和信息主管部门的很好的协调，管制效果将会大打折扣。

第三是管制重审批、轻事中事后监管，制约企业的发展。由于信息资源产品的内容属性，我国对信息资源市场采取了较为严格的市场准入制度。一般的信息资源产品上市，都要实行严格的行政审批，并实行较为严格的总量控制，审批手续较为烦琐，以防止出现违反国家法律、法规或偏离政策舆论导向的信息内容。但这种管制模式比较适用于传统的信息资源产业，在现代信息资源产业规模大、发展快、时间要求高的情况下，该模式存在先天不足。

上述管制政策存在的问题有着多种原因。按照我们的分析框架，想要改变这种局面，应该从协同的政策制定、协同的政策执行和协同的政策评估等几个方面同时开展。以下仅从政策制定的角度，谈谈如何进行信息资源产业政策协同和优化。

信息资源产业管制政策的制定，取决于该产业的产业特性所形成的对管制政策的特殊需求。然而，当前人们对这些需求的特殊性并没有予以特别注意，更没有在理顺需求关系的基础上形成一致性的框架，从而造成了信息资源产业管制政策的缺失、混乱和冲突。

缺失的最突出表现就是没有明确出于维护国家安全和重大利益、政治秩序、主流价值等目的制定的管制政策。以维护国家安全和重大利益为例，虽然各个国家在制定和执行国家政策时，毫无疑问地都将它放在首位，但何者为国家安全和重大利益，以及它们在信息资源产业中究竟有哪些体现，目前还没有见到明确的表述。这就造成了一个奇怪的现象：一方面，信息的流动确实受到出于此类理由的限制；另一方面，这种限制政策的措施严厉但理由模糊，实际形成了管制中的“雷区”——谁都知道有它的存在，但只有踏进且遭到惩罚之后才知道它在哪儿。

造成这种状况的原因是多方面的：首先，国家安全和重大利益的指涉面较广，涵盖领土、公民、政府、企业、军事、政治、文化、经济等领域，且信息在每个领域所起到的作用及其结果都不一样，所以既难以对各个领域进行列举，又很难找到统一的规则进行概括。其次，基于前述原因，信息流动对国家安全和重大利益的真正影响，很难进行全面评估。因而，现有的规则只能是循着风险管理的逻辑，基于审慎的考虑而制定最为基本的原则。最后，在以国家主权为基础构成的国家秩序中，国家安全和重大利益实际上是针对国别而言的。这样，在既要维护表面上的国际秩序又要保持暗地里的防范和竞争的情境中，暧昧策略的使用是自然而然的事情。

出于维护国家安全和重大利益、政治秩序、主流价值等目的的管制政策的模糊，使得信息资源产业实际上面临着两种不同的管制：一是明面上的经济和社会管制，它有相对明确的价值、目标，有各种明确的理论解释和指导，也有相对确定的政策内容；二是相对隐蔽的管制，它有明确指向但缺乏明确目标，有严厉措施但缺乏明确标准，有审查机制但缺乏透明操作。

两种不同的管制，对信息资源产业并不一定总是坏事（如从“管制捕获”的角度看，信息资源产业可能会因其对国家安全和政治秩序的潜在影响，而被视为国家工具并得到额外的国家保护）。但总体而言，它们使政策环境更加复杂、更具不确定性，从而给信息资源产业发展带来更多的困难。

困难主要表现在信息资源产业从业者的决策需要考虑更多的风险因素。本来，由于产业的高科技性质，信息资源产业就要承担一般企业所没有的巨大科技风险。现在，业者除了要考虑经济和技术因素外，还要仔细评估信息内容的安全、政治、社会和人文方面的意涵，以期尽量避免这些方面的政策风险。由于所处的位置不同，企业经营者很难真正站在国家、政府和社会的角度考虑，实际上也很难明了自己的产品和服务对国家、政府和社会的实际影响，因而，这种风险评估终归是不彻底的，信息资源产业的从业者难以处理这些管制政策的风险。

这只是困难的第一重表现，导致更大困难的，还在于前述所言“隐蔽的管制”。政策的作用在于通过明确的规则，使得社会行动者形成固定预期，从而引导、调整自己的行动。由于缺乏客观、明确的目标、标准和内容，这些“隐蔽的管制”使得整个信息资源产业业者无法据客观标准来做出决策，对自身行为的合规性及其后果也很难预测。

此外，不同管制之间的可能冲突，也使得业者的决策面临着左右为难的困境。信息资源产业的价值乃在于信息的流动，管制的本质则在于限制。究竟哪些信息进行限制以及进行何种程度的限制，是信息资源产业管制政策的重心。然而，从不同的目标出发，不同国家乃至一个国家的不同部门可能会就这些基本的问题制定相互冲突的政策。

那么，如何解决这些难题？俗话说，“解铃还须系铃人”，解决这些困难，还得从信息资源产业管制政策体制的改革入手。

首先应当明确的，是管制政策的本质以及管制决策的标准。罗兰兹曾经指出，信息政策的内在矛盾之一，就是信息的自由流动和限制之间的矛盾。[①] 但显然，在信息的自由流动和限制之间并不存在一个必然界线。相反，决定二者之间的消长的，乃是纯粹的利弊得失的考虑。这个考虑，除了包括社会整体收益之外，还包括不同利益群体之间的利益分配。

信息资源产业管制政策的实质，就是在利弊得失考虑基础上进行的作为与不作为的选择。其中，社会整体层面的收益问题，涉及信息资源产业管制政策的效率问题，后者则涉及它的公平问题。

关于管制政策的效率问题，其实质关系到两个层面的问题：一是公共政策与市场机制的边界。一般认为，市场机制能够完成资源的优化配置。因而，除非存在市场失灵问题，否则，政府的干预就存在着效率的损失。二是政府的干预成本。市场失灵只是表明了政府干预的可能性，并不意味着政府干预的必然性。政府本身存在着资源短缺和能力限制问题，如果干预带来的问题比要解决的问题还要多，那么政府的干预就是非理性的。

关于管制政策的公平性问题，实质上是对政策的不同利益分配结果的

---

① ROWLANDS I. General overview：understanding information policy. East Grinstead，West Sussex，Bower-Saur，1996：3－16.

权衡。在逻辑上，我们可以将这种权衡分为三个层面：一是信息资源产业管制政策各个需求目标之间的利益冲突与平衡问题，包括维护国家安全和重大利益、维护政治秩序、提高公民健康水平和社会利益、壮大产业实力等各个政策目标的冲突解决，如出于保护儿童或成人心理健康的目的而对网络游戏产业的限制，与发展壮大游戏产业之间的矛盾，以及与壮大信息资源产业规模与信息产权保护的冲突等。二是信息资源产业管制政策在实现上述任何一个目标时的内在利益冲突问题，如反垄断政策中不同实力企业之间利益的冲突，网络信息内容管制政策对成人和儿童间利益的平衡问题，信息产权政策中产权人和其他组织之间的利益协调问题。三是在致力于实现同一个政策目标时采用的不同管制工具所导致的利益冲突问题，如信息内容管制与信息资源产业业务范围管制、组织资格管制方面的冲突等。

这样，我们可以形成一个关于协同的信息资源产业管制决策的基本框架（如图 9－4 所示）。

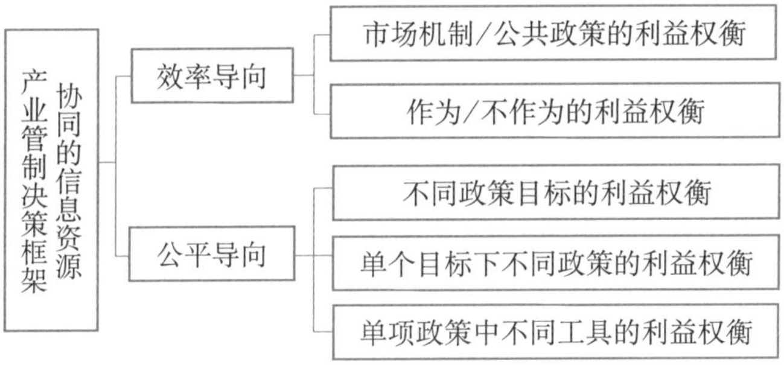

图 9－4　协同的信息资源产业管制决策的逻辑框架

框架中的致力于效率的管制政策，现有的研究已经讨论较多，并形成了较为成熟的分析范式，如“市场结构—企业行为—经济绩效”的分析框架（简称 SCP 框架）和“管制影响评估”（简称 RIA）等。但关于致力于公平的管制政策的讨论，除了“管制捕获理论”（The Capture Theory）等少数理论外，目前的讨论相对较少。

我们可以根据公共政策的结构理论对公平导向的信息资源管制政策进行初步的分解。从整体看，框架第二部分所涉及的三个层次的利益权衡，第一个层次关系到信息资源产业管制政策目标体系的构建、组合和优化问题，因而属于“顶层设计”范畴，构成了整个信息资源管制政策的基础。第二个层次的考量涉及各个目标的定位与优化，因而属于“部门政策”

范畴，是整个信息产业管制政策的主要内容。第三个层次的考量则涉及目标实现的手段与方式，因而属于“政策工具”范畴，是信息产业管制政策的具体内容。三个层次的内容相互联系，从上到下各个层次之间依次是指导与被指导关系，从下到上各个层次之间依次是支持与被支持的关系。

第10章 我国信息资源产业结构政策

对于我国的信息资源产业发展而言，通过产业政策优化产业结构是确保产业健康发展的重要保证。本章讨论了我国信息资源产业结构政策的优化发展问题，重点针对我国信息资源产业结构政策中存在的问题，通过对产业结构政策目标、基本政策取向的分析界定，提出了优化我国信息资源产业结构政策的方法途径。

10.1 信息资源产业结构政策概述

产业结构是各产业部门之间以及各产业部门内部的构成。产业结构不仅包括不同产业之间的结构关系，还包括产业内不同产业间的结构关系和产业在区域间的分工与布局。产业结构受到两方面的影响：一方面，随着经济的发展，产业结构演化规律使产业结构向着优化升级的方向发展；另一方面，政府通过产业结构政策对产业结构进行干预，加速了产业结构的变迁，使产业结构向着政府希望的方向发展。产业结构政策是旨在优化产业结构的政策，它的具体功能作用就是通过调节，实现社会资源在不同产业之间、本产业各个不同行业之间的优化配置。在我国，产业结构政策是产业政策的重要组成部分，是我国政府依据一定时期内产业结构的现状，在遵循产业结构演进一般规律基础上，规划产业结构的地位、作用以及演进的目标，对特定的产业、行业和产品所采取的扶植、鼓励、调整、保护或限制等政策。产业结构政策的实质在于推动产业结构的合理演进，加快产业结构转换，促进经济增长和资源配置效率的改善，引导产业向新的广度和深度发展。

10.1.1 产业结构政策的特征

产业结构政策主要包括四个方面的特征：

其一，产业结构政策的目的是促进产业结构调整和优化升级。产业结构调整是指对资源存量进行产业之间的再配置；产业结构优化是指推动产业结构向合理化和高度化发展。基于国家产业结构失衡的现状，政府通过有关产业政策调整引导人力、物力、财力等资源在不同产业间重新调整和分配，影响产业结构变化的供给结构和需求结构，进而推进产业结构的合理化和高度化发展。

其二，产业结构政策制定的主要理论依据是产业结构演变规律。从世界范围来看，产业结构发展的一般趋势是由“一、二、三”产业向“三、二、一”产业转变；不同产业对要素需求不同，其发展趋势是由劳动、资源密集型产业向知识、资本密集型产业转变。① 产业结构政策的制定必须基于产业结构演变规律，顺应产业结构轻型化、知识化的发展趋势。

其三，产业结构政策的制定主体是政府部门。除少数政策由行业协会等社会组织制定外，绝大多数的产业结构政策是由政府部门制定的，它主要是政府部门为弥补市场资源配置不足以及市场在产业结构转换方面的迟缓性而采取的调节手段。政府一般通过采用财政、税收、行政政策等手段来调节资源在不同行业的分配，通过减税、免税、政府采购等方式支持和鼓励特定产业发展，促进产业结构的转换。在促进产业结构转型方面，政府的作用更加直接，转型效果也更加快速。

其四，产业政策的作用对象主体是企业。政府的产业结构调整政策直接影响着企业的经营效益，符合政府支持条件的企业能够拥有较好的发展环境，获得多方面的经济政策优惠，企业能够快速发展，反之，税负加重、贷款不利等则导致经营效益下滑，企业发展受到多方面的管制。政府产业结构政策也是企业选择进入行业的重要依据，引导着企业投资方向，优化社会资源配置。

此外，产业结构政策还具有指导性、动态性和一定时期的稳定协调性

---

① http://dishui.blogchina.com/1589921.html.

等特征。产业结构政策主要是政府制定的，通过对产业中主导产业、幼小产业、战略产业、衰退产业进行选择，利用财政、税收、行政政策手段分别对不同产业采取鼓励或限制措施，引导资源优化配置，指导企业产业选择。产业结构政策是基于一定时期产业结构发展现状的，是对一定时期内产业结构调整优化的政策，不同时期产业结构现状不同，产业政策也会随之发生改变。在一定时期内所制定的产业结构政策具有稳定性、协调性，不同产业之间以及产业结构内部不同产业之间具有较为稳定的比例关系，这对于企业贯彻落实产业结构政策和推动产业发展都具有重要作用。

10.1.2 产业结构政策的类型

产业结构政策按照政策目标和措施的不同，一般可划分为五种类型：主导产业选择政策、战略产业扶植政策、衰退产业撤让政策、幼小产业保护政策、产业的可持续发展政策。

1. 主导产业选择政策

主导产业一般在经济中起主导作用，其产值所占比重高、技术先进、增长率高、产业关联度强，对其他产业乃至整个国民经济具有较强的带动作用。主导产业选择政策是政府从整个经济发展目标出发，为了引导、促进主导产业的合理发展，运用经济政策、经济法规、经济杠杆以及必要的行政手段、法律手段来影响主导产业发展的政策。主导产业选择的基准有很多：产值增长系数、生产率上升系数、比较优势基准、产业关联度、增长潜力基准、技术密集度、就业基准、可持续发展基准等，综合这些基准可以从整个国民经济产业结构中选择出主导产业予以支持和发展。

2. 战略产业扶持政策

战略产业是基于未来经济技术发展所预见的，能够实现产业结构高级化目标，对国民经济发展具有重要战略价值的产业部门。战略产业在技术特点、市场前景、成长潜力方面具有其他产业不可比拟的优势，具有能够成为未来经济发展中主导产业和支柱产业的可能性，政府通过采用经济、法律、行政措施来扶持和发展战略产业。对战略产业进行扶持必须遵循以下原则：扶植目标与产业结构优化升级要求一致；扶持政策必须发挥比较优势；扶持政策必须与发挥市场作用、政策优惠相结合；扶持政策必须与增强产业竞争力相结合。

3. 衰退产业撤让政策

衰退产业是指在产业结构中陷入停滞甚至萎缩的产业。从产业发展生命周期看，都存在孕育期→成长期→成熟期→衰退期这样的生命周期。衰退产业由于不具备区位优势、缺乏竞争力，导致需求量、销售量大幅度减少，在国民经济中的地位下降。此外，技术进步缓慢、创新乏力进一步限制了衰退产业的发展。对于衰退产业，可以进行必要的产业融合，运用高新技术对衰退产业进行调整改造，通过技术创新、劳动力素质提升带动其实现产业结构的优化升级，使衰退产业拥有第二次发展机会。或是进行撤让，使资源分配到能实现更大价值的产业中。

4. 幼小产业保护政策

幼小产业是指在工业后发国家产业结构中，相对于工业先行国家成熟的同行业而言，处于“幼小稚嫩”阶段的产业。相对于其他产业，幼小产业具有新生性、成本递减趋势、外部经济性、潜在动态比较优势。幼小产业可能发展成为未来战略产业、主导产业，对幼小产业进行保护、扶植是重要且必要的。对于幼小产业，可以采取贸易保护、财政税收扶植政策、金融信贷优惠政策、技术支持政策，通过优化市场环境，促进幼小产业发展。

5. 产业的可持续发展政策

可持续发展是指既能满足当代人的需要，又不损害后代人满足其需要的能力的发展。它包含生态持续、经济持续、社会持续三个基本内容。其中生态持续是前提，经济持续是基础，社会持续是目的。三者相互依存、相互促进，共同组成一个系统整体。信息资源产业的可持续发展政策就是需要政府制定相应的规章制度协调三者之间的关系，规范市场秩序、协调企业关系，充分发挥各部门信息共享的优势。构建一个稳定的生态系统，使得信息资源能够健康有序地发展。

10.1.3 信息资源产业结构政策的功能

信息资源产业结构政策是产业结构政策在信息资源产业领域的具体化，是在依据我国信息资源产业发展现状的基础上，根据未来产业演变方向预测，规划产业结构的地位、作用以及演进的目标，确定信息资源产业内主导产业、战略产业、幼小产业、衰退产业，并对不同产业采取扶植、鼓励、调整、保护或限制等措施。

在市场经济运行中，产业结构政策对于产业结构调整具有重要导向作用，可以通过一系列财政、税收、行政政策调节产业结构构成和比例，以“看得见的手”在出现“市场失灵”时弥补市场的不足，促进国家产业结构的优化升级，提高企业和产业的国际竞争力。

1. 促进产业协调发展

产业间由于发展程度和地位的不同形成了有序的排列组合，而产业结构政策的重要作用，就是协调产业之间的关系。产业结构政策依据不同产业的地位、作用、现状和发展趋势，对新兴的具有高增长率的未来主导产业进行培育，对薄弱的基础产业进行弥补，对弱小产业进行扶植，对衰退产业进行撤让。通过这些政策措施，来促使不同层次的产业保持协调发展。

信息资源产业结构政策通过政府运用财政、税收、行政政策来引导信息资源产业发展，引导信息资源产业中的创新产业、具有高知识、高技术含量的产业发展，对信息资源产业中的弱小产业进行扶持，推动信息资源产业协调发展。《国务院关于大力发展电子商务加快培育经济新动力的意见》《国务院办公厅关于促进跨境电子商务健康快速发展的指导意见》从营造宽松发展环境、加强人才培养培训、完善物流基础设施、提升对外开放水平、健全支撑体系，健全法规标准体系，加强信用体系建设等方面提出支持鼓励电商产业发展。《国务院关于促进云计算创新发展培育信息产业新业态的意见》从完善市场环境、健全相关法规制度、加大财税政策扶持力度、完善投融资政策、建立健全标准规范体系、加强人才队伍建设、积极开展国际合作七个方面为云计算产业保驾护航。《国务院办公厅关于运用大数据加强对市场主体服务和监管的若干意见》明确了大数据产业对于对市场主体服务和监管的重要性，提出发展数据服务业，加强数据共建共享的任务。

2. 促进产业结构调整

产业结构演变遵循由低级向高级发展的规律，在市场经济环境下，市场主体为追逐更大经济利益，不断自发调整企业经营方式和经营内容。当市场需求发生变化时，价格信号会引导资源在不同产业间以及产业内部不同产业间流动，从而导致新兴产业壮大，传统产业衰退，逐步实现结构转换。市场的这种自我转换往往较为缓慢，而通过政府干预可以加快促进产业结构的转换，加速产业结构更新换代。政府通过实施强有力的产业结构政策，采用调整、保护、扶植、改造、淘汰等措施，不仅能够使产业结构换代，而且可以使产业结构升级。①

信息资源产业结构政策通过引导创新型、知识型、技术型产业不但能提升信息资源产业整体发展水平，还能为第一产业、第二产业、第三产业等其他行业提供知识、技术方面的支撑，促使其产业优化升级，进而推动整体产业结构向集约化方向发展。

3. 推动产业信息水平提高

当今时代，信息已成为除能量、材料外的世界第三大资源，信息资源的可复用、流动性、支配性使其相对于能量、材料具有更独特的竞争优势。信息资源的战略价值日益凸显，信息水平越来越成为推动社会发展的重要力量。信息资源产业在战略上属于战略性新兴主导产业，劳动与知识双密集型产业，高投入型产业，高增值型产业。信息资源产业的产业关联性强，其成果能够为其他产业所用，对其他产业的战略选择、业务运营、生产规划等都具有重要影响。运用产业结构政策对信息资源产业进行扶持，既能够推动信息资源产业发展，同时也能为其他产业发展提供更多的信息资源、信息技术，带动其他产业的信息流动效率和经营效益提升，推动整个产业信息水平的提高，使整体产业结构向以知识密集型、集约型产业为主的产业结构转变，实现产业结构的升级。

4. 使资源配置结构合理化

产业结构间的差别最终会体现在资本、劳动力、技术等资源在不同产业间的配置上。市场经济环境下，市场在资源配置中起基础性作用，通过价格机制引导资源在不同产业间分配。然而市场的自发性、盲目性、滞后性也会使其在资源配置中出现市场失灵，无法实现资源配置结构的合理化、产业结构的优化。产业结构政策作为市场资源配置手段的补充，在弥补市场失灵，有效引导资源合理配置方面具有重要作用。通过财政、税收、行政手段能够有针对性地对特定产业进行扶植或管制，其引导资源配置的效果更加直接，更加迅速。

---

① http：//wenku. baidu. com/view/d2452434eefdc8d376ee3264. html? re=view.

10.2 信息资源产业结构政策问题分析

目前，我国产业结构仍存在一些问题，诸如：三大产业的比例关系失调；三大产业间比较劳动生产率差距扩大；制造业大而不强，物耗高、能耗高、污染高的产业比重还比较大；服务业发展相对滞后，还不能完全满足经济社会发展需求等，这些问题制约了经济的进一步发展。

10.2.1 我国产业结构总体现状及问题分析

从图 10-1 可以看到，目前，三大产业的比例相较于改革开放初期已有了很大改变，三大产业比例分别由 1978 年 28.2%、47.9%、23.9%，发展为 2013 年的 10%、43.9%、46.1%。2013 年第三产业比重第一次超过第二产业，成为我国产业结构变化的重要转折点。

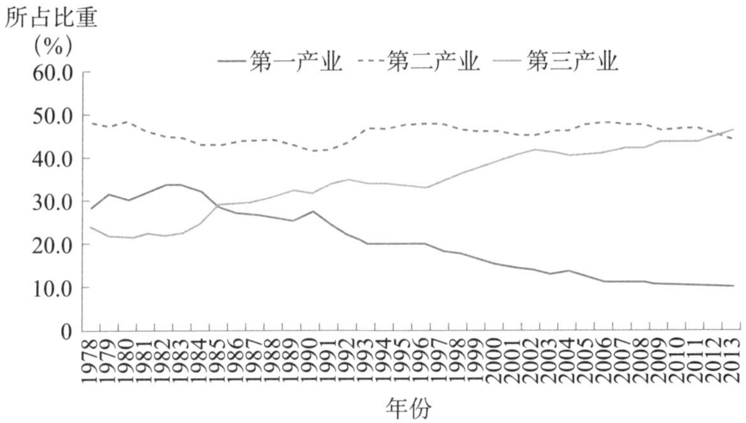

图 10-1 我国三大产业比重发展变化图

第三产业在三大产业中的占比是基本实现现代化的核心指标。对于处于后工业化时代的发达国家而言，其第三产业在国民经济中已占据主导地位，比重基本在 60%以上，最高的甚至达到 80%左右。我国自改革开放以来，不断优化产业结构，支持第三产业发展，经过 30 多年的发展，第三产业在三大产业中的比重已达到 46.1%，已超过第二产业成为我国国民经济的主导产业。虽然与发达国家相比还有很大差距，但这表明我国产业结构逐渐趋向合理，正在向着产业结构优化升级的方向发展。

1. 第一产业向新型现代化农业方向发展

随着技术的革新，农业作为国民经济的基础取得了长足发展，然而现今环境下，一些因素仍制约着农业发展：农业基础设施仍然薄弱，地区差距较大；农产品品种、质量尚未优化；农产品加工业尚处于初级阶段；农产品区域布局不合理等。随着机械化、智能化农业生产设备的推广普及，智慧农业带领农业进入了快速发展的新时代，RFID电子标签、远程监控系统、无线传感器监测、二维码等物联网技术，运用大数据技术的市场经济监控预测，以及高效的物流仓储技术和电商平台，使农业向着智能化方向发展。2015年12月中央一号文件公布，从农业基础设施、农业生产布局、农业生产经营推广、新型农民培育等各个方面给予指导，不断推进农业现代化。①

2. 第二产业向产业结构转型升级方向发展

长期以来第二产业作为国民经济发展支柱，其发展和内部结构的变化关系着整个国民经济的发展变化。过去几年，重工业中的石油加工业、金属冶炼业、机械制造业、计算机及其他电子设备制造业等行业发展迅速，带动了工业以及整个经济的发展。但随着经济增速的减缓，部分产业出现产能过剩现象，此外，资源消耗量大、环境污染严重、产业研发投入不足，技术创新能力较弱等进一步阻碍了工业的进一步发展。从全球产业链看，国外高端环节的垄断与国内加工制造环节的过度竞争与产能过剩，导致贸易环境恶化，贸易摩擦加剧。

2013年国务院发布《关于化解产能严重过剩矛盾的指导意见》，提出调整优化产业结构、增强企业创新驱动发展动力，并对不同行业提出了针对性措施。② 2015年国务院发布《中国制造2025》，提出提高国家制造业创新能力，推动信息化与工业化深度融合，深入推进制造业结构调整，推动传统产业向中高端迈进等战略任务，为制造业转型升级，提高质量和核心竞争力提供指导依据。③ 目前，工信部正会同相关单位制定《关于加快传统产业转型升级的若干意见》，将为传统产业转型升级提供明确发展方向。④

① http：//money. 163. com/16/0127/20/BEC4O3BL00252G50. html.

② http：//www. gov. cn/2011lh/content _ 1825838 _ 2. htm.

③ http：//www. mof. gov. cn/zhengwuxinxi/zhengcefabu/201505/t20150519 _ 1233751. htm.

④ http：//finance. ifeng. com/a/20151221/14131569 _ 0. shtml.

3. 第三产业向创新驱动方向发展

从图 10－1 三大产业比重发展变化图、图 10－2 三大产业就业人数、图 10－3 三大产业贡献率及图 10－4 信息资源产业各类行业营业收入分布可以看出，第三产业发展迅速，在国民经济增长和解决就业中都发挥了重要作用，随着第三产业中高新技术产业不断发展，其不但带动了第三产业的增长，还为其他产业提供了技术支撑，促进了其他产业的转型升级。伴随着互联网技术的发展，信息传输和计算机服务、电子商务、金融服务、交通运输服务等行业开始向农业、工业、服务业的各个行业渗透，出现了互联网＋农业、互联网＋工业、互联网＋医疗、互联网＋交通等不同形式的新型探索，带动了整个国民经济向创新驱动方向发展。

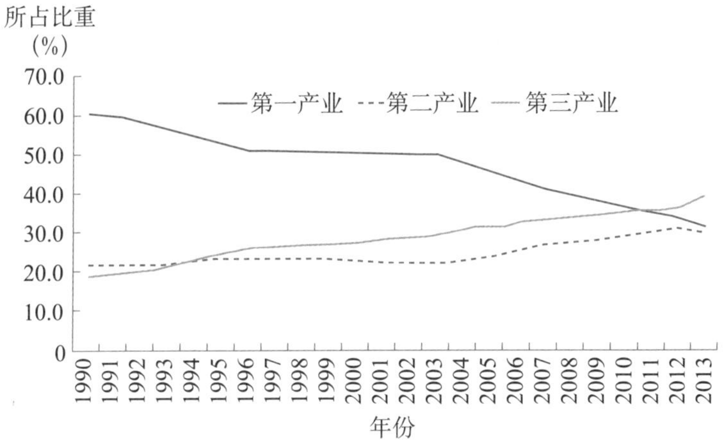

图 10－2　我国三大产业就业人数比例

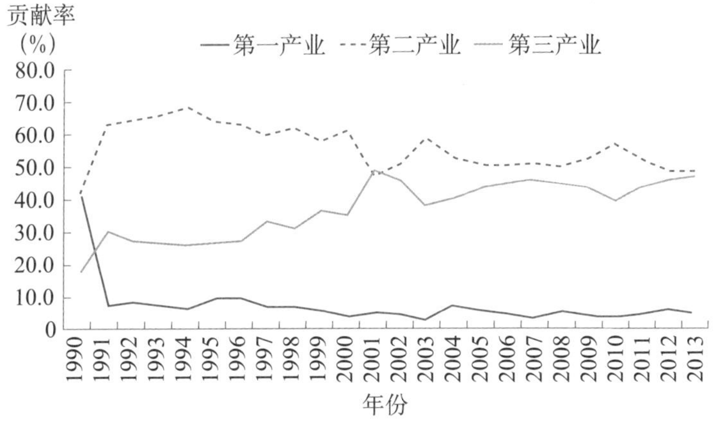

图 10－3　我国三大产业贡献率

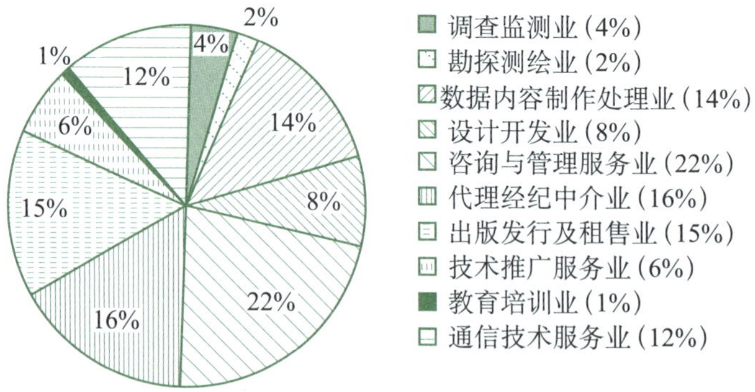

图 10－4　2013 年信息资源产业各类行业营业收入分布

10.2.2　信息资源产业结构总体现状及问题分析

1. 信息资源产业内行业结构分析

目前，我国信息资源产业大致分为三大类：信息资源采集业、信息资源加工业、信息资源提供业，共包含 93 个细分行业。信息资源采集业包括 14 个细分行业，信息资源加工业包括 14 个细分行业，信息资源提供业包括 65 个细分行业。从行业数量、营业收入、法人单位、从业人口数量可以看出信息资源提供业在信息资源产业内部所占比重较大，其收入构成信息资源产业主要收入来源。

从信息资源产业种类的营业收入占比来看，咨询与管理服务业、代理经纪中介业、出版发行及租售业占据营业收入前三名，而调查监测业、勘探测绘业、教育培训业则为信息资源产业中营业收入中的后三名。可以看出，知识含量高的产业相较于劳动力密集型的产业发展更有发展优势，尤其是对于信息资源产业这种本身对信息、知识要求较高的产业，信息、知识是产业发展的重要支撑力量。

从信息资源产业内不同产业对信息资源的依赖强度来看，随着对信息依赖度的提高，信息资源产业所获得的营业收入也随之增长，行业总体创造的经济效益逐渐提高。

从地区信息资源产业分布来看，不同地区信息资源产业的从业人口、法人单位、营业收入占比相差较大，地域差异显著。

2. 信息资源产业的发展方向分析

近些年来，信息资源产业越加受到国家的重视，支持和鼓励信息资源产业发展的政策为其进一步发展指明了方向，提供了动力，并不断优化发展环境条件。

《国务院关于积极推进“互联网＋”行动的指导意见》提出将互联网的创新成果与经济社会各领域深度融合，推动技术进步、效率提升和组织变革，提升实体经济创新力和生产力，形成更广泛的以互联网为基础设施和创新要素的经济社会发展新形态。

《国务院关于印发促进大数据发展行动纲要的通知》提出推动各部门、各地区、各行业、各领域的数据资源共享开放。目的在于加快政府数据开放共享，推动资源整合，提升治理能力；推动产业创新发展，培育新兴业态，助力经济转型；强化安全保障，提高管理水平，促进健康发展。

《关于促进云计算创新发展培育信息产业新业态的意见》提出要加快发展云计算，打造信息产业新业态，推动传统产业升级和新兴产业成长，培育形成新的增长点，促进国民经济提质增效升级。并提出到 2020 年，云计算将成为我国信息化重要形态和建设网络强国重要支撑的战略目标。

从国家发布的信息资源产业政策可以看出，政策主要偏重互联网、信息化、大数据、云计算、创新方面，这些政策将引导社会资源在信息资源产业中的分配，为信息资源产业进一步发展提供资金、技术、人才、政策环境支持。

3. 信息资源产业的技术水平分析

信息资源产业包括采集业、加工业、服务业等，其中信息资源采集业以采集和搜集信息为其核心业务，包括调查监测业和勘探测绘业。从总体上看，信息采集业技术水平相对较低，相当一部分细分行业主要依赖于劳动力的投入。信息资源加工业以加工和处理信息为其核心业务，包括数据内容制作处理业和设计开发业。相对于信息采集业，信息加工业需要投入更多的人力资源从事信息加工处理，在成果的知识水平、技术水平上都要优于信息采集业。信息资源服务业以提供信息资源产品为核心业务，包括博物展示业、咨询与管理服务业、代理经纪中介业、出版发行及租售业技术推广服务业、教育培训业、通信技术服务业。信息服务业在信息产品提供的质量上要求更高，属于知识、技术密集型产业。

4. 信息资源产业的资源配置分析

信息资源产业的资源配置主要包括人力资源的配置、物力资源的配置、财力资源的配置等。由于信息资源产业大部分属于知识、技术密集型行业，对员工的专业素质要求较高，所以对高素质的人才具有极大的需求。目前，三大产业在就业数量方面已发生了巨大变化，第三产业已成为吸引就业人口的主要力量。信息资源产业作为第三产业中的产业类型，能够吸纳众多知识型、技术型人才。随着国家对信息资源产业的扶持、鼓励，越来越多的创新、创业型人才投入到信息资源产业中，为产业的发展注入了新鲜活力。

信息资源产业属于第三产业，具有产值高，附加值高，资源消耗少特点。相对于农业和工业，信息资源产业在土地、厂房、动力、能源、原材料方面要求较少，对物力资源的占用低，更多的是对知识、技术的需求。不同于其他产业在地理上的集中，信息资源产业在地理分布上较为分散。这与信息资源产业的企业特点有一定关系。一般而言，信息产业的企业规模较小，对其他资源的要求较少，企业经营灵活，一间办公室即可满足其物力方面的需求，同时信息资源产业企业数量较多，众多企业分散在城市各个地方，难以形成集聚效应，产生规模效益。

国家支持和鼓励信息资源产业发展，在投资、融资和财政税收方面都对信息资源产业给予了一定的支持，为信息资源产业发展提供了良好环境。例如，国家支持信息资源产业园区的建设和发展，各地对信息资源产业园区入驻企业提供了房租、税收等方面的减免措施。

10.3　信息资源产业结构政策的基本目标

在产业结构发展现状基础上，我国坚持产业技术创新，坚持提高产业技术创新能力与产业技术水平，坚持推进产业结构优化升级、培育新的经济增长点，通过制定一系列产业结构政策和规划，明确了在一定时期国家产业发展的战略目标和重点。

10.3.1 我国整体产业结构政策的战略目标

国务院于2005年制定并发布了《促进产业结构调整暂行规定》，提出在当前及今后一个时期中，我国产业结构调整的目标是：推进产业结构优化升级，促进第一、二、三产业健康协调发展，逐步形成农业为基础、高新技术产业为先导、基础产业和制造业为支撑、服务业全面发展的产业格局，坚持节约发展、清洁发展、安全发展，实现可持续发展。① 2011年制定了《国民经济和社会发展第十二个五年规划纲要》，提出未来产业结构调整将取得重大进展，进一步巩固农业基础，继续优化工业结构，促进战略性新兴产业发展取得突破。②

1. 加快发展现代农业，推进农业结构战略性调整

完善现代农业产业体系，发展高产、优质、高效、生态、安全农业。优化农业产业布局，鼓励和支持优势产区集中发展粮食、棉花、油料、糖料等大宗农产品。加快发展设施农业，推进园艺作物标准化生产。提升畜牧业发展水平，促进水产养殖业发展，积极发展林业产业。推进农业产业化经营，扶持壮大农产品加工业和流通业，促进农业生产经营专业化、标准化、规模化、集约化。推进现代农业示范区建设。

加快农业科技创新，推进农业技术集成化、劳动过程机械化、生产经营信息化。健全农业社会化服务体系，加强农业公共服务能力建设，加快健全乡镇或区域性农业技术推广、动植物疫病防控、农产品质量监管等公共服务机构。积极发展农产品流通服务，加快建设流通成本低、运行效率高的农产品营销网络。

2. 改造提升制造业，推进重点产业结构调整

优化结构、改善品种质量、增强产业配套能力、淘汰落后产能，发展先进装备制造业，调整优化原材料工业，改造提升消费品工业，促进制造业由大变强。

具体来看，提高装备制造行业基础工艺、基础材料、基础元器件研发

① http://www.examw.com/zixun/zcgh/zhidao/89813/.
② http://www.gov.cn/2011lh/content_1825838_2.htm.

和系统集成水平，推动装备产品智能化。建立现代造船模式，发展高技术高附加值船舶和配套设备。强化汽车行业整车研发能力，实现关键零部件技术自主化，提高节能、环保和安全技术水平。严格控制冶金和建材行业总量扩张，优化品种结构，在产品研发、资源综合利用和节能减排等方面取得新进展。积极探索石化行业原料多元化发展新途径，重点发展高端石化产品，推动油品质量升级。强化轻纺行业环保和质量安全，提升工艺技术装备水平。要加快发展先进包装装备、包装新材料和高端包装制品。提高电子信息行业研发水平，增强基础电子自主发展能力，引导向产业链高端延伸。建筑业要推广绿色建筑、绿色施工，着力用先进建造、材料、信息技术优化结构和服务模式。加大淘汰落后产能力度，压缩和疏导过剩产能。

3. 培育发展战略性新兴产业，推动重点领域跨越式发展

以重大技术突破和重大发展需求为基础，促进新兴科技与新兴产业深度融合，在继续做强做大高技术产业基础上，把战略性新兴产业培育发展成为先导性、支柱性产业。

大力发展节能环保、新一代信息技术、生物、高端装备制造、新能源、新材料、新能源汽车等战略性新兴产业。实施产业创新发展工程，培育一批战略性新兴产业骨干企业和示范基地。设立战略性新兴产业发展专项资金和产业投资基金，扩大政府新兴产业创业投资规模，发挥多层次资本市场融资功能，带动社会资金投向处于创业早中期阶段的创新型企业。综合运用风险补偿等财政优惠政策，鼓励金融机构加大信贷支持力度。完善鼓励创新、引导投资和消费的税收支持政策。加快建立有利于战略性新兴产业发展的行业标准和重要产品技术标准体系。支持新产品应用的配套基础设施建设，为培育和拓展市场需求创造良好环境。

10.3.2 我国信息资源产业结构政策的基本目标

我国信息资源产业结构政策的基本目标需要服务和服从于国家整体的产业结构政策的战略目标，同时，也需要根据信息资源产业发展的目标定位，根据信息资源产业发展的现状设定自己的目标。经过认真的分析研究，我们认为，我国的信息资源产业结构政策的基本目标是：大幅度提高信息资源产业在国民经济中的比重；实现信息资源产业内部结构的合理

化；明确信息资源产业信息化背景下的发展方向；提升信息资源产业发展过程中的技术水平；优化信息资源产业的资源配置方式。

1. 在外部结构方面：大幅度提高信息资源产业在国民经济中的比重

按照国家整体产业结构政策的安排，要全面发展第三产业，大力培育发展战略性新兴产业。由此可见信息资源产业均在“全面”和“大力”发展之列。这种安排实际上反映了我国经济社会发展对产业结构优化调整的客观要求，反映了信息资源产业在国家新的产业体系中既是重要组成部分、是发展重点，又是整个国家产业体系基础发展资源供给者的特殊重要地位。因此，我国的信息资源产业结构政策要实现的目的和结果，首先就是要确保大幅度提高信息资源产业在国民经济中的比重，以壮大第三产业、壮大战略性新兴产业，为国家整个产业体系的发展供给更多更好的信息资源。

目前，我国信息资源产业所创造的经济价值已经占国民经济总产值的5%左右，产业所解决的就业人口，已经占就业人口总数的8%左右。这无疑是一个伟大的历史性进步，但距离完成我国经济社会发展资源结构根本性转变战略目标的要求还有很大的差距。如果没有信息资源产业的强大支撑，经济社会发展所必需的信息资源的充分供给就难以实现，为此，信息资源产业还需要继续壮大规模、提升内在质量。根据我们的初步估算，要满足国家经济社会的需要，把我国建设成为社会主义强国必须使我国率先成为信息资源强国，未来10年内信息资源产业的经济规模至少应占国民经济总产值的8%～10%，就业人口应占全部就业人口总数的20%左右。由此可见，我国信息资源产业发展的现状与社会需求之间的差距还很大，大幅度提高信息资源产业在国民经济中的比重将是我们长期努力的目标，同时这也正是信息资源产业结构政策所追求的重要目标。

2. 在内部结构方面：实现信息资源产业内部结构的合理化

实现信息资源产业内部结构的合理化包括两方面的内容。一是产业内的行业机构优化调整。优化信息资源产业内的行业结构，提高产业内知识含量高、技术含量高的产业占比。信息依赖度可以作为信息资源产业内产业知识含量的高低的衡量指标，提高产业对信息资源的依赖程度，促进产业内对信息的深度加工、深度挖掘和提供更个性化、优质的信息服务，可以促使信息资源产业整体向高知识含量方向发展，提高信息资源产业结构的高度化、集约化。协调信息资源产业内主导产业、战略产业、幼小产业、衰退产业间的关系，对不同产业采取与之相适应的政策措施，积极发展主导产业和战略产业，提高对幼小产业的扶持力度，推动衰退产业实现转型升级，促进信息资源产业整体发展和产业结构优化升级。

二是区域结构的优化，加强中西部地区信息资源产业的资金、技术投入，开放优惠政策吸引知识型人才、企业的进入，完善地区基础设施建设，促进信息资源产业区域均衡发展。营造良好的区域信息资源产业发展环境，加强区域内对信息资源产业在财政、税收、行政方面的支持力度，提高东部地区对中西部地区的资金、技术、人才输入，不断缩小区域间、地区间信息资源产业发展差距，优化信息资源产业区域结构，形成有区域特色的信息资源产业发展模式和运营方式。

为了实现产业内部结构的合理化，需要重点解决好这样几个根本性问题。

（1）重点扶持和壮大新型行业

所谓新型行业是相对传统行业而言的，指以广泛深度应用现代信息技术和与其他产业高度融合为特点的信息资源产业细分行业。当前，互联网＋发展如火如荼，大数据、云计算发展风生水起，将大数据、云计算技术运用到信息资源产业中，推动信息资源产业与其他产业进行融合，建立和完善信息资源开发利用体系，提高信息资源产业的知识含量和技术含量越来越成为信息资源产业发展的战略方向。

信息时代，数据和信息已成为经济发展的重要支撑力量，大数据、云计算技术通过将信息进行整合和深层次挖掘，能够使信息发挥出更大的作用。2015 年以来，国务院制定了多项关于支持大数据、云计算、互联网＋发展方面的政策措施，为信息资源产业发展提供了方向，也为信息资源产业中的主导产业和战略产业选择提供了依据。

《关于促进云计算创新发展培育信息产业新业态的意见》提出，要加快发展云计算，打造信息产业新业态，推动传统产业升级和新兴产业成长，培育形成新的增长点，促进国民经济提质增效升级。《关于运用大数据加强对市场主体服务和监管的若干意见》提出提高政府运用大数据能力，增强政府服务和监管的有效性；推动简政放权和政府职能转变，促进市场主体依法诚信经营；提高政府服务水平和监管效率，降低服务和监管成本；实现政府监管和社会监督有机结合，构建全方位的市场监管体系。《国务院关于积极推进“互联网＋”行动的指导意见》提出，要充分发挥互联网的创新驱动作用，以促进创业创新为重点，推动各类要素资源聚集、开放和共享，大力发展众创空间、开放式创新等，引导和推动全社会形成大众创业、万众创新的浓厚氛围，打造经济发展新引擎。

如前所述，信息资源产业中的新型行业的特点，不仅表现在广泛深度应用现代信息技术方面，还表现在与其他产业高度融合方面。这个特点进一步凸显了信息资源产业对经济社会发展的战略价值。事实证明，信息资源产业中有相当一部分细分行业可以与三次产业中的绝大多数产业实现融合发展，甚至是深度融合发展。这种融合发展既表现在信息资源在这些产业发展中得到深度利用并对原材料和能量资源发挥效用倍增作用，因而大幅度降低了社会生产活动对物质资源的消耗，更表现在通过以信息资源广泛支持的智能生产、智能制造对人类社会生产能力的大幅度提升方面。因此，对新型行业给予重点扶持、重点发展壮大具有非常重要的战略意义。

(2) 强化对传统行业的技术改造

在信息资源产业中，确实还存在一部分基本形态相对传统的行业，如邮政基本服务、图书出租、音像制品出租、电影放映、图书服务、档案服务、博物服务、报纸出版等行业。这部分传统行业同样需要发展，但这种发展主要表现在以现代信息技术广泛深度应用为特点的内涵发展，即根据社会需求适度扩展规模、提升内在质量、变更行业形态。

强化对传统行业的技术改造，需要重点做好三个方面的工作：一是加强信息资源产业企业与高校、科研院所间的合作，鼓励高素质人才向信息资源产业的流入，提高信息资源产业成果的转化，提升产业核心竞争力。二是规范对生产、流通、金融、人口流动以及生态环境等领域的信息采集和标准制定，加强对信息资产的严格管理；加快人口、法人单位、地理空间等国家基础信息库的建设，拓展相关应用服务；引导和规范政务信息资源的社会化增值开发利用；鼓励企业、个人和其他社会组织参与信息资源的公益性开发利用；实现信息资源的深度开发、及时处理、安全保存、快速流动和有效利用，基本满足经济社会发展优先领域的信息需求。三是完善知识产权保护制度，大力发展以数字化、网络化为主要特征的现代信息服务业，促进信息资源的开发利用。充分发挥信息资源开发利用对节约资源、能源和提高效益的作用，发挥信息流对人员流、物质流和资金流的引导作用，促进经济增长方式的转变和资源节约型社会的建设。

(3) 优化信息资源产业的资源配置方式

优化信息资源产业内部结构，首先应当从优化信息资源产业的资源配置方式入手。资源配置合理了，需要优先发展和重点发展的行业才能通过便利地获得优化的资源条件，“自然而然”地得到优先和重点发展。

优化信息资源产业资源配置，需要在坚持社会主义市场经济体制的基础上，主要通过市场机制去配置产业发展所需要的各种资源；同时通过产业政策克服和弥补市场失灵和市场不足。当前一个时期，信息资源产业资源配置需要重点解决好如下几个方面问题。

一是优化人力资源配置，当前，信息资源产业还是一个新兴产业，对高素质人才的吸引力还不足。未来需要鼓励高校、科研院所与企业联合培养信息资源产业领域相关人才，加强学校教育与产业发展的有效衔接，为信息资源产业发展提供高水平智力支持。制定信息资源产业优惠政策，引导高素质人才流入；完善激励机制，激发信息资源产业从业者的创新意识和创造力；加强信息资源产业人才培训，提高产业人员的信息素养和技术水平，提高信息资源产业整体的知识水平和技术水平。

二是优化物力资源配置，促使企业提高自主创新能力，用高新技术产业来发展企业，同时政府可以考虑在土地、资金等生产要素上向信息资源产业倾斜。鼓励企业与高校、科研机构进行合作，实现“产、学、研”结合，促进信息资源产业结构转型。加强信息资源产业园区建设，增强产业园区的集聚效应，形成信息资源产业集群，发挥正规模效益，树立产业园区品牌意识，增强其产业整体的竞争力。

三是优化财力资源配置，当前国家逐步开始重视信息资源产业，在财政、税收方面对信息资源产业给予了一定的优惠，未来信息资源产业将发挥对国民经济更大的推动作用，国家需要在信贷、融资、税收、补贴方面对信息资源产业给予更多的优惠。对于信息资源产业中的主导产业和战略产业，国家应投入更多的资金对其进行扶持，对于幼小产业，国家需要营造宽松的信贷环境对其进行保护，对于衰退产业，可以引导其逐步向产业优化升级方向发展。对于信息资源产业地区、区域发展不平衡的问题，国家的信息资源产业结构政策应旨在逐步缩小其差距，引导发展程度高的地区对发展程度低的地区进行资金扶持。

10.4　信息资源产业结构政策的基本政策取向

产业结构政策的制定需要遵循产业结构合理转换的原则、符合产业结构发展规律，重点扶植和培育对经济社会发展具有全局性、先导性影响的产业、产业关联度大的产业以及适应经济现代化趋势的产业。对具有高关联度和潜在高增长率的“幼小产业”进行扶持和保护，促使其崛起和发展壮大，并通过“强关联”效应，有序地将其他产业融合成强大的产业结构转换力，从而大大加速产业结构的转换。加强产业结构政策的诱导和影响，促使主导产业部门在发展中不断提高技术集约化程度，推进产业结构向高度化演进。产业结构政策目标的制定必须以最终能增强产业结构自我转换能力为目的，政府在制定产业结构政策目标时，要为增强产业结构转换能力创造良好的环境和条件。

10.4.1 主导产业的选择

与其他产业相比，主导产业在产值增长系数、生产率上升系数、比较优势基准、产业关联度、增长潜力基准、技术密集度、就业基准、可持续发展基准等方面对国民经济贡献更大。

对比图 10-4 中信息资源产业 2013 年各种类行业营业收入占比可以看出咨询与管理服务业、代理经纪中介业对经济贡献更大，未来的主导产业仍将是咨询与管理服务业和代理经纪中介业。

信息资源产业结构政策应为主导产业提供良好的政策环境，为其提供更多的支持，从资金、技术、人才方面满足主导产业的需求，不断提升主导产业知识、技术水平，提高主导产业经营效益。

咨询与管理服务业是一种智力服务业，是有针对性地向社会提供最优决策、可供选择的方案、计划，或有参考价值的数据、预测、调查结果，包括信息技术咨询服务、风险和损失评估、律师及相关法律服务、会计审计及税务服务、金融信托与管理服务等细分产业。咨询与管理服务业是社会进步的需要，是信息不对称环境下依靠信息获取发展起来的一种新兴产业。咨询与管理服务业是政府和企业的“外脑”，能够为政府和企业的决策提供科学化服务。咨询与管理服务业集聚了大量的专家和学者，拥有大量的信息、经验、知识和先进技术，可以把科技研究的新成果不断地转移出去，促进各行各业的知识更新，是一种典型的知识密集型产业。

代理经纪中介业是通过专业知识和技术服务，向委托人提供公正性、代理性、信息技术服务性等中介服务的机构，在信息不对称环境下，利用自身在信息掌握方面的优势，起到沟通双方达成交易的作用。代理中介业包括贸易代理、保险经纪与代理业务、房地产中介服务、职业中介服务、文化娱乐经纪人、货物运输代理业务等细分产业。代理经纪中介业是沟通双方的桥梁，时下，金融机构的发展出现了许多新变化，金融中介机构、证券中介机构、房产中介机构在日常生活中扮演着越来越重要的角色。互联网的兴起为代理中介业提供了更加广阔的平台，各种垂直性的中介性质的网站、平台为人们提供了更加具有针对性、个性化的服务，随着经济的发展，代理经纪中介业将会拥有更加广阔的市场。

10.4.2 扶持战略产业发展

战略产业的选择是基于对未来产业发展预期的，战略产业在技术特点、市场前景、成长潜力方面具有其他产业不可比拟的优势，具有能够成为未来经济发展中主导产业和支柱产业的可能性。在信息资源产业中通信技术服务业和数据内容制作和处理业所占比重虽然小于上述主导产业比重，但在国家政策支持下，未来发展稳中有升，具有成为主导产业的可能性。未来，国家需要在经济、法律、行政方面来扶持和发展战略产业，为战略产业发展提供良好的政策环境，促进其向主导产业转化。

1. 通信技术服务业

通信技术服务业出现于20世纪90年代，进入21世纪后，随着通信技术的发展进入了快速发展期。通信技术服务业服务内容贯穿整个通信网络建设全过程，在运营商网络建设前、建设中及建设后提供不同的技术支持。通信技术服务业包括：电信服务、互联网信息服务、呼叫中心、邮政基本服务、其他未列明信息技术服务业等细分产业。[①]

2013年8月，《国务院关于印发“宽带中国”战略及实施方案的通知》（国发〔2013〕31号）发布，部署了未来8年宽带发展目标及路径，表明宽带战略已上升为国家战略。[②] 2015年2月，工业和信息化部向中国电信集团公司和中国联合网络通信集团有限公司发放“LTE/第四代数字蜂窝移动通信业务（LTE FDD）”经营许可，这意味着推动4G技术在我国融合发展，通信行业迎来新一轮的投资高峰，进而带动通信网络技术服务行

---

① http：//www.cnii.com.cn/statistics/2015－03/13/content_1545047.htm.

② http：//www.gov.cn/zwgk/2013－08/17/content_2468348.htm.

业进入新一轮的增长期，为通信网络技术服务行业带来新的发展契机。2015 年 7 月，国务院印发《关于积极推进“互联网＋”行动的指导意见》（国发〔2015〕40 号），提出到 2018 年，基于互联网的新业态成为新的经济增长动力，互联网成为提供公共服务的重要手段，网络经济与实体经济协同互动的发展格局基本形成。到 2025 年，“互联网＋”新经济形态初步形成，“互联网＋”成为我国经济社会创新发展的重要驱动力量。①

国家对通信技术服务业的重视凸显出通信技术服务业的重要战略价值，通信技术服务业属于国家的战略产业，是国家未来需要大力支持发展的产业。未来国家需要加强基础设施建设方面的投资，推动技术创新，同时加强智力建设，为产业发展提供充足的高新技术人才。

2. 数据内容制作和处理业

数据内容制作和处理业主要包括广告业、新闻业、电影和影视节目制作、录音制作、数据处理和存储服务、数据内容服务等细分行业。大数据技术推动了数据内容制作和处理业向更高级别的发展，数据内容制作和处理业不再局限于对内容表面信息简单的处理，基于大数据技术，未来数据内容制作和处理业将向数据分析、数据挖掘方向发展，旨在将海量数据转换成有用的信息和知识。

2015 年 8 月，国务院印发《促进大数据发展行动纲要》（国发〔2015〕50 号），提出大数据已成为推动经济转型发展的新动力，成为重塑国家竞争优势的新机遇，成为提升政府治理能力的新途径。构建以人为本、惠及全民的民生服务新体系，培育高端智能、新兴产业繁荣发展新生态的发展目标据此提出。②

信息技术时代，数据内容制作与处理业对于国家具有重要战略意义，国家需要加强对其技术、资金、人才方面的扶持，着力为其营造宽松的信贷、政策发展环境。

10.4.3 衰退产业的优化升级

随着信息技术的发展，电信网络、计算机互联网以及有线电视网三网

① http://www.gov.cn/zhengce/content/2015-07/04/content_10002.htm.

② http://www.gov.cn/zhengce/content/2015-09/05/content_10137.htm.

融合迅速发展，形成了媒体融合的新格局，出版发行及租售业由于其运营模式传统，已经失去传统优势而逐渐边缘化。未来，在信息技术环境下，出版发行及租售业需要转变其运营模式，加大与其他产业的融合力度，推动产业自身优化升级。

出版发行及租售业下的细分产业主要包括：图书出版、报纸出版、期刊出版、音像制品出版、电子出版物出版、图书批发、报刊批发等。与现阶段新媒体产业相比，传统的出版发行及租售业内容单一、传播速度较慢、传播方式单向，传统优势逐渐失去（如价格低廉、便于携带等）。信息技术的发展及人们阅读习惯的改变，如果还延续传统的出版发行运营模式，出版发行及租售业势必受到新媒体产业的冲击，其未来发展前景堪忧。出版发行及租售业亟须改造升级其内容呈现方式和传播方式，将新媒体技术运用到出版发行及租售业，扩大产业服务对象和传播范围。同时，新媒体环境下亟须加强对知识产权的保护力度，推动出版发行及租售业实现转型升级。

10.4.4 幼小产业的保护

幼小产业是指在工业后发国家产业结构中，相对于工业先行国家成熟的同行业而言，处于“幼小稚嫩”阶段的产业。与工业发达国家相比，我国的教育培训业在产业结构中所占比重较小，发展还不成熟，属于需要国家扶植和保护的幼小产业。教育培训业是近年来逐渐兴起的一种将知识教育资源作为服务内容的行业，主要包括学前教育、职业技能培训、体校及体育培训、文化艺术培训、教育辅助服务以及其他教育服务。

教育服务业是随着知识经济和信息技术的发展而兴起和发展起来的，目前，该行业已取得了一定的发展，市场细分覆盖了幼儿教育、中小学课外辅导、文化艺术培训、职业资格考试辅导、公职考试辅导、留学考试辅导等多个门类，基本满足了公民对教育培训的需求，在此基础上，教育培训品牌化格局也逐渐形成，产生了中公、华图、新东方等几个著名教育品牌。随着网络化的发展，教育培训业逐渐转向在线教育培训，这不仅丰富了教育培训方式，还扩大了教育培训覆盖面，满足了更多公民对于教育培训的需求。

现阶段，教育培训业发展还存在着一系列问题，如：运营不规范、收费不合理、师资不稳定等，扰乱了行业的市场秩序。随着国际教育集团不断进驻中国教育市场，在一定程度上对我国教育培训业产生了冲击，在此背景下，不仅需要教育培训业借鉴国际先进的教育模式，不断完善自身提高经营水平，还需要国家做好行业的扶植和保护，促进行业快速健康发展。

10.5 信息资源产业结构政策主要措施安排

为优化信息资源产业结构，推动产业结构优化升级，促进信息资源产业实现高速发展，需要从制度、资源、发展创新三方面制定保障措施。

10.5.1 制度性促进保障措施

1. 确立信息资源产业结构方面的根本制度

信息资源产业还是一个新兴产业，目前，关于信息资源产业的界定还不清晰，也还未有专门针对信息资源产业整体的产业结构调整方面的根本制度。随着信息资源产业的发展及其对国民经济贡献的增大，该产业未来的战略价值将会日益凸显，明确信息资源产业的含义及所包含的细分产业范围，制定信息资源产业整体的产业结构方面的根本制度，对信息资源产业中的各个产业贡献测算和分析，选择符合产业演进规律的主导产业和战略产业，对幼小产业进行保护和扶持，对促进信息资源产业整体优化升级，发挥信息资源产业对其他产业的带动作用意义重大。

2. 制定信息资源产业分类管理办法

组织多方面力量，研究制定产业分类标准和分类管理办法。建立合理的产业测算指标体系，研究主导产业、战略产业、衰退产业、幼小产业的选择标准，对不同的产业采取适当的管理办法，实现产业政策的科学分类管理。

3. 完善中小微企业扶持的基本制度

信息资源产业大多规模较小，为促进其发展需要加强对中小微企业在资金、技术、人才等方面的支持。要以明确的国家制度落实和完善支持小微企业发展的财税优惠待遇，优化中小企业发展专项资金使用重点和方式。发挥财政资金杠杆撬动作用，吸引社会资本向信息资源产业流入。鼓励大学、科研院所、工程中心等与信息资源产业的合作，引导人才向信息资源产业流入，提高产业人才素质和知识水平。

4. 研究利用互联网、大数据应用机遇

应当在国家制度层面，尽快形成机制，以确保我国能抓住互联网＋、大数据应用发展机遇，促进信息资源产业与之相结合，创新产业服务方式和产业成果，促进产业向知识密集型方向转变，促进产业结构的调整和升级。

10.5.2 资源配置保障措施

1. 强化信息资源产业资金扶持力度

信息资源产业属于新兴产业，当前，有效实施信息资源产业结构政策的重要环节之一是加大对信息资源产业的资金扶持力度，从财政、税收、行政政策方面加强对信息资源产业的扶持。放松对信息资源产业中小企业银行信贷管控力度，对于符合国家战略的信息资源产业实施税收优惠政策，对于具有战略发展价值的中小企业进行更加宽松的信贷支持和补助救济。

2. 增强信息资源产业对高层次人才吸引力

人才是信息资源产业发展的必要基础，应增强信息资源产业对知识、技术型人才的吸引力度，从产业工资、优惠政策方面吸引高层次人才引进。加强信息资源产业人才发展的统筹规划和分类指导，组织实施信息资源产业人才培养计划，建立健全多层次人才培养体系，加大对高层次、急需紧缺人才和创新型人才的培养力度，加强信息资源产业与高校、科研院所的合作，促进信息资源产业成果的转化和运用。加强产业人才需求预测，完善各类人才信息库，构建产业人才水平评价制度和信息发布平台。强化职业教育和技能培训，建立人才激励机制和创新激励机制，满足信息资源产业对高层次人才的需求，提高整个产业人才素质水平。

3. 完善信息资源产业园区发展政策

信息资源产业园区为信息资源产业发展提供了良好的发展环境，对于信息资源产业实现规模化、集约化发展具有重要作用，能够提高信息资源产业成果的转换成功率，推动信息资源产业整体良性发展。未来需要进一步完善信息资源产业园区发展政策，规范产业园区入园机制，争取产业园区更多的优惠政策，树立信息资源产业园区品牌理念，发挥信息资源产业园区集群效应，带动产业园区内企业整体健康发展。

10.5.3 发展创新保障措施

1. 强化信息化基础建设

信息化与知识化的高度结合是未来产业发展的方向。信息资源产业作为知识产业的代表，未来需要加强与信息化的结合，提高产业自主创新能力，提高产业对关键技术的研发、掌控能力，将信息化作为产业发展的基础支撑，运用技术手段创新产业发展方式和运营模式，促进信息资源产业结构优化升级。

2. 加强知识产权保护力度

建立健全知识产权法律法规，促进专利、版权、商标等的创造和运用，降低中小企业知识产权申请和维持费用，提高知识产权审查质量和效率，活跃市场交易，加强重点领域知识产权执法，严厉打击各种侵权行为。鼓励和促进产业成果产权化、知识产权产业化，推动信息资源产业向知识密集型产业发展。①

3. 加强质量品牌建设

提高信息资源产业的服务水平和产业成果的质量，提高产业成果转化率，建设品牌文化，引导企业增强以质量和信誉为核心的品牌意识，提升品牌附加值和软实力。打造信息资源产业园区品牌，打造一批特色鲜明、竞争力强、市场信誉好的产业集群区域品牌。提高信息资源产业园区知名度。

---

① http：//gb. cri. cn/42071/2014/11/05/6891s4756250. htm.

第11章

我国信息资源产业组织政策

产业组织政策作为一类处理规模经济与竞争活力间关系的产业政策，对促进信息资源产业内资源的优化配置、推动产业健康持续发展具有重要作用。厘清产业组织政策范畴、把握产业组织政策特征，是对其进行进一步分析与优化的基础。本章讨论了信息资源产业组织政策的基本功能及其作用机理，结合实际探索了我国信息资源组织政策的基本目标、基本取向和主要的政策措施安排。

11.1 信息资源产业组织政策的功能

黄运武主编的《市场经济大辞典》① 认为“产业组织政策主要是政府为了寻求最有利于资源合理配置的市场秩序，通过经济、法律、行政手段来规划产业内部企业规模和市场秩序的发展方向，处理竞争与垄断、规模经济与竞争活力之间的关系，指导产业组织形式的科学化发展”。大阪市立大学经济研究所出版的《经济学辞典》② 将产业组织政策界定为“调整市场经济秩序、对企业间的竞争形态和市场结构施加影响，以增进企业或产业的效率及成果的政策”，并指出“产业组织政策的固有政策手段包括垄断禁止政策、竞争促进政策、特定产业的国有化政策，及对特

① 黄运武．市场经济大辞典．武汉：武汉大学出版社，1993.

② 大阪市立大学经济研究所．经济学辞典．东京：岩波书店，1999：522.

定营业、交易活动市场行动进行法律的、行政的直接规制等个别政策等等”。

可以看出，尽管不同研究中针对产业组织政策定义的具体表述有所差异，但是其关注的范围及核心问题是一致的。从管理对象来看，产业组织政策针对的是构成产业的基础单位——企业；从目标来看，产业组织政策的制定是为了在产业内实现资源的最优配置；从核心问题来看，产业组织政策处理的是规模经济与竞争活力之间的关系。相对于产业结构政策等宏观产业政策来说，产业组织政策聚焦于资源在产业内部不同企业间的分配，是一种微观产业政策。①

我们认为，就我国的具体情况而言，信息资源产业组织政策是旨在优化本产业内部各企业间在进行经济活动时所形成的相互联系及其组合形式的政策。对于一个企业群落而言，共同的利益追求使它们相互之间需要建立起有助于分享资源、共同获利获益的秩序，但这种秩序通常不能仅仅依靠企业群落的“内省”和“自觉”，不能单纯依靠以利益追逐为基本特点的市场机制，市场机制通常会在这个领域出现更多的失灵或者不足，特别是国家利益和社会根本利益与企业利益、企业群利益出现不一致时，企业之间出现恶性竞争，产业中出现事实上的垄断现象时，市场机制就会显得力有不逮、力不从心，而这时候产业组织政策就有了用武之地。

信息资源产业组织政策的基本功能就是通过调节，实现社会资源在产业内部不同规模、不同类型的企业之间的优化配置，重点是优化能源、原材料、信息等资源在产业发展的区域空间和时间上的分配，发展规模经济，促进和保障良性竞争、抑制垄断。当然，在产业组织政策具体产生作用的过程中，一方面需要产业政策制定者动用公共权力，强制性地建立产业内部秩序，以国家法律等强制手段建立和维护信息资源产业内部各企业间的关系，抑制或者禁绝垄断和恶性竞争行为；另外一方面，也需要通过产业政策在调整产业内部关系、营造产业发展环境、形成产业良性竞争机制方面下功夫。也就是说，产业组织政策既需要用“硬”的一手直接建立和维持产业秩序，也需要用“软”的一手调节整顿产业内部的关系，营造有利于良性竞争、抑制垄断的产业发展环境。

---

① 李晓．日本工业化进程的后发性与产业组织政策．现代日本经济，1996（1）：9－14.

11.2 我国信息资源产业组织问题分析

自哈佛学派的 SCP 理论体系形成以来，产业组织理论研究逐渐成为一门科学化、规范化的学科。之后，芝加哥学派、新产业组织理论不断对 SCP 范式进行改进，引入了更加动态化的研究方法。但是，从研究对象来看，产业组织理论始终关注特定产业内部的市场结构、市场行为、市场绩效及其内在联系。

对于我国的信息资源产业而言，产业组织方面的问题具体表现在以下三个方面：第一，产业中企业的规模小，难以形成强大的竞争力，特别是国际竞争力；第二，产业内部分工合作水平较低，产业链关联度不强；第三，产业市场竞争失序。

11.2.1 产业内部企业规模偏小

目前，我国信息资源产业中的企业规模普遍偏小，创新能力差，其生产出的产品质量低，缺乏市场竞争力。初步的统计分析表明，我国既有信息资源企业 80%以上是小微企业，企业规模小，而且力量弱，这在“先入为主”消费机制强烈作用下非常容易形成垄断的信息资源产业，在国际竞争异常激烈的信息资源产业，这是一个需要重点破解的问题。这个问题不解决，我国的信息资源产业在国际竞争中，就永远也打不过个别国家中少数大而强的“巨无霸”企业，永远难以做大做强。

针对这个问题，信息资源产业政策的主要作为，就是对产业中的垄断与竞争形态加以控制，重点通过对市场规模和进入退出壁垒的控制来调节市场集中度，鼓励和扶持中国信息资源产业中有潜能的部分企业尽快成长，特别是要发展一批能够提升产业研发能力、带动产业内部中小企业成长的旗舰企业，维持市场结构的合理化。在信息资源产业组织政策当中，对市场结构的调整主要表现在对由网络效应带来的自然垄断现象的控制及对新进入中小企业的扶植等方面。

11.2.2 产业内部分工合作水平较低，产业链关联度不强

目前，在我国信息资源产业中，受多种复杂因素的影响，相当一部分企业依旧有单纯追求经营范围和产品种类“多而全”的倾向，这不仅使企业所投入的人力、物力、财力均过于分散，导致其无法生产出具备竞争力的核心产品，造成产业内部比较严重的简单重复建设、本就非常宝贵的资源被白白浪费的情况，而且还非常不利于企业间的合理分工和专业化合作，更不利于强大产业集群的形成。

针对这个问题，信息资源产业政策的主要作为，就是发挥产业政策在资源配置方面的特殊作用，使信息资源产业中的企业能在有效机制的作用下，根据自身的生产优势，专攻产业链中的某一方面，从而使得企业之间形成合理的分工，促进信息资源产业的协调发展。与此同时，还应当通过产业政策，使信息资源产业链中的上游产业（采集业、研发处理业）、中游产业（终端产品等）和下游产业（包装销售服务业）之间形成较高的关联度。产业链之间的联系越紧密，产业中资源配置的效率越高，反之，如果产业链之间的关联程度弱，则会导致产业整体发展的不顺畅。

11.2.3 产业市场竞争失序现象比较严重

目前，我国信息资源市场秩序处在不断优化当中。但受多种多样复杂因素的制约和影响，信息资源产业市场竞争失序的情况依旧时有发生，有时还非常严重。这当然非常不利于信息资源产业的健康发展。盗版问题、恶性竞争问题、不平等竞争问题的存在，不仅严重损害了企业的合法权益，挫伤了企业投身产业发展的积极性，而且恶化了产业的发展环境，使产业发展失去宝贵的动力来源。

针对这个问题，信息资源产业政策的主要作为，就是强化对企业市场行为的监督和规制，防范不正当的市场行为，维护市场竞争的公正性。对于信息资源产业来说，信息商品具有特殊性，很多方面的标准和规则还都不够成熟，因此需要产业组织政策对企业的相关行为进行更为严格的规范。

11.3 信息资源产业组织政策的基本目标

产业组织理论研究的核心是产业内的市场绩效，因此产业组织政策也通常以优化资源配置、提升市场绩效作为主要目标。在此基础上，由于不同产业的资源禀赋、发展状态等有所不同，其产业组织政策的具体目标也有所不同。产业组织政策的价值取向服务于其目标，是政策制定过程中需要遵守的一些价值准则。

我们认为，对于我国信息资源产业来说，其产业组织政策的总体目标如下：

通过构造良好的市场竞争环境，推动资源在产业内的有序流动，实现资源的优化配置和市场绩效的提升，从而增强产业活力，促进产业进入高速成长期，并成为国际市场的有力争夺者，使信息资源产业切实成为我国产业结构优化升级的带动力，为我国经济实现“弯道超越”贡献力量。

结合产业发展的实际情况，可以将信息资源产业组织政策的具体目标划分为以下几个方面。

11.3.1 构造良好的市场竞争环境

市场竞争环境的构建涉及许多方面，在信息资源产业当中，最关键的是人才资源和信息资源的竞争。信息资源产业是典型的知识密集型产业，其所提供的大多是无形的信息商品（如动漫、游戏等），商品价值主要取决于其所携带的知识附加值。因此，信息资源产业对从业者的技能有较高要求，只有受过专门且较为长期训练的人员才能更好地发挥信息资源的价值，这也就要求政策制定者必须考虑人才培养环节，保障人才的数量和质量。此外，信息资源作为信息资源产业的生产原料，也是产业发展的重中之重。目前，政府部门掌握了大量信息资源，然而这些信息资源并未发挥出其真正的价值。如何通过政策解放政府手中的信息资源，使其成为推动信息资源产业发展的原动力，也是信息资源产业组织政策应当解决的重要问题之一。

11.3.2 实现市场绩效的提升

市场绩效的提升是产业组织政策最直接关注的问题，也是产业发展中最直观表现出的成果。根据产业组织理论中对市场绩效问题的研究，可以将这部分政策目标细化为提高资源配置效率、控制合理的市场规模以及推动产业技术进步三个方面。对于信息资源产业来说，其技术的升级与更新速度要远远超过一些传统的制造型产业，而企业一旦无法跟上技术发展的步伐，将很快被市场淘汰。因此，在产业组织政策中必须重点关注这一问题，通过企业创新联盟、产学研合作等方式推动产业技术的创新。

11.3.3 增强产业国际竞争力

在经济全球化的背景下，我国信息资源企业面临的竞争对手不再仅仅来自国内市场，而主要是来自国际市场的强大的信息资源企业。因此相应的产业组织政策的制定就一定不能再局限于本国范围内，而必须从国际视野的高度进行思考。在信息资源产业当中，由于信息商品取代实体商品成为主要的商品形式，因此对于物流、仓储等实体保障因素的依赖性也大大降低，产业的跨区域扩展更为便利，全球化竞争态势十分明显。在这种环境下，要实现我国信息资源产业的快速发展，并由此提升我国在全球的文化影响力，就必须注重产业国际竞争力的提升，手段可以包括对市场的适度放开、支持大型企业争夺国际标准的制定权等。

11.3.4 保障产业的均衡发展

尽管信息资源产业概念的提出较晚，但是在实践中，我国已经有少数企业经历了较为长期的发展，成为产业龙头。如以 BAT（百度、阿里巴巴、腾讯）为代表的一批企业就已经在游戏、网络视频、大数据应用、互联网金融等领域完成了早期布局，形成了各自的势力范围。然而，由于信息资源具有非实体性、不完全消耗性等特性，导致信息资源产业难以形成完全垄断，因此仍有大量新的企业加入到市场竞争当中。因此，在制定产业组织政策时，既要考虑大型企业带来的规模经济效应，也要考虑中小企业对技术创新的推动作用，力求实现产业的均衡发展。

11.4 产业组织政策的基本政策取向

产业组织政策目标是政策制定者所希望达成的最终成果，产业组织政策的取向则是政策制定过程中具体遵从的价值准则，是保障政策制定能够不偏离于初衷的关键所在。根据信息资源产业自身的特点及其发展的实际情况，在制定信息资源产业组织政策的过程中应当注重体现如下几个方面的价值取向。

11.4.1 支持旗舰级企业做大做强

旗舰企业是在产业中起到带头作用、引领产业发展的重点企业。如前所述，目前，我国信息资源产业中的企业规模普遍偏小，缺乏市场竞争力。因此，发展一批能够提升产业研发能力、带动产业内部中小企业成长的旗舰企业，一方面将对我国的信息资源产业规模扩展产生巨大的推动作用，提高产业集中度，实现规模经济效应，进而形成以大带小、以点带面的发展局面；另外一方面会提升产业的内在质量，增强我国信息资源产业在国际竞争中的地位。

11.4.2 积极扶持中小信息资源企业的特色发展

中小型企业在信息资源产业的发展中扮演着重要的角色，而且相比于大型企业有着其独特的优势。比如更容易激发出在创新研发方面的热情，更能灵活地调整自身的市场定位以符合市场的需求等。但信息资源产业中小型企业也存在一定的困难。比如，中小型企业不易于从银行获得足够的资金支持，获取信息资源的渠道比较狭窄等。

笔者认为，我国信息资源产业的组织政策应着力为中小型企业的发展创造良好的外部条件，特别是在资金支持、信息原料公开、鼓励创业等方面要强化扶持力度，激发中小型企业的创造热情，促使其专注于自己擅长的领域并生产出有独特性的信息产品，坚持“专、精、特、新”，生产出专用性强、精细制造、有独特性、创新性的信息产品和服务，形成独特的竞争优势，走通中小企业的特色发展道路。

11.4.3 促进合理分工，提高专业化协作水平

相较于传统的制造产业来说，信息资源产业的进入壁垒较小，这一方面有利于促进产业的迅速繁荣，但另一方面也激发了企业不断扩张的欲望。对于产业整体来说，单一企业的市场势力不断扩张显然会造成垄断，影响市场的竞争活力。因此，在制定产业组织政策时，应当对此做出正确的引导。对大型企业，要鼓励其选择合适的对象进行合作，而非通过收购、注资等手段将产业链上的所有环节都纳入到企业内部；对中小企业，要引导其做出正确定位，鼓励其充分发挥自身的专长，为大型企业提供专门化服务。通过对企业间的合理分工进行鼓励，促进具有竞争力的产业集群的建立，进而扩大产业的区域影响力和全国辐射力。

11.4.4 维护正常的竞争秩序，防止不正当竞争，提高竞争效率

对于任何产业来说，适度竞争、良性竞争都有助于保持产业活力，促进产业健康可持续地发展。但是，对于政策制定者来说，必须注意引导竞争开展的方向，避免不正当竞争行为的出现。由于信息资源产业属于新兴产业，在生产对象和商品提供方面与制造产业具有较大的差异，因此原有的《中华人民共和国反不正当竞争法》表现出一定程度的不适用性，信息资源产业中出现的许多问题难以在现有法律框架中得到解决。鉴于此，在制定信息资源产业组织政策时，要重点考虑如何避免出现版权侵害、病毒营销、用户抢夺等新的不正当竞争行为。此外，政策制定者可以通过鼓励信息资源企业进行技术创新，引导其通过提升创新能力进行竞争，从而减少价格竞争等容易引发不正当竞争的行为。

11.4.5 适度开放信息资源市场，增强企业的国际竞争力

要实现我国信息资源产业发展的国际化，既要推动我国企业“走出去”，也要将国外企业“引进来”，通过对信息资源市场的适度开放，加强

国内企业与国际市场的交流。目前，我国在出口方面仍主要集中于代工类产品或低端产品，这些产品内耗大、附加值低，对于我国经济发展的推动作用十分有限。相对来说，信息资源产业绿色环保、消耗低、附加值高，通过推动信息商品和服务的出口，能够大大拉动我国的经济发展，并在国际市场中获得更高的影响力。与此同时，也应当充分考虑施行“引进来”战略，通过鼓励国外企业进入我国市场，为我国信息资源市场注入新的活力，并为我国企业提供接触国外先进技术的机会。通过鼓励国内企业与国际市场进行交流，能够帮助企业把握产业发展的全球动态，加快我国追赶发达国家信息资源产业发展的步伐。

11.5 产业组织政策中的主要措施安排

政策措施是信息资源产业组织政策的重要组成部分，是使政策目标、政策取向落地并得到有效实现的必要条件。我们认为，近一个时期，我国信息资源产业组织政策中的措施安排的重点方面包括以下方面。

11.5.1 着眼经济社会发展大局，科学规划产业发展

信息资源产业具有十分广泛的外延，包括信息资源采集业、加工业、提供业三大类总计 93 个细分产业。这些细分产业中，有一些已经发展得较为成熟，同时也有一些仍处于起步阶段。因此，在制定信息资源产业组织政策时，要从国家经济社会发展大局的需要和要求出发，对信息资源产业发展做出科学规划。

1. 针对信息资源产业整体，制定产业级政策规划

尽管各个细分的信息资源产业相互之间在发展水平、发展特性方面都有所不同，但是其间仍然存在许多共性和联系，部分细分信息资源产业之间存在着紧密的供需关系，共同构成产业链条。因此，在制定信息资源产业组织政策时，首先需要从产业整体出发，充分考虑信息资源产业在生产资料和生产对象方面的特殊性，制定具有普适性的产业组织政策。其次，应当充分考虑各个细分的信息资源产业之间的关联性，结合其自身特点及产业间的关联对资源进行配置，从而在最大限度上实现资源的有效利用，

提高产业绩效。

2. 针对新兴信息资源产业给予一定的专门支持，推动产业加速进入成长期

信息技术的不断发展对一些传统信息资源产业进行了改造，同时也催生出一批新的信息资源产业。以动漫业、游戏业为首的新兴信息资源产业普遍具有无污染、高回报的特点，对于拉动国家经济结构转型具有重要意义，能够大大助力我国经济实现“弯道超越”。因此，必须重点关注新兴信息资源产业的组织政策制定，通过一定程度上的资源倾斜加速产业发展，推动产业进入高速发展的成长期。需要注意的是，由于新兴信息资源产业发展过程中面临许多全新的挑战，现有经验不足以应对新产业中出现的问题，因此，在制定这类产业组织政策时，政府部门既要充分借鉴先进国家的发展经验，也要充分分析市场的实际情况，保障产业自组织能力的发挥。① 此外，当国家针对某一新兴信息资源产业给予政策倾斜时，常常有大量地区迅速跟进，从而出现地区间争夺资源的情况，因此，在对新兴信息资源产业给予专门支持时，也必须考虑地区配置问题，保障产业健康均衡地发展。

3. 针对传统信息资源产业，注重增强产业活力，推动产业转变发展方式

在信息资源产业中，也存在大量对于物质依赖程度较高的传统信息资源产业，这些产业的产品价值虽然主要取决于其内容，但是载体的存在很大程度上限制了产业的发展。对于这类信息资源产业，应当在考虑产业自身生产内容的前提下，结合新的信息技术，从而实现产业发展方式的转变，使产业获得新的活力。以出版产业为例，目前许多传统出版商都已经将目光投向数字出版、数据库等相关产业，并取得了一定的成绩。由于传统信息资源产业在发展过程中积累了相当数量的人才资源与内容资源，因此只要进行适当的引导，其也能够在转型后的市场中占据一定的竞争优势，从而获得新的发展机遇，避免产业衰退甚至衰亡。

---

① 耿蕊．中国动画产业组织政策的回顾与思考．当代传播，2015（3）：104－105.

11.5.2 扎实做实事，营造有利于产业发展的环境条件

产业组织政策的主要目标是为了弥补和克服市场机制在资源配置方面的失灵和不足，优化产业资源配置，实现规模经济与竞争活力之间的平衡。要实现这样的目标，政府已经不能或者不能主要通过直接方式对资源进行配置，基本的措施将围绕产业发展环境的营造展开。

1. 强化协调和引导、诱导，加大产业链建设力度

与传统商品一样，信息商品的生产也需要经过原料采集、组织、加工等若干环节，不同的企业承担不同的业务活动过程，并通过供需关系形成上下游相互联系的产业链条。产业链的形成在一定程度上标志着产业的形成，并对产业的进一步发展具有重要作用。在信息资源产业当中，位于上游的研发产业、位于中游的生产业和位于下游的销售业共同构成了完整的产业链，而在每一个部分中，又可以细分出不同的子产业。不同的产业相互关联、互相影响，产业的关联度越高，则产业链条越紧密，资源配置的效率也就越高。反之，当产业链条间无法形成有效联系时，就会导致整个产业运行效率的低下。因此，在制定相关政策时，要充分考虑产业链的构建，对产业链上不同产业之间的关系进行协调和引导、诱导，为各个子产业的发展提供充足的空间和保障。

2. 消除产业发展中的制度性障碍和产业壁垒，完善投融资体系

产业的进入与退出壁垒的存在会在很大程度上影响外部企业进入的意愿，从而导致产业内缺少竞争，产业活力不足，无法实现持续健康的发展。因此，有必要通过制定相应的产业组织政策对产业中存在的壁垒进行清除，保障企业进入和退出市场的自由。对于信息资源产业来说，由于其生产过程不需要依赖大型设备，因此在这一方面受到的制约较小，而是主要面临着如何获取信息资源的问题。政府部门作为主要的信息资源拥有者，应当考虑适当、合理地开放政府数据，从而为信息资源产业提供发展的原材料。此外，由于信息商品的价值评估难以形成标准规范，因此企业在进行投融资的过程中也面临一定的问题，限制了企业的发展。鉴于此，政策制定者有必要考虑信息资源产业投融资体系的建立与完善问题，为企业发展提供充足的资金保障，减少企业的后顾之忧。

3. 加强基础设施建设，为产业发展确立基本保障条件

信息资源产业的特点决定了这个产业的发展必须以社会信息基础设施为依托条件。在信息基础设施建设中，不可避免地会出现更多的市场机制失灵或者不足，因此在大多数情况下，这些社会公用的基础设施的建设，非常需要政府的引导和一部分直接投入。因此，信息资源产业组织政策的重要措施安排，就是一方面以各种有效的措施安排，引导社会各方面力量将各种资源投入到信息基础设施建设，另外一方面则率先垂范将一部分政府掌握的公共资源直接投入社会信息基础设施的建设和维护中。

4. 强化教育培训，提高人才培养力度和专门化程度

信息资源产业属于知识密集型产业，对高水平人才的依赖程度较高，尤其需要既具备专业知识又熟悉信息技术应用的复合型人才。[①] 但是，目前我国这类专门人才还比较短缺，而要想保障对信息资源产业的人才供给需求的满足，就必须从人才培养环节入手，加大人才培养力度和专门化程度。首先，政府应当通过政策制定引导高校、研究所等人才培养机构开展信息资源产业方面的研究，设置相关专业，培养所需人才。其次，在培养的方向上也应当充分考虑产业发展实际，培养出一批既具备理论素养又有较强实践能力的人才，为信息资源产业发展提供充足的人才资源。此外，结合信息资源产业目前的实际需求，也应当着重考虑人才引进问题，制定相应的政策保障，吸引国内外优秀人才进入信息资源产业。

11.5.3 强化政府监管与服务，规范信息资源市场秩序

信息资源产业的特点决定了对其进行政府监管的必要性，在信息资源产业组织政策中，应当有强化政府监管、规范信息资源市场秩序方面的措施安排。

1. 进一步完善信息资源产业的监管体制

受多方面历史因素和现实因素的影响，我国政府对信息资源产业的监

① 朱雪宁．韩国发展信息资源产业的政策及启示．情报杂志，2009，28（Z1）：54－56．

管体制还不健全。比“九龙治水”还要夸张的是，目前我国信息资源产业监管的主体竟然有十几个，这十几个部门共同监管的结果通常一方面是监管过度、监管效率低，另一方面又出现大量漏管现象，造成监管效果不好。因此，进一步简化监管职能，精简监管主体，完善监管体制就势在必行。

2. 转变政府监管职能，依法治理产业环境

市场经济体制下政府对于产业的监管是与计划经济体制下对产业的监管有根本性区别的。对于信息资源产业而言，产业的特殊属性使政府监管确实成为必要，但政府履行监管职能的方式却必须进行根本性转变。这种根本性转变主要表现在：不再是以管制为主，而是以服务为主；不再以直接监管为主，而是以间接监管为主。政府对信息资源产业的监管将是寓监督管理于服务之中的；监管手段更多的不是直接干预而主要是通过法律制度建设，通过产业政策建设去规范信息资源市场秩序，营造优化的产业发展环境。

3. 完善政府公共服务，重点推动产业创新活动

对于信息资源产业来说，其技术创新、业务创新的频率远高于制造产业，只有下大力气进行创新，才能保证企业在激烈的市场竞争中占得一席之地，才能为我国在国际市场中的竞争提供有力支持。因此，在信息资源产业组织政策措施中，必须重点通过发展完善的政府公共服务，使各相关方面高度关注创新活动的开展，以此为中心进行资金、人才等相关资源的配置，通过多样化的激励手段鼓励创新，尤其是推动开放创新、万众创新。

第 12 章

信息资源产业促进政策

信息资源产业是一个战略性产业，更是一个年轻的新兴产业。产业形态的初级、产业发展阶段的初级、产业规模质量水平的初级、决定了它的健康发展既需要产业内部各方面的努力，更离不开外部力量的牵引、推进、拉动。这种外部促进力量的来源之一就是信息资源产业促进政策。本章讨论了我国信息资源产业促进政策的基本特点和功能，分别提出了信息资源产业促进政策中的重点政策即消费政策、技术政策和空间配置政策的基本目标、基本政策取向和基本措施安排要点。

12.1　信息资源产业促进政策概述

产业促进政策与产业结构政策、组织政策并列，共同构成产业三大政策。对于产业促进政策我们可以将其理解为：旨在优化产业形成和产业发展动力、能力和空间环境条件的产业政策。

我们非常清楚，现阶段的我国信息资源产业最多处于初步发展期，小而弱、脆而易折是相当长一个历史时期这个国家亟待其成长但却面临国际强大竞争压力的新兴战略性产业的常规形态。为此，为了维护国家利益，为了使市场不足、市场失灵现象给这个产业发展带来的损害降低到最低限度，我国的公共政策主体，重点就是政府部门必须更多更充分地利用产业政策促进和保障这个产业的健康成长。而在这些产业政策中，其功能与“促进”“保障”目标最近最直接的政策类型，就是产业促进政策。这类政策将在信息资源产业不同的发展时期，以不同的方式，给信息资源产业的形成和发展注入动力、增强能力、创造有利的环境条件，伴随我国信息资源产业从无到有、从小到大、从弱到强。

12.1.1 信息资源产业促进政策的特征

如果说在三大产业政策中，产业结构政策、产业组织政策更带有引导性、规范性、限制性特点的话，产业促进政策则更具积极性、支撑性、机制性、扶持性、保护性、动态适应性等特征。

1. 促进政策是积极性政策

这里所称的“积极”并非仅指产业政策效果的正面性，因为真正好的产业政策都应当有这样的基本特点，好的产业结构政策、产业组织政策也都是“正能量”，都能对信息资源产业的形成和健康发展形成正面的作用和影响。因此，产业促进政策的“积极”性质是全面的。

首先，信息资源产业促进政策是讲究目标积极的，是“确保先做正确的事情，再把事情做正确的”的，它的政策效果必须是“促使向前”也就是通过注入方向正确的“力”，促使信息资源产业向正确的目标方向发展；其次，它的主体内容是“加法多于减法”的，政策目标、政策取向大都是从正面角度给企业群“加力”“加油”“加分”的，更多是“放”而不是“收”，是让企业群更多的“获得”而不是“失去”；再次，它的政策手段是积极的，政策工具使用、政策措施安排大都是正面鼓励、正面支持的，更多的是积极的主动服务提供而不仅仅是消极的被动管制和约束。

2. 促进政策是支撑性政策

所谓支撑性实际上是指信息资源产业促进政策的主要作用，就是为这个小而弱、脆而易折的产业创造必要的生存条件和发展条件，使这个产业存得住、扎得深、立得牢。

产业生存和发展条件中，动力、能力、环境是最重要的，产业促进政策就重点在这几个方面支撑信息资源产业。产业促进政策将促使资本、人才、技术等资源源源不断进入产业领域，刺激和拉动信息消费，从需求和供给两个方面为信息资源产业发展提供牵引力、推进力、拉动力，保持使产业蓬勃向前的充沛动力；产业促进政策还将帮助信息资源企业群提升能力，特别是对产业发展最为重要的研发能力、生产能力、产品市场实现能力、国际竞争能力。产业促进政策还将优化信息资源企业生存发展的环境条件，特别是技术环境、贸易环境、金融环境、投资融资环境、财税环境、空间配置、环境保护条件等。

3. 促进政策是机制性政策

所谓机制性政策就是说，这些产业政策产生效果所需要的资源，并不是主要由政府部门直接提供的，而是主要依靠市场性产业政策工具等直接或者利用市场机制间接实现的。因此，绝大多数的产业促进政策，都不是在替代市场机制，而是更充分地利用市场机制。如前所述，促进政策意味着企业可以更多地“获得”有利于产业健康发展的资源条件，但如果全靠政府支付，我们的经济体制就又回到计划体制上了，这不需要更不可能。因为现在政府已经不能直接掌控、直接分配各种发展资源了。政府部门能做和需要做的，只是拿出一小部分非常有限的资源，作为“诱导”的条件，作为释放信号时有人听的一个前提保证，“设计”出一种引导社会资源走到预定位置的机制，通过这个机制达到配置资源的政策目的。可见，促进政策并不需要政府直接掌控更多的资源，直接把资源分配给信息资源企业群，因此，这种政策的成本也并不太高，是一种名副其实“经济的”产业政策。

4. 促进政策是扶持性政策

产业促进政策又是一种针对性很强的“扶危济困”的扶持性政策。促进过程中，加力、加油、加分的对象，主要是经济社会经济发展特别需要但当前弱小、质量水平落后、需要特别鼓励和扶助才能成长的重要产业、重点行业、重点企业。因此，我们会在信息资源产业促进政策中，看到各种倾斜性、培育性、鼓励性措施手段，比如对特定对象在一定时期内实行减免税费、提供财政贴息、发行债券、实行债转股等。

5. 促进政策是保护性政策

受信息技术演进快、信息资源产业内部中小企业多，部分行业科技和资金门槛不太高、产品和服务内容更新频繁、消费者消费习惯的形成需要较高学习成本和较长时间周期等因素的影响，信息资源企业存续具有天生的脆弱性，因此，促进产业发展的政策就必须对企业给予特别关照、特别呵护，而且当整个产业都处在初创发展阶段时，企业遭遇的困难多、生存发展艰辛，需要产业促进政策给予更多保护。这就是在信息资源产业促进政策通常用特殊的保护性措施安排，给予特定企业群以有助于生存发展的优惠条件和生存空间的主要原因。

6. 促进政策是动态适应性政策

任何产业政策都有时效性，都只在特定的时间范围内具备有效性。产业政策所针对的对象发生了变化，环境因素发生了变化，以及所有与产业政策相关的因素发生了变化，通常都会对产业政策的效用产生影响，甚至是规定性影响。对产业促进政策而言，这个属性不仅同样有，而且表现得更加鲜明。因为产业促进政策指向的对象比其他产业政策更“专”，对象本身就处于不够稳定的初创或者初步发展阶段，几乎所有的因素都是变动甚至是高频次变动的，这样，产业促进政策的时效期通常会更短，一旦情况发生变化，促进政策就需要适时进行调整和改变。对于整个产业都还处于初创或者将要进入高速发展期的我国信息资源产业而言，唯有变化是不变的，一切都在变化甚至是高频次变化中，信息资源产业促进政策的动态适应性也就越发鲜明。

12.1.2 信息资源产业促进政策的类型

为了认识问题和解决问题，我们同样可以根据一定的标准对信息资源产业促进政策进行类别划分。其中，最具实践价值的划分方法，是根据产业促进政策所涉及产业生存发展环境要素范围的不同，将其具体划分为消费政策、技术政策、空间配置政策、贸易政策、金融政策、财税政策、收入分配政策、环保政策等。

1. 消费政策

信息资源产业消费政策，是指通过各种手段不断提高社会信息消费水平，以实现信息资源产业健康发展的产业政策。

需要说明的是，这里的消费政策与国家的信息消费政策[①]不完全相同。

① 以2013年8月8日国务院发布的《国务院关于促进信息消费扩大内的若干意见》（国发〔2013〕32号）为代表。

一是信息资源产业消费政策实际上是以消费促进信息资源产业发展的政策，政策目标单纯而确定；二是信息资源产业消费政策所指向的消费是单纯的信息产品和信息服务消费，国家信息消费政策所指向的消费对象泛指所有通过电子化、信息化手段实现的对各种产品和各种服务的消费。

2. 技术政策

信息资源产业技术政策，是指通过各种手段鼓励各方加大对产业技术研发的投入，激发企业对技术研发的热情，端正以市场需求为技术研发导向的认识，为信息资源产业的发展提供有力的技术支持的产业政策。技术政策具体包括：技术攻关政策、成果转化政策、创新支撑政策、知识产权保护政策等。

3. 空间配置政策

信息资源产业空间配置政策，是指产业政策主体根据地区分工和区位理论，在全国信息资源产业总体布局的前提下，充分发挥地区优势，使资源配置在空间配置上达到最优组合，以及区域内部和区际之间协调发展的产业政策。

4. 贸易政策

信息资源产业贸易政策，是指通过各种国内贸易、国际贸易管理手段推动信息资源产业发展的产业政策。

5. 金融政策

信息资源产业金融政策，是指通过调节货币、利率和汇率水平的方式推动信息资源产业发展的产业政策。

6. 财税政策

信息资源产业财税政策，是指通过财政支出和税收调节手段促进信息资源产业发展的产业政策。

7. 收入分配政策

信息资源产业收入分配政策，是指通过对产业从业人员收入水平、收入差距的调节，改善产业人才供给状态以促进信息资源产业发展的产业政策。

8. 环保政策

信息资源产业环保政策，是指通过环境保护手段优化产业生态环境，促进信息资源产业发展的产业政策。

12.1.3 信息资源产业促进政策的功能

信息资源产业促进政策的功能就是通过调节，实现社会资源在产业形成发展中有针对性的重点投入、倾斜性投入，重点实现可供给产业形成和发展所需要的动力和能力方面的技术资源等配置的优化，以及社会资源配置中的空间布局方面的优化。

信息资源产业促进政策功能具体表现为一系列复杂因素的作用关系，最终表现为：动力注入作用、血液输入作用、资源配置作用、环境优化作用。

动力注入作用，是指信息资源产业促进政策将为信息资源产业注入持续的发展动力，确保其在国家和区域经济发展要求、社会消费需求的推进力、牵引力、拉动力的共同作用之下不断向前。

血液输入作用，是指信息资源产业促进政策将为产业肌体持续输入生存发展所必需的血液——资金。通过信贷支持、风险投资以及多层次资本市场政策的支持，可以为信息资源产业发展有效突破投入巨大而社会资本出于避险天性不愿投入的双重困境，不断获得资金支持。解决了资金问题，产业就有了健康发展的必要条件。

资源配置作用，是指信息资源产业促进政策可以有效克服和弥补市场机制的失灵和不足，通过一系列法律的、行政的、经济的、市场性、社会性的手段，为信息资源产业发展所需要的资源条件进行科学合理的配置，最大限度地供给国家、地区、行业、企业所需要的各种物质资源、信息资源，使产业发展获得充分的要素供给，技术、资金、原料、市场、人才样样齐备有效，使社会资财之源滔滔不息、永不枯竭。

环境优化作用，是指信息资源促进政策可以通过一系列价值观导引和具体措施，优化信息资源产业发展所必需的市场环境、竞争环境、贸易环境、空间环境、生活环境、经济环境、生态环境，使产业发展在健康环境的保障作用下，持续发展、健康发展。

12.2 信息资源产业消费政策

在经济活动中，消费与供给是一对对立统一的矛盾，它们既相辅相成、依托共生、相互促进，又相互对立、相互矛盾、相互制约。但人类社会的经济活动也就是在这对矛盾的辩证关系作用下，不断在消费与供给的相对平衡中得到发展。当然，这种现象在信息资源领域同样存在。

经济学常识和信息资源产业发展的客观现实情况告诉我们，社会各方面的信息消费需求和消费能力，决定了产业的发生和发展；负责供给的信息资源产业的发生发展则不断推动信息消费需求和消费能力的拓展提高。

对于一个产业而言，如果所生产的产品和服务缺少社会需求，这个产业就不能做大更不能做强。因为在市场经济条件下，产品和服务的社会需求不旺，就意味着产品和服务卖不出去、价值无法实现，就意味着以营利为目的的企业无利可图，那么已经进入产业的企业会难以为继更遑论发展，还未进入的企业，以及包括资本在内的各种形态的资源，就会坚决选择不进入产业领域，缺乏发展资源产业发展自然也就成了空话。再则，一个产业的发展除了需要有消费需求之外，还需要消费者或者潜在的消费者有必要的消费能力，比如有必要的购买能力，会正确、合理地消费相关的产品和服务等。如果社会消费需求和消费能力足够，产业发展就不缺乏动力和基本的支撑条件了。

如果我们能理解上述认识，我们就能更好地理解信息资源产业消费政策及其功能作用。既然信息消费需求和消费能力对信息资源产业的发展有一定的决定性作用和影响，信息资源产业的发展又能进一步推进信息消费需求和消费能力的提升，这就意味着为了实现促进信息资源产业发展的目标，人们可以通过各种方式，当然也包括制定和实施产业政策，强化社会的信息消费需求和消费能力，以提升社会的信息消费水平，从而推动信息资源产业的发展，产业发展的结果又会进一步刺激和提升社会的信息消费需求和消费能力。如此形成良性循环，信息资源产业就会在社会需求和社会能力的推动、拉动、牵引下不断走向优化发展、健康发展的轨道。其实，这也正是作为信息资源产业促进政策重要组成部分之一的信息资源产业消费政策的基本原理。

其实，以提高社会信息消费水平的方式，实现信息资源产业健康发展的产业促进政策在我国也是有着深厚现实基础的。统计数据表明，现阶段我国信息消费的整体水平还很低，大有通过产业政策手段予以大幅度提升的空间和客观条件。有人通过测算得出这样的结论，近一个时期，美国、日本的年人均信息消费已经达到了 3 400 美元和 2 400 美元，而我国仅为 190 美元。[①]

12.2.1 我国信息资源产业消费政策的目标

我国信息资源产业消费政策欲实现的目的和结果是非常明确的，作为产业促进政策的重要组成部分，信息资源产业消费政策的目标就是通过改善信息消费，提升社会信息消费水平，促进信息资源产业的发展。具体的指标要求可以分解为以下几方面。

1. 全面扩大社会信息消费需求，确保产业发展有强大的驱动力

这里有两个主要的目标方向，一是准确识别和界定社会既有的信息消费需要和要求，将这些需求转化为推动信息资源产业发展的力量；二是准确识别社会潜在的信息消费需求，以有效的刺激和培育消费的政策措施，拓展信息消费的广度和深度，用信息消费需求的持续壮大和向高水平的提升，促使产业不断发展自己满足高水平海量信息消费需求的能力，拉动信息资源产业不断向前发展。如果我国的信息资源产业有了来自信息消费需求的一推一拉两个方面的强大驱动力量，信息资源产业做大做强就会逐步成为现实。

2. 全面提升社会信息消费能力，确保产业发展有坚实可靠的支柱

信息消费能力是一个包含信息消费意识、消费素质、消费习惯、消费经济实力的综合概念。信息消费能力对产业发展的影响主要在于它的强弱高低，将决定信息资源产业实际的市场规模和利润率。通常这两者之间呈现正相关关系，社会信息消费能力越强，信息产品和服务的市场价值实现才越好，销售和盈利情况才越好。为此，要促使信息资源产业做大做强，产业政策不仅需要正视和扩大信息消费需求，还必须想办法提升社会的信

① 中国市场情报中心．2013—2014 年中国信息消费市场研究年度报告．http：//www.ccidreport.com/report/content/3763/201402/636999.html.

息消费能力，让真正反映社会需求的产品和服务真正有人买，乐意买，买得起。

可以毫不夸张地说，社会信息消费能力是信息资源产业发展的强有力支柱，因为产业制造出来的好货再多，社会上没有更多的人识货、买货、忠诚地用货，企业群就不可能盈利，已经进来企业的会选择退出去；原来打算进来的会躲得远远的。因为产业生存都会成为困难，哪里还会有什么发展！正缘于此，我国旨在促进产业发展的信息资源产业消费政策的另外一个目标，就是采取各种手段全面提升社会信息消费能力，确保产业发展有坚实可靠的支撑。

3. 全面优化社会信息消费环境，确保产业规范健康发展

信息消费环境是指信息消费者在消费过程中面临的、对消费行为和后果有影响的客观因素的总和，包括自然环境与社会环境两方面。信息消费环境的优劣对社会最终的信息消费水平有决定性影响。信息消费环境优化，消费者可以经济、稳定、快捷、便利地获得优质信息产品和信息服务，合法权益得到实质性保障，更加乐于、善于消费信息；信息消费环境优化，信息资源企业可以依法经营合法获利，有积极性、有能力不断扩大经营，资本、人才、技术等资源才能源源不断进入产业领域，产业才能规范、健康地做大做强。

实事求是地说，目前我国信息消费环境存在很大的缺陷和问题，这些缺陷和问题已经成为制约信息资源产业规范健康发展的障碍。如信息基础设施建设和应用整体水平不高和发展非均衡问题、信息资源共享和获取利用障碍因素过强问题、高质量信息内容数量不足问题、有害信息泛滥问题、信息安全缺乏保障问题、信息产品和服务所涉及的知识产权保护问题、个人隐私保护问题、不习惯为信息服务直接付费等问题都相当严重，对信息消费和信息资源产业的发展构成了严重的危害。因此，产业消费政策也需要在优化消费环境方面有所作为。特别是在对构成信息消费环境的诸多自然和社会因素的调整改变中，产业政策主体，无论是立法机构还是党政机关，都有义务有能力去施加更富实际成效的影响。

4. 全面提高产业捕获和满足信息消费需求的能力，确保产业可持续发展

消费与供给的辩证关系告诉我们，供给对消费的发展同样具有强大的

作用力。如果能够有效地建立起消费拉动供给——供给推进消费的良性循环，一方面社会的信息消费会不断发展，人们日益增长的消费需求会不断在新起点上被激活并得到满足；一方面信息资源产业会在高水平信息消费的推动和保障下，不断得到成长。更重要的是，这种良性循环一旦形成，强大的信息资源需求和消费能力及产业化供给能力就会在我国经济社会发展资源结构的根本性转变中发挥战略性作用，基于材料、能源和信息三大资源实现科学发展就会成为社会主义强大中国的显著特征，信息资源产业以小博大的战略价值就能得到充分体现。为此，我国的信息资源产业消费政策，还应当在供给端上有所作为，最主要的就是要以有效的政策，引导企业全面提高捕获和充分满足社会信息需求的能力，更多地研发出高质量的信息产品和信息服务，进一步刺激信息消费的增长，在不断激发新需求、满足新需求的过程中使信息资源产业获得可持续的科学发展。

12.2.2　我国信息资源产业消费政策的取向

为了实现产业消费政策促进信息资源产业健康持续发展的目标，我们需要在信息资源产业消费政策中坚决贯彻、充分体现如下几个方面的基本主张、基本精神、基本价值尺度，这些主张、精神和价值尺度就是信息资源产业消费政策的取向。

1. 正视和显化社会信息消费需求，激发信息消费潜力

消费需求要变成真正的产业发展驱动力，首先需要企业真正了解和理解社会的信息消费需要和要求，挖掘信息产品和信息服务需求，将这些需求做显化处理，以激发社会信息消费潜力，增强供给能力，按照社会信息消费的特点和规律研发产品和服务，组织生产和销售。

2. 扩大信息消费需求，不断“创造”① 和培育信息消费需求

用政府采购等形式引领新的消费需求，扩大信息消费规模和范围推动面向生产、生活和管理的信息消费，竞争性领域坚持市场化运行，在社会管理和公共服务领域积极引入市场机制，增强信息消费发展的内生动力。应当特别注意降低信息消费门槛，提高信息消费意愿，进一步释放和满足

① 这里的意思是从供给端将客观存在的、潜隐的信息消费需求明确揭示出来。

各类信息消费的需求，使社会公众的信息消费选择空间更加广阔。

3. 增强全社会的信息消费意识，提高信息消费素质，倡导优良信息消费习惯

加强宣传和教育培训，通过强化全社会的信息消费能力的方式，刺激和拉动信息资源产业的拓展。

4. 深化社会分配制度改革，提高劳动者收入水平，增强全体社会成员的信息消费经济实力

信息消费也是需要一定的经济实力支持的，如果社会成员的信息产品和服务的购买力水平过低，绝大多数社会成员就难以享受高质量的信息消费，产业也会因无法正常盈利而失去研发和供给高质量产品和服务的积极性，产业发展就会失去必要的动力。

5. 强化社会公共信息资源建设和开放共享，提高政府对社会信息内容的供给能力

在我国，要建立和完善有利于扩大信息消费的环境条件，需要强化公共信息资源的开放共享，特别是提高政府对信息内容的供给能力。据统计，我国信息资源的 80%以上掌控在各级政府部门手中①，如果不大幅度开放和公开政府掌握的信息资源，信息资源产业这种以信息资源为主要原材料的产业，就会失去必要的生产原料供给，产业发展就会沦为空谈。

6. 加强对社会信息技术设施的建设，完善公共信息平台，提升全社会的信息服务提供和利用水平

信息产品和信息服务供给和享用的特殊规律性，决定了必须有社会性的信息基础设施的支持，有社会公共信息平台的支撑，信息资源产业的产品和服务才能有效实现。在这些公共性基础设施建设过程中，非常容易出现市场不足或者市场失灵，因此，必须以产业政策形式一方面增加政府在公共基础设施、公共信息平台设施建设方面的直接投入，一方面充分利用市场机制筹措资金、引导社会力量共同完成公共基础设施的建设，完善长

① 见李克强 2016 年 5 月 9 日在全国推进简政放权放管结合优化服务改革电视电话会议上的讲话。

期有效的运行维护机制。

7. 完善市场监管，强化对信息资源产业发展的规制，规范信息消费市场秩序

市场秩序是产业健康发展的必要条件，为此，政府部门绝不能放弃或者弱化市场监管，弱化或者忽略对信息资源产业发展的规制。信息消费市场秩序健康完善了，企业产品和服务的价值实现就能规范而快捷，产业发展就有了基本的支撑条件。

8. 建设安全诚信有序的信息消费市场环境，构建安全可信的信息消费环境基础，加强个人信息保护和信息安全保障，提升信息安全保障能力

消费安全在信息消费和供给领域有特殊的重要性，特别是对人们的消费意愿有非常大的直接影响。其实道理很简单，消费安全了，信息消费环境安全可信，信息消费市场主体合法利益不受损害了，人们才能无忧消费，信息消费意愿才能释放，各类信息消费的需求才能进一步释放和满足，产业也才能随着这个过程得到发展。因此，消费安全问题必须作为重大产业政策问题予以应对。

9. 引导企业立足信息消费市场，不断创新产品和服务

只当信息资源企业都能强化创新基础，不断进行业务模式创新，拓展新兴信息服务业态，提高创新层次，实现多元发展，加快关键核心信息技术和产品研发，才能不断丰富信息消费内容，全面提升社会的信息消费水平，实现信息资源产业的价值，信息资源产业才会不断获得持续发展。

12.2.3 我国信息资源产业消费政策的主要措施安排

为了实现信息资源产业消费政策的目标，充分体现信息资源产业消费政策的基本取向，需要政策主体全面运用法律、行政、经济等各种手段，采用一整套行之有效的政策措施。在这些措施中特别需要重点应用的包括以下几条。

1. 建立和完善与信息消费相关的法律制度

信息消费是一个关涉多种复杂社会关系的复杂社会问题，以扩大消费的方式促进信息资源产业的发展使这个问题的复杂程度进一步增大，特别是对多样化和根本性经济利益关系的涉及，令这个问题的破解不得不更多地依靠在调整复杂社会关系方面更加有效的法律手段。在这方面，尤其应当充分调动相应的法律资源，尽快完成我国信息消费促进法、个人信息保护法等法律的制定实施，同时还应当用法规规章形式，对信息消费市场监管、信息产品和服务质量管理等做出统一规范。

2. 完善政府部门在促进信息消费方面的职责

应当明确各级政府部门在公开政府信息，开放政府数据信息，为社会供给公共信息资源方面的法定责任业务；明确各级政府部门在信息消费市场监督管理和服务方面的职责，以确保资源的有效供给，确保信息消费市场的秩序，确保信息消费环境的安全可信。为了保证政府部门依法履职，还应当进行信息消费统计监测，以相关数据作为行政追责的依据。

3. 加大在促进信息消费方面的财税支持力度

在特定的时间期限内，以政府采购方式购买一部分商业化的信息产品和信息服务供社会相关方面使用，以促进形成消费习惯，壮大信息消费群体，进行“直接付费”享受信息消费的社会示范。还可以用发放“信息消费券”，发放信息消费补贴、减免信息消费税费等办法，鼓励从公民个人到企业等社会组织更广泛地参与信息消费活动，降低信息消费的经济负担和企业的生产成本。

4. 积极进行分配制度改革，提高社会成员的购买力

信息消费能力包括消费者对信息产品和信息服务的购买能力。我国改革开放 30 多年的成果需要惠及更多社会成员，旨在破除社会财富分配严重不公的分配制度改革势在必行。一个重要举措就是提高广大社会成员购买力水平，在这其中，提高消费者购买信息产品和信息服务的支付能力是应有之义，也是重中之重。

5. 强化宣传教育和培训

信息消费对于每一个社会成员而言也是一种素质，是信息社会这个新

社会形态对社会成员的一种新的要求。而这种素质无论是思想意识方面的，还是新技术应用方面的；无论是一种修养，还是一种品质；无论是思想方法，还是技能技巧，都不是生而有之，自然而然的，需要通过长期的教育培训，长期的实践锻炼才能养成。因此，进行旨在提升社会信息消费能力、素养的各种形式的教育培训就成为必需，而且应当是一个长期任务。

12.3 信息资源产业技术政策

信息资源产业在一定意义上就是以信息技术为代表的现代科学技术发展的结果，因此，这个产业的发展离不开高水平新技术资源的支撑。旨在促进信息资源产业发展的产业政策，也就自然要在技术供给方面下功夫，信息资源产业技术政策就应运而生。

作为信息资源产业促进政策重要组成部分的信息资源产业技术政策，其基本使命非常单纯而确定，就是通过各种产业政策允许的和切实有效的措施手段，鼓励各方加大对产业技术研发的投入，激发企业对技术研发的热情，端正以市场需求为技术研发导向的认识，为信息资源产业的发展提供有力的技术支撑。

12.3.1 我国信息资源产业技术政策的目标

从以上对信息资源产业技术政策基本使命的概要阐释可以看出，这项促进信息资源产业发展的政策，其基本的政策目标同样高度确定，就是根据产业高技术特性所提出的需要和要求，大力促进产业发展所需要的高新技术的研究开发和有效应用，为信息资源产业发展奠定坚实的技术基础。

1. 促进产业发展应用技术体系的完备适用，确保产业发展技术基础坚实

信息资源产业发展对技术有非常大的依赖性，无论是产业中的新型行业如数据管理和服务业，还是相对传统的行业如邮政基本服务业，都离不开必要的技术支持，失去技术支持产业就无法存在，发展更无从提及。因此，信息资源产业技术政策就是要根据这个特点，促进产业发展所需要的

应用性技术体系的完备和适用，保障产业发展技术资源的充分供给。这里并非单纯强调技术的高精尖，而是强调技术体系的作用，强调技术体系的完备和适用，一方面是因为信息资源产业确实需要高精尖的新技术，但也需要适用的其他技术，包括一部分相对传统的技术，不管什么样的技术，能形成合力、能适合使用、有最好效果最为重要。这个技术体系，不仅包括成套的、可以取得的技术思想、技术路线、技术方案、技术设备、技术工艺，还包括确保技术应用科学有效，确保技术供给充分、升级及时适时、获取经济便利所需要的组织结构、制度、程序和资源条件的集合。有了这样的体系，我国信息资源产业发展所需要的技术基础才能坚实有力。

2. 促进产业发展所需高新技术的研究开发，确保产业发展技术基础稳固

在信息资源产业中所应用的技术中，确实有一部分属于高级、精密、尖端水平的技术，这部分技术往往成为产业国际竞争力的重要支撑因素，因此出于参与国际竞争和维护国家信息资源控制力的考虑，我国信息资源产业并不能通过市场直接获得，或者不能比较经济、公平地获得这部分技术。而缺乏这样的技术，就意味着产业无法形成竞争力，意味着产业发展遭遇难以逾越的障碍，无法实现稳固持续发展。旨在促进产业发展的技术政策，需要在促进而并非主要直接组织研究开发这部分技术方面有所作为，通过大力营造有利有益的环境条件，解决研发中的人力物力财力和信息资源供给问题、成果转化问题、推广应用问题，使产业获得持续稳定健康发展所需要的稳固可靠的技术基础。

12.3.2 我国信息资源产业技术政策的取向

信息资源产业技术政策的目标，决定了这项政策的基本取向就是通过政策手段鼓励各方加大对产业技术研发的投入，激发企业对技术研发的热情，以市场需求为技术研发的导向，为信息资源产业的发展提供有力的技术支持。

1. 鼓励形成多元格局的信息资源科技投入体系

信息资源科技投入体系主要有三种形式：政府主导的投入模式、企业主导的投入模式和多元化科技投入模式。政府主导投入模式一般适用于产

业发展初期，当产业较为成熟、产业中企业有足够的能力时，可改由企业作为科技投入的主体。多元化投入模式是上述两者间的过渡模式，是指政府和企业科研投入都小于整个科技投入总量的50%的投入模式，这种投入模式可以鼓励企业逐渐在产业技术发展上占据主导地位，而由企业主导研发的技术又可以更好地满足产业的市场需求，从而为产业的发展提供强有力的技术保障。当前我国的信息资源产业正在逐步脱离初级发展阶段，即将进入高速发展期，因此，建立多元化的科技投入模式是我国信息资源产业发展的必然选择。

为尽快形成我国信息资源产业多元化的科技投入模式，我国信息资源产业技术政策应加大政府对于产业科技研发的支持和保护，同时鼓励企业及其他研究机构投入到信息资源技术的研发之中，致力于研发出更多能满足市场需求的科技成果，从而帮助我国信息资源产业更好更快地发展。

2. 确保政府对信息资源产业科技发展的投入力度

信息资源产业的技术研发往往需要大量的人力、物力和财力的投入，而我国目前的信息资源企业大多受其规模的限制，仅靠自身难以承受技术研发的成本，因此难以完成技术创新，这在一定程度上阻碍了信息资源产业的发展。要解决这个问题，政府需要直接投入资源以支持信息资源产业中企业的技术建设。以美国为例，尽管美国信息资源产业科技投入模式属于企业主导型，但是政府依然重视在信息资源产业发展过程中对信息技术研发的投入。奥巴马就任美国总统后表示，美国政府每年将国内总值的3%投入到科研创新领域，《2009年美国复苏与在投资法案》明确，2009年投资总额为7 870亿美元，15.2%的投资集中在高新产业的发展，主要用于基础设施建设和信息技术创新。在这种政策的刺激下，美国的信息资源产业在有强大的技术保障的前提下，取得了长足的发展，为国家经济发展做出了重大贡献。

目前，我国信息资源企业的技术研发能力还比较弱，在这种情况下，我国的信息资源产业技术政策应规定政府加大对信息资源技术研发的投入，在信息资源技术发展中起到引导作用，为企业的技术创新提供良好的环境支持，从而为我国信息资源产业的发展奠定技术基础。

3. 激励企业加大对信息资源科技发展的投入力度

在信息资源产业的发展过程中，政府必须注重提升企业自身技术研发的能力。一方面，由企业主导研发的技术更能满足产业市场的需求，另一方面，企业的技术研发能力是决定其产品质量的关键，决定了企业的核心竞争力。在产业发展的初期，企业尚可依靠政府的支持完成技术研发，但在一个成熟的产业中，企业必须具备自主研发技术的实力。

目前，我国某些信息资源产业相对较发达的地区已经开始实施鼓励信息资源企业技术研发的政策。例如，深圳市通过增加政府技术投资，建立企业技术中心的方式，鼓励和支持信息资源企业的技术升级。此外，国内许多企业开始或者已经创建了研究院，作为企业技术创新的基地。2013 年初，百度公司创建其首个研究院 Institute of Deep Learning。近年来百度的语音和图像产品的崛起，正是受益于 Deep Learning 领域的技术突破。百度的著名产品百度语音助手的自然语言处理功能就是通过深度神经网络技术实现的。

针对当前我国信息资源产业所处的发展阶段，我国的信息资源技术政策应侧重于鼓励、引导企业进行技术升级和技术创新，并促进技术研发成果有效地转化为产业的生产力，从而提升企业的核心竞争力和国际影响力，促使我国信息资源产业进一步发展壮大。

4. 优先攻克信息资源产业发展所需的关键技术

信息资源产业的技术发展应与市场需求紧密结合，这样才能使科技研发成果为产业的发展做出最大贡献。要实现市场需求导向的技术研发，就要促使企业成为技术研发的主体，因为企业作为产品生产、销售的最直接参与者，对市场需求最为敏感，企业可以根据自身的技术能力制订科研计划，攻克产业市场当前最需要的关键技术。

目前，我国政府已经意识到了促使企业成为技术研发主体的重要性。《软件和信息技术服务业“十二五”发展规划》明确指出，“要基本形成以企业为主体的产业创新体系，软件业务收入前百家企业的研发投入超过业务收入的 10%。拥有自主知识产权的基础软件、业务支撑工具和核心技术取得重大突破，自主发展能力显著提升。技术水平和产业化能力进一步提高，具备主要应用领域安全可靠解决方案的提供和实施能力。基本形成软件和信息技术服务标准体系，各类技术和服务的标准、规范得到普遍推广。”

我国信息资源产业技术政策应致力于以市场机制引导技术发展，通过政策扶植企业尽快承担起技术研发的任务，同时引导社会上的科研项目与企业共同努力，突破信息资源产业发展中的技术瓶颈，使科研成果能够最大化地体现其经济价值和社会价值。

5. 为产业的科技创新提供良好的环境保障

营造有利于信息资源产业科技发展的环境，一方面需要政府运用政策手段引导风险资金注入信息资源产业，为企业的技术研发提供足够的资金支持，另一方面需要政府采取必要手段，有力地保护企业研发技术的知识产权，以维持企业开展技术研发的积极性。

在我国现有的政策中，已经出现了鼓励对信息资源产业注入风险投资的条文，《进一步鼓励软件产业和集成电路产业发展的若干政策》[①]中明确提出要引导社会资本创立创业投资基金，支持中小型软件企业创业，对符合条件的企业的技术改造项目，中央预算内投资给予一定的支持。而在科技创新的知识产权保护方面，我国的政策仍有欠缺。近五年来，我国最高人民法院受理知识产权案件 27.8 万件，同比上升 284.2%。由此可见，知识产权缺乏保障已经成为我国信息资源产业发展的一个遏制因素。

为了给信息资源产业的科技发展提供良好的环境，我国信息资源产业的技术政策应着力于营造能够支持企业技术创新的金融环境，通过政策手段鼓励社会各界为信息资源产业的技术研发投入资金。与此同时政府应尽快完善保护知识产权的法律法规，注意维护企业技术创新的积极性，从而使信息资源产业的技术得到更好的发展。

12.3.3 我国信息资源产业技术政策的主要措施安排

有助于实现信息资源产业技术政策目标、体现政策基本取向的主要措施安排包括以下几方面。

1. 强化对高新技术研发、应用及其资金投入的指导和引导

以统筹规划、方向引导、优化环境、改善管理和服务的方式，强化对产业技术体系建设和运行的指导和引导，抑制政府部门的直接干预和过度的直接投入，以确保市场机制的主体作用，同时及时适时地克服和弥补市

---

① 见 2011 年 1 月 28 日《国务院关于印发进一步鼓励软件产业和集成电路产业发展若干政策的通知》(国发〔2011〕4 号)。

场机制的不足和失灵。

2. 鼓励引进、消化、吸收适用的先进技术和自主研发关键技术相结合，提高产业技术装备整体水平

坚持两条腿走路的方针，不简单排斥引进消化吸收和自助研发方式中的任何一种，但关键技术特别是与信息资源安全相关的关键技术应当主要采取自主研发方式。

3. 适度增加政府对产业所需关键技术研发和应用的财税支持

政府应坚守尽可能不直接投入大规模资金用于技术研发，但可以适度增加以专项基金、适当给予减免税费优惠等形式，支持关键技术的自主研发的做法。

4. 引导产业加强技术体系建设，加强对技术应用的指导

以引导和指导方式，发挥市场机制的作用，加强产业技术体系建设，以指南和最佳实践推介等方式指导企业的技术应用。

5. 推广应用新技术，加速传统行业改造

以指导和资助相结合的方式，在信息资源产业中的传统行业中加大推广应用各种适用新技术的力度。必要时，政府可以用集中购买一部分技术专利和工艺方案等方式，低成本地助力传统行业完成技术改造升级。

6. 完善相关技术标准体系建设

在政府行业主管部门主导和社会各方面积极参与的前提下，完善产业内部相关技术标准体系，全面提升产业主要产品和服务的标准化、通用化、系列化水平。

7. 建立和完善高新技术成果转化应用机制

花大气力坚持以市场机制为主、政府机制为辅的原则，建立和完善产业高新技术成果转化应用的机制，全面实现成果的工业化、实用化、商品化。

8. 加强高水平技术研发和技术管理人才培养

要在高等学校加强信息技术专业、信息资源管理专业教育，形成有特

色的各种专业人才、职业技能人才培养体系和专业职业培训体系，培养更多的适用人才。

9. 以精神和物质奖励相结合方式稳定技术队伍

鼓励和支持企业通过全面改革经济分配制度、荣誉制度、奖励制度、职务职称晋升制度，以精神和物质奖励相结合的方式，稳定产业的技术队伍，保持技术人员的薪酬不低于信息技术产业相同层次从业者的水平。

10. 强化信息资源产业领域中的知识产权保护

信息资源产业的高技术特点既给知识产权保护提出了更高的要求，也增加了难度。应当加强研究采取有效措施，加强知识产权的有效保护。除了法律手段之外，还应当注意结合产业特点，通过加强知识管理的方式，充分发挥法律、管理、经济、技术等各方面手段在保护知识产权方面的作用。

12.4 信息资源产业空间配置政策

信息资源产业空间配置问题，不仅关系到信息资源产业自身资源配置的优化以及协调发展问题，还关系到整个国家的均衡发展、和谐发展问题。信息资源产业的特点，决定了它在目前国内经济相对落后的地区的发展，可以作为重要的经济增长点，作为这些地区在经济方面实现“弯道超越”、赶上和超过国家平均水平的重要战略安排。为此，通过信息资源产业空间配置政策，促进信息资源产业实现均衡发展，使各种发展资源在空间配置上达到最优组合，实现区域内部和区际的协调发展，就具有非常重要的战略意义。

12.4.1 我国信息资源产业空间配置政策的目标

产业的空间布局，是区域经济研究中的一个重要问题，对信息资源产业进行合理空间配置，是信息资源产业政策的长期目标之一，区域内的信息资源产业的结构如何规划，区域之间的信息资源产业如何进行合理的配置，都是在制定产业政策时应该考虑的问题。目前，我国信息资源产业发展的地区分布开始出现比较严重的失衡，产业地区差距拉大，区域结构有趋同化、低构化倾向，具体表现在比较优势和协作效益不明显，重点不突出，重复建设严重。数字鸿沟现象不断扩大，形成越发严重的社会不公平。

针对上述情况和问题，我们认为我国信息资源产业空间配置政策应当这样确定自己的目标：根据国家经济社会和谐发展、均衡发展的需要，根据产业内不同空间的优势和劣势以及产业的全国总体布局，合理调节产业发展所需要的资源条件在区域空间的分布，以实现产业资源的优化配置，提高产业的整体水平，促进产业的协调发展。

1. 合理调节产业发展所需资源条件在区域空间的分布

这句话揭示了我国信息资源产业空间配置政策的目的。作为一项旨在促进信息资源产业发展的产业政策，它是通过为产业发展资源提供合理的空间配置的方式实现促进产业发展追求的。遵从客观发展规律对产业发展所需要的各种资源的空间布局进行调节，实现这些资源在空间配置方面的优化，实际上正是信息资源产业健康有序发展的重要条件。因为失衡的资源配置将极大地降低资源的使用效率，使本已经稀缺的资源用不到应当用的方向和位置，从而使产业的整体发展受到严重损害。

2. 实现我国信息资源产业统一协调发展

这句话揭示了我国信息资源产业空间配置政策所需要实现的结果。我国各地区之间经济、科技、教育程度等方面发展存在的差异，导致了信息资源、信息基础设施、信息人才等的区域分布的不平衡，因此，各地区间信息资源产业的发展在空间上并不协调，数字鸿沟现象严重。例如，在电话、电脑、互联网接入，宽带普及率方面，中西部明显落后于东部沿海发达地区；各行业的高科技人才也大多聚集到产业发展快的地区。长此以往，拥有资源优势的东部沿海地区将得以继续壮大其信息资源产业，形成良性循环，而中西部地区的资源匮乏则会反过来对信息资源产业的发展造成进一步的阻碍，形成恶性循环，这会导致我国信息资源产业区域发展不平衡的现象恶化。更加具有颠覆性危害的是，这种局面的恶化会干扰国家均衡发展、和谐发展战略目标的实现，加大无论是在政治上，还是在经济上都存在的国家发展风险。如果我国的改革开放成果不能惠及所有不同的地区，不能惠及分布在不同地区的全体人民，我们国家的社会主义性质就会发生改变，经济社会的科学发展、和谐发展都会沦为空谈。因此，我国的信息资源产业发展，不能出现严重的空间区域失衡。我们不能听任经济欠发达的中西部地区失去通过发展信息资源产业实现“跨越式”发展、实现“弯道超越”的历史机遇。为此，实现我国信息资源产业统一协调发展就成为信息资源产业空间配置政策需要实现的结果。

12.4.2 我国信息资源产业空间配置政策的取向

目前，我国信息资源产业内各区域发展事实上是不均衡，甚至是很不均衡的。东部沿海地区与内陆中西部地区的发展程度差距较大，数字鸿沟现象严重，与此同时，产业内各地区在发展的过程中并没有明显的优势和重点，导致了严重的重复建设，各地区之间的协作强度也较弱。因此，我国信息资源产业空间配置政策的基本取向就是着力于改善上述现象。

1. 加快形成全国统一的信息资源大市场

要实现信息资源产业全国统一协调发展，离不开全国统一的信息资源大市场的支持。形成全国统一的信息资源大市场，可以促进资源在全国范围内进行流动，更加方便市场及时地调整产业发展的战略和方向，并且将资源投放到最能发挥效用的地方。此外，建成全国性的信息资源市场也有利于开拓企业的视野，帮助企业引入先进的理念和技术，缩小不同地区间企业的差距，同时使企业置身于更大范围的竞争之中，防止垄断现象，使企业得以在竞争中提升自己的实力。

鉴于我国各地区信息资源产业发展存在差异的现状，我国的信息资源产业空间配置政策应对各地产业的发展规模和发展速度等进行宏观调控，注重加强各地区发展的薄弱环节，平等分配各类资源以保障发展落后地区的发展前提，与此同时，利用必要的行政手段为全国信息资源的统一发展扫清障碍，促使全国信息资源市场尽快形成。

2. 明确各地区的产业发展优势和主导行业

各地区所拥有的资源的差异，使得各地区都具备自身独特的信息资源产业发展优势。如果没有认清这种发展优势便盲目朝着自己不能胜任的方向发展，不仅不能取得令人满意的发展成果，而且会导致产业内信息产品单一化，不能满足信息用户的个性化需求，并且容易导致某些行业出现产能过剩。

目前，我国信息资源产业市场中已经出现了一些因充分利用自身发展优势而取得良好发展效果的案例。例如，安徽省蚌埠市凭借本市悠久的人文历史和积累的深厚的文化底蕴（蚌埠市双墩文化遗址出土的刻画符号被确认为我国文字的重要起源，以及大禹治水、“三过家门不入”的传说都是蚌埠市的文化优势），以及地处千里淮河与京沪铁路、京沪高铁、京福高铁交汇处的特殊地理优势，建立了大禹创意文化产业园，并且在产业园内建设中南海原型，用于拍摄革命纪念题材影视作品，创造出了和其他地区不同的产业类型。又如，北京市怀柔区抓住中影生产基地迁怀的契机［中国（怀柔）影视基地是以中影集团电影数字生产基地为核心，其周边1公里左右范围为集聚产业发展的核心区，是国内首个国际化新一代专业功能聚合型国家级影视基地。[①] 该区从事文化经营活动的企业多达1 560多家，逐步建设成为集影视制作、技术研发与服务、展示与传播、影视体验、旅游观光、教育培训、休闲娱乐功能为一体的影视产业区］，发展了以电影业为核心的影视产业区，并把其做强做大，逐渐成为自身发展的核心竞争力，也成为该地区的信息资源的主导行业，从而带动了诸如旅游业等产业的同步发展。

我们认为，我国信息资源产业空间配置政策应着力帮助各地区定位其发展优势，打造其核心竞争力，并根据其资源优势和市场需求将本地区有发展潜力的行业作为产业的主要行业，针对主导行业制定倾斜政策，促进主导行业尽快做强做大，进而加快本地区信息资源产业的发展步伐，缩小地域之间的发展差距。

3. 明确区域产业带划分，形成信息资源特色产业群

信息资源产业带，是各地区在发展中受本地区特有的资源优势的影响，集中向某一优势领域发展而形成的企业集中区，该集中区内产业类型一致。产业带可以形成产业聚集效应，并对周边地区起到辐射和带动作用，此外还可更好地优化配置产业资源，从而使产业不断发展壮大。

目前，我国信息资源产业的空间配置政策应鼓励各地区形成具有明确核心竞争力的产业带，针对全国各地不同的资源优势，对产业带的形成进行重点扶持，协助各地区打造其核心产业项目，从而使我国各地信息资源产业能够各具特色，共同发展。

---

① 百度百科“中国（怀柔）影视基地”词条.（2013-03-14）［2014-05-02］.http://baike.baidu.com/view/4249188.htm.

4. 鼓励各地区间信息资源产业发展中的横向合作

在信息资源产业发展的过程中，地区间的横向合作具有重要的意义。一方面，由于各地区具备的优势资源不同，擅长的发展领域不同，地区间的合作可以促进技术、人才、经验方面的交流以及资源在更大范围内的优化配置，使各地区做到优势互补，实现共赢。另一方面，地区间加强合作交流可以避免产业雷同、重复建设的现象，同时也可减小地区间抢夺资源、发生利益冲突的可能性，使得信息资源产业更协调地发展。然而，地区间的横向交流在客观上存在着一定的障碍。由于产业发展水平的差异，在利己思维的驱使下，产业较发达的地区往往不愿意与产业发展程度较弱的地区进行合作。另外，地区间的互补共赢需要通过长时间的合作交流才能实现，但部分地区难免会因为达到了其自身的合作目的而中途退出合作，导致合作关系不能长久地维系。

针对上述分析，笔者认为我国信息资源产业的空间配置政策应利用宏观调控手段促进、指导各地区间的横向合作交流，并注意保护合作各方的权益，从而避免地区间资源争夺、重复建设等问题的出现，保障信息资源产业在全国范围内的协调发展。

5. 加大对中西部地区信息资源产业发展的扶持力度

我国中西部地区在经济文化发展的很多方面均落后于东部沿海地区。对于中西部地区来说，由于其地理交通条件和文化发展程度的限制，短期内在其他类型的产业方面赶超东部有一定的难度，然而信息资源产业因其特殊的性质，为这种赶超提供了可能性。要实现信息资源产业的加速发展，中西部地区需要重点致力于做到以下两点：一是加强网络传输环境和信息终端接收设备等信息基础设施的建设；二是注重培养和吸引信息资源领域的高尖端人才。

目前，我国中西部一些城市的信息资源产业发展已初具规模。例如，陕西省的软件产业在政府支持引导下，已经形成了以西安软件园为核心的软件产业体系和集群。[①] 西安软件园是目前国内拥有国际软件双基地的园区之一，园内聚集了 1 000 多家企业，吸引从业人员 9.8 万人，高新区软

① 西安软件园简介.（2013－03－09）［2013－07－04］.http：//www.xasoftpark.com/listzw.jsp?wbtreeid=18482.

件与服务外包产业实现营业收入583.5亿元，出口2.91亿美元，已经对陕西省的软件产业产生了巨大的集群影响作用。

在未来的信息资源产业发展中，应最大化地挖掘中西部地区的产业发展潜力，在基础设施建设、人才培养等方面给予必要的政策和资金支持，加快中西部地区信息资源产业的发展，并通过信息资源产业的发展全面带动中西部地区产业的发展。

12.4.3 我国信息资源产业空间配置政策的主要措施安排

有助于实现信息资源产业配置政策目标，充分体现这项重要政策基本取向的措施安排主要有以下几项。

1. 拓展和显化中西部地区优先发展信息资源产业的需求

信息资源产业发展的区域分布失衡，中西部地区信息资源产业发展水平低于预期主要表现在各种发展资源不足。实际上，这种资源供给的不足首先源于资源需求的不足。如果中西部地区没有意识到信息资源产业对地区经济社会发展的决定性作用，无视这个实现“弯道超越”的机遇，无视自己的发展优势和发展需求，也就是没有形成加速发展信息资源产业的认识和安排，那么，发展资源供给的不足就是很自然的，因为不想发展、不发展，在市场经济体制下，什么资源会自然而然流向这些地区呢?！因此，要实现信息资源产业空间配置的均衡合理，必须拓展和显化中西部地区优先发展信息资源产业的需求。

2. 充分发挥全国统一信息资源市场的作用

实现信息资源产业空间配置的优化，归根结底主要还是要发挥市场机制的作用，产业政策只是在市场机制失灵或者表现出不足时，才出面发挥作用，而且其基本手段中，相当一部分也是需要利用市场机制的。这样看来，市场机制在信息资源产业空间配置中是不可或缺的。要发挥市场机制的作用，前提是必须有真正的市场，特别是对产品和服务都具有极强流动性的信息资源产业而言，全国统一市场是不可或缺的。有了这样的市场，我们才有可能发现市场机制，利用好市场机制。在这里，应当由政府主导，充分调动社会各方面积极性和创造性，建好这个市场，有效发挥这个市场的作用。

3. 重点加强中西部对适用的领军人才的吸引力

中西部发展信息资源产业需要有各种各样的资源，其中最缺少的是高精尖技术人才和管理人才，特别是其中的领军人才。因为信息资源产业，特别是其中的新型行业都有这样的特点，即技术、资金、产品等都是跟着人走的，有了人才，其他资源就会自然而然拿到手。因此，应当通过相应的机制建设，完善吸引人才的一整套制度和方法。国家对中西部信息资源产业的扶持，也应当以人才政策为重点方面。

4. 政府在中西部的投资应当以信息资源产业发展作为重点之一

为了国民经济的均衡发展、和谐发展，政府肯定需要拿出一部分资金投入中西部发展。信息资源产业的基础作用、发展资源供给作用、对整个国民经济发展的支撑作用和辐射作用，决定了投资的重点之一就是信息资源产业。

5. 明确政府部门在区域信息资源产业发展中的职责

应当以法律法规和其他制度明确规定政府部门在区域信息资源产业发展中的信息资源供给、产业发展引导指导、市场监管等方面的职责，加强对这些部门履行职责过程和结果的监督检查。应当形成定期发布“地区信息资源产业发展指数”的制度，以形成对各级政府及其部门关注和引导支持信息资源产业发展的责任压力。

第13章

信息资源产业政策工具的应用

政策工具是为了实现政策目标所采用的手段和方法。现代政策体系的进步，不仅体现为政策理念的先进化、政策体制的合理化，也体现为政策工具的科学化。在国际上，自二战以后，公共政策先后经历了第一代管制工具向第二代经济诱因工具、第二代经济诱因工具向第三代信息工具的两大转变。作为我国信息资源产业政策的主要因素，政策工具的优化应用至关重要，当产业政策目标、政策取向、政策措施确定之后，政策工具的应用水平就成为产业政策优劣的决定性因素。本章讨论了信息资源产业政策工具的内涵、外延，对我国信息资源产业政策工具应用的整体情况进行了分析，以开列产业政策工具清单等方式提出了优化产业政策工具应用的对策建议。

13.1 政策工具及其类型

13.1.1 政策工具的内涵

所谓政策工具（policy instruments），有时又被称为“政府工具”（government instruments），根据《公共政策与行政国际大百科全书》所下的定义，指的是“实现公共政策目标的手段”。具体而言，它指的是政府为了解决公共问题而采用的可辨别的行动机制。

理解政策工具，我们应抓住四个要点：一是政府活动机制。所谓机制，按照通俗的解释，指的是“一个工作系统的组织或部分之间相互作用的过程或方式”。政策工具实际上包含政府的物品或服务、提供此种物品或服务的媒介、提供系统和制度等四个层次。

二是政策工具的结构化。政策工具包含许多相对独立的政府行动，它们以固定的方式相互作用并进而组合起来，是政府治理行动的一种结构化显现。

三是可辨别性。政策工具既然是结构化的，便会呈现出可以辨别的一些特征。

四是政策工具实际上是针对标的群体的活动。政策执行的本质是执行机构与标的群体互动，以使标的群体发生政策方案希望发生的变化。而执行机构与标的群体互动的方式，就是政策工具。

13.1.2 政策工具的分类

实践表明，不同的政策工具会有不同的效果。也就是说，政策目标和问题不同，执行机构所具备的组织和其他资源不同，针对的标的群体的性质不同，执行机构与标的群体的既有关系不同，都会对政策工具提出不同的要求。这就要求我们研究政策工具的不同类型。

最早系统研究政策工具的是英国学者胡德。他根据政府机构所拥有的资源，将政策工具分为信息类工具、资财类工具、权威类工具和组织类工具。[①] 其中，信息类工具主要包括信息封锁（如保持沉默、信息宣传、假情报等）、直接信息宣传（如宣传、新闻审查、查封等）、定制的信息（bespoke message）、广而告知的信息等。资财类工具涉及金钱的使用，大体上可以分为定制的支付（customized payments）、转移支付和直接支付等。权威类工具涉及认证、许可、命令和禁止等。组织类工具是政府依靠自身所拥有的组织性资源，采取直接的行动来处理相关事务。

学者萨拉蒙对政策工具则提出了多种分类方法，如根据政府活动的性质，将政策工具分为无条件的金钱支付（如政府对个人的支付，对州和地方政府的资助和政府采购）、提供物品和服务（如信息）、法律保护（如专利、担保、免税等）、惩罚（如管制、刑法等）。根据物品和服务的提供机制，将政策工具分为直接的提供系统（即由政府机构直接提供）和间接的

① HOOD C. The tools of government. London: Macmillan, 1983: 5.

提供系统。①

艾兹奥尼根据政府权力的运用方式，将政策工具分为：（1）强制性治理工具，使用强制性权力，依靠对人身的惩罚或惩罚威胁而产生作用；（2）利益性工具，使用奖励和惩罚的权力，依靠施加或剥夺标的群体的物质利益而实现功效；（3）象征性工具，即使用规范权力，依靠知识、情感和道德等，引起标的群体的思想变化从而产生作用。

瓦当的分类基于艾兹奥尼的研究，同时比后者又前进一步。瓦当指出，政策工具一般由两部分组成：一是行动内容，即标的群体做什么或如何行动；二是权威力量，即政府准备运用何等程度的权力使标的群体服从。我们可以按照上述两个标准对治理工具进行分类。如按照第一个标准，可以将治理工具分为社会政策工具、研究政策工具、文化政策工具、土地政策工具等。而按照第二个标准（强制的程度或治理主体运用权力的程度），则可以将治理工具分为管制工具（大棒）、经济工具（胡萝卜）和信息工具（劝诫）。其中，管制工具指的是政府单位制定规则和指令，命令人们与这些规则和指令保持一致的方法。② 经济工具指的是赋予或剥夺物质资源（不管它们是以实物的形式，还是以货币的形式）。经济工具使得金钱、时间、努力或其他行动所追求的有价值的东西变得更便宜或昂贵。信息工具指的是“道德上的劝诫”或劝说，包括所有通过知识传递、理性主张的交流和劝说等。

13.2 信息资源产业政策常用政策工具

信息资源产业政策工具是国家为了实现信息资源产业目标，对信息资源产业活动进行调整、规范的活动机制。

结合产业政策、政策工具的相关理论，考虑到信息资源产业的特点，我们认为信息资源产业政策工具主要包括以下类型。

① SALAMON L. and LUND M S. Beyond privatization. Washington，DC：Urban Institute Press，1989：34-39.

② VEDUNG E. Policy Instruments：Typologies and Theories//BEMELMANS-VIEDEC M L，RIST R C and VEDUNG E. ed. Carrots，sticks & sermons：policy instruments& their evaluation. London：Transaction Publishers，1997：31.

13.2.1 组织性工具

组织性工具指的是政府主要依靠自身的力量直接来解决政策问题的政策工具。政府是社会中的主要组织，无论在规模、经济实力、人力，还是在权力、道德等各个方面，都具有私人组织无可比拟的实际优势。在许多政策领域，政府往往可以依靠自身组织的力量来直接解决问题。

组织性工具的主要形式有：

（1）政府机构。许多国家事务问题，如外交、军事等，都是由政府机构直接完成的；对于国内的许多社会事务，也可以直接由政府机构完成。

（2）国家计划。包括各种类型的战略、规划、计划和行动方案。这些计划可以是指令性的，也可以是指导性的。

（3）公共事业单位和公共企业。一个国家的公共事业单位和公共企业往往是由政府办、政府管和政府供养的，实际上是更为广义的公共部门的组成部分。公共事业单位是一个国家政策执行机构的重要组成部分。在我国，信息资源产业政策（如基础设施政策、科技政策、行业管理政策等）大都是由公共事业单位实施的。

（4）政府间协议和合作。这是政府机构形式的创新。往往由不同层级、类型或地域的政府机构（有时也包括公共事业和公共企业）建立体制性或个案式合作。

组织性工具由于涉及公共部门的活动，所以其政策实施往往依靠公共部门自上而下的命令—服从方式，其特点是直接、独立，受外界干扰较小。其优点是阻力较小、行动效率高、责任明确，直接效果强，但耗费较高，易给政府带来人员和机构膨胀，以及较大的财政压力。此外，组织性工具实际上是政府机制对资源的直接配置，在私人竞争领域往往会造成市场扭曲，形成资源配置的无效。因而，在当代，在社会性和公共服务政策领域，组织性工具往往不被首先推荐。

考察到实际经验，组织性工具在信息资源产业的应用领域，除了用于关涉国防、外交、治安、司法领域的特殊产业政策之外，还可以用于产业发展的促进、国有资源的配置、公共信息基础设施工程的管理、研究和开发，技术的协助，相关的教育和培训，市场监管等。

13.2.2 管制性工具

管制性工具就是政府利用公权力和权威，利用法律和法规，来规范社会组织和公民的行为，以达到政府治理目标的政策工具。管制性工具的特点有：以公共权力为后盾；以法律和法规为依据；以限制或者剥夺公民的自由和权利来贯彻政策。

管制性工具在信息资源产业应用的主要目的在于：维护产业的秩序和公共的利益；防止发生生产过程的外部成本；消除市场交换过程中出现的信息不对称；维护交易的公平，防止出现偏差行为。管制可以是经济性的管制，也可以是社会性的管制。经济性管制在于鼓励企业或者其他经济行为者采取某种行为或者避免某种行为；而社会性管制的主要目标在于保护公民和消费者的利益和公共的利益。

13.2.3 诱因性工具

诱因性工具是政府通过改变对产品和服务相对价格的补贴以及课税，提供诱因，促使政策的目标群体能够改变其行为，以符合政府治理的目标和要求的政策工具。具体而言，政府通过课税来提高那些从社会的观点来看太过丰盛的产品和服务的价格；利用政府的补贴来降低产品的价格，使社会的净收益达到较高的水平。

从课税的方面来看，政府可以直接对企业的外部成本行为（如污染行为）予以征费，如污染物排放费，促使企业限制其行为；政府可以通过关税，保护本国发展中的幼小产业；政府可以对无益品（如烟、酒）课以重税，限制消费，改变消费者的不良行为；政府可以通过使用者付费来减少公共财物使用方面发生的拥挤现象。对于那些有益品，即那些能够产生外部正效益，其社会价值超过私人价值的产品，政府可以通过补助、税收优惠或者减免的方式，诱导社会提供更多的优价产品。总之，诱因性工具的核心是利用人们趋利的特性，达成政府治理的目的。

13.2.4 信息性工具

信息性工具是指政府不直接作为，而是通过提供一定的信息发动标的群体的行动来解决政策问题的政策工具。此类工具的特点是依靠知识的作用、通过改变标的群体的知识、能力、态度、观点、立场等，来引导标的群体的行动。

从作用机理来分析，信息性工具可以分为三类：一是直接引导标的群体行动的工具，如行政指导、指导性计划、目录等；二是改变标的群体态度的工具，如意识形态、象征、仪式、思想政治宣传和教育等；三是作为社会资本的工具，如符号、非强制性认证等。

信息性工具的优点在于成本较小和公众自由度较大，民主色彩浓厚，不易于引发标的群体的反抗。一旦成功，往往具有相对持久的效果。但也存在直接效果不明显、在特定领域应用效果不佳等缺陷。

13.2.5 市场性工具

市场性工具又称市场核心的工具，指政府利用市场机制的运作来解决公共问题，以实现政策的目标的政策工具。凡公共事务能够以公开、公平、自由竞争的方式达成较大效益者，便适合市场的机制。依照学者魏林和魏玛的观点，这些政策工具主要包括三类：

（1）开放市场工具。开放市场的目标在于提升市场的自由度，主要是政府对已经存在的市场管制予以解除，允许更多的参与者进入，参与市场的竞争。开放市场的具体工具主要有三种：一是解除管制工具。原来的管制是只允许少数特定的供给者或者需要者存在，现在则开放给符合条件的一般社会大众。二是民营化工具。就是把过去专属于政府经营的资财开放给民间经营。三是合法化工具。即政府把原来属于非法的活动合法化，消除惩罚，形成自由的市场，如特定文物买卖的合法化等。

（2）促进市场（市场的促进化）工具。是指原本不存在市场的机制或者市场失灵或不足，由政府介入建立市场，设立价格，从而促进市场的交易行为的政策工具。市场促进化的方式主要包括三种：一是建立财产权，如森林财产权、土地的财产权等；二是创造可以市场化的产品，如政府发放污染许可证，允许企业排放一定量的污染物，但是要付费；三是碎片化，即通过某种方式，将原有的大型组织分成几个功能类似的小组织，由其形成市场竞争。其最典型的例子就是反垄断。

（3）刺激市场工具。刺激市场又称为活化市场，主要存在于市场机制运作不佳时，由政府介入市场，激发市场的功能，以促使其更佳地运作。

活化市场的主要方式包括契约承包、特许经营等。前者是指政府通过竞争性的招标，与营利性或者非营利性组织签订契约，提供公共服务，如公共信息基础设施维护等；后者是政府通过招标，授予某一企业一种排他性的权利（如经营权、路权、建造权等），在政府的监督下，向公民提供服务，而得到特许经营权的企业需要给政府付费。

市场核心的政策工具的主要特征是依靠市场来实现政策目标，因而具有简洁性。由于其尊重市场规律，因而被认为是资源配置成效较好的政策工具。但其直接效果通常都没有组织性工具强。

13.2.6　社会性工具

社会性工具又称社会核心的工具，主要是指利用社会化机制来实现政策目标的政策工具。根据政府在其中的作用大小，可以将社会核心的工具分为三大类：一是地区性组织（如社区）主导的社会机制；二是社会组织（如志愿者）主导的社会机制；三是专业性组织（如行业协会）主导的社会机制。

社会核心的工具的特点是利用社会组织的利他性，政府所承担的成本较少；社会参与度较高，满意度高。缺陷是往往会出现专业技能不足、社会公益供给不足等问题。

13.3　我国信息资源产业政策工具应用情况和问题分析

13.3.1　我国信息资源产业政策工具的应用情况

课题组在进行大量调查的基础上，形成了一个包括 1 708 件信息资源产业政策文件的“中国信息资源产业政策库”。为了了解我国信息资源产业政策在政策工具应用方面的基本情况，我们利用简单的统计分析工具，对这 1 708 件产业政策文件政策工具应用的情况进行了初步的统计分析，结果如下。

1. 组织性政策工具应用频次高

既有信息资源产业政策应用组织性政策工具的频次高，1 708件产业政策文件中 90%以上的政策文件都是由政府部门制发的，是要依靠政府力量直接解决产业政策问题的。从具体的政策内容看，这种政策工具主要涉及各级各类的政府战略、规划和行动计划的制定和实施。

2. 管制性政策工具应用频次高、力度大

1 708 件产业政策文件中，应用了管制性政策工具的有1 295件，占全部政策文件的 76%。特别需要指出的是，在这些管制性政策工具中，用“强制性命令要求”的居主体地位，87%以上的政策文件都以这种高强度的管制作为主要方式。

对我国信息资源产业内企业组织的登记资格政策规定就有一定的代表性。以互联网企业为例。我国的政策规定：(1) 互联网企业建立新闻网站或者从事互联网新闻登载业务，应当报经国务院新闻办公室或者省、自治区、直辖市人民政府新闻办公室审核批准和备案，未经批准不得从事互联网新闻登载业务，链接境外新闻网站、登载境外新闻媒体和互联网站发布的新闻必须另行报国务院新闻办公室批准；(2) 从事互联网出版活动，必须报经新闻出版总署（2013 年国务院将新闻出版总署、广电总局的职责整合，组建国家新闻出版广播电影电视总局）或者省、自治区、直辖市新闻出版行政部门审核批准。未经批准，任何单位或个人不得开展互联网出版活动；(3) 在中国境内通过包括互联网在内的信息网络传播视听节目，必须报经国家广播电影电视总局审核批准并取得《信息网络传播视听节目许可证》。信息网络的经营机构不得向未持有许可证的机构提供与传播视听节目有关的服务。中国境内互联网站不得向未持有许可证的境内网站以及传播视听节目的境外网站提供视听节目的链接服务。用于通过信息网络向公众传播的新闻类视听节目限于境内广播电台、电视台、广播电视台以及经批准的新闻网站制作、播放的节目；(4) 从事互联网药品信息服务，应当报经国家食品药品监督管理局或者省、自治区、直辖市食品药品监督管理局审核或者备案；(5) 国家对互联网上网服务营业场所经营单位的经营活动实行许可制度。县级以上人民政府文化行政部门负责互联网上网服务营业场所经营单位的设立审批，未经许可，任何组织和个人不得设立互联网上网服务营业场所，不得从事互联网上网服务经营活动。除了这些明确的制度外，更为严厉的是，有关部门在审批时，其审批具体标准实行内部掌握的不公开制度，以及总量控制制度。①

3. 诱因性政策工具的应用不具备应有的普遍性

经统计发现，在 1 708 件产业政策文件中，应用诱因性政策工具的比重非常低，只有 172 件，占全部政策文件的 10.1%。这部分政策工具应用的手段，也主要集中在财政（如税收、补贴）方面。

4. 信息性政策工具的应用非常少见

在 1 708 件产业政策文件中，只有少数（大约占总数的 2%）国家战略性整体规划性产业政策明显应用了信息性政策工具。

5. 市场性政策工具开始有一定应用，但比重偏低、力度不强

在 1 708 件产业政策文件中我们发现，近些年来，开始有市场性政策工具被应用。但其比重不高，只占全部政策文件的 9%左右，促进市场和刺激市场的工具应用水平相对高一些，但应用力度不强，大都作为辅助性、补充性政策工具使用。

6. 未见明确应用社会性政策工具的情形

在 1 708 件产业政策文件中，没有发现有明确应用社会性政策工具的情形，但在少数产业政策中发现有尝试用社会机制解决政策问题的安排，但大都局限于有限度发挥行业协会的辅助（而不是主导）作用，涉及发挥社区和志愿者作用的产业政策很少见。

13.3.2 我国信息资源产业政策工具应用问题的分析

从以上我国信息资源产业政策工具应用情况看，整体的产业政策工具应用水平还不高。

1. 信息资源产业管理体制不完善，组织性工具难以发挥有效作用

我国现在尚未对信息资源产业建立有效的管理体制，政府部门都在

---

① 《互联网上网服务营业场所管理条例》已根据 2016 年 2 月 6 日中华人民共和国国务院令第 666 号《国务院关于修改部分行政法规的决定》进行了第二次修订。

“管”，但都没有完整的权力“管”，政出多门的结果往往就是管理失效。按照目前的体制，对信息资源市场有监管权力和责任的党政机关有十几个，又没有强有力的统筹协调机制，各个部门间缺少有力的协调和合作，这使得对产业的管理常常处于缺位、无力的状态。在这种情况下，各个部门出台的产业政策却偏偏大量高频次地应用了组织性产业政策工具，结果可以想见。面对缺乏一致性甚至是相互对立冲突的政策内容，企业基本上是无所适从，产业政策基本上就会形同虚设，无法产生正面收益、正面效果。

2. 管制严厉但缺乏科学性完善性，制约了信息资源产业的发展

既有信息资源产业政策对管制性政策工具的高频次、大力度应用，表现出我国政府部门对信息资源产业的监管是严厉的。与其他产业不同，信息资源产业输入原材料和所输出的产品和服务都或多或少与言论自由、信息自由和知情权相关，也与国家安全和民主政治相关。为确保政治稳定和国家安全，政府对信息资源的采集、流动和利用进行较为严厉的限制是正确和合理的，而且世界上多数国家也都采用了相同的方式。但是，这种严厉管制也是必须讲究科学性、合理性的，讲究对管制对象范围的科学界定的，也就是要讲究分寸把握，讲究合理限度的。过度管制通常就会事与愿违，形成该管的管不住，不该管的管出社会灾难。我国信息资源产业政策中强制性政策工具应用频次和力度过高过重，已经导致了一些政府部门不想看到的结果。比如，我国既有产业政策中对信息资源企业信息原材料的采集就存在过度管制问题。其结果是：一方面，政府通过行政手段和大量投资基本垄断了信息资源的源头，但自身加工和服务的能力很差，无力也无心对外特别是对企业大量公开和开放，使得信息资源成为一种带有特殊待遇色彩的稀缺资源，信息资源企业无法获取原材料，经营中自然困难重重，难以做大做强；另一方面，一般企业组织由于难以获取有用的信息资源作为原材料，在信息资源价值的增加和实现上难有用武之地，而少数拥有特权的企业组织（特别是由政府部门管理的事业单位变身的不完全企业组织）则获取了执业优待，形成了一般企业难以匹敌的垄断优势。这种状况不仅对信息资源产业的整体发展不利，也不利于信息资源产业的内部结构优化，不利于信息资源市场的良性发展。

过度管制常常也是超过政府实际管制能力的低效管制，这也是我们在日常社会生活中常常可以感受到的情况，该管的事情似乎没有政府部门

管，甚至该管的根本管不住。政府部门的管制，一旦超过自身能力范围，实质上就是不管了，这就是我国信息资源产业政策工具以强制性工具为主，政府部门几乎无所不管，但实际上相当一部分社会成员感觉我国政府对信息资源企业的管制过于宽松的原因。这种高度管制造成的不完善的低效管制，应当是导致信息资源产业发展畸形的原因之一。低效管制及其危害主要表现在几个方面：一是信息资源产品和服务的质量监督不严格，信息泛滥、失真现象严重，如网络广播电视、网上和报纸刊物的虚假广告泛滥，导致信息资源产业的公信力受损。二是有害信息处理不严，严重影响社会公众。有害信息主要包括各类垃圾信息、淫秽暴力内容、儿童色情等，此类信息的采集、发布等环节本身就是违法的，其传播更会对社会带来恶劣的影响。在数字化的传播条件下，有害内容呈现出传播迅速、涉及范围广、隐蔽性强等特点，危害性较从前大大增强。在我国，治理有害信息的法律法规恰恰不完善，尚未实现依法管理。而这又进一步导致有害信息的进一步恶性泛滥，泛滥的结果不仅进一步危害社会，也更使得政府部门能力显得严重不足。三是对公民隐私和商业秘密保护不力，严重危害了公民生活和企业利益。四是信息资源安全监管不严，导致信息泄露、电脑病毒、数据损坏的恶性事件时有发生。五是信息资源产权不明晰，出现了大量侵权行为，企业利益特别是企业通过艰苦创新获得的利益得不到保护，积极性受到严重挫伤，使产业发展无法获得充沛的动力。

3. 信息性政策工具严重缺失，严重削弱了信息资源产业政策的功效

我们知道，信息资源产业政策的发挥效用不仅仅依靠政策主体的法定地位和威望权力，还取决于政策内容本身，即产业政策所指示的产业发展方向、道路是否正确。信息性政策工具的特点之一就是它主要是通过所释放信息的正确性、准确性影响政策执行方。表面看这样的政策更多是一些“柔性政策”甚至是“软政策”，但实际上，对于一个新兴的战略产业而言，能够讲正确的话，可以真正为产业指示发展方向、发展道路的产业政策，往往才更受社会的欢迎，才能对企业相关行为产生有效影响。因此，我们认为，信息性产业政策工具，在信息资源产业政策中应当有更加突出的重要地位，应当在产业政策中得到更加普遍和最强力度的应用。

信息性政策工具在我国信息资源产业政策中没有得到应有的利用，其原因是多方面的。一方面与产业政策主体对产业发展规律的认识不够到位有关，一方面也与这些政府部门缺乏正确的政策工具观有关联。实际上，

在产业政策领域，“软工具”出“硬效果”已经是一个普遍现象。确立正确的政策工具观，全面认识和掌握产业政策工具的特点、适用范围是我国信息资源产业政策主体必须正视的一个重要问题。

4. 诱因性政策工具应用简单有限，难以顺应信息资源产业特有发展规律

诱因性政策工具在营造产业发展环境方面有特殊优势，尤其在改善产业发展供给面和需求面上效用明显。当前我国信息资源产业尚处在初生期，总体而言，非常需要在供给面和需求面上获得产业政策的支持。目前我国信息资源产业政策诱因性工具只占10%左右，比重过低，有必要大幅度提高，以顺应产业发展规律，更好地推动产业发展。

我国信息资源产业政策诱因工具的应用需求面和供给面都存在不足。仅以政府广泛运用的税费和补助而论，用在需求面的税收主要包括财产税和使用者费，用在供给面的税费主要有输出税和关税。补助方面，用在需求方面的税费有实物补助、购物券和税收支出（收入税），在供给面主要有专项补助和税式支出（减免税、折旧）等。我们发现，在我国，供给面的扶持信息资源产业的税费和补助手段有一些，虽然远不够充分，但相对于需求面而言已经算不错，因为在需求面，诱因性政策工具基本上未见有成效的应用。这是我国信息资源产业在发展过程中面临“需求不旺”瓶颈的一个重要原因。

5. 市场性工具运用不足，未充分发挥市场机制在应对产业政策问题中的作用

产业政策本身在一定意义上就是为了弥补和克服市场不足和市场失灵而产生的，但这并不意味着产业政策可以忽略市场机制的作用，更不意味着市场性政策工具失去了应用价值。目前我国信息资源产业政策市场性政策工具的应用比重偏低、力度不强问题比较严重，这一方面与承担信息资源产业管理的政府部门有相当一部分不熟悉产业管理有关，另外一方面则与有产业管理职能的政府部门没有将信息资源产业视作一个独立产业，漠视信息资源市场的存在，漠视市场机制的有效性不无关联。

其实，需要通过信息资源产业政策处理的公共事务中，有很多问题都是能够以公开、公平、自由竞争方式解决的，也就是可以依靠市场机制解决。因此，市场性产业政策工具有非常广阔的应用空间，不仅促进市场工

具、刺激市场工具可以被更广泛应用，而且旨在解除或者放松管制的开放市场工具，对我国信息资源产业发展也有很强的针对性和有效性，可以被深度采用。

6. 社会性工具缺失，大幅度降低信息资源产业政策的效益

社会性产业政策工具在我国信息资源产业政策中的明显缺位，应当是我国信息资源产业政策的一大缺憾，因为这种局面的出现，意味着产业政策应当有的社会效益和经济效益因此而被降低，而且是大幅度地降低。我们知道，社会主义市场经济条件下的产业政策，就是要追求以尽可能小的公共资源投入，在社会上产生尽可能大的受益范围和受益效果。社会性产业政策工具正是在这方面有独有的功能效用。正因为如此，发达国家已经普遍在产业政策中广泛深度应用社会性产业政策工具。我们认为，在我国这样一个以公有制为基础的社会主义国家，完全具备广泛深度应用社会性政策工具的必要和客观条件。无论是地区性组织（如社区）主导的社会机制，还是社会组织（如志愿者）主导的社会机制，或者是专业性组织（如行业协会）主导的社会机制，都可以更加广泛和深入地用于信息资源产业，用于破解产业发展过程中所遭遇的各式各样的问题。在社会主义社会，只有政府一个方面的积极性是不能保证把一个重要产业发展起来的，全社会的共同参与，多种社会机制共同发挥作用，才能完成这样一个惠及国家、惠及全民族、惠及全体社会成员的重要战略性产业健康发展的重任。

国内外相关领域的成功经验已经证明，“众包”“众筹”方式已经在信息资源产业发展中产生重要影响。依靠社会机制筹措产业发展资金、完成按照常规不可能完成的超海量数据信息采集、加工处理等产业化条件整备工作，都已经成为现实，成为成功经验。如果在政府部门制定的产业政策中应用社会性产业政策工具，一定会更广泛更强有力地激发社会力量共同为信息资源产业的发展贡献力量。

13.4 我国信息资源产业政策工具应用的优化

政策工具应用的优化主要有三种意识：一是要清除绩效不彰的政策工具；二是要理性选择既有的政策工具；三是根据实际需求创新政策工具。其中，理性选择优化的政策工具是关键。根据我国信息资源产业政策工具

的实际应用情况，当前最主要的是厘清政策工具应用的理论和标准，制定可供选择的政策工具清单并研究各类政策工具的绩效特征和选择标准，然后根据理论和实际经验，进行政策工具的优化选择。

13.4.1 学习借鉴发达国家产业政策工具应用经验

鉴于产业政策工具的发现和广泛应用首先来自发达国家的公共政策实践，要实现我国信息资源产业政策工具应用的优化，我们有必要了解和掌握发达国家的相关情况以及他们所取得的经验教训。

1. 发达国家产业政策工具应用简况

得益于其先进的生产力、完善的市场机制和成熟的政策议程，西方工业化国家，也就是我们所说的发达国家在政策工具的应用上，具有鲜明的时间特征。总的看来，其产业政策工具应用主要形成了四个浪潮。

一是管制工具发展时期（19世纪80年代至今）。19世纪，西方经过一段时期的自由竞争后，各个国家在各主要产业、领域中开始出现了垄断组织。垄断组织在低效的同时获取超额利润，破坏了自由资本主义的经济结构，导致公众福利的下降，从而引起公众的反对，也成为政府管制的最早对象。最初，国家实施的管制大都从反垄断开始。1890年，美国国会通过的《抵制非法限制与垄断保护贸易及商业法》(《谢尔曼法》)，是世界上最早的具有标志意义的反垄断立法。1914年通过的《克莱顿法》进一步打击了贸易限制。同年，国会通过的《联邦贸易委员会法》创建了美国联邦贸易委员会（FTC），专司州际公平贸易职责。除了美国外，其他工业化国家也都实行了反垄断的制度。时至今日，反对垄断一直是政府管制的主要内容之一，对信息资源企业产生了较大影响。1984年美国电报电话公司被分割，就是信息企业被管制的典型案例之一。

进入20世纪以后，随着市场经济的发展与市场失灵现象的日益凸显，外部不经济、内部性问题与信息不对称所造成的诸多社会问题与日俱增，对社会公平等基本价值直接造成损害，出于保护健康、安全、环境与社会内聚力等公共利益目的的管制开始登上历史舞台。现在，西方工业化国家已形成了多种多样的管制工具。主要有：（1）进入退出管制。指的是对企业进入或退出某一市场的干预。进入管制涉及规模经济，其方式主要有许可、注册、申报等；退出管制涉及保证供给，主要工具包括折旧、设备改造、技术援助、劳动力培训、专项贷款等，以降低企业的沉淀成本。(2) 价格管制。主要涉及自然垄断行业或公共服务行业。(3) 投资管制。主要包括对投资的项目、地区、资金来源、技术、环保、投资规模等进行引导和限制。(4) 服务管制。包括制定产品和服务的主要标准、建立服务产品和服务的申报制度、强化对产品和服务质量的监管等。(5) 设备管制。主要涉及设备的标准、关键设备的强制登记和审核、统一有关行业中主要设备的规格和性能等。(6) 对企业行为进行禁止和限制，如禁止个人数据的擅自采集。(7) 对营业活动的限制。如限制网吧经营时间、限制游戏经营活动时间等。(8) 对执业资格的限制。主要是对企业和个人的专门知识、技能、经验和其他资格进行限定。(9) 标准认证和检查制度。如对网站经营企业发放的经营许可证（ICP 证）等。(10) 信息公开制度。要求企业公开其产品或服务的相关信息，或是保证消费者对这些信息的知情权。(11) 收费补偿，即对企业损害社会和公众的行为征收一定税费，将企业行为的外部性内部化。

二是组织工具流行时期（20 世纪 40 年代至 70 年代）。组织工具应用的典型是欧洲国家的国有化运动。在英国，1945—1951 年和 1974—1976 年工党政府执政期间，政府对英国的钢铁、煤炭、铁路、航空、电信和银行实行国有化。其结果是不仅邮政部门和电信部门 100%为国有，教育、广播电视领域国有部门也占有相当比重。在法国，战后的临时政府规定，大型国有化生产资料归国家所有。1982 年，按照密特朗政府颁布的《国有化法令》，包括电信在内的大型私人工业公司几乎全部国有化。在意大利，意大利政府在战后除了接管前政府的国有企业之外，还将铁路、航空、天然气、电信和邮政全部收归国有。在奥地利，到 1978 年，国有企业在煤炭、石油、天然气、电力、钢铁、汽车、铁路、航空、邮政、电信等行业中的比重全都高达 100%。除上述国家之外，不同程度地实行国有化的还有比利时、西班牙、葡萄牙、荷兰、瑞典、加拿大、原联邦德国、日本等国家。这些国有化措施，不仅将公共企业的规模前所未有地扩大，而且也使政府的战略、规划和发展计划在社会中能够发挥巨大作用。

20 世纪 80 年代以后，国有化浪潮出现逆流。在新公共管理改革的潮流下，大部分国有化的企业创新被私有化，组织工具有所衰落。但是，这并不意味着组织工具的完全衰落。实际上，在 20 世纪 80 年代以后，在信息资源政策方面，新的组织工具得到前所未有的应用。这主要体现为三个方面：(1) 大规模的政府计划和工程。如美国于 20 世纪 90 年代推出的

NII、GII、IT2 计划，欧共体于 1994 年提出的信息高速公路计划等，对国家信息资源开发利用的基础设施建设具有至关重要的作用。(2) 政府信息资源开发利用。各国大力实施的电子政府战略直接促进了政务信息资源的开发利用。(3) 政府信息公开直接为社会提供了大量的免费信息资源。

三是市场工具大量应用时期（20 世纪 80 年代至 21 世纪初）。20 世纪 70 年代末 80 年代初以来，由于福利国家模式所造成的经济效率低下、政府财政负担加重等原因，西方工业化国家开始了以恢复经济自由、提高政府管理效率为主导的改革运动。这场被称为“新公共管理”的改革，除了在政府的理念、制度上的改革外，相对重要的还有政策工具上的改革。

从工具上看，新公共管理的特点主要体现在以下几个方面：(1) 放松管制。放松管制主要指的是对产业的经济管制。(2) 私有化。主要是将以前由政府所有或控股的公共事业和企业单位的所有权转移到民间。其中最典型的做法是国营公司一半以上的股票出售给私人或全部直截了当地出售国有或国营企业。(3) 民营化。广泛意义的民营化包括私有化。除了私有化之外，还包括将其他各种政府承担的公共服务职能尽可能多地交由市场或社会组织来承担。主要工具有合同外包、特许、租赁、内部市场等。(4) 使用者付费。是指政府对某种物品、服务或行为确定“价格”，由使用者或行为者支付这种费用。使用者付费的目的是将价格机制引入到公共服务中来，以提升公共服务的效率。(5) 内部市场。即将提供公共物品和服务的政府部门划分为生产者和购买者，在政府内部进行类似于市场化的交易。(6) 产权交易。即政府人为制造某些资源的稀缺，从而建立一种市场。如排污交易权。

相对于 20 世纪 80 年代之前较为流行的管制工具，这些市场化的工具也被称为“第二代政策工具”。

四是探索信息工具时期（20 世纪 90 年代至今）。这方面主要涉及非强制性认证和政府行政指导。行政指导的方式多种多样，例如：政府信息的公开，发布指导性规划和纲要，通知、提示；提供意见、建议；进行协商、商讨；宣传、推广、示范；表彰、奖励；批评、劝诫；等等。信息工具目前正在探索之中，所以又被称为“第三代政策工具”。

2. 发达国家信息资源产业政策工具应用的经验启示

总的看来，西方工业化国家在信息资源产业政策应用工具方面已经形成了较为成功的经验，我们认为其中值得我们借鉴的主要有四个方面。

一是除了欧洲国家较短期的国有化运动以外，西方工业化国家始终将市场机制的完善放在中心地位。体现在政策工具的应用上，就是始终坚持使用间接的政策工具。尽可能不直接干预市场，成为西方国家政策工具应用的基本特点。西方国家之所以如此，除了意识形态的作用外，坚持有限政府、坚持做政府能力范围之内的事情，是其基本原因。由于坚持完善市场机制，包括信息资源产业在内的几乎所有产业政策工具的应用，表面上看来规模不大、时间上不集中、力度上不大，但在总体作用上还是不错的。由于不对企业行为进行较大的干预，其企业在激烈的市场竞争中就必须保持强烈的创新意识，这使得其信息资源企业能力持续保持在世界前列。

二是信息资源产业的作用领域，主要集中在基础设施建设和社会管制上。20 世纪 80 年代以后，西方国家先后颁布了一系列的信息化计划。从这些计划的内容上看，其政策领域主要在基础设施、基本技术和基本制度方面。对于信息资源产业的特定领域干预较少。与此同时，西方国家对于信息资源产业的社会影响管制较多，制定了相对完善的涉及信息自由、隐私保护、知识产权、垃圾信息处理和信息安全等方面的法律法规。由此，一方面为信息资源产业的快速发展提供了基本的条件，另一方面又力争避免信息资源产业发展的消极后果。

三是政策工具创新的意识浓厚。西方工业化国家信息资源产业创新的程度较高。从第一代政策工具的习惯性应用，到学习借鉴社会主义国家的组织工具的应用浪潮，再到第二代政策工具的广泛采用，以及第三代政策工具的不断探索，在短短的几十年期间，其政策工具应用总在不断创新。这些创新的原因，总体而言，主要有：（1）政策学习。即政府认真吸收那些它们认为是致使别国政策成功的最关键的成分。如欧洲大陆国家对英国和美国的市场化工具的学习。（2）国际合作。如经济合作与发展组织（OECD）国家对第二代政策工具的广泛采用，与经济合作与发展组织对不同国家实施基于市场机制政策工具的使用评估，以及推动基于市场机制的政策工具是分不开的。（3）国家经济发展需要。如欧盟国家内部的竞争，使其成员国家相继对管制进行改革。（4）解决特定问题。如西方国家在 20 世纪 80 年代都遇到了经济发展受阻、政府财政压力增大的情况，都不约而同地采取了能提高效率的市场化工具。

四是注重政策工具应用的绩效评估。绩效评估是对政策工具应用的必要性、可行性和结果的评估。通过评估，能够更好地发现政策工具的特点和应用条件，对政策工具的经济和社会效果进行比较，以对其进行优化选择和创新。西方工业化国家在政策工具的创新方面，一向重视政策工具的评估。形成规模的，主要有 20 世纪 90 年代对管制的绩效评估，它导致了第二代管制改革的开展；对新环境政策工具（NEPIs）的系统评估，为环境政策和其他政策领域新政策工具的采用奠定了基础；而 21 世纪初开展的政府绩效评估运动，也为这些国家市场化工具的采用和改革提供了有益的基础。

13.4.2 改进和完善我国信息资源产业政策工具的应用

我国信息资源产业尚处于初步发展阶段，我国的信息资源产业政策制定和实施的历史也还比较短。相应地，产业政策工具的应用出现一些问题和不足也是正常的，但学习借鉴他人经验、总结梳理自己的经验教训，以不断改进和完善产业政策工具应用还是非常重要和必要的。

1. 改进组织性产业政策工具的应用

在我国，在未来很长一段时间内，以政府为代表的公共部门在国家信息资源产业发展中都将会扮演重要的角色。因此，如何改进信息资源产业政策的组织性工具的应用，将是我国信息资源产业政策优化发展的重要方面。当前应当注意的问题有以下几点。

首先，建立有力的管理、协调和监督体制，提升公共部门的行动效率。信息资源产业发展涉及各地区各部门各行业，需要协调众多的组织行动。从国外的经验看，建立专门的强有力的管理协调机构和体制，是公共部门自身协调、有力的组织保障。国外政府一般都有一个主管机构，负责组织和协调各部门的行动。目前，我国信息资源产业管理体制还很不健全，这将构成削弱组织性产业政策工具效用的决定性因素，因此，尽快建立有力的管理、协调和监督体制势在必行。

其次，充分发挥政府战略、规划和计划的作用。政府的战略、规划和计划行动，具有指明方向、达成共识、凝聚力量、协调行动的重要作用，有利于信息资源产业的整体推进。目前我国政府部门在信息资源产业发展方面尚缺乏明确、系统的战略和规划，特别是缺乏对信息资源产业发展明确的资金、技术支持和其他保障措施等。

最后，加大包括政府在内的公共部门信息资源开发利用的力度，提升其对全社会信息资源开发利用的带动效应，提升其对信息资源产业发展的资源支持。目前我国政府信息资源开发利用工作还存在一些问题：一是政府部门信息资源工作无序，一些国家机关出现了随意、过度采集信息，擅自提供信息或信息过度保密以及对信息保管不善等现象；二是对电子信息的保存、销毁和管理缺乏完整细致的管理制度，信息资源的资产化管理尚未提上日程；三是政府信息资源管理部门、地区间的信息资源共享程度不够。公共部门信息资源的再利用缺乏可执行的规则；四是政府信息公开程度有待提高，公共部门对企业和居民的信息服务能力有待提升；五是政府数据等信息资源的开放程度不够，社会（尤其是企业组织）应用政府信息资源进行商业化开发利用的程度不够。

2. 改革管制性产业政策工具的使用方向

管制性工具现在已经成为我国信息资源产业政策的主要政策工具。当前，我国应当针对政府管制过多、程序过于繁杂的问题，对管制性产业政策工具的使用方向进行改革。改革的基本精神是适度放松政府管制，包括：减少不必要管制，精准设定政府管制的范围；加强社会管制；简化管制程序。

首先，适度放松政府对信息资源产业的管制。一是应当配合国家工商行政管理制度的改革，创新信息资源产业组织的登记、管理和监督形式，降低信息资源企业的进入门槛；二是要转变对信息资源的认识，明确信息资源的商业属性，放松对信息资源企业的业务活动的限制；三是放松对信息资源产品内容的审查标准，提高审查工作的效率；四是放宽不同国家、不同所有制企业对信息资源产业的进入限制，适度提高产业中不同国别、不同所有制形式企业混合经营的比重。

其次，加强对信息资源产业的社会管制。主要包括：一是加强对信息资源产品质量的监管，强化企业组织生产、传播有害信息、垃圾信息的主体责任；二是加强信息资源产品和服务的安全管制，严格信息产品和服务的安全标准，明确危害信息安全的主体责任；三是严格制度，完善体制，加强工作，提高对个人信息的采集、储存、利用和传播的监管力度；四是制定和完善信息跨国储存和流动制度。

最后，简化政府监管的程序。一是完善政府监管体制，明确监管体系以及部门责任，减少政府监管冲突、重复；二是改革政府审批、许可程序，精简监管流程；三是创新政府管制方式，积极利用现代信息技术手段，提升政府监管效率；四是改革政府工作方式，提升政府审批、服务工作效率。

3. 提升诱因性产业政策工具的应用绩效

诱因性工具的作用，在于用较少的财政资源调动企业、公民和社会组织的行为。它是在政策工具中最能起到杠杆作用的工具。我国信息资源利用政策应当重视诱因工具的应用，尤其是财政和税收工具的应用。但要提高这一政策工具的应用绩效，必须建立和完善相应的绩效评估机制和整合机制。当前，我们在诱因性政策工具的应用方面，特别要在精细化和针对性上下功夫，以尽可能提高这部分政策工具的使用绩效。

第一，提升诱因性工具的针对性。当前，我国信息资源产业政策的诱因性工具的针对性普遍不强，因此不能充分发挥其撬动信息资源产业发展的杠杆作用。应当重点针对信息资源产业需要用经济利益激活的关键环节，有效应用诱因性政策工具。

第二，提高诱因性工具的整合性。实践证明，诱因性政策工具的应用必须充分考虑其与其他政策工具间的统一配合关系，特别是要注意它们在目标追求方面的一致性。因为在个别信息资源产业政策中已经出现过因所用政策工具与诱因性工具缺乏整合而失效的例证，其中的教训需要我们特别记取。

第三，合理配置诱因性工具的使用区间。当前，我国信息资源产业政策中的诱因性工具，主要应用在供给方面，尤其用在生产者一方，对需求方（消费者）则很少应用。这不仅不利于我国信息资源市场的供给平衡，也不利于信息鸿沟的消弭。应当在税式支出、消费补贴和政府采购上进行更有针对性的设计，以不断提升社会信息消费需求能力。

第四，创新诱因性工具的种类和应用方式。应当改变财政、税收和补贴等诱因工具“老三样”的应用局面，大胆创新，充分应用种子基金、风险投资、低息和贴息贷款、担保、保险等多种诱因工具，提升诱因工具的杠杆效应。与时俱进，制定更多的针对民企和小微企业的诱因性政策，注重使用有利于增强企业能力的诱因性政策，不断提升我国信息资源产业的技术创新能力和综合实力。

4. 加大信息性产业政策工具的应用力度

如前所述，在信息资源产业政策中，信息性产业政策本来应当有更强的应用效果，但我国既有信息资源产业政策却基本上忽略了对这一产业政策工具的应用。因此，应当加大信息资源产业政策中信息性政策工具的应用力度，争取用软政策、柔性政策获得更好更强更有效的政策效果。

信息性政策工具不是作用于标的群体的行为，而是试图通过改变标的群体的动机来改变其行为，因而，知识在信息性政策工具中具有重要的作用。信息性政策工具的有效性，取决于政府的信息能否转化为对标的群体有用的知识。

5. 强化并创新市场性产业政策工具的应用

信息资源产业的发展，最重要的还是要注重发挥市场的力量。产业发展所必需的资源配置方式应当是以市场机制为主体的，以克服和弥补市场不足和失灵为使命的信息资源产业政策同样需要注意发挥市场机制的作用。对于我国的信息资源产业政策而言，市场性政策工具应用不足问题已经在客观上危害了信息资源产业的健康发展。为此，我们有必要强化对市场性政策工具的应用，并对这一政策工具在信息资源产业中的应用进行创新。当前特别应当注意通过强化应用、重新应用重点解决好这样一些有助于发挥市场机制作用的问题。

首先，建立健全信息资源产权制度。信息资源产权制度是信息资源市场的制度前提，产权交易也是信息资源市场化的重要工具。当前，我国缺乏明晰的信息资源产权制度。信息资源产权问题，主要以知识产权的方式来处理，因而不能有效解决所有与信息资源产权相关的市场发展和市场管理问题。由于信息资源产权性质不清、界限不明，一方面，国家的信息资源与民间的信息资源区分不够，造成国有信息资源流失；另一方面，民间的信息资源产权不明，致使有些信息资源企业实际上只能在灰色地带生存，企业可持续性发展的能力较差。国家应当结合版权或知识产权、商标权、专利权产、无形资产等方面的制度，建立完整的信息资源产权制度，完善相关的管理和监督体制，严格信息资源产权交易的保护，促进信息资源市场的发展。

其次，大力培育信息资源市场。这方面主要的工作包括：一是实行合法化策略，对互联网企业经营音乐、文学、学术、新闻、地图等信息资源开发利用和服务活动，在规范的基础上进行合法化；二是通过政府购买或资源提供的方式，促进信息资源市场的建立；三是通过国有企事业单位改革（尤其是文化体制和教育体制改革），创设大量信息资源开发利用市场主体，促进市场竞争。

再次，改革政府信息资源管理，活化信息资源市场。改革政府信息资源管理的制度，将信息资源的采集、管理、利用、开发和服务等环节分开，利用合同外包、特许经营等方式，实现政府信息资源的市场化管理和服务，创建政府信息资源服务的市场机制。

最后，完善信息资源市场环境。加强信息教育和人才培养，改进信息资源宣传成效，培养良好的信息资源市场人文环境。建立和完善信息资源企业和个人信用联合征信、信用评级、信用信息披露三大制度，维护良好的信息资源市场信用环。加强市场监管和执法体系建设，维护良好的信息资源市场执法环境。

6. 探索社会性产业政策工具的应用规律

要根据信息资源产业的特点和社会需要，探索社会性产业政策工具的应用规律，注重发挥社会机制在解决信息资源产业政策问题中的重要作用。当前特别需要积极培育信息资源开发利用的社会组织，充分发挥社会组织在信息资源开发利用中的主体作用；大力促进信息资源产业中介组织（如标准协会、行业协会、资产评估组织）建设，充分发挥信息资源企业的自律作用；鼓励和支持志愿者组织和基金等组织建设，加强基层社会组织和社区信息化建设，以充分利用社会力量和社会机制有效破解各种信息资源政策问题。

13.4.3 信息资源产业政策工具清单

课题组专门对我国信息资源产业政策工具的类型进行了梳理归纳，形成了一个我国信息资源产业政策工具清单。清单包括能够用于信息资源产业政策的相关政策工具及其具体形式、针对问题、适用领域和绩效特征。其开发思路是以政策工具基本类型和信息资源产业政策领域为基本维度，搭建一个基本的政策工具矩阵，然后对矩阵中的工具类型进行合并，最终得出信息资源产业政策中可资应用的基本工具。

这个清单尽可能涵盖所有现有的产业政策工具，可以作为政策规划和评估的基本经验参照。清单的更进一步作用在于鼓励政策工具的优化、创新。要做到这一点，需要形成政策工具选择的理性思考习惯，即尽可能将政策问题、目标、标的群体和政府能力综合考量，然后回到清单进行对照。这样，清单就不是一个简单的选择菜单，而是一种能够从中发现政策工具优化和创新思路的工具。

1. 组织性产业政策工具

（1）具体工具

1）政府机构。政府机构是组织性政策工具的主要形式。许多信息资源产业政策所涉及的事务，往往都由政府机构直接完成。

2）公共事业单位。目前，随着国家事业单位体制改革的推进，公共事业范围将会有所缩小，部分公共事业单位进入市场机制或民间非营利组织体系。但毫无疑问，公共事业单位不会消失，仍将是重要的政策执行者和公共服务提供者。

3）公共企业。与公共事业类似，公共企业往往由政府办、政府管。公共企业一般在非竞争性领域，主要为社会提供私企所不能、不愿提供的公共物品和服务。我国经济是混合型经济，公共企业在经济体系中占有一定的比重，具有重要的控制力。这决定着它们具有重要的政策功能。

4）国家计划，包括各种类型的战略、规划、计划和行动方案。这些计划可以是指令性的，也可以是指导性的。其中，指令性计划主要依靠公共部门体系来实施。

5）混合形式。混合形式指的是政府、公共事业单位和企业内部之间以及相互之间进行的某种合作形式。府际合作是 20 世纪 80 年代后出现的一种较新的趋势。实践证明，府际合作往往能够实现信息资源产业发展的规模效应，减少信息资源产业发展中的重复建设。

（2）类型特征

组织性政策工具涉及公共部门的活动。除了少数府际合作和跨部门的其他合作外，基本上按照公共部门内部隶属关系，以自上而下的命令—服从方式来实施。由于没有依靠公共部门体系外的资源，组织性政策工具相对直接、独立，受外界干扰较小。

（3）绩效特征

优点是阻力较小、行动效率高、责任明确，在公共部门重视的情况下，比其他工具更能直接实现预期目标。由于受到较强的法规约束和制度监督，组织性政策工具的规范性较强，效果比较稳定。

缺点是直接消耗财政资源，易给政府带来人员和机构膨胀、较大的财政压力。此外，组织性工具意味着政府对资源直接配置，在私人竞争领域往往会造成市场扭曲，造成资源配置无效。

（4）适用领域

组织性工具主要适用于针对需要公共部门自身直接处置的事务的产业

政策。如涉及国家信息基础设施建设、国家基础信息采集、基础性研究和战略性重大关键性技术研发等方面的产业政策通常应当应用组织性政策工具。

2. 管制性产业政策工具

（1）具体工具

管制的本质是对企业、社会组织和公民的限制。其形式较多，可以是具有较高效力的法律，也可以是仅具有临时意义的个案措施。

1）法律、法规和规章。法律、法规和规章是具有法律效力的管制形式。虽然都属于法的范畴，但法律、法规和规章是不一样的。一般而言，法律由立法机构颁布，具有最高效力；规章由政府颁布，效力相对较低；而法规则介于二者之间。

2）政府规范性文件。政府规范性文件属于广义的“行政立法”，虽然不具有法律效力，但与法律、法规、规章一样具有相对稳定性，具有较强的管理效力。政府规范性文件的形式较多，常见的有“办法”“规定”“规则”“规范”等。

3）行政制度和程序。行政制度和程序规定了行政机构权力行使的内容、程序和监督救济，是管制的具体化。

4）强制性标准。标准是对重复发生的事物和概念所做的统一规定。我国的强制性标准，对政府机构、企业、社会组织和公民行为具有拘束力。由于信息资源产业对标准化有特殊的依赖性，标准在信息资源产业政策中具有特殊的重要作用。

5）行政措施。行政措施介于行政制度和行为之间，是针对特定个管制对象或其行为所制定或采取的专门行动策略。行政措施不一定要施行后才发挥作用。实际上，由于行政权力的威慑力，绝大多数的行政措施在制定后或公布后即已达到管制的作用。

6）行政行为。管制方面的行政行为是直接针对管制对象所采取的行政活动。主要方式有进行或取消行政检查、行政调查、行政处理、行政处罚、行政强制等。在普通法系国家，行政机关提起或取消某些诉讼也是行政管制行为的一部分。

（2）类型特征

管制性政策工具的最大特点在于公权力的行使，这种公权力具有相应的拘束力、优先性和执行力。出于防止公权力对企业、社会组织和公民合法权利的侵害的考虑，管制性政策工具的实施应受到严格的限制，它不仅必须以法律和法规为依据，且应受到各种程序限制。管制性政策工具发挥作用的方式不是运用政府自身的物资和组织资源，而是以限制或者剥夺企业、社会组织和公民的权利来实现政策目标。

（3）绩效特征

管制性政策工具由于运用公权力，所以对企业、社会组织和公民的约束力强，往往能够相对较快地产生直接效果。管制性政策工具的第二个优势是不消耗政府物资和组织资源，直接成本相对较小。此外，管制的针对性强，政府实施管制的责任明确。

管制性政策工具的缺陷在于：以“看得见的手”去干预市场，容易造成资源配置效率的扭曲；由于对企业、社会组织的行动干预力度大，往往容易招致它们的反对，工具运用的阻力大，达成管制效果也需要政府机构承担大量的监督成本；大量的管制措施由政府通过行政机制施行，缺乏有效的民主成分。管制最后的一个缺陷在于，根据管制的“捕获理论”，管制可能会引发腐败和不公平竞争。

（4）适用领域

根据管制的目的和适用领域，管制可以分为政府管制和社会管制。政府管制主要适用于必须依靠公共部门权力威望方能有效达成产业政策目标的场合。社会管制适用于通过政府以及更广泛社会强制力量（特别是立法机构）形成强大社会环境氛围方可更有效达成产业政策目标的场合。

3. 诱因性产业政策工具

（1）具体工具

1）税收。税收是公共政策中最为经常使用的诱因性政策工具之一。税收能对标的群体的经济收益产生直接的影响，从而影响其行为偏好。在当今世界，税收作为政策工具，被广泛地应用到各个领域。

税收工具包括通常的税制（税种、税率）的确定调整，减税、免税、减缓或提前征收、退税等。在我国信息资源开发利用公共政策中，最常用的是减税和免税。税式支出也是税收工具的常用工具，其作用机理是通过不同的计算方式来减少或增加税基，如企业中的研发技改资金加计扣除、提高折旧率、捐赠资金加计扣除、个人捐赠资金不作为个人所得收入征税等。

2）支付。支付是政府为了实现政策目标，而直接或间接给予标的群体一定经济利益，从而影响标的群体的行为。

3）补贴。补贴与支付类似，都是给予标的群体一定的经济利益。但补贴也有特殊性，主要体现在补贴可以分为给生产者的补贴（如信息教育补贴中直接给教育机构的补贴）和给消费者的补贴（如向消费者发放书报订阅费），二者在本质上是一致的，但作用机理不一样，实施效果有所不同。给生产者补贴可以增加供给，而给消费者补贴除了提升需求外，还可以实现社会公平。

4）费。费是政府为了实现政策目标，而向特定标的群体收取的费用。费可以分为规费和使用者费。前者是政府提供特定服务或管理而收取费用，如工商执照费、商标注册费、证书费、产品检验费等。后者指对公共设施和服务的使用者收取的费用，如宽带使用费、信息咨询费、查阅费、复印费等。与税收相比，费的范围相对较窄，针对性更强，使用也更加灵活。

5）券。券实际上是一种特殊的补贴形式。它以代用券的方式将政府补贴发放到消费者而非物品或服务的生产者或提供者手中。券的使用可以保护消费者的选择权，增加物品或服务生产和提供的竞争，并进而降低公共服务成本、提高公共服务质量。目前我国政府正致力于推广的政府购买服务，有部分就是用券的形式。

6）特许。特许指的是政府不直接提供某种产品或服务，而是将提供某种产品或服务的权利授予某些有资格的组织，由后者按照市场经营的方式提供产品或服务，政府对其进行监管的形式。特许可以帮助政府解决资金、人力等成本，广泛应用于公共基础设施领域。特许也有一些变化形式，如BOT。

7）担保。担保是政府凭借自身信用，降低标的群体获取银行资金的难度和成本，从而影响标的群体的行为偏好。在我国，法律规定政府部门不得提供担保服务。但从绩效看，政府担保是一种有效的政府治理工具。与补贴相比，它对政府的要求更低（仅承担未来可能存在的资金风险，不需要现在就提供资金）。

8）贷款。贷款是政府直接为标的群体未来一段时期的活动提供资金，届期收取本金和利息的行为方式。贷款能够为标的群体的行为直接提供资金资助，同时能够减少政府的财政负担。政府贷款常发生在不同的国家政府之间。与银行贷款相比，其条件往往更加优惠。

在我国，为了解决某些公共问题，政府有时会鼓励商业银行为标的群体提供商业贷款，政府替标的群体支付全部或一定的利息（政府免息或贴息贷款）。

在一般情况下，政府不向国内的企业、公民和社会组织直接提供贷款。但由于我国主要大型金融机构都是国有或以国家控股为主的，政府可以以内部管理方式制定某种贷款政策，从而影响贷款的实际流向并进而影响特定标的群体的利益。

9）合同。政府为了实现政策目标，而与其他组织、团体乃至个人签订协议。

作为诱因性政策工具的政府合同可以分为两种形式：一种是政府采购合同，往往是政府决定公共物品或服务的数量和质量并提供资金，由其他组织、团体乃至个人来提供公共物品或服务。当前，我国致力于推广的政府购买服务，就是政府采购合同的一种。

另一种是政府出售合同，即由政府或公共事业、企业负责公共物品或服务的生产，企业、社会组织和个人购买所需的物品或服务。政府出售合同在本质上与使用者付费是一样的。

10）基金。政府基金是一种特殊类型的政策工具。它指国家依法向公民、法人和其他组织征收的具有专项用途的资金。包括各种基金、资金、附加和专项收费。基金对标的群体的影响主要通过两个方面来实现：一是通过资金征收来影响特定标的群体的收入；二是通过基金资助来增加特定标的群体的收入或减少其支出。

11）公债。公债是为兴建特定设施和发展特定事业，由政府发行的一种格式化的债权债务凭证。在我国，目前只有中央政府能够发行国债。国债可以将社会闲散资金用于支持特定的事业。

12）彩票。彩票是国家为支持某项事业发展，按照规定程序批准，由政府或公共事业单位发行的有奖证券。彩票可以积累社会闲散资金。

（2）类型特征

诱因性政策工具与管制性政策工具有明显的区别。它是通过利益诱导而非公权力强制来产生作用的。使用诱因性政策工具时，政府往往不直接参与公共问题的解决，它只是通过经济规则的改变或是经济资源的运用，调整某个领域未来的经济利益格局，从而诱引标的群体做出一定的行为改变，来解决问题并实现预定的政策目标。诱因性政策工具的使用经常意味着政府对标的群体经济利益的让渡，这需要政府拥有必要的经济资源。

由于主要依靠标的群体来解决政策问题，诱因性政策工具具有明显的间接性。政策目标的实现与否及其程度，主要依赖于标的群体。

受间接性影响，诱因性政策工具具有一定程度的弹性。诱因性政策工具相对于管制性政策工具而言，标的群体的行为选择有一定的空间。当标的群体趋利动机不强时，可能会选择不遵从。此时，诱因性政策工具可能产生不了作用。

（3）绩效特征

诱因性政策工具的大量使用，是20世纪80年代以来世界范围内政府工具创新的一大特色。这些被称为“新政策工具”的诱因性政策工具，主要优势在于：能以较小的政府资源付出，较大程度上调动企业、社会组织和公民的积极性，能够收到公共政策的杠杆效应；局部资源配置效率的优化；它能在引导标的群体行为的同时，不干涉标的群体的自由，因而受到的阻力较小，政治压力也较小；由于利用的是标的群体的立即动机，所以不需要太多的监督成本；由于在整体上没有干预标的群体的自由决策，所以能够在发挥巨大政策调节功能的同时，保持市场机制的活力，因而在整体上比管制性政策工具更能实现社会资源整体配置效率的优化。

诱因性政策工具的缺陷主要在于：使用的是政府的财政资源，所以可能导致财政压力较大；征税较重可能会影响整个社会的生产力，对某个领域的过多补贴也会影响该领域的资源配置效率；诱因性政策工具针对某些特定行业或标的群体集中使用，容易形成社会不公；而大量的诱因性政策工具掌握在政府或其他公共部门手中，容易导致寻租和其他腐败。

（4）适用领域

诱因性政策工具几乎可以运用于绝大多数信息资源产业政策。税收、费、支付、补贴、特许、合同、基金、贷款是鼓励、支持、发展、壮大信息资源产业的基本手段；合同外包是政府进行数据开放、信息公开减少政府成本、提高信息质量的利器；免费供给公共信息资源和关键技术，实行减免税、补贴、基金、贷款乃至无偿财政供给，是政府组织公益性信息资源建设的物质基础；特许、合同、补贴、贷款、基金、支付是涉及信息教育、信息基础设施建设维护和推广应用信息技术的产业政策常用手段。

4. 信息性产业政策工具

（1）具体工具

1）思想政治教育。思想政治教育指的是公共部门以特定的理论做指导，以公共部门所有的教育、文化、新闻、宣传体制为基本依托，对社会群体进行的旨在形成与公共部门所持的特定理念相一致理念的活动。通过政治思想教育，能够增加社会群体对现存制度、体制和制度的认同，从而能够加强支持、遵从政策的自觉性和主动性。政治思想教育是各个国家都采用的政策工具，也是我国政府运用较多的政策工具之一。

2）行政指导。指的是政策执行机构为实现一定的政策目标而对目标群体进行的劝诱或引导行为。由于其行政成本低、程序简便、较少引起标的群体的反对，因而成为许多人眼中理想的政府工具。

3）信息发布。指的是政府通过各种方式发布各种信息以引导标的群体的行为。

4）认证。作为政府治理工具的认证，实际上是一种行政确认行为。它以政府行政权为基础，对某种事实或资格进行界定并由此提供一种信息，从而影响标的群体的行为。

5）意识形态宣传。意即通过宣扬、论证和巩固一种为权威当局所认可的思想、观点或理论，让目标群体认同和自觉遵从公共政策。

6）仪式、象征。以某种符号、活动来表明政府的态度、立场和观点，以此来影响目标群体的行为。

（2）类型特征

由于主要依靠影响标的群体的动机进而影响标的群体的行为，信息性政策工具与诱因性政策工具一样不涉及公共部门的直接活动，而且其作用链条更长，因而更具间接性。

受间接性影响，信息性政策工具弹性更大。若标的群体不接受政府的信息，或接受信息后不采取相应的行动，政府亦不得采取强制措施。因此，标的群体具有较大的行动自由。

（3）绩效特征

信息性政策工具的最大优点在于成本最小化和公众自由度较大，所以较为民主，不至于引发标的群体的反对。而且，更重要的是由于它通过目标群体的心理而起作用，可以长期有效。

信息性政策工具的缺陷在于有时不起实际作用；有时起作用但迟滞时间较长。

（4）适用领域

总的看来，信息性政策工具适合于不能或者不必依靠政策主体的威权而必须依靠政策内容的真理性才能达到产业政策目标的场合，而且不能追求短期内即产生效用。

5. 市场性产业政策工具

(1) 具体工具

1）产权。产权是诱因性政策工具的最基本形式。按照一些经济学家的观点，在交易成本为零时，政府只要界定了产权，市场便能自动达成资源的优化配置。产权包括丰富的内容，如所有权、使用权、处分权、受益权等。产权明晰了，市场主体的成本和收益的边界才能确定，在此基础上的交易便有可能开始。在我国建立健全社会主义市场经济体制的过程中，许多领域的产权并不是很明晰。因此，产权作为现代治理的一种治理工具，具有较大的运用空间。

2）开放市场。开放市场的目标在于市场的自由化，政府打开公共服务的垄断或对市场的管制限制，让更多的参与者进入，从而让市场有更大的竞争性。开放市场主要包括三种策略工具。其中，解除管制是将原来关于只有少数特定企业可以得到某种资格的规定予以取消，对社会大众开放；民营化是将原来只有政府能做的事情开放给社会组织；合法化是允许社会组织和企业从事以前限制的活动。

3）促进市场培育市场。当不存在外部市场，或者外部市场存在但有严重失灵之处，政府可依靠某种手段建立市场并促进市场交易。其具体工具主要有三种：一是建立市场，如引进或培育市场主体、确立产权制度、建立交易平台机制和监督协调机制；二是创造可以市场化的产品，如政府发放信息资源开发利用许可证，允许企业采集、开发利用属于国家的信息资源，但是接受政府的价格、质量管制；三是碎片化，即通过某种方式，将原有的大型组织分成几个功能类似的小组织，由其形成市场竞争。其最典型的例子就是反垄断。

4）刺激市场。刺激市场又称为活化市场，指的是当市场机制不畅时，政府通过某种方式干预市场，让市场更好运转。活化市场的主要方式有货币政策工具、财政政策工具和金融政策工具。如增加货币供给，形成一定的通货膨胀，有利于增加市场需求，从而提升市场活力。

(2) 类型特征

市场性政策工具的最大特点是改进和完善市场机制，让市场发挥更大的作用。政策工具不是针对特定标的群体的，而是将整个市场机制作为标的群体，具有广泛性和间接性。

(3) 绩效特征

由于其尊重市场规律，市场性政策工具被认为是资源配置成效较好的政策工具。但其直接效果没有组织性政策工具和管制性政策工具强。

(4) 适用领域

凡信息资源能够以公开、公平、自由竞争的方式，实现最优化配置的领域，便可实行市场机制；凡能够利用市场机制的地方，均可利用市场性政策工具，对市场机制进行完善和改进。

6. 社会性政策工具

社会性政策工具指的是政府不直接采取行动，完全依靠社会机制来解决政策问题、实现政策目标的行动。政府是公共责任的主要承担者，但并非所有的公共问题都要政府来解决。

(1) 具体工具

1) 团体自治或自我管制。指的是人们就团体、组织或社区水平的公共问题自主决策并筹集资源，采取独立行动来解决问题，最主要的形式是以行业协会为代表的中介组织。

2) 志愿行动和慈善组织。志愿行动指的是人们利用业余时间有组织地为他人、为社会提供无偿服务的行为。志愿行动能有效弥补政府人力、财力的不足，推动具体公共问题的解决，大规模、持久的志愿行动以及由此传播的志愿精神，将极大地促进社会风气的改善，从而降低政府解决其他社会问题的难度。

3) 公益组织指的是非政府的非营利服务组织。公益组织长期关注某些政策议题，关注某些弱势群体，为特定领域公共问题的解决提供知识、人力、财政和行动支持。相对于其他组织而言，公益组织更具有道德上的优越性，在筹集资源、倡议行动方面具有独特的优势。

4) 社区组织。社区组织是以地域为纽带形成的社会组织。社区组织关心地区性的问题，并能在不动用公共财政和其他资源的情况下，以地区性集体行动来解决地区政策问题。

5) 传统组织。在现代社会，家庭、宗教等传统组织在教育、文化、社会保障等领域仍具有巨大的作用。

(2) 类型特征

社会机制的特征主要有以下几个：一是间接。政府不采取行动，公共问题解决与否及其程度，主要取决于社会组织组织的行动。因而，政策目标能否实现，完全不能为政府所左右。二是充分自由。标的群体有充分的权利决定是否采取行动以及采取何种行动，政府不施加影响。三是利他主义。社会组织之所以采取解决公共问题的行动，不是受了政府的强制、诱导或指引，而是出于利他动机。

（3）绩效特征

社会性政策工具的优点在于，利用社会组织的利他性，不仅能有效降低政府成本，而且能充分调动标的群体的积极性。此外，由于实行的是近点决策，此类工具往往更有针对性，绩效更高。

缺点是往往会出现专业技能不足、社会公益资源供给不足的情况。因此，社会机制只能作为政府和市场的补充。

（4）适用领域

当政府解决问题的条件尚不具备，或者社会机制比政府具有更高的绩效时，政府可以采取无为而治的方式，充分放手让社会机制大显身手。就信息资源产业政策而言，社会性政策工具特别能够发挥作用的领域包括：公益性信息资源建设，消弭数字鸿沟，对信息弱势群体的照顾，特殊信息技术的研发、推广和应用，信息教育和培训，超海量初始数据信息加工等。

第四篇

信息资源产业发展与政策优化案例

第14章

地理信息资源行业发展与政策

地理信息资源行业是信息资源产业的典型细分行业，是以现代测绘和地理信息系统、遥感、卫星导航定位等技术为基础，以地理信息开发利用为核心，从事地理信息获取、处理、应用的高技术服务业。随着近年来地理信息产业迅速兴起并保持高速增长，这一战略性新兴行业在我国经济社会发展中的作用日益显现。本章用数据事实概要反映了我国地理信息资源行业发展状况，对该行业产业政策与管理的基本情况做出了分析判断，提出了产业政策及管理的发展需求与改进建议。

14.1 地理信息资源行业的边界与组成分类

14.1.1 地理信息资源行业的边界与特征

地理信息资源行业，有时也称为地理信息产业（本书中统一称为“地理信息资源行业”），在信息资源产业中占有重要地位，但边界和组成结构尚不清晰。《国民经济行业分类》（GB/T 4754－2011）将产业定义为“从事相同性质的经济活动的所有单位的集合”。从这一角度来讲，地理信息资源行业简而言之是围绕地理信息资源而开展经济活动的产业集合体。通过梳理对地理信息资源行业的若干定义，可以总结出地理信息资源行业的几个基本特征：

第一，以地理信息资源或地理信息内容为劳动对象，通过对地理信息资源的加工与处理，提供地理信息产品和服务。

第二，以知识和现代信息技术的运用为主要劳动方式，地理信息系统、遥感、卫星定位等高新技术是产业发展的必备手段。

第三，地理信息资源行业资源消耗少、环境影响小、吸纳就业强，并且服务范围覆盖社会经济发展的多个领域，社会效益和经济效益均较高。

第四，地理信息资源涉及国家安全等敏感内容，对技术、管理、政策依赖性强，因此在信息资源产业中具有特殊性。

在判断地理信息资源行业边界时，是否将地理信息设备制造行业列入，是一个值得探讨的问题。信息资源产业是信息产业的重要组成部分。粗略地说，信息产业包括了三大部分：提供设备的制造业、提供通信等功能的运营业和提供内容的信息资源产业。[①] 同理，地理信息资源行业也包括三大部分：提供设备的制造业、提供通信等功能的运营业和提供内容的地理信息资源行业。事实上，地理信息资源行业与地理信息设备制造行业的交叉融合特征极为明显，如导航仪制造，也就是说地理信息资源行业与制造业存在密切的“共生关系”，这一点与关于“产业共生”的论题研究结论不谋而合。这使地理信息资源和设备制造两者很难严格区分开来。然而，作为信息资源行业的重要组成部分，地理信息资源行业的核心对象是地理信息资源，设备仅起支撑作用；行业链起于信息资源，止于信息资源；行业的发展呈现由设备向资源的转移即脱离硬件的趋势。基于上述理由，我们更倾向于将支撑地理信息资源开发利用为目的的设备制造作为一项重要内容，列为地理信息资源行业的一部分。

14.1.2 地理信息资源行业组成与分类

我国尚无“地理信息资源行业分类标准”，地理信息资源行业渗透在国民经济的各个行业中，在《国民经济行业分类》(GB/T 4754－2011)中，主要在信息产业和科技服务业等产业中有所涉及，如表 14－1 所示：

① 冯惠玲，杨红艳．信息资源产业内涵及其与相关产业的关系探究．情报资料工作，2011(2)：10－14.

表 14-1 地理信息资源行业各领域在《国民经济行业分类》中的定位

一级分类	二级分类	三级分类	四级分类	涉及地理信息资源行业的领域
C 制造业	37 铁路、船舶、航空航天和其他运输设备制造业			测绘卫星、导航定位卫星、摄影测量飞机的制造
	40 仪器仪表制造业	401 通用仪器仪表制造	4013 绘图、计算及测量仪器制造	测量和绘图用具、器具的制造
		402 专用仪器仪表制造	4023 导航、气象及海洋专用仪器制造	用于气象、海洋、水文、天文、航海、航空等方面的导航、制导、测量仪器和仪表及类似装置的制造
	43 金属制品、机械和设备修理业	434 铁路、船舶、航空航天等运输设备修理	4343 航空航天器修理	测绘卫星、导航定位卫星、摄影测量飞机的修理
I 信息传输、软件和信息技术服务业	64 互联网和相关服务	642	6420 互联网信息服务	互联网地图服务
	65 软件和信息技术服务业	651	6510 软件开发	地理信息软件开发
		652	6520 信息系统集成服务	地理信息系统集成
		653	6530 信息技术咨询服务	地理信息技术咨询
		654	6540 数据处理和存储服务	地理信息数据处理和存储
M 科学研究和技术服务业	73 研究和试验发展			地理信息技术研究和发展
	74 专业技术服务业	744	7440 测绘服务	测绘服务
		745	7450 质检技术服务	地理信息质检技术服务
		746 环境与生态监测		地理国情监测

资料来源：乔朝飞．地理信息产业的内涵及分类．测绘地理信息发展动态，2012（47）：10-14.

按照地理信息资源类型的不同，地理信息资源行业还可分为航空航天遥感、大地与工程测量（测绘）、地理信息相关软件开发、地理信息应用工程服务、导航与位置服务、地图制作与出版服务等主要产业内容：1）航天航空遥感包括航天航空遥感数据获取与处理、遥感数据应用服务，以及遥感数据代理；2）大地与工程测量（测绘）主要包括大地测量服务和各类工程测量服务；3）地理信息相关软件开发主要包括地理信息系统软件、摄影测量软件、遥感数据处理软件、导航软件以及行业应用软件等的开发；4）地理信息应用工程服务主要包括地理信息应用系统集成、地理信息外包服务等；5）导航与位置服务主要包括导航电子地图生产、卫星导航与定位服务、互联网地图服务、LBS等；6）地图制作与出版服务包括基于不同介质、不同内容和不同形式的地图及相关产品的生产和服务。① 随着地理信息资源行业的持续发展，新型的地理信息资源也在不断涌现中，甚至形成了新的细分领域。

目前，部分学者通过行业统计和调查，在对地理信息资源行业分支产值进行评估的基础上，得出了中国地理信息资源行业的重点领域。如图14-1所示，我国地理信息资源行业主要以测量和地图领域为主，其总产值的比重为47.5%，占据了地理信息资源行业的近半壁江山，其次为卫星导航，占比在30%左右，GIS软件占比在12.5%左右。可以说卫星导航及位置服务和互联网地图服务（测量与地图）（以RS、GPS为主）、地理信息软件（以GIS为主）的发展（简称为“3S”）是目前及今后一段时间内地理信息资源行业的重点发展领域。②

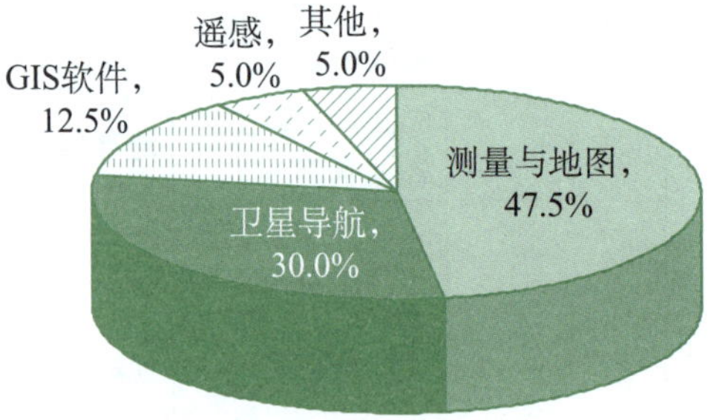

图14-1　地理信息资源行业的重点领域比重

资料来源：中国地理信息资源行业年产值超过1 000亿元.（2013-11-30）[2015-08-10]. http://news.hongzhoukan.com/11/1220/seolw154921_15.html.

① 徐德明.2011中国地理信息资源行业发展报告.北京：社会科学文献出版社，2011：2.

② 中国地理信息资源行业年产值超过1 000亿元.（2013-11-30）[2015-08-10]. http://news.hongzhoukan.com/11/1220/seolw154921_15.html.

14.2 地理信息资源行业的发展现状及特点

14.2.1 地理信息资源行业的发展历程

我国地理信息资源行业形成于 20 世纪 90 年代末，根据地理信息资源行业的成长历史，可将这一行业的发展划分为三个阶段，即萌芽阶段、起步阶段和快速发展阶段。

萌芽阶段主要是在 20 世纪 90 年代以前。这一阶段的总体特征是：还没有出现“地理信息资源行业”一词。地理信息系统和遥感技术处于引进和实验阶段，成立了相关的研究机构。卫星导航定位技术还处于科研探索阶段。地理信息企业和产品极少，模拟地图是地理信息产品的主要形式。地理信息技术专业人才屈指可数，成为中国地理信息技术的最先采用者。

起步阶段主要指 20 世纪 90 年代初至 21 世纪初的一段时期。这一阶段的总体特征是，地理信息技术迅速发展，企业、产品、应用迅速增多，产业迅速扩大到一定规模。

快速发展阶段主要指 21 世纪初至今，这一快速发展态势还将持续一段时期。随着全球计算机技术、网络技术、航天航空技术的迅速发展，一些地理信息核心技术得到突破。中国已经形成了比较完备的测绘与地理信息基础数据采集体系，初步建成了全国卫星遥感信息接收、处理、分发体系和卫星对地观测应用体系。2000 年，中国开始建设北斗导航定位系统，标志着中国卫星导航技术正逐步走向成熟，也标志着卫星导航产业的逐步形成。一些地理信息技术已达到国际先进水平。

14.2.2 地理信息资源行业的发展规模

经过多年的发展，中国地理信息资源行业已经初具规模。如图 14－2 所示，近年来地理信息资源行业的产值规模增长迅速，增长速度保持在 20%以上。

根据图 14－3 还可以看出，据估算，近 10 年来，地理信息资源行业年产值占同年中国信息资源产业总值的 5%左右，但由于其增速（年均约 20%）显著高于信息资源产业的总体增速（10%～15%），预计到 2020 年，地理信息资源行业的产值占信息资源产业总值的比重将提升至 10%。

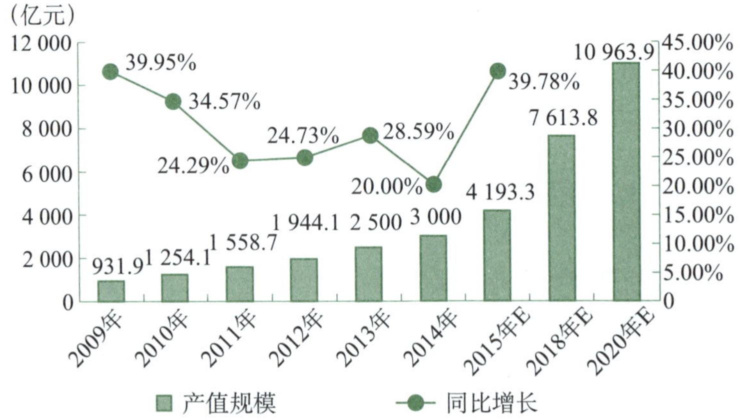

图 14-2　2009—2020 年我国地理信息产业产值规模及增长趋势

数据来源：2009 年至 2014 年的市场规模数据来自蒋平（前瞻产业研究院）. 2009—2014 年我国地理信息产业产值规模及增长趋势数据．（2015-08-03）［2015-08-15］．http://bg.qianzhan.com/report/detail/459/150803-25bc840c.html；2015 年及之后的预测数据来自陈辅取．《国家地理信息产业发展规划（2014—2010）》印发　地理信息产业将受益．（2014-09-18）［2015-08-15］．http：//www.qianzhan.com/analyst/detail/220/140918-789a21e4.html.

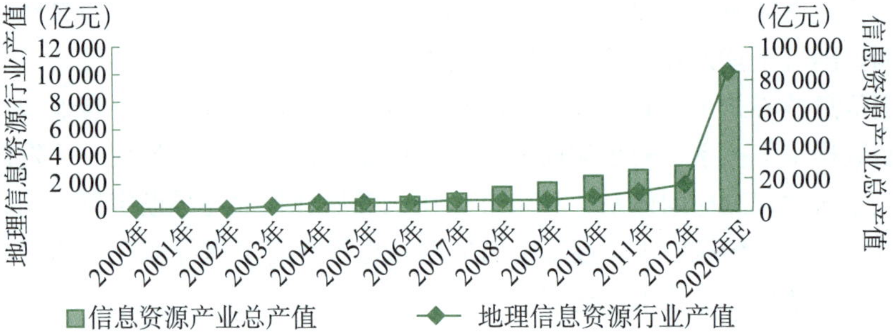

图 14-3　中国地理信息资源行业产值估算及其与信息资源产业产值的对比

数据来源：国联证券研究；钱明辉，等．中国信息资源产业发展报告(2014)．2015 年 6 月．

20 世纪 90 年代以后，中国地理信息资源企业数量也呈现出显著的快速增长趋势。2010 年以后，发展势头更为迅猛，截至 2013 年，中国地理信息资源行业从业单位已有 2.3 万多家，从业人员超过 40 万人。[①]

此外，中国地理信息资源行业投融资渠道逐步多元化，企业重组并购

① 叶奕．地理信息产业呈蓬勃发展态势．科技智囊，2014（10）：45-49.

步伐加快，产业组织结构不断优化。目前已有 13 家地理信息资源企业在国内外资本市场上市，有近 10 家企业首次公开募股。但上市公司普遍都位于“中小板”或“创业板”，总体规模也很小。根据 2015 年上半年对 A 股地理信息及北斗导航相关企业总资产的分析，行业内各企业的总资产超过 10 亿的分别为：四维创新 32.7 亿、合众思壮 22.8 亿、中海达 18.4 亿、北斗星通 18.2 亿、数字政通 14.6 亿、华力创通 10.9 亿、振芯科技 10.3 亿、天泽信息 10.1 亿，如图 14 - 4 所示。

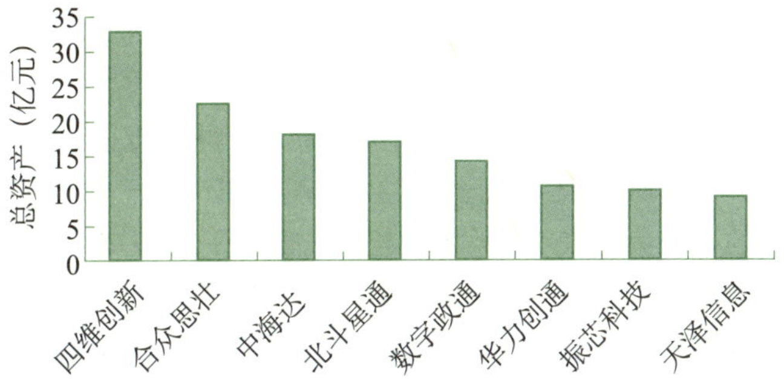

图 14 - 4　地理信息资源行业企业总资产（数据来源：深交所 2015 年的公告）

从最新的产值估算也可以看出，地理信息资源行业的重点领域基本反映出中国地理信息资源行业的发展状况。如表 14 - 2 所示：

表 14 - 2　　中国地理信息资源行业分支产值构成表

产业类型	2007 年产值	2008 年产值	2012 年产值	产业内容细分
测绘（47.4%）	200 亿	285 亿元	900 亿元	主要包括测绘与数据生产，还包括部分地理信息系统工程、遥感产业中的测绘航空摄影和摄影测量与遥感部分、卫星导航产业中的 GPS 接收机和导航定位系统部分、地图出版
卫星导航（30.5%）	120 亿	180 亿元	580 亿元	车辆监控、消费产品、OEM 产品、航海、航空、信息服务
GIS（12.6%）	50 亿	75 亿元	240 亿元	其中包括 GIS 基础软件，数据处理与系统集成等应用服务
遥感（4.7%）	20 亿	30 亿元	90 亿元	主要包括卫星遥感数据代理及数据处理服务、航空摄影遥感数据获取服务、遥感数据的应用和增值服务

续前表

产业类型	2007年产值	2008年产值	2012年产值	产业内容细分
其他（4.7%）	超过20亿	30亿元	90亿元	如各级信息中心作为乙方应用地理信息技术的相关产业部分，以及大型IT企业应用地理信息技术的产业部分等，未在上述统计范围内
总计	超过400亿	600亿元	约1 900亿元	

资料来源：徐德明．抢抓机遇　同心聚力　共促地理信息产业繁荣发展——在2012中国地理信息产业大会第七届海峡两岸GIS研讨会上的讲话．地理信息世界．2013（2）：2－5.

中国地理信息资源行业重点领域也顺应了全球地理信息资源行业的重点发展方向。例如以GPS为代表的卫星导航应用市场已成为继移动通信和互联网之后的全球第三大IT经济增长点，2001—2009年全球卫星导航定位应用市场规模年均增长率为23.3%，2009年也继续保持了15%以上的增速，市场规模达到660亿美元，2013年全球卫星产业收入为1 952亿美元，其中全球卫星服务业收入1 186亿美元，占卫星产业总收入的61%；地面设备制造业收入555亿美元，占28%；卫星制造业收入157亿美元，占8%；发射服务业收入54亿美元，占3%①；GIS市场中，2013年全球GIS平台软件市场总量约为100亿美元，平均还以每年15%的速度在增长，成为增长速度最快的基础软件类别之一②；2012年全球遥感（远端检出）技术市场为91亿美元，之后以6.4%的CAGR（年复合增长率）增长，预计2017年将达到124亿美元③。

然而，上述数据与国际竞争对手相比仍是微不足道的。事实上，自主创新能力不足是我国地理信息资源行业发展的重要缺陷。我国使用的卫星遥感数据90%以上来自美、法、加等国家，卫星导航应用95%以上的市场建立在美国GPS卫星定位系统之上，卫星导航定位系统、遥感卫星等核心基础设施和重大技术装备主要依赖国外。④ 在中国的地理信息资源行业市场中，以美

---

① 童曙泉．2020年中国卫星导航产业将达4 000亿元．北京日报，2014－12－11.

② 李争粉．依托自主创新，GIS平台软件步入云时代．中国高新技术产业导报，2014－10－13.

③ BCC Research. 遥感探测（远隔检测）技术和全球市场（Remote Sensing Technologies and Global Markets）．（2013－09－19）［2015－08－20］．http：//www. giichinese. com. cn/report/bc223038-remote-sensing-technologies-global-markets. html.

④ 徐德明．抢抓机遇　同心聚力　共促地理信息产业繁荣发展——在2012中国地理信息产业大会第七届海峡两岸GIS研讨会上的讲话．地理信息世界，2013（2）：2－5.

国 ESRI 公司、加拿大 PCI 公司等为代表的发达国家 GIS 软件产品和方案提供商，其产品成熟、稳定性好、可靠性强，全球用户也最多。2009 年 ESRI 公司占有全球地理信息系统软件市场 30%的份额，Intergraph 公司占有 16%的市场份额。[①] 虽然在本土企业的努力下，境外企业的市场份额有所减少，但中国本土地理信息资源企业仍然面临异常激烈的竞争。[②]

14.2.3 地理信息资源行业的空间布局

地理信息资源行业对高新技术依赖较强，对当地的资源禀赋要求较高，目前中国地理信息资源行业整体呈现“一带一组团”的分布特征，且集聚发展的特征越来越明显。地理信息资源行业主要集中在沿海地带和几个内陆省会城市组成的团体。在国家地理信息科技产业园的带动下，黑龙江、浙江、陕西、湖北、江西、云南、广西、江苏、四川、山东等省区先后启动了地理信息资源行业园或产业基地建设。[③]

环渤海地区拥有得天独厚的地域优势、资源优势、经济优势，地理信息资源行业发展较为迅速，其中北京地区尤为突出，在行业链的众多领域聚集了一批行业知名的企业。天津市“十二五”期间重点打造卫星应用产业基地，开展包括国家北斗卫星导航信息服务中心北斗卫星应用项目在内的重大项目建设。河北省依托中国电子科技集团第五十四研究所，面向北斗导航系统应用，积极推进河北地理信息资源行业的发展。山东省地理信息资源行业相关的产业园区相继建设起来，如潍坊的“山东测绘地理信息资源行业基地”、烟台的“正元地理信息产业园”、胶州湾的“北斗卫星导航应用（胶州湾）产业园”等。

长三角区域经济基础好，应用潜力大，制造业和现代信息服务业发达，高科技产业密集，高等院校等科研单位较多，为地理信息资源行业的发展提供了坚实的基础。上海市作为中国三大国家级民用航天产业基地之一和国家四个北斗卫星导航产业运营中心之一，在卫星定位导航应用、卫

---

① 乔朝飞，孙威．国际地理信息产业发展现状及趋势分析//中国地理信息产业发展报告（2011）．北京：社会科学文献出版社，2011：261－267.

② 2013 中国地理信息产业大会召开．（2013－10－10）［2015－08－15］．http：//www. cagis. org. cn/chanyeyaowen/1187. html.

③ 2013 中国地理信息产业大会召开．（2013－10－10）［2015－08－15］．http：//www. cagis. org. cn/chanyeyaowen/1187. html.

星及遥感器、遥感应用和GIS开发等领域均具较高水平。江苏省在卫星导航及地理信息系统领域具有较强的科研和产业基础，南京市正着手打造中国最大的“北斗”产业应用发展基地。浙江省是全国测绘资质单位密度最高的省级行政区之一，致力于打造带动长三角、辐射全国、影响世界的地理信息资源行业基地。

珠三角区域是中国电子信息制造业发达地区，在地理信息资源行业领域拥有包括中海达、南方测绘集团、广州奥格智能科技有限公司、广州建通测绘技术开发有限公司、深圳凯立德等在内的一批知名地理信息企业，特别是在卫星导航领域，已经形成了较为完整的行业链。

中西部地区主要以湖北、陕西等地区为代表。陕西是中国航天领域实力最为雄厚的地区之一，科教资源丰富，科研生产条件良好，技术实力雄厚，为地理信息资源行业的快速发展奠定了坚实的基础。湖北省是中国空间信息技术密集程度最高的地区之一，地球空间信息技术及行业发展方面处于全国领先地位。

14.2.4 地理信息资源行业的竞争状况

地理信息资源市场由三类企业参与竞争（本土民营企业、外资企业和政府背景企业），其中，政府背景企业通常为国有企业或事业单位，有些还承担行业的行政管理工作，既是“运动员”又是“裁判员”，垄断资源，严重影响了市场的公平竞争。可以说，公平公正的市场竞争环境尚未形成。我国从事地理信息产业的企事业单位大致有两种：一种是同国家机关相脱钩的企事业单位，一种是科研机构和高校的科研型企事业单位。第一种单位，有的虽然在形式上已经同国家机关相脱钩，但实际上在人事关系和业务上仍存在着剪不断、理还乱的关系，甚至还有部分吃财政拨款的单位也进入了市场。而第二种单位即科研型单位的竞争环境尚未形成，这主要是由技术原因所造成的，即它们以特定的研究项目为中心，其产品暂时也不具备竞争条件。①

① 何建邦，吴平生，余旭，等．地理信息资源产权政策研究．测绘科学，2008，33（1）：1-13.

14.3 地理信息资源行业的产业政策及管理现状和需求分析

通过互联网和相关数据库，本部分对地理信息资源行业发展相关的政府文件进行了全面的梳理，共收集到 193 份文件，这些文件实际上就是我国地理信息资源行业产业政策的集合。课题组对这些产业政策进行了认真的分析，以便全面反映该行业产业政策和管理的现状，进一步优化发展的需求。

14.3.1 产业政策及管理的发展阶段

按照时间顺序，中国地理信息行业产业政策及管理可分为五个阶段描述，这五个阶段以四个标志性事件为节点，分别是地理信息概念的提出，地理信息与互联网的结合及管理规范，北斗卫星导航系统的基本建成和投入使用，《国务院办公厅关于促进地理信息产业发展的意见》的出台。根据这样的划分标准，中国地理信息产业政策的发展可以分为酝酿期、萌芽期、初创期、成熟期、黄金期这五个阶段。

1. 酝酿期——一系列基础测绘政策及管理的铺垫

此阶段的时间跨度从 1988 年至 1999 年，这一时期出台的政策文件都是面向基础的测绘、地图方面的，以地理信息质量监控为主要内容。如《测量标志保护条例》（国务院，1984.1）、《中华人民共和国测绘成果管理规定》（国务院，1989.3）、《中华人民共和国地图编制出版管理条例》（国务院，1995.10）、《地图审核管理办法》（国家测绘局，1996.12）、《测绘生产质量管理规定》（国家测绘局，1997.7）、《测绘质量监督管理办法》（国家测绘局、国家技术监督局，1997.8）等。测绘是地理信息产业的基础，由于八九十年代计算机的应用还没有普及，计算机技术也基本没有应用到测绘行业，因而相关文件均是关于基础测绘和地图的，还没有地理信息产业的概念。严格地讲，这些文件并不是面向地理信息产业的，只能算是现代地理信息产业政策和管理的酝酿和基础。

2. 萌芽期——地理信息概念的出现以及开发利用的市场监管

这一时期的时间跨度是从1999年至2005年。这一时期的政策文件相对于上一时期有所突破，不仅仅局限于基础的测绘和地图，地理信息这个概念被提出并频繁出现。国家测绘局1999年12月出台的《国家基础地理信息数据使用许可管理规定》首次提出了对地理信息数据使用的管理规定，之后《重要地理信息数据审核公布管理规定》（国土资源部，2003.5）、《关于进一步加强地图市场监督管理工作的意见》（国家测绘局、国家工商管理总局、新闻出版总署、商务部、海关总署、外交部，2003.9）、《关于加强国家版图意识宣传教育和地图市场监管的意见》（国家测绘局、中宣部、外交部、教育部、商务部、海关总署、工商总局、新闻出版总署，2005.1）等政策相继出台。这些政策和管理把重点从地理信息的获取转移到对地理信息的利用，另外，伴随着地理信息资源开发利用从政府垄断走向市场化，对市场监管也成为这一时期政策和管理的一个特点。

3. 初创期——地理信息资源行业与互联网的融合发展及管理规范

此阶段的时间跨度从2005年至2012年，最典型的特点是地理信息资源行业与互联网和相关信息技术的结合，关于这一现象的政策也是层出不穷。从第一个关于规范互联网地图使用的政策文件《关于加强网上地图管理的通知》（国家测绘局、新闻出版总署、信息产业部，2005.5）开始，国家有关部门相继颁布了《关于开展数字城市地理空间框架建设试点工作的通知》（国家测绘局，2006.5）、《关于加强互联网地图和地理信息服务网站监管的意见》（国家测绘局、外交部、公安部、信息产业部、国家工商管理总局、新闻出版总署、新闻办、保密局，2008.2）、《国家测绘局政府网站内容保障暂行办法》（国家测绘局，2008.3）、《关于加强互联网地图管理工作的通知》（国家测绘局，2009.12）、《互联网地图服务专业标准》（国家测绘局，2010.5）、《国家测绘局关于加强测绘系统网站建设的指导意见》（国家测绘局，2011.3）、《关于进一步加强地图导航定位产品统一监管工作的通知》（国家测绘局，2012.6）等一系列政策法规和其他规范性文件，对互联网与地理信息产业结合的各个方面做出了指导、监督和管控。

这一时期的政策和管理呈现出三个明显的特征。

第一个特征是加强质量管理、注重自主创新，如《关于加强测绘质量管理工作的通知》(国家测绘局，2006.5)、《关于实施测绘科技发展“十一五”规划　增强自主创新能力的意见》(国家测绘局，2006.5)、《测绘标准化工作管理办法》(国家测绘局，2008.3)、《基础地理信息标准数据基本规定》(国家测绘局，2008.5)、《测绘自主创新产品认定管理办法(试行)》(国家测绘局 2009.10)、《测绘成果质量监督抽查管理办法》(国家测绘局，2010.3) 等，从出台时间和内容上看具有高密度、大强度的特点，足见国家对地理信息产业质量和创新能力的重视。

第二个特征是对行业门槛和从业资质加强了管理，如《注册测绘师制度暂行规定》(国家测绘局，2007.3)、《测绘行业技师考评管理办法（试行)》(国家测绘局，2007.8)、《测绘行业技师考评实施细则（试行)》(国家测绘局，2008.11)、《测绘资质管理规定》(国家测绘局，2009.3) 等，明确了对从业企业和从业人员的管理要求。

第三个特征是注重地理信息保密管理，如《国家测绘局关于加强涉密测绘成果管理工作的通知》(2008.3)、《外国的组织或者个人来华测绘管理暂行办法（修订)》(国土资源部，2011.4)、《关于进一步贯彻落实测绘成果核心涉密人员保密管理制度的通知》(国家测绘局，2011.12)、《关于加强涉密测绘地理信息安全管理的通知》(国家测绘局，2012.5) 等，把地理信息安全纳入国家安全的体系，对地理信息资源的安全提出了明确要求。

4. 成熟期——北斗卫星导航系统的基本建成和投入使用

2012 年 12 月 27 日，中国北斗卫星导航系统（BeiDou Navigation Satellite System，BDS）空间信号接口控制文件正式版 1.0 正式公布，正式对亚太地区提供无源定位、导航、授时服务，标志着地理信息资源行业的发展和政策管理进入成熟期。此阶段持续到 2014 年前后。北斗系统是中国自行研制的全球卫星导航系统，是继美国全球定位系统（GPS)、俄罗斯格洛纳斯卫星导航系统（GLONASS）之后第三个成熟的卫星导航系统，与美国 GPS、俄罗斯 GLONASS 和欧盟 GALILEO 同为联合国卫星导航委员会认定的供应商。2014 年 11 月 23 日，国际海事组织海上安全委员会审议通过了对北斗卫星导航系统认可的航行安全通函，这标志着北斗卫星导航系统取得面向海事应用的国际合法地位。

2013 年 12 月 27 日，北斗卫星导航系统正式提供区域服务一周年新闻发布会在国务院新闻办公室新闻发布厅召开，正式发布了《北斗系统公开服务性能规范（1.0版）》和《北斗系统空间信号接口控制文件（2.0版）》两个系统文件。针对我国北斗卫星导航系统的基本建成和使用，相关部门也出台了相应的措施，如《国家卫星导航产业中长期发展规划》（国务院，2013.9）、《加快推进北斗卫星导航产业规模化发展》（发改委，2013.10）、《国家测绘地理信息局关于北斗卫星导航系统推广应用的若干意见》（国家测绘局，2014.3）等，这对于北斗卫星系统的推广使用具有重要意义，对我国地理信息资源行业的新发展起到了必要的推动作用。

5. 黄金期——《关于促进地理信息产业发展的意见》的出台

2014年以来，党和国家对地理信息资源行业的发展的重视程度明显提高，李克强总理、张高丽副总理等党和国家领导同志都对测绘地理信息工作做过多次批示，为地理信息资源行业的发展提供了良好的政策和管理条件。此阶段出台了两个重量级的文件，即《国务院办公厅关于促进地理信息产业发展的意见》（国务院，2014.1）和《国家地理信息产业发展规划（2014—2020年）》（国家测绘局，2014.7），地理信息资源行业被确立为国家战略型新兴产业，国家在资金、资源、政策等方面给予大力支持。这是首次从产业发展的战略层面颁布的地理信息资源行业发展促进政策，对于行业的发展至关重要。与此同时，测绘地理信息统一监管方面的法律体系也不断完善，《中华人民共和国测绘法》将再次修订，以《测绘法》为核心的测绘地理信息法律体系基本形成，《国家测绘地理信息局立法规划（2015—2020年）》（国家测绘局，2015.2）对地理信息法律体系进行了明确的规划设计。可以说，地理信息资源行业的政策和管理正处于黄金期。

14.3.2 既有产业政策与管理的基本面貌

从内容上，可将关于地理信息资源行业的产业政策和管理文件分为三大类：关于产业发展的综合性政策及管理文件、关于细分领域的专门政策及管理文件、体制和工具保障性质的政策及管理文件。

1. 关于产业发展的综合性政策及管理文件

此类文件涉及产业发展各个领域、各个方面的政策或管理问题，体现了党和国家对地理信息资源行业在战略层面的高度重视。根据前文分析，

2012 年以前均未出现地理信息资源行业的综合性文件，比较有影响力的综合性文件都是最近几年发布的。

(1)《测绘地理信息发展“十二五”总体规划纲要》的发布

2011 年 6 月，国家测绘地理信息局发布《测绘地理信息发展“十二五”总体规划纲要》，该纲要提出，到 2015 年建成“数字中国”地理空间框架和信息化测绘体系，实现本土化产品关键领域替代，建立基础地理信息在线服务，地理信息产值实现跨越式发展等目标。而《全国基础测绘“十二五”规划》指出，“十二五”期间，国家测绘地理信息局将按照“构建数字中国、监测地理国情、发展壮大产业、建设测绘强国”的发展战略和建设全国“一个网、一张图、一个平台”的总体部署，大力发展基础测绘事业。该规划指出国家将继续壮大地理信息资源行业，重点推进卫星导航及位置服务、现代测绘装备制造、地理信息软件、互联网地图服务的发展，以及做优做强我国地理信息服务网站“天地图”。重点措施包括：“十二五”期间，要完成全部数字省区建设、全部地级市和有条件县级市的数字城市建设，建成全国卫星导航定位服务网络，形成较为完备的基础地理信息资源体系并实现持续动态更新；重点推进卫星导航及位置服务、现代测绘装备制造、地理信息软件、互联网地图服务的发展。虽然这一文件主要针对测绘地理信息，但对于地理信息资源行业的总体发展也具有重要意义。

(2)《国务院办公厅关于促进地理信息产业发展的意见》的出台

2014 年 1 月 22 日国务院办公厅正式印发了《国务院办公厅关于促进地理信息产业发展的意见》（国办发〔2014〕2 号)。这是国务院在新形势下为促进我国地理信息资源行业发展做出的重大决策部署，明确了从国家战略的高度研究扶持和推动产业发展的基本方针，是我国地理信息资源行业发展史上具有里程碑意义的纲领性文件。这一意见内容涵盖了我国地理信息资源行业发展的重大意义、总体要求、发展目标、重点发展领域、保障措施、信息安全与共享等重要内容，具有指导性、实用性和可操作性，充分体现了国务院对该行业发展的高度重视和大力支持，有利于加快形成地理信息资源行业发展合力，提高产业国际竞争力，更好地服务于经济社会发展，对开创我国地理信息事业新局面具有十分重要的指导意义。

具体来讲，该意见一方面强调地理信息是重要的战略性信息资源，关系到国家主权、安全和利益，在维护政治、经济、军事、科技和其他非传统领域国家安全方面发挥着重要作用，要求发展地理信息资源行业必须在保障国家地理信息安全的前提下进行。另一方面又明确了分类指导的原则：对于具有战略性或关系国家安全的领域，坚持以国家投资为主，通过建立健全法律法规体系妥善处理好地理信息保密与开放的关系；对于市场化程度高的重点发展领域，以社会投资为主，政府通过多种方式给予政策、资金扶持；对于地理信息社会化服务，主要由企业提供，政府给予合理引导和支持，基础地理信息实行免费或低收费政策。这样，既能保障地理信息资源安全，又能促进地理信息资源的广泛应用，有效缓解长期以来地理信息保密与开放的矛盾。该意见还具体地提出了应着力推进的 5 个地理信息资源行业重点发展领域：提升遥感数据获取和处理能力、振兴地理信息装备制造、提高地理信息软件研发和产业化水平、发展地理信息与导航定位融合服务和促进地理信息深层次应用。

（3）国家地理信息产业发展规划（2014—2020 年）

2014 年 7 月 18 日，国家测绘地理信息局、国家发展和改革委员会联合印发了《国家地理信息产业发展规划（2014—2020 年）》，这是在国家层面上的首个地理信息资源行业的发展规划，是对《国务院办公厅关于促进地理信息产业发展的意见》的进一步细化和充实。由于规划将意见中“促进地理信息深层次应用”分为“地理信息应用服务”和“地图出版与服务”两个部分，两个文件对产业重点领域划分有所不同。无论是意见还是规划，将地理信息重点发展领域进行细分，都是为了产业发展引导更有针对性。规划中明确的六大领域，既有传统的产业分支，如装备制造、地图出版等，也有新型的产业分支，如导航定位服务等。因此，该规划根据各领域发展的轻重缓急，因事制宜地提出要优先发展导航定位融合服务，着力发展数据和软件服务，振兴装备制造，繁荣地图出版。

该规划还针对各领域发展的薄弱环节，进一步细化了发展要求。例如，对于测绘遥感数据服务，重点要实现以国外数据代理服务为主、自主数据服务为辅，向自主数据服务为主、国外数据代理服务为辅的根本性转变，继续深化遥感数据的社会化应用。对于测绘地理信息装备制造，重点在于构建高新技术、输出产品、占领市场提供渠道，推进测绘地理信息技术装备由“中国制造”向“中国创造”。对于地理信息软件，在保持我国数字摄影测量软件等方面的优势基础上，应重点发展高性能遥感数据处理软件等相对薄弱的领域。对于地理信息与导航定位融合服务，这是地理信息产业新的增长点，要重点发展地理信息位置服务。对于地理信息应用服务，要继续深化地理信息在政府、行业等方面的应用。对于地图出版与服务，在推动传统地图出版转型升级的同时，根据时代要求创新地图服务模式。

这一规划对我国地理信息产业的影响体现在以下几个方面：第一，为地理信息资源行业的发展营造了良好的政策环境，与国办意见共同形成了一股强大的政策推动力，由此带来政策环境不断优化，社会关注度不断提升，市场主体积极性不断提高。第二，产业发展的重点和方向更加明确，使发展重点更加突出，政策制定更有针对性，发展要求更具体，不仅在宏观上更具指导性，在微观上也更具操作性。第三，对促进地理信息资源行业做大做强具有重要现实意义。可以预见，规划的适时出台是对国家稳增长、促改革、调结构、惠民生政策措施的有效落实，将有效促进我国地理信息资源行业日益繁荣，提升高技术产业、绿色产业在国民经济中的占比，促进经济结构优化。①

2. 关于细分领域的专门政策及管理文件

地理信息资源行业有很多分支领域，如测绘、地图、导航与定位、GIS 软件、卫星、遥感等，由于这些领域相互之间既有相对的独立性，又互相关联甚至重叠，因此分类标准和结果差异很大。针对各个分支领域国家相关部门也出台了一系列政策和管理措施。本部分选取了测绘、地图与导航和遥感卫星三个分支领域对专门政策和管理文件举例进行阐述。

（1）测绘领域

测绘具有比较悠久的历史，现在的地理信息资源行业是在测绘服务业的基础上发展起来的，从这个角度上看，测绘可以说是地理信息产业的前身，但从目前地理信息资源行业的内涵上看，测绘又是地理信息产业的一个重要组成部分。在搜集到的地理信息资源政策和管理文件中，有很大一部分是关于测绘的。比如在国家层面上有《测绘生产质量管理规定（试行）》（国家测绘局，1988.3）、《中华人民共和国测绘成果管理规定》（国务院，1989.3）《国家物价局、财政部关于发布测绘系统行政事业性收费项目及标准的通知》（国家测绘局、国家物价局、财政部，1992.5）、《测绘工作证管理规定》（国家测绘局，1995.1）、《中华人民共和国测量标志保护条例》（国家测绘局，1997.1）、《测绘生产质量管理规定》（国家测绘局，1997.7）、《测绘质量监督管理办法》（国家测绘局，1997.8）、《测绘

① 邹礼卿，刘全子．打开地理信息产业政策“红包”．国土资源导刊，2004（8）：10－13.

行政执法证管理规定》（国家测绘局，2000.1）、《“十一五”期间测绘外事工作基本思路》（国家测绘局，2007.10）、《测绘地理信息行政执法证管理办法》（国土资源部，2014.7）等；在地方上主要是各省的测绘管理条例。这些文件涉及测绘工作的各个方面，包括测绘质量、测绘统计、测绘监督、测绘行政执法、测绘管理、测绘收费等，全方位、各角度、多层次地对测绘行业进行了规范管理，对于测绘行业的健康有序发展起到了重要作用。

（2）地图与导航领域

地图出版和导航是地理信息资源行业的一个重要分支，是与普通大众生活关系非常密切的一个领域，国家相关部门对此领域也进行了一系列的规范。

其中最基础的是《地图管理条例》（国务院，2015.11），该条例规定了地图工作的管理主体，地图编制的资格，应当遵守的标准和原则，地图审核的机构、内容和流程，地图出版的手续的要求，互联网地图管理规范以及相应的法律责任和义务。

关于地图的出版和管理，国家也出台了一系列文件。比如《中华人民共和国地图编制出版管理条例》（国家测绘局，1995.7）对地图出版进行了规范；《关于进一步加强地图市场监督管理工作的意见》（国家测绘局、国家工商管理总局、新闻出版总署、商务部、海关总署、外交部，2003.9）对地图的使用、收费、下载等各个环节提出了一系列要求和规定；《关于加强国家版图意识宣传教育和地图市场监管的意见》（国家测绘局、中宣部、外交部、教育部、商务部、海关总署、工商总局、新闻出版总署，2005.1）着重强调了版图意识在地图上的体现，并且要求相关企业和部门重视国家版图意识的培养和宣传；《关于加强网上地图管理的通知》（国家测绘局、新闻出版总署、信息产业部，2005.5）、《关于加强互联网地图管理工作的通知》（国家测绘局，2009.12）、《互联网地图服务专业标准》（国家测绘局，2010.5）对互联网地图的质量、技术标准，提供实用的版本和格式，保密的内容和要求，收费的项目和标准进行了规定；《地图内容审查上岗证管理暂行办法》（国家测绘局，2008.6）、《关于进一步加强实景地图审核管理工作的通知》（国家测绘局，2014.9）分别对地图导航、内容、实景地图的绘制进行了管理和规定。

最近几年，随着地图导航市场的迅速发展，为了规范地图导航市场，国家相关部门也出台了相应的政策和管理措施，但数量并不多，主要有《关于导航电子地图管理有关规定的通知》（国家测绘局，2007.11）、《关于进一步加强地图导航定位产品统一监管工作的通知》（国家测绘局，2012.6）等。其中，前者规定了采集数据的范围、地图编制的资质、保守国家秘密的要求、地图审核的规定、监管处罚的方式等事项，后者则再次强调了加强统一监管，加强电子地图审核工作，充分发挥协会作用组织开展地图质量、软件功能和硬件性能的测评，建立信息公开制度，开展专项整治，加强组织领导等事项。

出于国家安全的考虑，我国政府对地图数据进行控制。我国目前处于对基础设施和道路进行大规模的升级改造阶段，需要经常对地图进行更新，单纯依靠国家的力量来制作和更新电子地图，不仅投入巨大，而且很难满足市场需求。而企业想要参与，却又缺乏国家政策的支持，导致大多数从事车辆导航的企业都拥有自己的电子地图格式，但地图标准不统一又导致各自为政、互不兼容。因此，有专家建议，“要解决现状，国家就必须尽快减少甚至是取消对地图政策的限制，并制定政策鼓励企业积极参与电子地图数据开发。对地图政策的限制虽然在一定程度上起到了保密的作用，但并不能达到绝对保密。目前国外高分辨率卫星已经可以做到利用遥感影像直接定位，提取地形 DEM 和各类设施等信息。地图政策的限制已经失去了实际意义，但政府相关部门的反应不够及时。而且国家还需要尽快建立统一的地图标准。产业标准的统一是推动整个产业进入轨道、高速发展的必要因素之一，而这正是目前导航电子地图产业最缺乏的。目前，多个行业相关组织和公司机构都纷纷提出了关于地图标准不统一的问题，希望尽量打破当前市场上各自为政互不兼容的局面，避免低水平的重复建设，迫切希望达成导航电子地图产业的统一标准”①。

（3）遥感卫星领域

目前，我国主要有民用和商业卫星两类遥感卫星。其中民用遥感卫星主要指不以营利为目的的，主要服务于国家政府部门、公众业务等的遥感卫星，以国家投资为主；商业遥感卫星主要指以营利为目的，广泛应用于商业市场的遥感卫星，以市场公司投资为主。到目前为止，我国并没有出台专项法案或政策对商业遥感卫星产业发展进行规范管理，只是在国家部分文件中提及遥感卫星商业发展的支持政策，以及图片发布等相关约束条件，并规定了商业遥感卫星产业的准入要求。

① 史庆领．政府对导航电子地图政策管制应与时俱进的思考．(2009-11-07) [2015-08-15]．http：//www.zdor.cn/news/html/zx/221848.html.

从事民用遥感卫星制造及发射的准入条件主要由《国务院关于投资体制改革的决定》《中华人民共和国无线电管理条例》《民用航天发射项目许可证管理暂行办法》和军队相关法规条例等进行规定。根据国内相关政策：民用（含商用）卫星项目研制需上报国家发改委；卫星无线电通信频率需向工信部无线电管理局上报，由无线电管理局统一向联合国国际电信联盟登记备案。商业遥感卫星应用产业的准入条件主要由国家测绘地理信息局的《中华人民共和国测绘法》《测绘资质管理规定》和《测绘资质分级标准》等相关政策，以及军方的相关规定进行约定。此外，国务院办公厅转发的《关于整顿和规范地理信息市场秩序的意见》规定：地理信息市场中的信息获取、提供、使用、生产、出版和传输等环节受国家测绘地理信息局、工信部、国家工商行政管理总局、国家新闻出版总署、国家保密局等部门联合监管。可见，与测绘领域和地图与导航领域相比，遥感卫星领域的政策和管理明显不够全面和规范，难以满足领域发展的迫切要求。

3. 体制和工具保障性质的政策及管理文件

产业的发展不仅仅是技术和业务层面的进步和升级，更要有一套良好的体制和工具保障政策，这主要体现在生产和市场监管、从业资格、信息安全等方面，是行业健康良性发展的必备前提。此类政策和管理措施对地理信息资源行业发展的促进主要体现在以下三个方面：第一，引导科技创新和标准、设施建设；第二，规范基础地理信息使用；第三，促进地理信息社会化服务体系建设，充分发挥基础地理信息在管理与决策中的作用。①

（1）生产和市场监管类

针对地理信息产业发展的质量和市场监管，国家相关部门出台了一系列体制和工具保障性政策，如《中华人民共和国测绘成果管理规定》（国务院，1989.3）、《中华人民共和国地图编制出版管理条例》（国家测绘局，1995.7）、《地图审核管理办法》（国家测绘局，2006.6）、《关于进一步加强地图市场监督管理工作的意见》（国家测绘局、国家工商管理总局、新闻出版总署、商务部、海关总署、外交部，2003.9）、《关于加强国家版图意识宣传教育和地图市场监管的意见》（国家测绘局、中宣部、外交部、教育部、商务部、海关总署、工商总局、新闻出版总署，2005.1）、《关于

① 周德军，徐磊，宁振亚．地理信息产业的政策引导和市场监管．地理信息世界，2008，6(4)：36-39.

加强测绘地理信息法治建设的若干意见》（国家测绘局，2011.7）、《关于加强互联网地图和地理信息服务网站监管的意见》（国家测绘局、外交部、公安部、信息产业部、国家工商管理总局、新闻出版总署、新闻办、国家保密局，2008.2）、《互联网地图服务专业标准》（国家测绘局，2010.5）等。

（2）从业资格认证制度

随着地理信息产业的不断发展和成熟，相关部门对地理信息行业从业者的从业资格进行了一系列的规范，对于从事地理信息产业业务活动的人员，逐步建立从业资格认证制度。如《测绘行业技师考评管理办法（试行）》（国家测绘局，2007.8）、《测绘行业职业技能鉴定质量督导管理办法》（国家测绘局，2007.8）、《国家测绘局专业技术职务任职资格评审管理办法》（国家测绘局，2007.8）、《注册测绘师资格考核认定办法》（国家测绘局，2007.1）《测绘行业技师考评实施细则（试行）》（国家测绘局，2008.11）等。通过政府认定的考核鉴定机构，对劳动者的技能水平或职业资格进行客观公正、科学规范的评价和鉴定，从而保证从业人员的水平和能力。

（3）地理信息安全保密政策

地理信息安全也是我国信息安全的重要组成部分，我国相继发布了若干与地理信息安全保密相关的法律法规与国家标准，主要有《国家测绘局关于加强涉密测绘成果管理工作的通知》（2008.3）、《国家测绘局关于进一步加强涉密测绘成果行政审批与使用管理工作的通知》（2010.9）、《外国的组织或者个人来华测绘管理暂行办法（修订）》（国土资源部，2011.4）、《国家测绘地理信息局机关网络信息系统安全管理暂行规定（试行）》（国家测绘局，2011.9）、《关于进一步贯彻落实测绘成果核心涉密人员保密管理制度的通知》（国家测绘局，2011.12）、《关于加强涉密测绘地理信息安全管理的通知》（国家测绘局，2012.5）等。

这些法规确定国家保密工作部门、国务院测绘行政主管部门是测绘主管部门，应当依照有关保密法律、行政法规的规定，确定测绘成果的秘密范围和秘密等级；规定了国家基础地理信息的秘密范围，包括绝密级范围、机密级范围及秘密级范围；确定了需要保密的事项，如《导航电子地图安全处理技术基本要求》明确规定直接服务于军事目的的各种军事设施、军事禁区、军事管理区及其内部的所有单位与设施，与公共安全相关的单位及设施，涉及国家经济命脉，对人民生产、生活有重大影响的民用设施，专用铁路及站内火车线路、铁路编组站，桥梁的限高、限宽、净空、载重量和坡度属性，隧道的高度和宽度属性，公路的路面铺设材料属性等内容不得在地图上出现。

(4) 地理信息产业中的产权政策

资源与财产归属于何种产权主体所有，以及产权主体享有何种权利，都必须通过国家政策或法律予以确认。其中产权归属解决了人与财产的关系，产权主体享有何种权利解决了人与人之间的关系。产权与政策具有密切联系，即产权是指主体对该资源享有的权利，而这种权利的设定需要国家通过政策或法律予以确认。然而，从搜集到的政策文献来看，几乎没有关于产权政策的，可以说，我国在地理信息产权政策这个领域基本上处于空白，急需尽快完善。

当前，我国地理信息资源产权政策存在两个主要问题：第一，我国地理信息资源产权政策滞后于产业的发展。我国至今尚未针对地理信息资源产业发布专门的产业产权政策，只有《测绘法》和《气象法》及相关行政法规中，有规定基础性、公益性地理信息资源实行无偿使用与有偿使用相合的政策。

制定地理信息资源产权政策必须以产权的一般原理与地理信息产权的特殊性为依据。同其他产权政策相比较，地理信息资源产权政策的特殊性，就在于它是为发展地理信息产业这个特定产业部门而制定的政策。就产权的一般原理来说，必须考虑作为产权客体的财产所存在的自然规律性；作为产权主体来说，必须考虑主体需求的目的性，即经济价值规律与社会发展规律；作为产权权利内容，必须考虑国家宪法、法律已有的规定及一般法学原理；最后还必须考虑产业发展现状及其存在的问题。

14.3.3 地理信息资源行业的产业政策及管理文件的统计分析

本部分从产业政策和管理文件的发布部门、时效性、效力级别等方面对政策及管理需求进行分析。

1. 产业政策和管理文件发布部门分析

地理信息资源行业政策和管理文件的发布部门主要包括：国务院、全国人民代表大会、国家测绘地理信息局、国土资源部、工业和信息化部、国家安全部、工商行政管理总局、商务部、海关总署、国家新闻出版广电总局和国家保密局 11 家。其中，国家层面的如《国务院办公厅关于促进地理信息产业发展的意见》由国务院发布，《中华人民共和国测绘法》由全国人民代表大会发布，各地测绘管理条例由地方人民大表大会发布；其他绝大部分文件都是由国家测绘局发布的。从这一角度来讲，地理信息资源行业的发展，仍有待突破测绘系统的政策和管理限制，由国务院、全国人民代表大会等机构出台更多的国家层面的政策和管理措施。

另外，虽然有一部分政策法规是由国家测绘局和其他部门联合发布，如《关于进一步加强地图市场监督管理工作的意见》（2003.9）由国家测绘局、国家工商行政管理总局、新闻出版总署、商务部、海关总署、外交部联合发布，《关于加强国家版图意识宣传教育和地图市场监管的意见》（2005.1）由测绘局、中宣部、外交部、教育部、商务部、海关总署、工商总局、新闻出版总署联合发布等，但整体上部门之间的互动结合不是特别密切，有待加强，尤其是涉及地理信息产业和其他行业如与互联网结合的政策法规，相关部门更应该互相合作、优势互补，从而对行业发展提供更加有力的支持和保障。

2. 产业政策和管理文件时效性分析

在搜集到的 193 份文件中，共有 26 份已经明确宣布废止，这些法规发布时间较早，或者是已经过时，如《测绘科技发展“十一五”规划》（2006.4）是对 2006 年至 2010 年测绘科技发展的指导规划。已经废止的政策法规一般都被新出台的政策法规代替，如国家测绘局 1990 年出台的《测绘部门统计工作管理规定》被 2001 年 2 月出台的《测绘统计工作管理暂行规定》取代，1994 年发布的《吉林省测绘管理条例》被 2010 年发布的《吉林省测绘条例》取代等。新出台的政策更加适应时代的发展和需要，在技术支撑和业务水平上都有了新的发展和进步。

当然大部分政策法规仍然是有效的，这些法规中也不乏出台时间较早的，需要发展和修订。如国家测绘局 2000 年 12 月出台的《房产测绘管理办法》距今已经 16 年之久，众所周知，房地产行业近几年经历了突飞猛进的发展，与当时已经大不相同，这部法规已经明显不适用于现在的形势，因而有必要加以修订。另外，《中华人民共和国测绘法》最近一次修订是在 2002 年，时间也比较久远。国务院在 2012 年立法工作计划中，已将《中华人民共和国测绘法》修订工作列为调研论证类项目。国家测绘地理信息局将密切配合国务院法制办公室、全国人大共同推进《测绘法》修订的调研、论证工作，为修订完善《测绘法》打下坚实基础，为我国测绘地理信息事业健康发展提供更坚实有力的法制保障。对于这些发布时间较久的法律，国家相关部门应该及时调整，及时修订，从而更好地发挥法律法规的指导作用。

同时，根据前文的分析，《国务院办公厅关于促进地理信息产业发展的意见》（国办发〔2014〕2号）、《测绘地理信息发展“十二五”总体规划纲要》（国家测绘局，2011.6）发布之后，地理信息资源行业的发展迈入了一个新的时代，现有的大部分政策和管理措施，都需要与之相适应，应根据这两个文件做出修改和完善。

3. 产业政策和管理文件效力级别分析

从效力级别上看，搜索到的193份文件中，法律1部，法规91部、规范性文件52份、部门规章16部、专门措施22份、发展规划11篇，如图14－5所示。

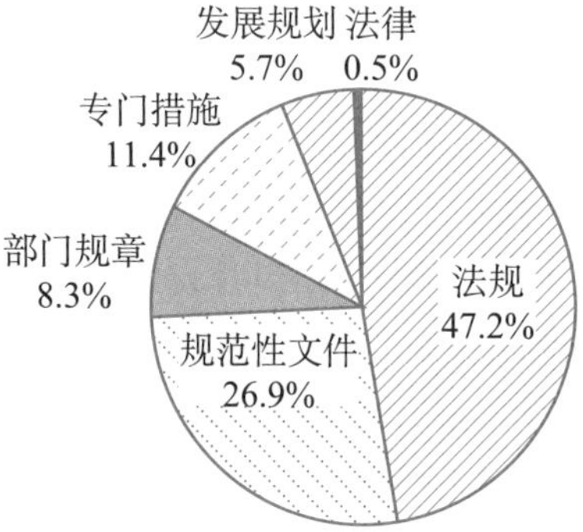

图14－5　地理信息行业政策及管理措施效力级别分布图

然而，深入分析就会发现，当前中国地理信息资源行业的政策和管理措施中，法律仍较为缺乏。目前唯一一部法律是《中华人民共和国测绘法》（2002）。一方面，这部法律发布时间较早，其修订也被列在国务院法律修订计划之内；另一方面，这部法律还不能覆盖地理信息资源行业的全部需要，仅仅是针对测绘这一个方面，在法律制定层面上，可以指导行业各个方面综合性的法律仍然缺位。此外，专门性措施、规范性文件、部门规章等所占比重仍较大，说明当前的政策和管理措施仍未进入稳定期，随着行业的纵深发展，一系列新的问题必然会持续出现，政策和管理也需要与时俱进才能满足需要，达到政策和管理体系的逐步成熟。

14.4 对地理信息资源行业产业政策及管理的基本判断

前文所述的政策和管理措施对地理信息资源行业的发展起到了积极的指导和促进作用。可以说地理信息资源行业的产业政策和管理已从零散管控发展到产业综合治理阶段。政府对地理信息资源行业发展的重视达到了空前的高度。然而这并不意味着我国地理信息资源行业的政策和管理体系是完善合理的。事实上，地理信息资源行业的政策不完善、制度不健全、规划不到位等问题比较突出，在地理信息知识产权保护、交换与共享等方面缺乏行之有效的政策措施。[①]

14.4.1 产业政策及管理的现状与不足

综上所述，地理信息资源行业的政策和管理不足主要体现在如下几个方面。

第一，地理信息资源行业发展的现有产业政策和管理手段中，宏观层面的较多、微观层面的较少，难以充分发挥政策和管理对行业发展的推动作用。虽然政府已在产业层面意识到了发展地理信息资源行业的重要性，但只有宏观的综合治理政策和管理措施是不够的，细节方面的配套制度亟待完善，比如大量的政策和管理文件需按新的宏观方针更新、文件的效力有待提高、政策工具和管理方式也需要进一步拓展。

第二，产业政策与管理措施对地理信息资源行业的适用性不强，地理信息资源企业只能依靠相关的“普适性”政策。这些“普适性”政策针对性差，无法满足地理信息资源行业的发展需要，比如“营改增”政策就无法使该行业的企业受益。

第三，部分行业部分领域和环节的政策和管理严重缺位，滞后于地理信息资源行业的快速发展进程。如目前针对地理信息资源采集环节的政策较多，针对开发利用环节的政策较少，针对产权的政策、地图标准化的管

① 徐德明．抢抓机遇 同心聚力 共促地理信息产业繁荣发展——在 2012 中国地理信息产业大会第七届海峡两岸 GIS 研讨会上的讲话．地理信息世界，2013（2）：2－5.

理手段等均处于缺失状态。

第四，尽管与诸多行业相比，地理信息资源行业的治理部门相对较少，但仍然存在“多头管理”“监管漏洞”等情况，因此要继续建立有效的协同治理机制。

第五，当前地理信息资源行业中“国家队”的存在严重抑制了行业的健康发展和公平合理的市场竞争环境的形成，亟须有效治理。然而，目前的政策和管理对此问题尚无明显的涉及或充分的关注。

第六，与国际企业相比，本土地理信息资源企业的规模仍相对较小，亟须政策扶持壮大，但目前提升本土企业国际竞争力的政策和管理手段十分少见。

14.4.2 产业政策及管理的发展需求与改进

针对政策及管理状况的不足，结合对相关企业的实地调研，我们将地理信息资源行业的政策及管理需求及改进方向总结如下：

第一，在《国务院办公厅关于促进地理信息产业发展的意见》等宏观政策的基础上，加强配套实施制度的建设和可操作措施的制定，使宏观政策得到切实贯彻，真正发挥推动地理信息资源行业发展的作用。

第二，制定针对地理信息资源行业的政策，切实减轻地理信息资源行业企业的税收负担。如将地理信息资源企业纳入“高新技术企业”并给予相应政策。

第三，进一步拓宽政策工具方式和管理手段，通过政府采购等方式，扶持地理信息资源重点企业的发展。“给政策不如给市场”，比如，依据《政府采购法》等的条款，落实政府带头使用国内企业生产的地理信息系统产品。

第四，在行业发展层面，建立有效的协同治理机制，协调政府相关部门形成并推动有效的行业发展政策和管理措施，切实推动行业的高速发展。

第五，大力推进“民进国退”的行业治理模式，规范竞争市场，给予企业更多的发挥空间。要进一步厘清政府职能，政府部门与部门之间的管理也需要得到更明确合理的划分；同时也应尽快对参与市场竞争的公共部门进行改革，使其更专注于协会监管、资质认证审批等，将商业性业务交由企业完成。

第六，大力支持地理信息资源企业的自主创新和“走出去”活动，提升行业国际竞争力。比如，可以通过商务部、科技部的“援外项目”，将企业的产品推销出去，或者通过补贴“高新技术项目”等方式实现技术输出，尽早占领行业发展的技术高地。

第 15 章

测绘信息服务行业发展与政策

从 20 世纪 80 年代开始，到今天短短 30 多年间，我国信息资源产业中的细分行业——测绘信息服务业取得了飞速的发展，并已在国际上居于领先地位。本章结合测绘信息服务业产业政策颁布及实施情况与该行业发展现状的概要介绍，分析讨论了该行业发展中存在的问题，并就其今后的发展道路提出了建议。

15.1 测绘信息服务业的概况

15.1.1 行业的缘起与发展历程

测绘服务业的发展离不开 3S 技术（GIS，地理信息系统；GPS，全球定位系统；RS，遥感技术）。1994 年，国家将发展地理信息系统、遥感技术与应用，加快建设国家基础地理信息系统等内容写进了中国 21 世纪议程；1995 年，“地理信息系统发展战略国际研讨会”召开，“地理信息产业”概念首次公开提出，并且地理信息产业自此普遍出现于各类政府规划政策中；1996 年，基础测绘被列入国民经济和社会发展计划；1999 年，我国成功发射“资源一号”卫星（CBERS-1），测绘服务业开始进入快速发展时期；2006 年颁布的《中华人民共和国国民经济和社会发展第十一个五年规划纲要》首次从国家层面提出要发展地理信息产业。

学术界对于测绘服务业与地理信息产业一直保持高度关注：1990 年，

《测绘科技动态》杂志发表有关测绘服务业的文章，这是第一篇可靠的有关地理信息产业的学术研究论文；1994 年，国内学者提出测绘业是地理信息产业的基础与支柱①，测绘服务业是地理信息产业的支柱产业，而测绘的归宿是 GIS②；2010 年，学术界对测绘服务业的研究有了新进展，认为从某种意义来讲，现代测绘业就是地理信息产业③。

15.1.2 行业发展现状及其特点

测绘服务业自起步至今，无论产业产值、市场规模、市场主体结构都相当可观，下面就从这三个方面展现其发展状况。

1. 产业产值

如图 15－1 所示，信息资源产业在近五年里取得了巨大的发展，其产值从 2010 年的 21 069.02 亿元增长到 2014 年 31 247.91 亿元，增长了 48.31%。基于国家和地方政府对信息资源产业的关注和扶植，这五年里（2010—2014 年）测绘服务业也发生了巨大的变化，其产值从 2010 年的 90.41 亿元增长到了 2014 年的 122.93 亿元，增长了 35.97%。

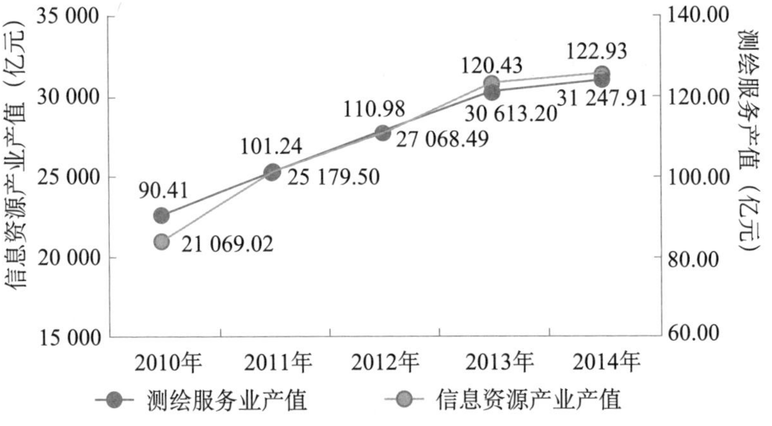

图 15－1　2010—2014 年信息资源产业、测绘服务业产值折线图

① 陈军，杜道生．试论地理信息产业的发展方向与行动对策．测绘通报，1994（6）：13－16.

② 王树声．信息化与 GIS：试论“金地工程”．测绘技术装备，1994（4）.

③ 罗名海．信息化测绘的时代背景与社会形态．城市勘测，2010（2）：10－12.

2. 市场规模及从业人口

在近五年的时间里，测绘服务业的市场规模也发生了巨大增长，从图 15－2 可以看出，从 2010 年到 2014 年，法人单位数从 3 704 个增长到 5 315 个，增长了 43.49%，与此同时测绘服务业从业人口（见图 15－3）也从 11.26 万人增长到了 16.17 万人。由于信息资源产业的整体发展，其从业人口截止到 2014 年已经达到 2 947.4 万，达到了 2008 年从业人口 1 808 万的约 1.6 倍，其中测绘服务业从业人口比例基本稳定在 0.55%左右（2008 年 0.56%，2014 年 0.54%）。

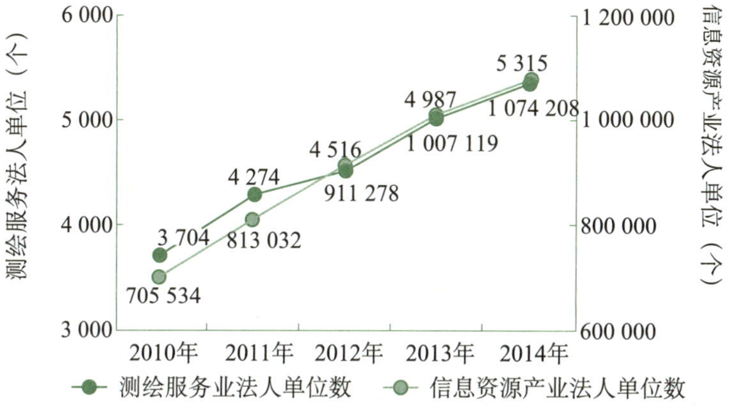

图 15－2　2010—2014 年信息资源产业、测绘服务业法人单位数折线图

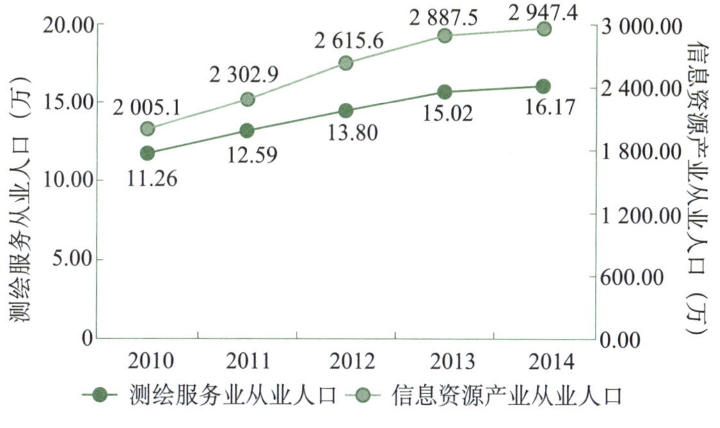

图 15－3　2010—2014 年信息资源产业、测绘服务业从业人口折线图

3. 地域发展状况及排名

尽管测绘服务业得到了巨大的发展，然而由于我国地域辽阔，不同地区地理信息资源储量存在巨大差异，以及国家政策的关注和落实程度高低不同，各地的测绘服务业有各自的特点。

通过表 15－1 可以观察出：五年间，各个区域的测绘服务业都得到了迅速发展，但各地呈现出差异性，其中华中地区增长最为迅速，其年均涨幅达到 12.59%，但是其发展基础较差，直到 2014 年其营业收入仍居于七大区域第六位，而华东地区则始终保持较好的发展势头，其 2014 年的营业收入基本达到 2010 年的 1.4 倍。

如表 15－2 所示，在法人单位方面，除东北、华南和西北地区外，其他区域基本都保持 10%上下的年均涨幅，但东北地区由于其较好的基础，法人单位数仍然高于华中、华南、西北地区，这与东北地区丰富的矿产资源所带来的产业基础优势有着较密切的关系。

如表 15－3 所示地域间的发展差异上，七大区域中除去东北地区，其他六大区域都保持 7%以上的年均增长率，尤其是华中地区，其增长率达到 13%以上，然而东北地区的增长率为 5.12%，远落后于其他地区。结合各地区法人单位增长速度和从业人口增长速度两个统计表可以发现，法人单位增长率与从业人口增长率呈现出一致的趋势，由此可见两者的发展符合一般的规律，并不存在单位人口密度的异常波动。

表 15－1　2010—2014 年七大地区测绘服务业营业收入统计表

营业收入（亿元）	华北	东北	华东	华中	华南	西南	西北
2010 年	16.75	11.91	30.13	5.83	9.36	11.37	5.07
2011 年	18.52	12.53	34.58	7.02	10.14	12.90	5.56
2012 年	20.12	13.09	38.58	8.08	10.84	14.28	5.99
2013 年	21.67	13.63	42.47	9.12	11.52	15.62	6.41
2014 年	22.12	13.91	43.35	9.3	11.76	15.95	6.54
年均涨幅	7.25%	3.96%	9.62%	12.59%	5.90%	8.91%	6.61%

表 15－2　2010—2014 年七大地区测绘服务业法人单位数统计表

法人单位（个）	华北	东北	华东	华中	华南	西南	西北
2010 年	684	486	1 241	238	382	464	209
2011 年	780	527	1 467	295	427	543	235

续前表

法人单位（个）	华北	东北	华东	华中	华南	西南	西北
2012 年	816	530	1 579	328	439	580	244
2013 年	894	561	1 769	377	475	645	266
2014 年	949	582	1 902	411	499	691	281
年均涨幅	8.59%	4.65%	11.35%	14.77%	6.96%	10.54%	7.73%

表 15－3　　2010—2014 年七大地区测绘服务业从业人口统计表

从业人口(万)	华北	东北	华东	华中	华南	西南	西北
2010 年	2.02	1.54	3.62	0.75	1.21	1.47	0.65
2011 年	2.22	1.62	4.15	0.91	1.31	1.67	0.71
2012 年	2.41	1.69	4.64	1.05	1.40	1.85	0.76
2013 年	2.60	1.77	5.12	1.19	1.49	2.03	0.82
2014 年	2.77	1.88	5.64	1.26	1.59	2.16	0.87
年均涨幅	8.22%	5.12%	11.74%	13.98%	7.07%	10.13%	7.57%

表 15－4 统计了 2010 年至 2014 年间测绘服务业营业收入对信息资源产业的贡献，其所占比重由 0.43%下降到 0.39%。这从另一方面反映出，信息资源产业其他子产业得到了迅速发展，对于经济的贡献也逐渐增加。整体来说，测绘服务业从 2010 年到 2012 年得到了迅速发展，各方面有大幅增长，而由于各地地理信息资源储量不同、政府关注和扶植力度大小不同等原因，其测绘服务业发展水平并不严格呈现平衡的态势。

表 15－4　七大地区测绘服务业营业收入占信息资源产业比重统计表

（单位：亿元）

	2010 年	2011 年	2012 年	2013 年	2014 年
测绘服务业	90.41	101.24	110.98	120.43	122.93
信息资源产业	21 069.02	25 179.50	27 608.49	30 613.20	31 247.91
比重	0.43%	0.40%	0.40%	0.39%	0.39%

15.1.3　行业管理体制发展沿革

测绘行业自诞生至今，其行政管理体制也经历了几个不同的发展阶段，根据专家的研究大致可以分为起步发展、恢复完善和职能转变三大阶段，其具体发展历程可见于表 15－5：

表 15－5　　测绘服务业管理体制发展里程表

时间	阶段	事件
1949—1973 年	起步发展阶段	1956 年 1 月，批准成立国家测绘总局
		1964 年 3 月后，各省、自治区测绘管理机构统一命名规则，并形成总局与各省、自治区双重领导的管理体制
		1969 年 11 月，国家测绘总局被撤销合并到总参测绘局
1973—1989 年	恢复完善阶段	1973 年 3 月，国家测绘总局恢复，地方各级测绘体制相继成立测绘局（处）
		1982 年，中央国家机关进行机构改革，国家测绘总局归口城乡建设环境保护部管理，改称国家测绘局
		1988 年，国家测绘局“三定”方案规定：国家测绘局归国务院下属，归口建设部
1989 年至今	职能转变阶段	1992 年，《中华人民共和国测绘法》颁布，规定国务院测绘行政主管部门主管全国测绘工作，有关部门职责由国务院分配
		2002 年 8 月 29 日第九届全国人民代表大会常务委员会第二十九次会议通过了《中华人民共和国测绘法》的修订，明确了国务院测绘行政主管部门的主管地位

15.2　产业政策文本分析

测绘服务业相关政策文件作为促进其发展的重要推动力，自该产业发展起步以来始终发挥着重要作用。本章选取北大法宝数据库收录的、与测绘服务业相关的产业政策文本作为分析对象，借助关键词出现的频率来衡量各地政府对于测绘服务业发展的关注程度，并根据其发展的实际情况，衡量产业政策文本的有效性。

15.2.1　行业产业政策的实施现状

本章采用信息资源产业政策环境指数（图 15－4）来衡量一个地区信

息资源产业政策环境优化程度的相对水平，用决策强度指数（图 15－5）来衡量政府部门对信息资源产业发展的重视程度和工作强度。通过对 31 个省级行政区信息资源产业公共政策指数的研究，发现七大区域信息资源产业在政策环境方面存在较大差异，如华北地区信息资源产业的政策环境指数为 79.19，并不位于各地区前列，但其政策强度为 81.53，却是七大地区的首位；相反，华南地区政策环境指数为 78.91，处于一般水平，但决策强度指数为 80.98，却是全国第二位，由此可见该地区对于产业政策的落实和关注程度较其他地区更高，对于信息资源产业的推动作用也更强。

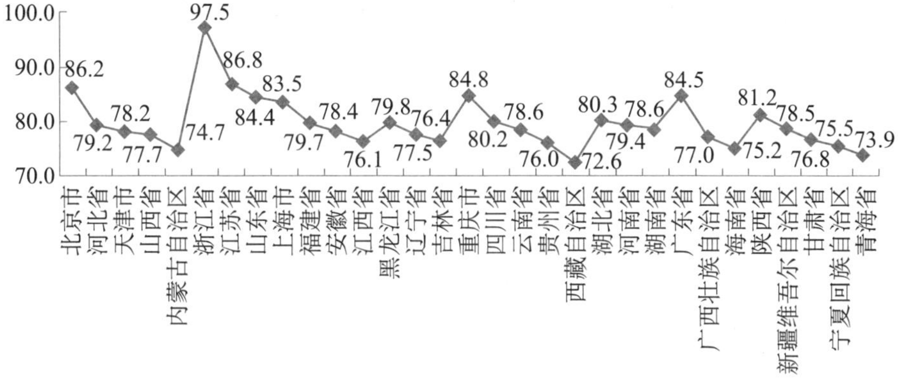

图 15－4　2014 年各省级行政区信息资源产业政策环境指数折线图

测绘服务业的发展也离不开政策的支持，中央多次颁布法律法规和规章制度对该行业进行规范，也不断发布许多地方性的政策文本进行扶持。以“测绘”为关键词搜索词，在北大法宝数据库中，搜索与其相关的政策，结果为：截至 2015 年 12 月，我国 31 个省、直辖市、自治区共颁布 926 部测绘服务业相关政策，去除失效文本，现行有效政策文件有 745 部。如表 15－6 所示，按我国现行地理区域划分统计：华东地区文本数为 291 篇，居七大地区之首；华南、华北、西北、华中、西南分别以 133、131、106、94、90 篇居于二、三、四、五、六位；东北地区测绘服务业共有 81 部政策文件，总数居于末位。我国颁布的测绘服务业相关地方性政策文本，分为地方性法规、地方政府规章和地方规范性文件三大类，在已颁布的 926 篇政策文本中，地方规范性文件有 666 篇，占总数的 71.92％，地方性法规文本有 117 篇，占总数的 12.63％，地方政府规章为 146 篇，占总数的 15.77％。

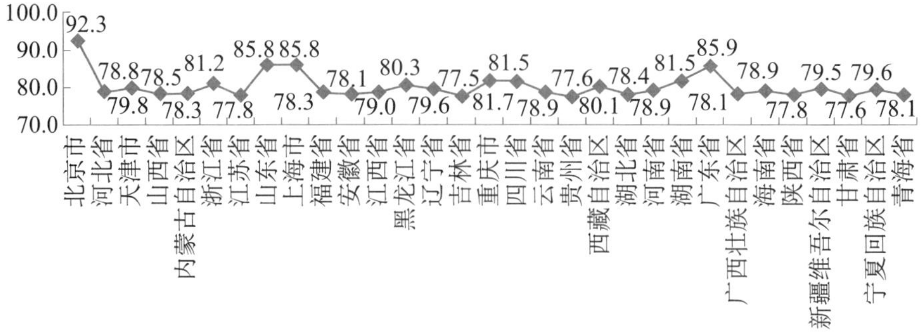

图 15－5　2014 年全国各省级行政区信息资源产业决策强度指数折线图

表 15－6　　七大地区七大地区测绘服务业相关政策文本数量统计表

	华东	华南	华北	华中	东北	西南	西北
总数	291	133	131	94	81	90	106
各省平均数	41.57	44.33	26.2	31.33	27	18	21.2

将各地域政策文本数除以其所包含的省级行政区数量，得到各省级行政区平均政策文本数，华南地区居于首位，由此可以看出该地区对于测绘服务业整体关注程度要高于其他地区。

本章拟确定若干关键词作为衡量政策文本对于测绘服务业关注程度的标准。首先，将地方政府政策文本的标题进行分词处理，去除其中无关词语，将剩余词语作为关键词，通过对全部文本进行关键词统计，以此来确定政策文本对于测绘服务业的关注程度。关键词确定为下面七个大类，如表 15－7 所示：

表 15－7　　政策分析关键词表

关键词类别	关键词
整体关注度	测绘、产品、成果
基本措施	编制、规划、促进、推进、完善、贯彻
	落实、实施、保障、职能、职责
行业监管	评审、评估、监管、监督、标准、规范
	基准、制度、法律、法制、整顿、整改、调整
人才管理	表彰、奖励、处罚、通报、人才、教育
	培训、考核、考试、资格、资质
成果管理	保密、公开、备案、档案、归档、更新、质量
市场监管	投标、招标、市场、秩序
产业数字化	互联网、网站、数码、数据库

通过编程将所有政策文本进行量化分析，统计其关键词的词频，处理结果如表 15-8 所示：

表 15-8　七大地区测绘服务业相关政策文本关键词词频统计表

地域	整体关注度	基本措施	行业监管	人才管理	成果管理	市场监管	产业数字化
华东	25 964	6 412	5 575	2 301	3 911	1 284	616
华南	8 025	1 747	2 351	869	1 286	290	166
华中	8 879	2 379	2 027	708	1 252	423	226
华北	10 379	2 394	2 122	866	1 388	485	244
西北	8 442	2 184	1 993	773	1 217	560	271
西南	8 053	1 837	1 577	731	1 188	317	159
东北	7 946	1 716	1 478	776	905	749	143

15.2.2　行业发展与产业政策对标

通过分析全国各区域政策文本中关键词出现的频数，可以大致确定其政府部门对于测绘服务业的关注程度。本研究通过观察对比发现，政府对于测绘服务业的关注程度与该产业的发展程度并不呈现严格的一致性：有些地区的政府部门对于测绘服务业关注程度较高，然而该产业发展程度并不高；相反，有些地区政府部门对该产业关注程度一般，但其发展程度却较高。结果见表 15-9：

表 15-9　七大地区政府部门测绘服务业关注程度部分指标与产业发展状况对比

地域	整体关注度	基本措施	成果管理	市场监管	行业监管	人才管理	产业数字化	2014 年产值（亿元）
华东	25 964	6 412	3 911	1 284	5 575	2 301	616	43.35
华南	8 025	1 747	1 286	290	2 351	869	166	11.76
华中	8 879	2 379	1 252	423	2 027	708	226	9.3
华北	10 379	2 394	1 388	485	2 122	866	244	22.12
西北	8 442	2 184	1 217	560	1 993	773	271	6.54
西南	8 053	1 837	1 188	317	1 577	731	159	15.95
东北	7 946	1 716	905	749	1 478	776	143	13.91

通过表 15-10 和图 15-6 可以看出：华中地区对于测绘服务业的整体关注度较高，其发展水平却居于七大区域的第六位，东北地区关注程度与

华中地区接近，但其测绘服务业的产值却居于全国第二位；尤其与华中地区产生对比的是西南地区，其关注程度居于全国末位，但是行业的产值却超过华中地区。产生这种差异现象的原因是多方面的。

第一，各地域地理信息资源储量存在差异。如我国东北地区石油矿产丰富，因此政府部门对于此类资源的勘测和产业发展的扶植力度就较高，其政策在落实方面也相对容易，而我国华中地区矿产资源储量相对较为贫瘠，故而即使政府对于测绘服务业的关注程度很高，这种关注转变为产值的难度也较大。

第二，各地经济基础不同，政策落实能力存在差异。通过信息资源产业发展的整体情况不难看出，华南地区因其地理位置的优越性、先期政策的前瞻性等原因，经济发展水平较高，信息资源产业的发展程度也位于各区域的前列，因此在落实政府部门的政策方面也存在许多优势，相对其他地区更容易将政府建议落到实处，而西北地区在政策落实方面则相对滞后。

第三，各地人才、技术等专业性条件差异导致产业发展速度不一致。测绘服务业作为一类专业性较强的信息资源产业，其发展所需要素不局限于政策扶植力度、经济条件、资源储量等，专业性人才和技术也在极大程度上影响着产业的发展。东部沿海地区本身开放程度较高，相对边远地区更易于吸收高新技术和尖端人才，也更容易吸收各类投资，存在较大的发展优势。

第四，实际操作部门是否将政府建议落到实处，有效地推动产业发展是另一原因。政策文本中关于测绘服务业的关键词出现频数只能在理论上反映政府部门对于产业发展的关注程度，然而真正推动产业发展的是各地的实际措施，如果仅颁布相关政策规章却不实际落实，那么测绘服务业也不会有实质上的发展。

表 15-10　　七大地区测绘服务业省均关注度与产值统计表

	华南	华东	华中	华北	东北	西北	西南
省均整体关注度	2 675	3 709	2 960	2 076	2 649	1 688	1 611
省均行业产值（亿元）	3.84	6.07	3.04	4.33	4.54	1.28	3.12

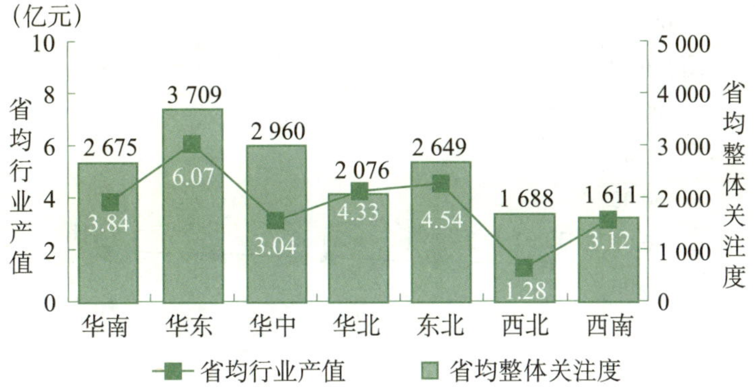

图 15-6　七大地区测绘服务业省均整体关注度与行业产值对比柱状图

15.3　东西部地区的对比分析

15.3.1　东部地区测绘服务业

1. 产业规模

从图 15-7 可以看出，东部地区测绘服务业产值近年来逐步稳健增长。从 2010 年的 30.97 亿元增长到 2014 年的 37.41 亿元，累计增长 20.79%。虽然东部地区测绘服务业产值占全国总产值比例（见图 15-8）每年均有下降，但是均保持在 30%以上，足以说明东部地区是我国测绘服务业的重点地区。但是近年来东部地区增长速度不及全国，说明东部地区测绘服务业还存在较大的发展空间。

从图 15-9 图 15-10 可以看出，东部地区从业人口虽然每年有所增长，但是涨幅也明显低于全国测绘服务业从业人口。从以上图表来看，全国测绘服务业无论产业产值还是市场规模都呈现快速增长的趋势，但是相较之下东部地区则落后于全国平均水平。

从图 15-7 和图 15-11 中可以看出，东部地区测绘服务业法人单位数基本上与其产值保持相同的增长趋势，而不及全国测绘服务业法人单位数的增长速度。

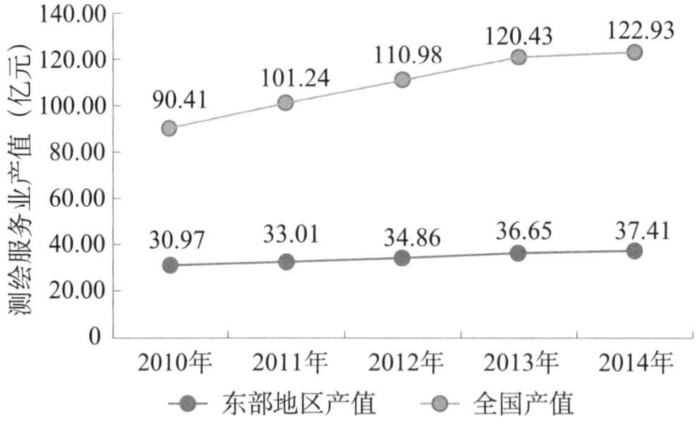

图 15－7　测绘服务业全国产值与东部地区产值对比折线图

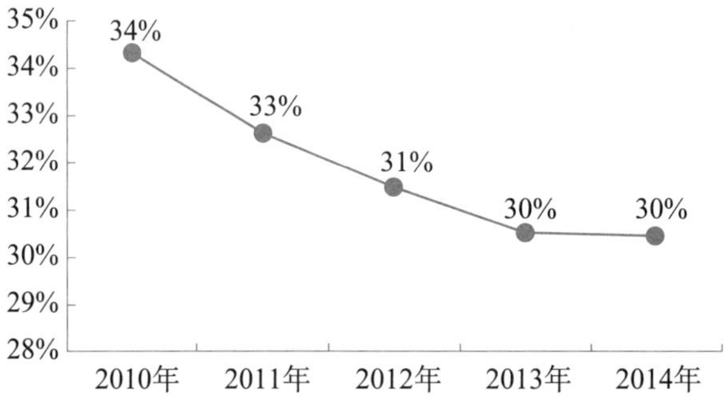

图 15－8　东部地区测绘服务业产值占全国比例折线图

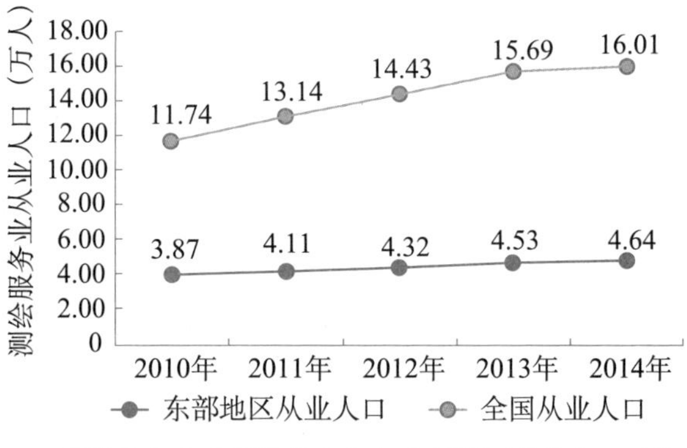

图 15－9　测绘服务业全国从业人口与东部地区从业人口对比折线图

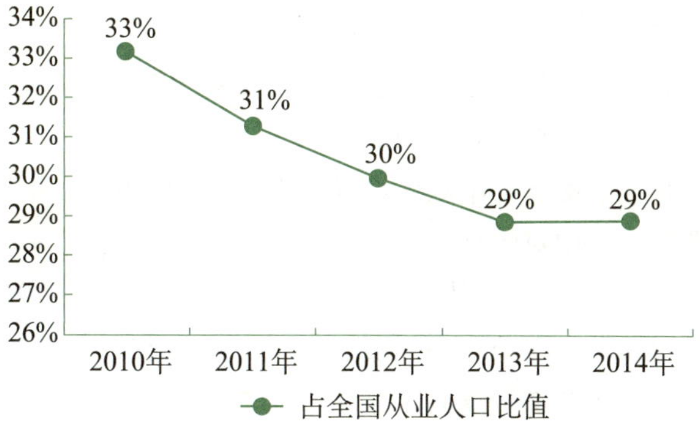

图 15-10　东部地区测绘服务业从业人口占全国比例折线图

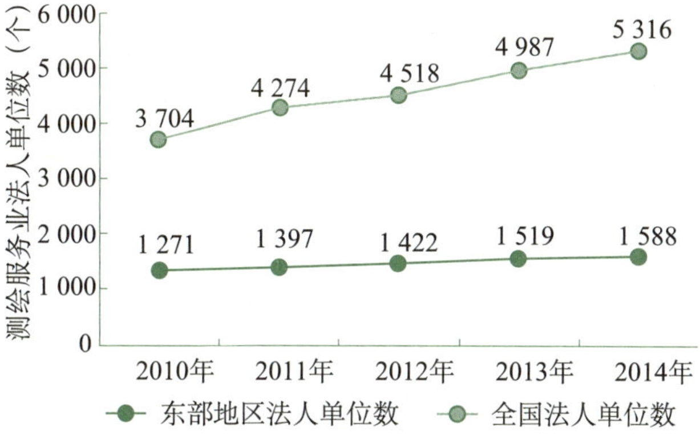

图 15-11　测绘服务业全国法人单位数与东部地区法人单位数对比折线图

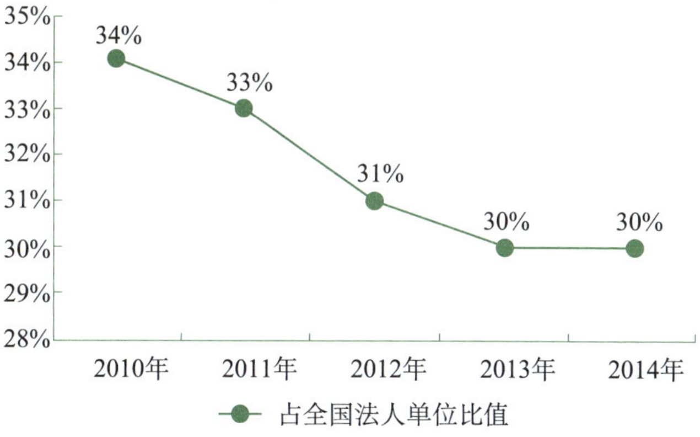

图 15-12　东部地区测绘服务业法人单位占全国比例折线图

2. 地域发展状况

从表 15-11 测绘服务业产值来看，江苏省和浙江省在东部地区中较高，在 2014 年分别达到 9.85 亿元和 9.6 亿元。而其中，江苏省的产值增长速度在东部地区中最高，平均年增长率达到了 9.48%，相较之下，浙江省的平均年增长率则相对较低。

从表 15-12 测绘服务业从业人口来看，江苏省和浙江省也同样处于东部地区中较高的水平，在 2014 年到达了 0.90 万人和 1.30 万人，其中江苏省的从业人口增长速度也是最高，平均年增长率达到了 9.87%。

从表 15-13 测绘服务业法人单位数来看，东部地区也同样呈现出与产业产值和从业人口相同的增长趋势。

表 15-11　东部地区测绘服务业产值（亿元）统计表

年份	上海市	江苏省	浙江省	山东省	广东省	北京市
2010	1.451 6	6.88	8.36	5.46	5.16	3.66
2011	1.451 8	7.88	8.74	5.75	5.51	3.68
2012	1.451 8	8.77	9.08	6.02	5.83	3.71
2013	1.451 9	9.65	9.41	6.28	6.13	3.73
2014	1.482	9.85	9.6	6.41	6.26	3.81
年均增长率	0.52%	9.48%	3.52%	4.10%	4.96%	1.01%

表 15-12　东部地区测绘服务业从业人口（万人）统计表

年份	上海市	江苏省	浙江省	山东省	广东省	北京市
2010	0.195 8	0.62	1.13	0.74	0.70	0.49
2011	0.196 0	0.71	1.18	0.78	0.74	0.50
2012	0.196 2	0.80	1.23	0.81	0.79	0.50
2013	0.196 3	0.88	1.27	0.85	0.83	0.50
2014	0.200 3	0.90	1.30	0.87	0.85	0.52
年均增长率	0.57%	9.87%	3.57%	4.14%	4.99%	1.51%

表 15-13　东部地区测绘服务业法人单位数统计表

年份	上海市	江苏省	浙江省	山东省	广东省	北京市
2010	59	288	341	223	211	149
2011	61	339	368	242	232	155
2012	58	365	369	244	236	150
2013	59	408	387	259	253	153
2014	60	438	401	269	264	156
年均增长率	0.47%	11.13%	4.17%	4.84%	5.81%	1.19%

3. 产业政策现状

自测绘服务业发展起步至今，中央曾多次颁布法律法规和规章制度对该行业进行规范，同时也不断发布许多地方性的政策文本进行行业扶持。以关键词为搜索项，以“测绘”为搜索词，在北大法宝数据库中，搜索结果如表 15－14 所示：

表 15－14　东部地区政策数量统计表

	总数	有效	失效	修订	未生效	部分失效	地方性法规	地方政府规章	地方规范性文件
江苏	60	52	6	2	0	0	6	9	45
浙江	56	47	6	3	0	0	5	6	45
山东	52	47	2	3	0	0	2	7	43
上海	26	19	2	5	0	0	6	4	16
广东	101	96	4	1	0	0	3	3	95
北京	30	19	10	0	0	1	4	4	22
总计	325	280	30	14	0	1	26	33	266

从表 15－14 中可看出，东部地区测绘服务业政策文本总计 325 篇，其中有效政策 280 篇，占全国比重分别为 35.10%、30.24%。东部地区中，上海政策数量最少，远低于其他省市及直辖市，仅为 26 篇，而以广东省为最多，达到 101 篇。

然后拟确定若干关键词作为衡量政策文本对于测绘服务业关注程度的标准，关键词确定为下面七个大类，如表 15－15 所示：

表 15－15　政策分析关键词

关键词类别	关键词
整体关注度	测绘、产品、成果
基本措施	编制、规划、促进、推进、完善、贯彻
	落实、实施、保障、职能、职责
行业监管	评审、评估、监管、监督、标准、规范
	基准、制度、法律、法制、整顿、整改、调整
人才管理	表彰、奖励、处罚、通报、人才、教育
	培训、考核、考试、资格、资质
成果管理	保密、公开、备案、档案、归档、更新、质量
市场监管	投标、招标、市场、秩序
产业数字化	互联网、网站、数码、数据库

通过编程统计其关键词的词频，结果如表15-16所示：

表15-16　东部地区政策关注程度统计表

	整体关注度	基本措施	行业监管	人才管理	成果管理	市场监管	产业数字化
上海	1 877	195	232	136	264	16	10
江苏	5 172	1 177	1 076	411	779	474	102
浙江	5 196	1 740	1 195	416	700	365	103
山东	5 871	1 502	1 188	402	886	168	167
广东	4 675	1 124	1 712	613	836	148	104
北京	1 723	483	420	251	258	85	47
总计	24 514	6 221	5 823	2 229	3 723	1 256	533
平均值	4 085.67	1 036.83	970.50	371.50	620.50	209.33	88.83

通过统计可以发现，东部地区各省市及直辖市普遍偏重测绘服务业基本措施和行业监管，在这两方面的关注程度几乎是整体关注程度的一半，而市场监管和产业数字化方面的政策则比较缺失。其中，山东省的整体关注程度最高，在基本措施、行业监管、人才管理、成果管理、市场监管、产业数字化方面，关注程度最高的省市分别是浙江、广东、江苏和山东。

通过观察对比发现，政府对于测绘服务业的关注程度与该产业的发展程度基本呈现一致性：政府部门对测绘服务业关注程度高的地区，其产值也相对较高。但是个别地区也存在偶然性和特殊性，一些地区的关注程度高但产值却相对较低。统计结果参见表15-17：

表15-17　东部地区政策关注程度与产值统计表

	整体关注度	基本措施	行业监管	人才管理	成果管理	市场监管	产业数字化	2014年产值（亿元）
上海	1 877	195	232	136	264	16	10	1.482
江苏	5 172	1 177	1 076	411	779	474	102	9.85
浙江	5 196	1 740	1 195	416	700	365	103	9.6
山东	5 871	1 502	1 188	402	886	168	167	6.41
广东	4 675	1 124	1 712	613	836	148	104	6.26
北京	1 723	483	420	251	258	85	47	3.81
总计	24 514	6 221	5 823	2 229	3 723	1 256	533	37.41
平均值	4 085.67	1 036.83	970.50	371.50	620.50	209.33	88.83	6.24

通过图 15－13 可以发现，江苏、浙江两省对测绘服务业的关注程度与其产业发展高度一致，北京、上海和广东比较一致，山东则出现了偏离，其关注程度在东部地区中最高，但是产值却低于江苏和浙江。产生这种差异的原因是多方面的，测绘服务业的发展水平受到地方的经济发展水平、产业结构以及地理信息资源等因素的影响。

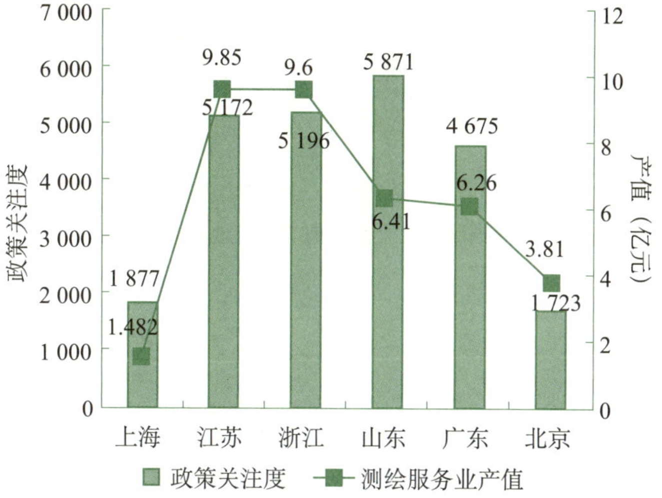

图 15－13　东部地区测绘服务业产值与政策关注度对比柱状图

15.3.2　西部地区测绘服务业

1. 产业规模

从图 15－14 可以看出，西部地区产值从 2010 年的 13.57 亿元增长到 2014 年的 19.19 亿元，增长 41.41%；且从 2010 年开始，西部地区测绘服务业产值（见图 15－15）占全国比例稳步提高，说明西部地区测绘服务业充分利用了测绘服务业全国范围内的增长势头。但是就测绘服务业产值绝对值来看，西部地区的产值占全国总产值的比例较低，每年基本在 15%左右，可以推断出其未来有巨大的发展潜力。

从图 15－16 至图 15－19 可以看出，从业人口和法人单位数方面，西部地区同样属于基础较弱但发展增速较高的情况。西部地区测绘服务业从业人口和法人单位数分别从 2010 年的 1.83 万人、554 个增长到 2014 年的 2.6 万人、832 个。

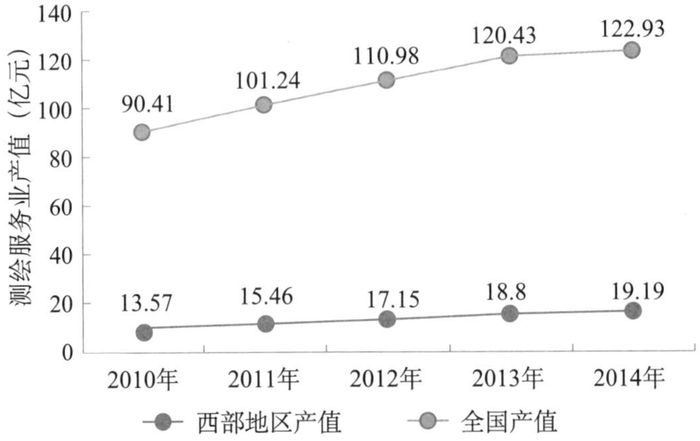

图 15-14　测绘服务业全国产值与西部地区产值对比折线图

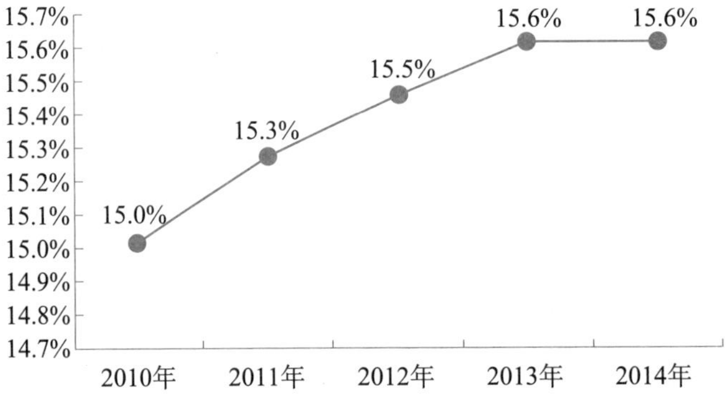

图 15-15　西部地区测绘服务业产值占全国比例折线图

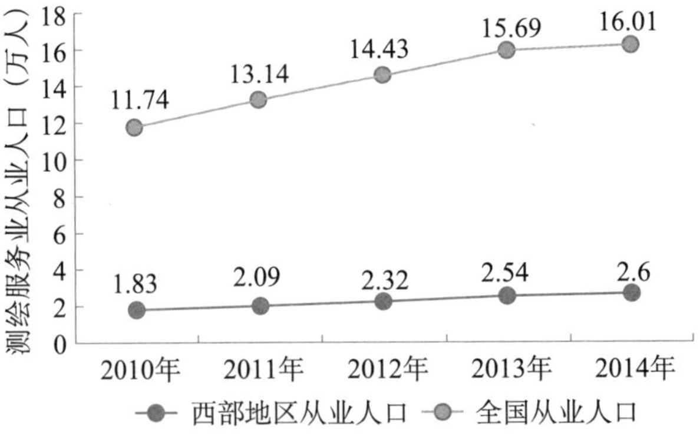

图 15-16　测绘服务业全国从业人口与西部地区从业人口对比折线图

图 15-17　西部地区测绘服务业从业人口占全国比例折线图

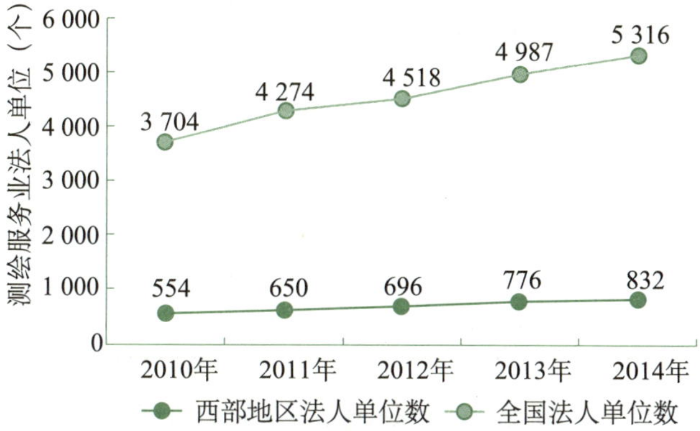

图 15-18　测绘服务业全国法人单位数与西部地区法人单位数对比折线图

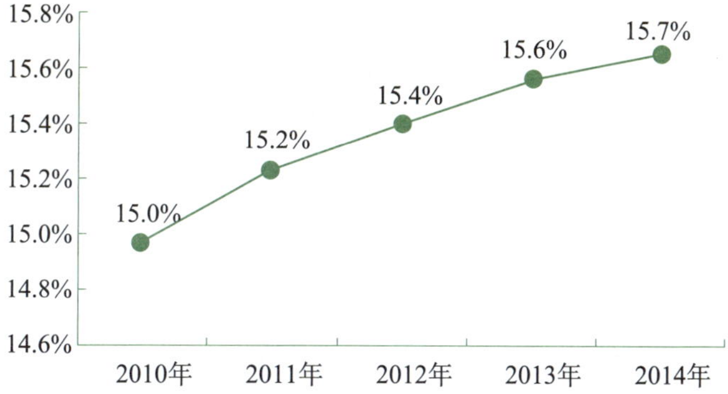

图 15-19　西部地区测绘服务业法人单位数占全国比例折线图

2. 地域发展状况

西部地区测绘服务业的发展概况见表 15-18 至表 15-20。

表 15-18　　西部地区测绘服务业产值（亿元）统计表

年份	重庆市	四川省	贵州省	云南省	西藏自治区	陕西省
2010	0.75	4.89	1.24	4.46	0.03	2.2
2011	1.02	5.08	1.4	5.38	0.03	2.55
2012	1.26	5.25	1.54	6.2	0.03	2.87
2013	1.5	5.42	1.68	7	0.03	3.17
2014	1.53	5.53	1.72	7.14	0.03	3.24
年均增长率	20.14%	3.12%	8.59%	12.69%	0.00%	10.28%

表 15-19　　西部地区测绘服务业从业人口（万人）统计表

年份	重庆市	四川省	贵州省	云南省	西藏自治区	陕西省
2010	0.10	0.66	0.17	0.60	0.00	0.30
2011	0.14	0.69	0.19	0.73	0.00	0.34
2012	0.17	0.71	0.21	0.84	0.00	0.39
2013	0.20	0.73	0.23	0.95	0.00	0.43
2014	0.21	0.75	0.23	0.97	0.00	0.44
年均增长率	21.02%	3.25%	7.95%	12.98%	0.00%	10.16%

表 15-20　　华北地区测绘服务业法人单位数统计表

年份	重庆市	四川省	贵州省	云南省	西藏自治区	陕西省
2010	31	200	51	182	1	90
2011	43	214	59	226	1	107
2012	51	213	63	252	1	116
2013	62	223	70	289	1	131
2014	70	230	74	316	1	141
年均增长率	22.95%	3.59%	9.82%	14.93%	0.00%	11.97%

四川省测绘服务业产值在2010年处于西部地区的首位，而在2011年、2012年、2013年和2014年云南省则赶超了四川省成为西部地区的第一。西南地区测绘服务业从业人口和法人单位基本与产业产值呈现出一致的增长趋势。由此可见，拥有较大的市场规模的同时可以实现较高的产值，因此政府部门在制定政策加快推动测绘服务业发展的过程中要注意把握市场的作用，实现规模的扩大。

3. 产业政策现状

同样以“测绘”为搜索词，在北大法宝数据库中，搜索出相关结果如表 15－21 所示：

表 15－21　　西部地区政策数量统计表

	总数	有效	失效	修订	未生效	部分失效	地方性法规	地方政府规章	地方规范性文件
四川	27	21	3	3	0	0	5	7	15
云南	14	9	4	1	0	0	3	4	7
贵州	20	16	4	0	0	0	4	5	11
重庆	24	22	1	1	0	0	2	0	22
西藏	5	2	3	0	0	0	2	2	1
陕西	20	14	4	2	0	0	5	2	13
总计	110	84	19	7	0	0	21	20	69

从表 15－21 可知，西部地区测绘服务业政策文本总计 110 篇，其中有效政策 84 篇，占全国比重分别为 11.88%、9.07%。西部地区中，四川政策数量最多，达到 27 篇，而西藏政策数量最少，远低于其他省级行政区，仅为 5 篇。

同样按照前文所用的关键词进行搜索。关键词确定为下面七个大类，如表 15－22 所示：

表 15－22　　政策分析关键词

关键词类别	关键词
整体关注度	测绘、产品、成果
基本措施	编制、规划、促进、推进、完善、贯彻
	落实、实施、保障、职能、职责
行业监管	评审、评估、监管、监督、标准、规范
	基准、制度、法律、法制、整顿、整改、调整
人才管理	表彰、奖励、处罚、通报、人才、教育
	培训、考核、考试、资格、资质
成果管理	保密、公开、备案、档案、归档、更新、质量
市场监管	投标、招标、市场、秩序
产业数字化	互联网、网站、数码、数据库

通过编程统计其关键词的词频，结果如表 15－23 所示：

表 15－23　　西部地区政策关注程度统计表

省级行政区	整体关注度	基本措施	行业监管	人才管理	成果管理	市场监管	产业数字化
四川	2 634	534	501	164	329	137	96
重庆	1 241	521	485	354	328	47	35
贵州	1 881	379	342	105	290	99	17
云南	1 528	323	169	61	150	27	11
西藏	769	80	80	47	91	7	0
陕西	956	310	319	129	152	160	61
总值	9 009	2 147	1 896	860	1 340	477	220
平均值	1 501.50	357.83	316.00	143.33	223.33	79.50	36.67

西部地区各省级行政区在政策关注各方面都比较平均，除了在产业数字化方面关注程度稍低外，在基本措施和行业监管方面关注程度都比较高。其中，整体关注度最高的是四川省，而西藏则是最低的。

通过分析频数，可以发现政府对于测绘服务业的关注程度与该产业的发展程度基本一致：政策关注高，其产业产值也相对较高。结果如表 15－24 所示：

表 15－24　　西部地区政策关注程度与产值统计表

省级行政区	整体关注度	基本措施	行业监管	人才管理	成果管理	市场监管	产业数字化	2014 年产业产值（亿元）
四川	2 634	534	501	164	329	137	96	5.53
重庆	1 241	521	485	354	328	47	35	1.53
贵州	1 881	379	342	105	290	99	17	1.72
云南	1 528	323	169	61	150	27	11	7.14
西藏	769	80	80	47	91	7	0	0.03
陕西	956	310	319	129	152	160	61	3.24
总值	9 009	2 147	1 896	860	1 340	477	220	19.19
平均值	1 501.50	357.83	316.00	143.33	223.33	79.50	36.67	3.20

从图 15－20 中可以发现，西部地区中云南省出现了特殊的情况，其政策整体关注度不及四川省，但是其产业产值却是最高的，达到了 7.14 亿元。比较各方面，云南省均不及四川省，因此除政策因素外还有其他因素存在。

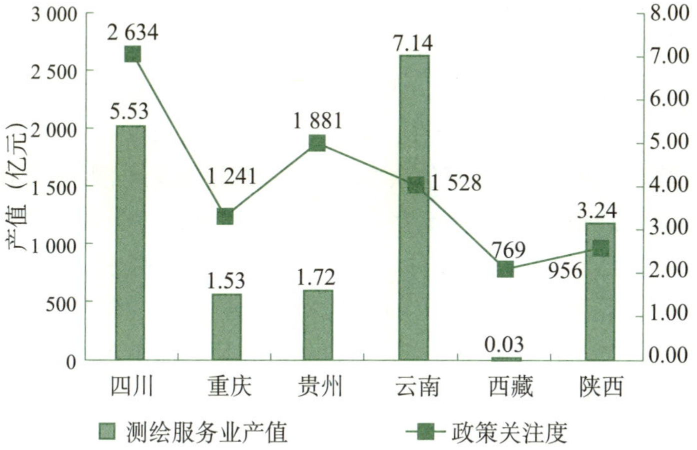

图 15 - 20 西部地区测绘服务业产值与政策关注度对比图

15.3.3 东西部地域对比分析

从表 15 - 25 可见，东部地区测绘服务业平均产值为 6.24 亿元，总产值为 37.41 亿元，而西部地区平均产值则为 3.20 亿元，总产值为 19.19 亿元，差距较大。东部地区在政策关注方面，无论是整体关注还是其他各个方面都比西部地区要高出许多。

表 15 - 25 东西部测绘服务业政策关注程度对比表

	整体关注度	基本措施	行业监管	人才管理	成果管理	市场监管	产业数字化	产值（亿元）
东部平均值	4 085.67	1 036.83	970.50	371.50	620.50	209.33	88.83	6.24
东部总计	24 514	6 221	5 823	2 229	3 723	1 256	533	37.41
西部平均值	1 501.50	357.83	316.00	143.33	223.33	79.50	36.67	3.20
西部总计	9 009	2 147	1 896	860	1 340	477	220	19.19

通过数据比较分析，可以看出东西部地区在政策关注方面的共同点在于东西部地区政策关注重点在基本措施和市场监管方面，而在成果管理和产业数字化方面则较为缺失。而另一方面，政策整体关注度高的地区在各

个方面的关注程度都普遍较高，而整体关注度低的地区相对来说则不太关注如人才管理、成果管理等其他政策方面。

而从统计数据可以看出有一些省级行政区的政策关注程度和产业规模不成正比。这种情况的出现说明了政策关注程度只是影响产业规模的一个因素。在政策因素以外还存在其他众多影响产业规模及发展的因素，比如：

各地的地理信息资源储量存在差异。如江苏地理区域广阔，河湖较多，矿产资源已发现的有133种，查明资源储量的有67种；而浙江同样也拥有丰富的土地和矿产资源。因此政府对于此类资源的勘测和产业发展的扶植力度就较高，其政策在落实方面也相对容易。而山东和广东矿产资源储量相对较为贫瘠，故而即使政府对于测绘服务业的关注程度很高，这种关注变为产值的难度也较大。

各地经济基础不同，落实政策的能力存在差异。东部地区属于经济发展水平较高地区，上海、北京、广东、江苏、浙江、山东等省市都是我国经济水平非常高的省市，信息资源产业的发展程度也较高，因此在落实政府部门的政策方面也存在许多优势，相对其他地区更容易将政府建议落到实处，能够将高度的政策关注转化为实际的生产力，创造出相对较高的产值。

各地人才、技术等专业性条件差异导致产业发展速度不一致。江苏、广东、浙江等地本身开放程度较高，经济发展水平也较高，更易于吸收高新技术和尖端人才，也更容易吸收各类投资，存在较大优势。

15.4 行业发展主要问题

测绘服务业作为信息资源产业中发展相对成熟的产业之一，由其衍生出来的地理信息系统早已应用到生活、生产中的方方面面，但是不能否认，在其发展过程中也存在一些问题，这些问题制约着产业发展，应探索合适的解决方法来为测绘服务业未来的发展起到一定的指引作用。

15.4.1 管理体制不完善，职能转变不彻底

尽管自1989年起我国就已进入测绘服务业管理部门的职能转变阶段，但直到2002年8月29日第九届全国人民代表大会常务委员会第二十九次

会议通过《中华人民共和国测绘法》修订案，我国才基本确定国务院测绘行政主管部门对于全国测绘工作的领导地位。通过对各地区测绘服务业政策文本的研究，发现目前许多地区测绘服务业的管理部门仍存在职能不明确、管理不规范的问题。例如 2009 年《舟山市人民政府关于加强测绘工作的实施意见》与 2008 年颁布的《周口市人民政府关于切实加强测绘工作的意见》，虽是不同年份不同地区针对测绘服务业发展提出的政策建议，但是其内容却基本相同，并没有具体的、适合本地的政策解释。

15.4.2 市场结构不规范，主观调控性较差

测绘服务业是将测绘数据、应用技术和数据服务相结合的一种综合服务性产业，其完整的产业链条应涵盖数据获取、数据处理和数据服务三个方面，然而目前我国的测绘服务业市场明显存在产业链条不完整的现象，这在很大程度上限制了该产业的发展。除了市场结构方面的问题，在我国测绘服务业市场上，很难发挥市场的主观调控功能。我国的地理信息产品应用主要是百度地图、谷歌地图、高德地图，基本形成了三足鼎立的局面，其他地理信息应用系统基本难以挤进行业的竞争，难以形成百家争鸣的景象。

15.4.3 财政投入不充足，基本措施不完善

通过分析国家和地区层面的政策文本，我们发现，国家对于测绘服务业的关注多集中于行业操作的规范性，很少涉及资金拨发、相关激励措施。在北大法宝法律数据库中以“测绘”为关键词搜索，可以搜索到 1 062 篇中央法规司法解释，其中 3 篇为法律，14 篇为行政法规，14 篇为行业规定，1 篇为军事规范性文件，其余 1 030 篇为部门规章。在 1 030 篇部门规章文本中，多数为“加强……工作的通知”“召开……会议的通知”“落实……建议的通知”，很少涉及推动测绘服务业发展的具体措施，关于拨发相关资金以推动产业发展的政策更属少数。由此可见，我国测绘服务业发展缺少必要的政策指导，因此产业发展的推进在实际操作层面也存在一定的难度。

15.4.4 产业链结合不紧，高端人才较缺乏

在北大法宝法律数据库中以“测绘”和“人才”为关键词进行中央法规司法解释条目搜索，仅能搜索到20篇相关政策文本，而且政策发布时间基本都集中于2008年之后，由此可见我国政府对于该产业人才培养的关注起步比较晚。与此同时，北大法宝法律数据库中收录的以“测绘”和“技术”为标题关键词的政策文本也仅有38篇，相对总共1 062篇政策文本来说也是极少的一部分，并且这些政策的发布在时间上存在1994年至2004年的空白期，这十年间我国政府相关部门并没有发布任何有关测绘技术的政策文本，从某种程度上反映了对于专业技术的忽略。通过访问我国测绘服务业直接负责部门——国家测绘地理信息局，发现2013年共发布了51篇与人才管理相关的说明文件，其中大部分文件关注领导选拔、职称评定，对于专业人才培养和管理则关注较少。

15.4.5 产业基础差距大，行业水平不一致

各地理区域测绘服务业发展水平悬殊。通过数据统计，本研究发现，测绘服务业发展状况最好的是华东地区；通过对统计数据和政策文本的分析，发现各地域内部各地之间也存在发展程度的差异。例如测绘服务业发展程度较高的华东地区，2013年浙江省的产值为9.41亿元人民币，居于整个华东地区首位，而江西省产值仅为1.29亿元，居于末位，两者产值约呈7倍关系。

各地区测绘服务业发展水平与其信息资源产业整体发展水平不严格呈现一致性。如华南地区信息资源产业整体发展水平并没有居于总体的前列，但是其测绘服务业的发展水平却居于各大区域的前列。这种现象既与本地域地理信息资源储量相关，也与其政府部门的关注程度和相关政策的落实情况有着极大的关联。

15.5 测绘服务业管理优化建议

针对测绘服务业的发展现状和问题，本章认为可以从多个方面采取措

施来推动该产业的发展。

15.5.1 深化管理体制改革，完善管理部门职能

我国测绘服务业管理体制改革需要针对不断变化的信息资源产业，尤其是测绘服务业发展情况，不断升级产业管理模式，将职能转变落到实处，为产业发展提供实际推动力。在制定各地测绘服务业相关政策法规时，相关政府部门要结合当地实际情况，将本地地理资源、地理环境、经济基础、信息资源产业发展状况等因素考虑在内，为本地区“量身定做”出合适的发展规划、发展建议，切实推进产业发展。

15.5.2 规范行业市场环境，发挥市场调节作用

为使我国测绘服务业能够健康发展，政府部门协助建立公平、公开、有序的市场是一个重要的保障因素。各地测绘服务业主管部门应当加强企业的监管力度，对相关技术人员实行严格的审查和考核，保证测绘服务业从源头到产品的高质量，有效提高产业发展的规范性。与此同时，政府部门应当适当放宽一些市场准入制度，充分发挥市场本身的资源配置功能，在相关部门正确合理指导的基础上，形成更加主动、能够自我调节的产业市场。

15.5.3 不断加大财政投入，完善政策基本措施

国家应加大财政投入，测绘部门应当明确每一笔投入费用的去向，设置专人负责资金使用的规划，实行费用的专项管理，切实把这些资金用到实处，真正推动产业的发展。并且在此基础上积极推动产业和实业的合作，以此来获取更多的资金支持。我国在进行测绘相关系统建设和更新时，也应该考虑到数据更新的问题，加大技术和资金投入，建成较为完善的基础信息系统，解除后顾之忧。

15.5.4 产学研进一步结合，培养高端实用人才

我国政府可以通过颁布相关激励政策鼓励海归人才、研究专家等专业

人员参与产业建设，或通过扶持有测绘研究基础的大学重点发展相关专业、培养相关人才等政策培养一批测绘业高精尖人才。通过加强“产、学、研”之间的合作，加快产业成果向产品的转化，大大缩短“技术—成果—商业化产品”的周期，在最短的时间内将研究成果转化成具有商业价值的产品，从而获取商业利润，再次促进科学研究的开展和产业的发展。还要将“产、学、研”三者结合，培养具有实际操作能力的专业型人才，使得相关研究人员不再局限于实验室，而是能够进入实际产业生产链，真正为产业发展做出贡献。

15.5.5 注重产品分级管理，加强成果质量监管

政府部门制定出一些法律法规和规章制度，统一产品质量标准，提高测绘数据的准确性、产品的精确度，对于产业的发展有着重要作用。政府和企业应当在制定产品标准的同时，加强对其成果的质量监管力度，保证产品的价值和实用性、有效性。针对目前我国测绘服务业分级管理制度的不足，国家基础测绘项目和地方基础测绘项目划分不清晰的现状，我国应该进一步细化测绘服务业的管理体制。

第 16 章

知识产权服务行业发展与政策

信息资源产业范畴的细分行业中，既有图书期刊出版以及测绘服务业这类已经有着明确产业范围与完整产业链的成熟型行业，也有尚未完全成熟、产业链不完整的尚处在发展阶段的行业，如知识产权服务业。本章重点讨论知识产权服务业的发展状况，提出该行业发展中存在的问题及相应的对策建议，并以知识产权服务业为切入点探讨未完全成熟型信息资源产业细分行业的产业政策特点和政策效果，并通过对知识产权服务业中的专利服务业等进行针对性研究，为产业政策的优化发展提供参考。

16.1 知识产权服务业的概况

16.1.1 行业内涵与研究意义

知识产权服务业主要是指以人的智慧成果（知识、信息资源的创造、加工、传播、运行）为主导，以这些智慧成果的权利（知识产权的确权、维权、评价、交易、保护、配置）为主线所形成的新型服务业，是服务业随着知识经济时代的来临所产生的知识密集型服务业的一种，是信息资源产业细分行业之一。

我国知识产权服务业起始于 20 世纪 80 年代的科技服务业，主要包括：为技术创新提供直接服务的生产力促进中心、创业服务中心、工程技术研究中心等；为技术创新提供外围服务的科技评估中心、科技招投标机构、情报信息中心和各类科技咨询机构等；为科技创新提供各种要素条件的技术市场、人才市场等。

知识产权服务业所涉及的服务总类较多，主要包括对知识产权范畴内的专利、版权、商标等内容进行登记、代理、转让、鉴定、评估、搜索等具体活动。

知识产权服务业所包含的内容较多，商标、著作权、版权、专利等内容的产生、转化、利用、服务都属于其范畴。一方面它作为信息资源产业的一个重要组成部分，在目前的各个政府部门、企业单位中都有着不容忽视的重要价值，另一方面它目前并不具有完整的产业链，其上游的产生、采集与加工和下游的应用并不完全挂钩，通常只作为一种职能模块参与其他各个行业。例如，企业要对其商标进行设计与应用，商标作为企业重要的信息资源有着巨大的经济价值，但同时，对商标的维权仅作为企业的一个部门的功能模块，并不具有完整的产业形态。

如果将知识产权的产生、采集、整理、加工、应用合而为一，不仅能在知识经济时代为我国快速发展提供智力支持，且能生产较大的经济价值。因此本章将知识产权服务业作为一部分尚未完全发展的信息资源产业的典型代表进行研究。

16.1.2 行业发展现状

随着知识经济时代的到来，知识产权服务业在政策方面也受到了越来越多的关注。2015 年 12 月 22 日，国务院下发《国务院关于新形势下加快知识产权强国建设的若干意见》，提出推进知识产权管理体制机制改革、实行严格的知识产权保护、促进知识产权创造运用、加强重点产业知识产权海外布局和风险防控、提升知识产权对外合作水平、加强组织实施和政策保障共 6 则 30 条意见。

截至 2014 年底，我国知识产权服务业共有法人单位7 010家，占全国信息资源产业单位数的 0.65%，知识产权服务业从业人口总数为 69 679 人，占全国信息资源产业从业人口数的 0.24%，知识产权全年营业收入为 125.50 亿元，占全国信息资源从业人口数的 0.40%。

从数据中可以看出知识产权行业以相对较少的从业人口创造了较大的经济价值，属于高附加值高智力需求的行业，是信息资源产业中的典型代表，在信息化的时代将会逐渐成为具有巨大竞争力的领域。

下面将从横向和纵向两个角度对知识产权服务业历年来发展的具体情况进行简要分析。

1. 2010—2014 年我国知识产权服务业的发展情况

如图 16－1，从纵向来看，2010 年到 2014 年我国知识产权服务业的经济产值逐年提升，从 2010 年的 93.06 亿元提升到 2014 年的 125.50 亿元，五年时间内知识产权年经济产值提升约 35%，然而，知识产权服务业在信息资源产业经济产值中所占的比重却在不断下降，从 0.44%下降到 0.40%，说明知识产权服务业在信息资源产业中的发展速度较低，发展不够充分，可发掘潜力巨大。

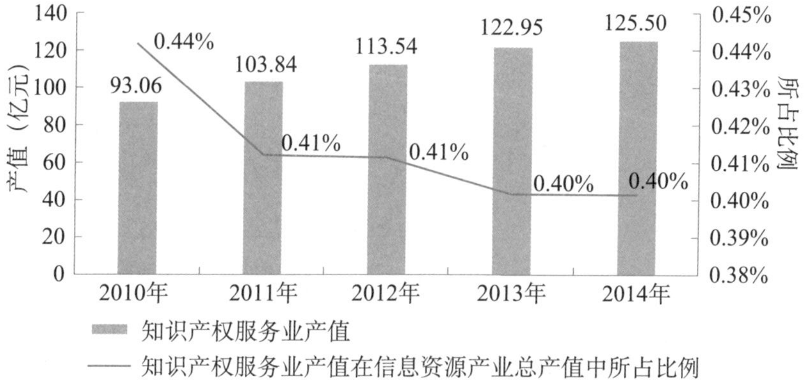

图 16－1　2010—2014 年我国知识产权服务业产值及在信息资源产业总产值中所占比例

如图 16－2，从就业人口层面上看，2010 年到 2014 年间我国知识产权服务业从业人口不断增加，但增幅较为缓慢，5 年时间内增加从业人口 1.8 万余人，每年平均增加 3 600 人左右。同时，知识产权服务业从业人口在信息资源产业从业人口中所占的比例呈缓慢下降的趋势。从另一个角度来看，知识产权服务业从业人口的增长比例小于产值的增长比例，也说明了作为智力密集型行业的知识产权服务业近年来从业人口的劳动效率在不断提高。

如图 16－3，从全国法人单位数上看，2010 到 2014 年之间，知识产权服务业法人单位共增长 2 100 家左右，增长幅度较小，平均每年增长 420 家左右。但知识产权服务业法人单位数在全国信息资源产业法人单位数中所占的比例在 2010—2011 年间却没有变化，反而在 2012 年从 0.69%下降到 0.65%，并持续到 2014 年。

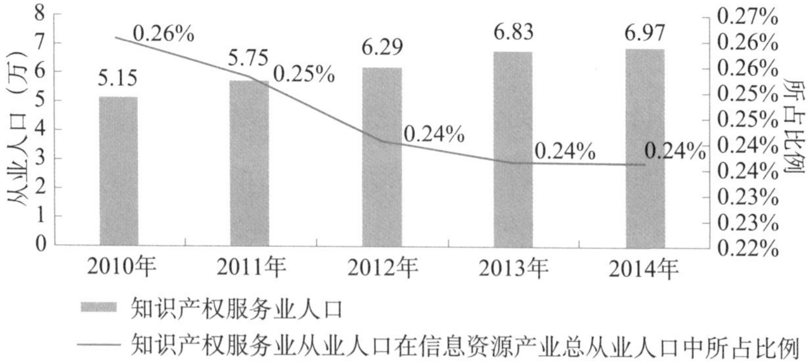

图 16-2　2010—2014 年我国知识产权服务业从业人口及在信息资源产业总从业人口中所占比例

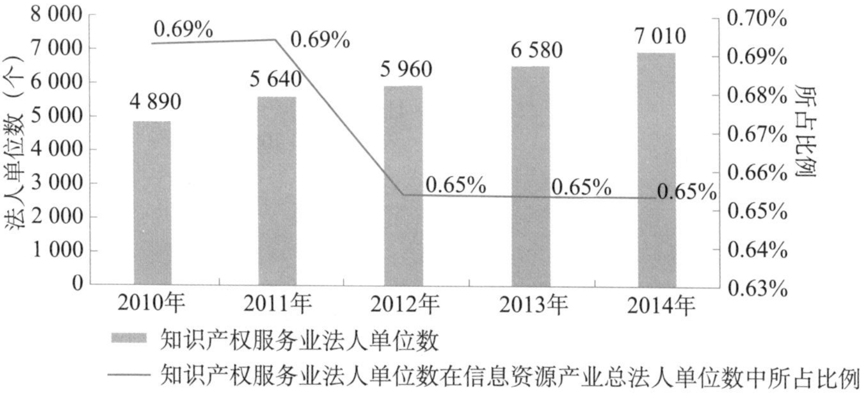

图 16-3　2010—2014 年我国知识产权服务业法人单位数及在信息资源产业总法人单位数中所占比例

目前涉及知识产权服务业的具体政策数量较少，在全国层面上有 2015 年发布的《国务院关于新形势下加快知识产权强国建设的若干意见》、2012 年发布的《关于加快培育和发展知识产权服务业的指导意见》和关于开展知识产权服务业统计调查的通知。地方层面上的相关文件仅 9 份，主要涉及的内容均是对国家层面文件的具体落实情况。

2. 2014 年各地知识产权发展情况

2014 年各地知识产权服务业法人单位数如图 16-4 所示，法人单位超过 300 家的地区有：北京市（1 296）、广东省（1 039）、浙江省（819）、江苏省（740）、上海市（360）、福建省（322）、山东省（303），这七个地区的法人单位数约占全国知识产权服务业法人单位数的 70%。

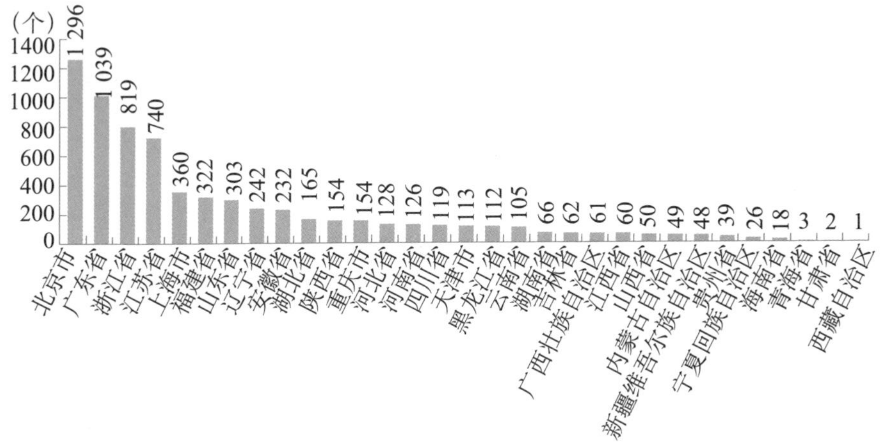

图 16－4　2014 年我国知识产权服务业各地法人单位数

2014 年各地知识产权服务业从业人口数如图 16－5 所示，其中从业人口数较多的几个地区分别是：北京市（13 964）、广东省（10 604）、浙江省（8 531）、江苏省（5 027）、上海市（3 897）。这五个地区的从业人口数超过了 2014 全国知识产权服务业从业人口数的一半。

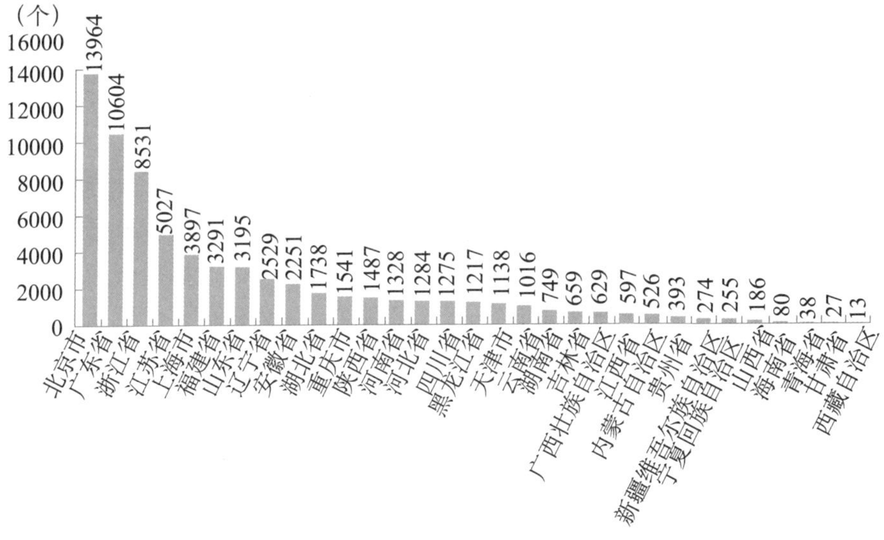

图 16－5　2014 年我国知识产权服务业各地从业人口数

2014 年各地知识产权服务业营业产值如图 16－6 所示，产值较高的地区有：北京市（24.04 亿元）、广东省（18.19 亿元）、浙江省（14.65 亿元）、江苏省（13.12 亿元）、上海市（6.71 亿元）。这五个地区的产值占到了全国知识产权服务业营业总产值的61.12%。

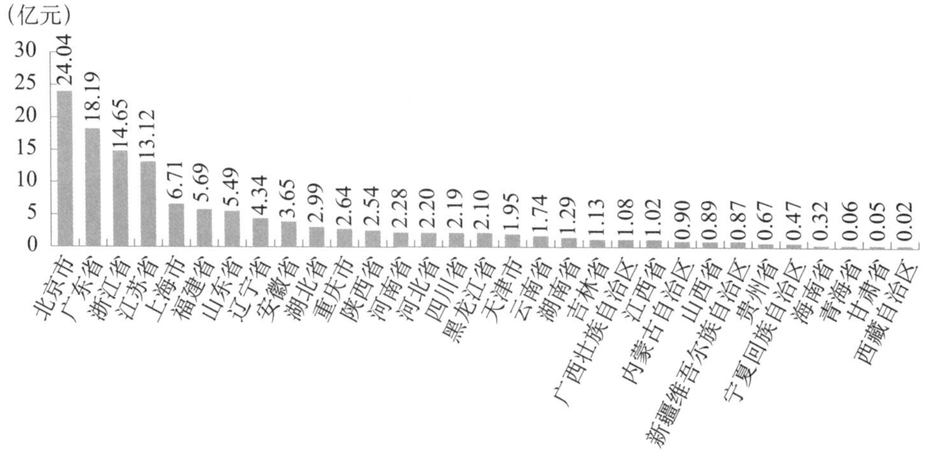

图16-6　2014年我国知识产权服务业各地营业产值

通过这一部分关于知识产权服务业数据的分析，可以看出目前知识产权服务业在信息资源产业中所占的比重不大，从业人口和法人单位数较少，年产值较低，同时区域发展不平衡现象严重。

另外，由于知识产权服务所涉及的内容较多，发展成熟程度不同，产业化难易程度不一，效益情况不一致等问题，相关政策较为复杂，各自导向有差异，不便于借助针对性研究来分析政策与知识产权服务业发展的关系以及知识产权服务业在发展中所遇到的具体问题，因此选取特定的内容来进行深入研究有其必要性。在知识产权服务业所涉及的诸多领域当中，专利服务业产业化可能性较高，目前发展情况与知识产权服务业整体发展趋势最为接近，涉及领域广，具有较高的研究价值，因此后文将通过对知识产权服务业中的专利服务业这一典型案例进行深入研究，尝试从专利服务业作为切入点，挖掘知识产权服务业完善产业化、加快发展速度、提升产业价值的有效途径。

16.2　专利服务业及其管理政策

16.2.1　专利服务业发展概况

专利是一项发明创造的首创者所拥有的受保护的独享权益。专利是世界上最大的技术信息源，据实证统计分析，专利包含了世界科技信息的 90%～95%。专利的种类在不同的国家或地区有不同规定。我国专利法中规定有：发明专利、实用新型专利和外观设计专利；我国香港地区专利法中规定有：标准专利（相当于内地的发明专利）、短期专利（相当于内地的实用新型专利）、外观设计专利；部分发达国家将专利分为发明专利和外观设计专利。专利的申请流程如图 16－7 所示：

图 16－7　专利申请流程

2015 年 12 月 14 日，世界知识产权组织（WIPO）在其发布的《2015 年世界知识产权指标》报告中明确指出：中国已经成为专利申请第一大国。报告显示，2014 年全球共提交了约 270 万件专利申请，比 2013 年增长了 4.5%。中国成为专利申请增长的主要动力，专利申请总量实现了第五年连续增长，专利申请数量最多的领域依次为计算机技术、电气机械、测量和数字通信。同时，中国以 92 万多件的专利申请量位居年度榜首，超过了紧随其后的美国和日本专利申请量的总和。从专利申请增长的速度来看，伊朗、中国和印度尼西亚是增长最快的前三个国家。

16.2.2　专利服务业产业政策分析

1. 专利服务业产业政策的基本情况

国家层面上涉及专利的法律主要是《中华人民共和国专利法》，自 1984 年制定以来历经 3 次修改（见表 16－1），并由具有法律效力的全国人大常委会发布。专利法是专利申请、授权、索引、应用等环节所遵守的基本原则。

表 16－1　　我国专利法制定修改历程

法律名称	发布时间
《中华人民共和国专利法（2008 修正）》	2008.12.27
《中华人民共和国专利法（2000 修正）》	2000.08.25
《中华人民共和国专利法（1992 修正）》	1992.09.04
《中华人民共和国专利法》	1984.03.12

全国层面的法律主要是专利法的历年修订案，行政法规和部门规章，主要涉及内容包括专利申报、授权、应用方面的宏观规定。而在地方层面上，法规内容主要是各省市的专利实施与保护条例。具体数量如表 16－2（包括目前已被修订和被废止的）所示：

表 16－2　我国各级政府针对专利制定的具体法规数量

法律法规内容	数量
全国层面法律	7
全国层面行政法规	12
全国层面部门规章	568
全国层面团体、行业规定	28
地方层面法规	89
地方层面政府规章	62
地方规范性文件	2 124
地方司法文件	17

图 16－8 中的数量时间段之间不累计，在每一个时间段的政策文本均是在此时间段内生成。从中可以看出，就政策发布时间来看，从 2008 年至今针对专利类政策的法律法规文件数量呈现大幅度攀升。其主要原因是各地方均在这一时期出台了适用于本省的专利保护条例，并结合保护条例发布了大量鼓励专利申请与应用的地方性政策。

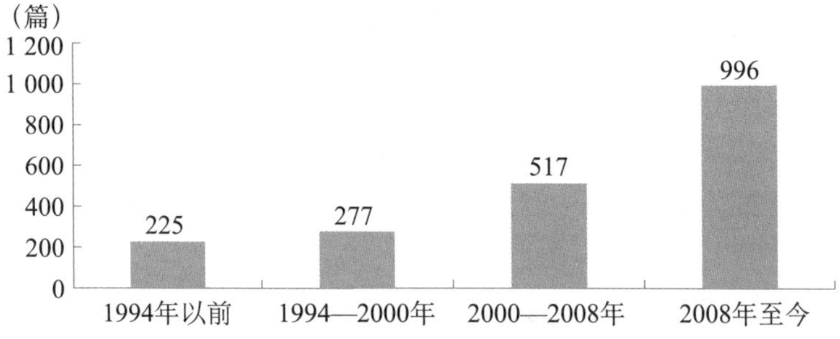

图 16－8　1994 年至今专利政策文本新增数量

如图 16－9，从全国层面来看，所涉及的 543 份政策文件中，除涉及专利法的 7 份政策文件由全国人大常委会发布之外，发文部门主要集中在国务院各机构。

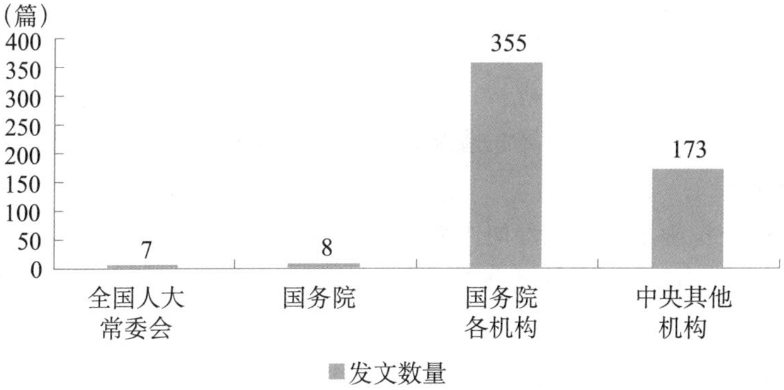

图 16-9 1994 年至今国家级专利政策文本发布机构

在全国层面上来看，所发布的政策涉及的内容包括在专利层面上国家机关的工作要点和工作内容、专利权益的保护和发展、专利相关的财政税收政策、专利相关的外交事务和国家安全、专利申请应用的流程及规范。

在各地方层面，与专利相关的政策文本数也存在较大差异，如图 16-10所示：

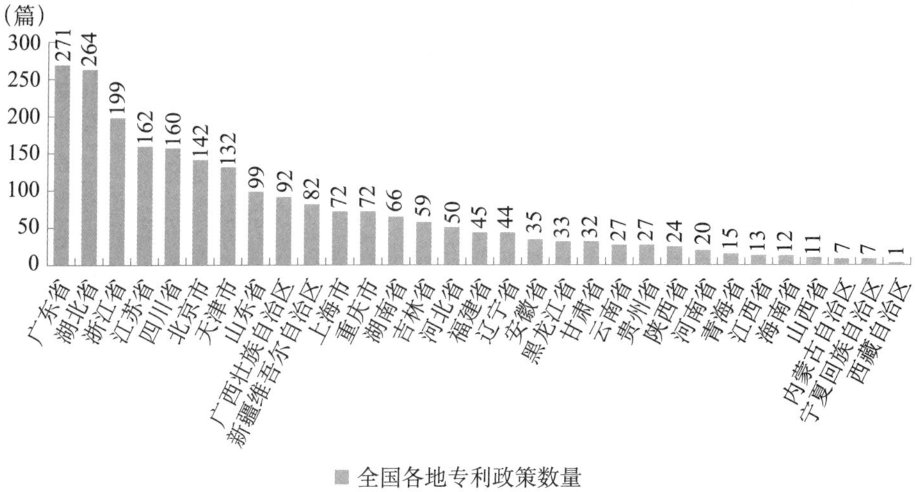

图 16-10 1994 年至今各地专利政策数量

可以看出广东省、湖北省、浙江省、江苏省、四川省等地方政策数目相对较多。特别是广东省的地方政策多达 271 条。

2. 专利服务业产业政策文本的量化分析

根据政策文件的发文机构、发文类型、标题对政策进行简单分析后，可以基本掌握宏观的政策导向情况。下面将针对政策文本的具体内容展开量化分析。

本研究拟确定若干关键词作为衡量政策文本对于专利测绘服务业关注程度的标准。首先，将截至2014年3月的2 015篇政府政策文本的标题进行分词处理，去除其中无关词汇，将剩余词语作为关键词，对全部文本进行关键词统计，以此来确定政策文本对于专利服务业的关注程度与关注领域。

将涉及整个产业发展趋势和动力的部分归为产业导向类；涉及人才培养、经验交流类的归为人才管培类；涉及财政税收、经济政策的归为经济支持类；涉及产业整体调整规范的归为产业规范类；涉及市场实际操作应用的归为市场规范类；涉及产业基础性管理类与表彰类的归为基础措施类。具体的关键词及词频数见表16-3：

表16-3　专利政策文本关键词分类与词频统计

关键词	全国数量	地方数量	总计	类型
知识	9 161	22 464	31 625	产业导向类
技术	4 453	12 839	17 292	产业导向类
机构	3 224	6 249	9 473	产业导向类
信息	2 774	6 209	8 983	产业导向类
发展	1 125	4 073	5 198	产业导向类
服务	1 042	3 971	5 013	产业导向类
创造	1 158	2 776	3 934	产业导向类
创新	625	3 240	3 865	产业导向类
电子	815	2 490	3 305	产业导向类
战略	678	1 942	2 620	产业导向类
科学	701	1 795	2 496	产业导向类
分析	565	1 017	1 582	产业导向类
转化	71	935	1 006	产业导向类
咨询	165	595	760	产业导向类
规划	172	582	754	产业导向类
网络	95	439	534	产业导向类
价值	119	291	410	产业导向类
转型	5	92	97	产业导向类

续前表

关键词	全国数量	地方数量	总计	类型
法律	2 339	6 551	8 890	产业规范类
审查	3 738	1 653	5 391	产业规范类
保护	1 065	3 768	4 833	产业规范类
纠纷	637	2 951	3 588	产业规范类
侵权	453	2 778	3 231	产业规范类
考核	1 083	1 746	2 829	产业规范类
标准	1 029	1 673	2 702	产业规范类
制度	608	1 744	2 352	产业规范类
系统	735	1 428	2 163	产业规范类
修改	1 377	383	1 760	产业规范类
调查	262	982	1 244	产业规范类
设立	321	856	1 177	产业规范类
监督	263	905	1 168	产业规范类
展示	326	656	982	产业规范类
审核	160	815	975	产业规范类
保障	99	400	499	产业规范类
惩戒	111	177	288	产业规范类
打击	67	181	248	产业规范类
管理	3 492	12 059	15 551	基础措施类
实施	2 975	8 261	11 236	基础措施类
试点	758	3 209	3 967	基础措施类
促进	436	2 683	3 119	基础措施类
示范	266	1 677	1 943	基础措施类
执行	585	1 181	1 766	基础措施类
优秀	241	1 240	1 481	基础措施类
推进	343	903	1 246	基础措施类
贯彻	141	752	893	基础措施类
推广	94	487	581	基础措施类
表彰	57	474	531	基础措施类
基地	53	304	357	基础措施类
普及	61	178	239	基础措施类
传播	40	100	140	基础措施类
荣誉	7	111	118	基础措施类
资助	184	7 908	8 092	经济支持类
资金	261	4 064	4 325	经济支持类
奖励	206	3 038	3 244	经济支持类

续前表

关键词	全国数量	地方数量	总计	类型
费用	1 047	1 842	2 889	经济支持类
经费	133	1 183	1 316	经济支持类
扶持	41	551	592	经济支持类
融资	63	510	573	经济支持类
补助	0	437	437	经济支持类
基金	139	162	301	经济支持类
拨款	4	205	209	经济支持类
税收	15	120	135	经济支持类
奖酬	20	78	98	经济支持类
减免	10	21	31	经济支持类
培训	765	2 536	3 301	人才管培类
能力	327	1 500	1 827	人才管培类
合作	410	735	1 145	人才管培类
科研	180	908	1 088	人才管培类
引进	113	579	692	人才管培类
交流	253	323	576	人才管培类
高校	59	501	560	人才管培类
经验	134	229	363	人才管培类
师资	155	100	255	人才管培类
研讨	88	115	203	人才管培类
调研	30	173	203	人才管培类
人力	16	108	124	人才管培类
产学研	13	97	110	人才管培类
共享	24	80	104	人才管培类
研讨会	38	45	83	人才管培类
代理	7 681	7 269	14 950	市场规范类
项目	1 813	9 905	11 718	市场规范类
申报	793	6 103	6 896	市场规范类
许可	1 246	2 397	3 643	市场规范类
合同	783	2 488	3 271	市场规范类
委员会	1 072	1 672	2 744	市场规范类
登记	648	1 575	2 223	市场规范类
业务	727	1 242	1 969	市场规范类
评估	706	1 067	1 773	市场规范类
资格	594	1 170	1 764	市场规范类

续前表

关键词	全国数量	地方数量	总计	类型
年检	611	1 067	1 678	市场规范类
质押	181	1 369	1 550	市场规范类
转让	285	1 255	1 540	市场规范类
假冒	124	1 385	1 509	市场规范类
冒充	178	1 171	1 349	市场规范类
成果	216	1 007	1 223	市场规范类
协会	698	481	1 179	市场规范类
验收	158	1 008	1 166	市场规范类
收费	497	650	1 147	市场规范类
维权	145	687	832	市场规范类
合格	269	510	779	市场规范类
指南	355	175	530	市场规范类
涉外	172	325	497	市场规范类
规模	61	370	431	市场规范类
博览会	11	190	201	市场规范类
对接	23	173	196	市场规范类
查询	107	88	195	市场规范类
诚信	41	147	188	市场规范类
裁定	50	43	93	市场规范类
调节	10	32	42	市场规范类

将以上关键词按照其所属类别进行分类统计后，可以看到产业导向类关键词词频数最高。产业导向类的关键词可以体现专利内容、价值与发展方向，既体现着国家对专利服务领域的重视程度，又体现出专利服务业所具有的行业特征，对产业发展方向有指向性作用，在宏观上对产业进行规范。

落实到具体的实施层面，市场和产业规范类的关键词数量有所下降，且大部分集中在具体问题的解决分析上，例如对专利纠纷的处理和对专利造假的管理，体现针对整个行业进行整体性规范的关键词不多。

作为目前尚未发展成熟的智力密集型产业，经济支持和人才管培政策尤为重要，前者可以为产业的进一步发展创造良好环境和机遇，后者是产业得以高速发展的必要动力。但从关键词词频统计的数值上来看，该类关键词却是最少的。

从对关键词词频的统计分析可以看出（图16－11），目前我国专利服务业的政策内容还较为宏观，在具体实施层面欠缺较多，同时，对产业从业人员能力与素质的关注度较低，经济支持政策不具有针对性，管理形态较为粗放。

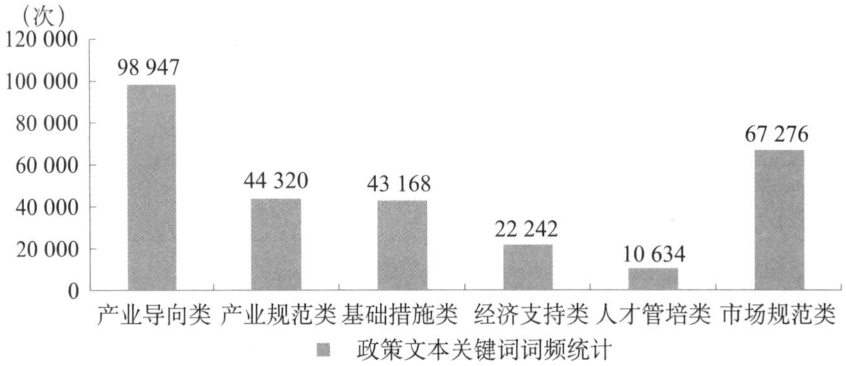

图 16－11　专利政策文本关键词词频分类统计

16.3　发达国家专利服务业政策经验借鉴

现阶段部分发达国家已经针对专利的发展与产业形成采取了相应的手段，可以通过对其政策的具体分析，来促进我国专利事业不断前进（见表 16－4）。

表 16－4　　发达国家为促进专利发展和产业形成所采取的措施

国家	措施
美国	专利证券化、产学研结合、宏观调控、《技术创新法案》 20 世纪 80 年代以来，美国活跃的金融创新带动了专利等知识产权产业化的发展。为推动本国创新活动的开展，美国通过对专利是否可以证券化进行可行性分析，选择若干适合投资的专利或创新项目进行注资，同时在国内设立特定的机构，发行并销售专利资产。在具体实施层面，这些机构通过支持证券发行并支付证券到期本息等具体的操作方法，进行专利资产的证券化交易。 同时，美国 1980 年颁布的《创新技术法案》，以及随后颁布的《技术转让商业化法》《技术转移商业法案》等一系列政策法规更是进一步强调了扩大知识产权范围内政策实用性范围，对专利等知识产权的进一步发展提供了法律保障，创造了良好的环境，极大地促进了其专利事业的进一步发展。 除此之外，在宏观调控的指导下，推广产学研合作的知识产权产业发展模式，简化了联邦政府专利转化利用的程序，提升了大学和产业界对知识创造和转化利用的积极性。

续前表

国家	措施
日本	从专利保护网到产学研结合、《日本知识产权推进计划》 近年来，日本从一个在知识产权产业上表现一般的国家迅速发展成知识产权大国，政策方面也随着自身实力的变化而有所更新。早期日本作为一个发展较为落后的国家，设立相关政策制度保护本国专利申请与应用的发展，这些政策保护了日本国内刚起步的知识产权事业，为日本在这一领域的快速发展提供了稳定的环境保障。《日本知识产权推进计划》发布之后，日本的专利事业已经发展到良好的水平，政策导向偏向产学研一体发展，并提出知识产权立国的概念，从政策层面强化了知识产权在日本国内的重要战略地位。随后出台的一系列促进知识产权产业化的扶持政策更是有效地加快了知识产权产业化的发展步伐。
芬兰	相互协作的完整的支持产业链 芬兰政府通过给知识产权产业提供优质的发展环境来进一步促进其高速发展，具体表现在相互协作的完整的支持产业链的构建。芬兰在专利的产生、申请、索引、利用等多个环节都有相应的扶持方式，覆盖全程，且拥有资金来源丰富和资助方式多样的经济政策。由于采取了有效的专利产业化措施，芬兰依靠专利等高科技、高经济附加值的产业从一个并不富裕的北欧小国发展成世界上最具有竞争力的创新性国家之一。
加拿大	设立“创新功能”的计划和管理机构、服务型政府 加拿大政府设立了具有“创新系列”功能的计划和管理机构，它对科技成果产业化的每个阶段、每个环节给予扶持。为了保证“创新系列”中的每个环节都能得到帮助与支持，加拿大政府调整了原有的机构或者增设了一些新的计划或机构。其中包括针对技术开发阶段、科学研究及实验开发税收优惠计划、工业研究辅助计划等多种政策。同时加拿大商业公司是国有出口代理机构，主要职能是帮助企业赢得外国政府合同。加拿大在对专利成果进行转化这一问题上，体现出服务型政府始终贯穿于产业化的整个过程的特色。
德国	中介机构、高新科技园区 德国政府大力支持科研院所、发明人设立公司，在税收方面给予这类公司很多优惠政策，以推动知识产权的产业化，从根本上推动专利产业化。德国允许企业根据自身需要招聘高校、科研机构的研究人员作为雇员，或在高校、科研机构设立研究中心、实验室，通过提供科研项目和经费，进行关键领域或者核心技术的研究开发。同时，德国专利服务领域有发展较为完善的中介机构，在专利申请与利用之间架起桥梁，方便两边需求的对接，促进了专利的转化效率。大量高新科技园区的建立，也为德国的专利事业起到了极大的促进作用，降低了交流与沟通的成本，加快了发展速度。

16.4　专利服务业发展问题与政策建议

16.4.1　专利服务业存在的主要问题

1. 发明专利申请少，行业创新性较差

从上文的数据中可以看出，我国目前申请的主要专利类型集中在实用新型与外观设计两部分，同时其中外观设计类专利的有效比例为32.57%，实用新型类专利的有效比例为40.16%，而最能体现创新性的发明专利有效比例仅为24.99%。对比国外在华申请专利的情况，会发现虽然国外在华申请的专利的总量较低，但其中占半数以上的专利申请类型为发明，同时发明专利的申请有效率也比较高。通过数据的对比不难看出目前我国专利申请还停留在比较基础的阶段，创新性较弱，专利实效性也相对薄弱。

2. 申请数目增长快，转化率持续走低

专利转化率低，从侧面反映出我国专利的隐藏经济价值较大，提升专利转化率将会对我国在信息化时代的竞争起到极大的推进作用，但与此同时，专利转化率低也说明在专利服务环境建设方面尚有欠缺之处。

3. 缺乏统一有效平台，信息存在不对称性

目前我国缺乏统一有效的专利信息服务平台，导致各方拥有的信息严重不对称，在搜索、查询、利用专利时，缺乏快捷有效的途径，造成专利研发的重复浪费与专利转化率较低等问题。国内专利技术交易市场目前总体环境不佳，缺乏专业、诚信、便捷的常设性专利交易渠道，仅有平均22.8%的专利所有权人利用中介机构进行促进专利实施的活动。

4. 专利服务业服务水平地区间差异较大，部分地区专利政策缺乏针对性

我国专利的地区发展不平衡情况较为严重，专利申请数量差异巨大。较为发达的地区在专利政策的制定、转化平台的搭建和高素质人才的培养方面已经摸索出一条适合自己的路径；而欠发达地区缺乏相应的人才，不

具备适合专利产生、转化与利用的平台环境，政策制定方面缺乏统一的规划与部署，采取生搬硬套的传统手段，以粗放式的管理手段对专利产业进行规范，效果较差。

5. 从业人口素质参差不齐，人才培养机制欠缺

目前我国专利服务业从业人口素质参差不齐。东南沿海等发达地区对从业人口的素质要求较高，也有一定的培养和吸引人才的政策；但其他大部分地区没有认识到从业人口的素质对专利服务发展的决定性影响，缺乏相关机制，难以从从业人员的角度来促进专利服务发展。

16.4.2 优化我国专利服务业政策与管理的建议

结合我国目前专利的具体情况与主要问题，参考发达国家的具体经验，针对促进专利发展，提高专利转化率，加快专利产业链完善等一系列问题，提出相应的对策建议如下。

1. 建立产、学、研一体模式，提高专利申请质量

针对目前我国专利申请发明类型较少的缺陷，如何进一步提高专利申请中创新性内容的占比成为最关键的问题。建立产、学、研一体的模式将会有效地解决这一问题。通过建立产、学、研一体的模式将高校中的研究成果投入实际生产，不仅能节约大量人力物力，还能极大地促进智力成果的转化，提升专利申请中的创造性内容比例。

2. 设立相关政策，保护国内专利发展

结合我国目前专利服务业发展尚不成熟的特点，可以学习早年日本采取的手段，设立相关政策保护国内专利发展，避免某些发达国家在我国对专利进行抢注等恶意竞争行为，同时对本国专利的转化予以奖励与扶持，各地区也可以针对本地的专利申请给予相关的优先权与其他优惠政策，鼓励本地区的专利产业得以健康平稳地发展。

3. 构建高效索引平台，提高专利搜索效率

针对目前我国存在的专利搜索平台良莠不齐、查询效率低等问题，应由国家相关部门牵头，构建统一的专利索引平台，并由相关专家在可用性

与搜索查全、查准率方面进行相关设计，提升不具备相关知识的其他领域人士查询专利的效率，提高专利转化率，降低研发方面所耗的经费。

4. 完善国内专利相关政策法规，树立专业行业规范

目前我国涉及专利相关的政策法规还主要集中在产业导向型的领域，宏观层面的指导内容较多，但在具体实施过程中详细的指导内容相对较少，缺乏明确的发展途径。在专利服务业发展程度较为完善的地区，应加大人才培养方面政策的力度，以从根本上提升产业的发展潜力；在专利服务业刚起步的地区，应注重经济类政策扶持的效用，通过资金的有效投入建立较为良好的产业发展环境，吸引人才，提高相关部门积极性。

5. 加大财政扶持力度，设立专利保险制度

针对部分专利服务业发展刚刚起步的地区，可以加大财政扶持力度，通过减免税收、财政拨款、评优奖励等手段吸引人才，提高相关单位工作积极性。同时设立相应的专利保险制度，为专利申请人提供较为优厚的待遇，激励其在相关领域的研究。对于专利服务业发展较为完善的地区，可以通过对具体项目的拨款，以实际项目带动行业的快速发展。

6. 推动成立行业协会，内部监管规范流程

推动成立专利服务业管理协会，面对多变的市场情况与相关需求单位的多种需求，通过行业自我规范、市场自我调节的方式较快地解决所面临的多种问题。通过成立行业协会，对恶意专利申请、专利抢注、专利假冒、专利纠纷等多种问题，在问题发生的过程中提供较为有效的解决办法并间接促进政策的完善，同时行业协会也能推动市场流程的规范。

第 17 章

科技与医学（STM）信息资源行业发展与政策

科技与医学（STM）信息资源行业是信息资源产业中的一个新型行业，它是科技与医学紧密联系、互相促进的结果，也是信息资源产业最新的开拓性领域之一。在我国，科技管理和信息资源管理研究领域通常被称为科技信息资源。本章对科技与医学信息资源行业的相关基本概念进行了分析界定，介绍了国外相关领域的基本情况，从我国科技与医学信息资源行业用户消费行为分析入手，讨论分析了我国科技与医学信息资源行业发展的现状，基于我国科技与医学行业基本产业政策的分析，提出了进一步完善产业政策的意见。

17.1　STM 信息资源行业相关概念

17.1.1　STM 信息资源

STM 是科学（scientific）、技术（technical）、医学（medical）的缩写，在信息服务领域，国际上通常将 STM 信息服务与财税金融、法律法规、教育等并列。在我国学术界和人们的认识实践中，人们普遍认为 STM 信息资源是科技资源的重要组成部分，是一种战略资源。[①] 目前，我国学

① 谢科范．区域科技资源配置与使用的研究．武汉：武汉理工大学，2005；周寄中．科技资源论．西安：陕西人民教育出版社，1999：107－113；陈喜乐．海峡两岸科技信息资源开发与管理比较．科学研究，2000，18（4）：81－87.

者对信息资源这一概念的认识仍然存在一定的差异，但马费成、赖茂生等对信息资源的定义反映了现阶段的基本共识："狭义的理解，信息资源是人类社会经济活动中经过加工处理并大量积累起来的、有用的、有序化的信息的集合；广义的理解，信息资源是指人类社会信息活动中积累起来的信息、信息生产者、信息技术等信息活动要素的集合。"①

STM 信息资源可按来源、记录形式、载体形态、运营机制、增值状况等多种不同角度进行分类。从目前国际、国内的运营机制看，科技信息资源大体可以划分为政府科技信息资源、商业性科技信息资源与公益性科技信息资源三类。政府科技信息资源包括由政府生产、收集、整理和掌握的科技信息资源；商业性科技信息资源是指由商业机构或其他机构以市场化方式收集和生产的，以营利为目的的科技信息资源；公益性科技信息资源是指进入公共流通领域的，由公益性机构管理并向公众开放的科技信息资源。按信息增值状况，科技信息资源可划分为基础数据信息和增值服务两类。基础数据信息类科技信息资源是指科技领域产生的，未经加工或加工程度较低的，保证科技活动正常进行所必不可少的科技信息资源；增值服务类科技信息资源是指在基础数据的基础上经过增值处理所提供的科技信息资源服务。

17.1.2 STM 信息资源行业

目前学术界尚未给出 STM 信息资源行业这一概念的明确定义，我们在此将其定义为："以科学技术和医学活动中需要和产生的信息资源为劳动对象，为科技和医学活动提供信息形态的产品或服务的行业。"我们认为 STM 信息资源行业的内涵应包括以下三点：

第一，STM 信息资源行业的源头是待开发利用或已得到开发利用的 STM 领域内的信息资源；

第二，STM 信息资源行业以 STM 信息资源衍生的产品或服务为利润来源；

第三，STM 信息资源行业是 STM 信息资源开发利用的商业化模式，通过信息资源的收集、加工、整理等增值环节产生经济价值，增加社会财富和就业机会。

---

① 马费成，赖茂生．信息资源管理．北京：高等教育出版社，2006.

从国民经济统计的角度看，STM 信息资源行业主要涉及计算机服务和软件业及其他信息相关服务中以 STM 信息为对象的部分，具体涉及内容如表 17-1：

表 17-1　　STM 信息资源行业构成

类别			涉及 STM 信息资源行业的领域
计算机服务和软件业	软件服务	基础软件服务	
		应用软件服务	STM 信息资源软件服务
		其他软件服务	
其他信息相关服务	新闻出版业	新闻业	STM 行业新闻
		图书出版	STM 图书出版
		报纸出版	STM 行业报纸
		期刊出版	STM 期刊出版

17.2 国际 STM 信息资源行业发展现状

STM 行业是世界信息服务行业体系中的重要组成部分。我国 STM 行业的发展目前处于初级阶段，而国际 STM 行业的发展无论在市场规模、产品服务、竞争机制等方面都更趋成熟和完善。全球范围内从事或涉及 STM 行业的企业覆盖了 21 个国家，规模以上企业总数超过 120 家，这些 STM 企业每年发表的期刊论文超过全球相关学术论文总数的 66%，同时出版了成千上万的专著与参考著作。我们希望通过对国际 STM 市场数据的收集、整理及提炼，展示出国外 STM 行业的发展现状。

17.2.1 发展概况

全球 STM 行业在 2008 年至 2012 年间获得了稳步快速的发展，市场规模逐年扩大，产品服务水平不断提升，到 2012 年底市场总规模已达到 245 亿美元，五年年均复合增长率超过 6%，亚洲新兴市场对 STM 企业的吸引逐年加大，而在 STM 企业的业务中，医学信息服务业务在全球范围内发展最为迅猛。具体表现出以下特征。

● 具有较大的市场规模：2013 年统计数据显示，全球信息产业的市场总额在 2012 年底已超过 4 962 亿美元。在对信息行业进行市场细分后，在

11个细分领域中，STM行业2012年市场总规模已达到245亿美元，占信息行业整体规模的4.94%。

● 持续、快速的发展速度：虽然STM行业市场总规模目前在信息行业整体中占比偏低，在最新数据统计中只占到信息行业总规模的4.94%，但从五年的相关数据来看，STM行业发展较快，始终保持着稳定增长，五年年均复合增长率超过6%。

● 新兴市场发展潜力大：截止2012年底，STM行业已遍及美国、欧洲、非洲及亚洲等多个地区的21个国家，其中以美国STM市场规模为最大，在2012年达到了167亿美元。同时，在2012年，STM行业在亚洲地区发展最为迅速，年增长率达到9%，为全球各地区增长速度之首。

● 医学业务发展迅猛：在STM企业的业务发展上，传统的学术出版及信息服务业务增长相对稳定，面向专业医学的信息服务业务发展迅猛，市场规模逐年增加，从2008年的71.5亿美元增长到2012年的127亿美元，五年内的增长幅度超过77%。

● 行业领头企业增长稳定：在2012年，Reed Elsevier以33.5亿美元的营业收入位居市场规模首位[①]，IHS、John Wiley & Sons以及Wolters Kluwer分别以11.6亿美元[②]、10.5亿美元[③]及9.8亿美元[④]的营业收入列二、三、四位。五年间，STM行业规模前五的企业中，除了Woltres Kluwer集团STM业务（Wolters Kluwer Health）在2010至2011年出现下滑外，绝大部分都保持了稳定增长，如图17－1所示。

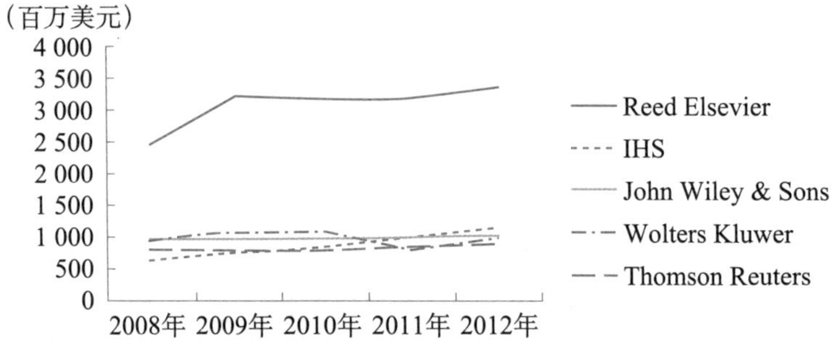

图17－1 STM企业增长概况

---

① http：//www.reedelsevier.com/investorcentre/reports%202007/Pages/2012.aspx.

② http：//investor.ihs.com/phoenix.zhtml? c=188457&p=irol-financial.

③ http：//as.wiley.com/WileyCDA/Section/id-301733.html.

④ http：//www.wolterskluwer.com/Investors/Financial-Information/Pages/Results.aspx? Year=2013.

17.2.2 国际 STM 行业市场竞争分析

在市场环境中，市场集中度是衡量某一市场或行业内厂商之间市场份额分布状况与市场结构的重要指标，它通常能够反映市场竞争和垄断程度。[①] 我们收集了 STM 领域相关企业从 2008 年至 2012 年历年的年度财务报告等公开信息，并以此进行分析，通过分析 STM 行业市场的集中度进一步分析其市场竞争态势。

绝对集中度是最基本的市场集中度指标，通常用规模处于行业前列企业的生产、销售、资产或职工数量占整个市场的生产、销售、资产、职工总量的比重来表示。其计算公式为：

$$CR_n = \sum_{i=1}^{n} X_i / \sum_{i=1}^{N} X_i$$

其中，CR_n 表示市场上规模最大的前 n 位企业的市场集中度，X_i 为按照资源份额大小排列第 i 位企业的生产额或销售额、资产额或职工人数等指标，N 为市场上企业总数。在实际研究中通常取 CR_4 或 CR_8 来进行测度。

按照贝恩对绝对集中度指标与产业的垄断和竞争程度的分类[②]，将集中类型分成 6 个等级，并对行业市场集中度进行测定，可得出表 17-2：

表 17-2　　贝恩对产业垄断和竞争类型的划分

类型	CR_4	CR_8
I. 极高寡占型	>75%	
II. 高集中寡占型	65%～75%	>85%
III. 中（上）集中寡占型	50%～65%	75%～85%
IV. 中（下）集中寡占型	35%～50%	45%～75%
V. 低集中寡占型	30%～35%	40%～45%
VI. 原子型	<30%	

2012 年 STM 市场整体规模约为 245 亿美元。营业收入前 4 位企业整体收入约为 65.47 亿美元，前 8 位企业整体规模约为 95.16 亿美元，分别占全部市场的 26.7%与 38.84%。根据贝恩分类，STM 行业市场集中度较低，属于原子型市场（CR_4=26.5%，CR_8=38.84%）。一般来看，原子型市场的集

① 刘树林，牛海涛．产业经济学．北京：清华大学出版社，2012.

② 孙敬水．市场结构与市场绩效的测度方法研究．统计研究，2002，(5)：7-12.

中度低、企业数目多、规模小且市场竞争处于过度竞争状态。过度竞争应该表现为某个产业由于进入的企业过多，已经使许多企业甚至全行业处于低利润甚至是负利润的状态，但是生产要素和企业仍无法从这个行业中退出，使全行业的低利润甚至负利润状态长期地持续下去。但实际上，STM信息资源的行业利润率一直相对较高，市场增长速度也高于其他类行业。

17.2.3 产品进入时间分析

我们随机抽取了国外78个数据库作为调研对象，对其产品或服务创立时间的数据进行收集，整理出各项产品进入市场的时间。对于同一厂商产品中信息内容载体（如纸本、光盘、电子数据库）变更的情况，按照该信息内容最早出现的时间计算产品创立时间。

整体来说STM类相关产品的进入时间情况具有以下特点，如图17-2所示。

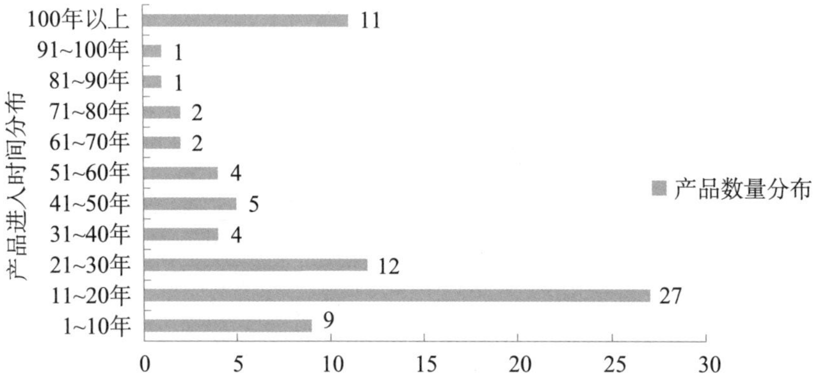

图17-2 STM产品进入时间及数量分布

(1) STM产品进入时间普遍较长

从进入时间来看，在STM产品调研的78个样本中，进入时间在1至10年间的产品仅有9个，占样本总量的11.54%。其中进入时间在3年以内的仅有“ClinicalKey”1个产品，占比为1.28%；进入时间在5年以内的产品数量为2，进入占比不足3%。

从目前STM行业发展现状及产品进入数量上来看，绝大部分产品的进入时间在5年以上，产品进入时间普遍较长，各STM企业中新出现产品数量较少、频率较低，行业具有一定程度上的进入壁垒。

（2）从早期的纸质出版物过渡到数字化产品

从产品演化来看，目前的 STM 行业产品中有不少是基于早期创办的学术期刊逐步发展演变形成的数字化产品，这些经典老牌的学术期刊品牌影响力在数字产品中得到了延伸并进一步发展壮大，占据了一定的市场地位。如 *American Mathematical Society*（AMS）、*LWW Journal*（现成为威科医学下属出版业务并与威科 STM 业务进行了整合）、*Nature Journal*（现为 Nature Publishing Group 的主体出版业务）及 *JAMA Journal* 等。

（3）STM 行业近 30 年发展迅速

从产品数量来看，1983 年以来的 30 多年间，STM 行业产品数量增长最多。在 STM 产品调研的 78 个样本中，1～30 年内进入的产品总数为 48 个，占样本总数的 61.54%。

随着社会科技发展的不断加快，以及信息处理技术、计算机技术及互联网技术的飞速发展，STM 行业无论是从产品内容、质量，还是产品形式、展示手段上都有了跨越式的发展。在此期间，STM 行业中信息内容的加工深度与精度不断提高，出版形式上大量的传统出版企业向着数字化出版转变。受此影响，行业中大量的电子数据库、决策分析工具等新型产品在此期间应运而生，使得 STM 行业产品的整体结构出现了新的变化。

17.2.4 STM 行业价值链分析

对 STM 企业产品价值链的分析，有助于将复杂的 STM 企业产品种类结构简化成为最基本的产品服务类型、信息资源类型、信息服务提供商三个维度和信息内容生产、保存、传递和使用的过程环节。通过分析国际市场 STM 企业的产品和服务模式，我们不难总结出 STM 价值链的以下几个特征。

1. 五种 STM 产品服务经典模式

目前 STM 信息资源服务市场上出现的主要产品与服务有：科技期刊出版服务、图书出版服务、索引目录及全文数据库、科学数据库、知识发现系统、分析工具、管理工具及决策工具等，根据产品服务上下游价值关系的耦合，形成了 Elsevier 期刊出版服务、Springer 图书出版服务、Wolters Kluwer 医学决策工具、Thomson Reuters 企业创新工具、NCBI 科学数据库五种经典的产品服务模式，涵盖了行业内绝大多数厂商产品及服务的形式。

2. 一次信息资源生产源头在产品价值链中仍占主导地位

信息资源的生产是产品价值链的源头，通过对生产出来的信息资源进行收集、加工、整理等增值环节，产生经济价值，增加社会财富和就业机会。无论是以出版服务起家的传统 STM 企业机构（如 Elsevier、Springer、Wolters Kluwer），还是以数据库技术、计算机互联网技术为优势的企业机构（如 NCBI、Thomson Reuters），其产品服务的核心内容来源都是一次信息资源产品。

3. 三次信息资源产品的发展需要深度结合用户

作为产品价值链下游的三次信息资源产品，依靠信息内容高速增长及信息挖掘处理技术的不断进步，近年来获得了较好发展。同时三次信息资源产品在产品价值链中对信息内容加工、处理的程度最高，能够深层次解决特定用户群体的需求，最大限度地实现科技信息资源的价值。而这些产品在设计上更加贴近使用者，充分考虑应用场景，是未来 STM 行业产品创新的主要方向。

17.3 我国 STM 信息资源行业用户消费行为分析

17.3.1 数据来源与研究方法

采用问卷调查法和五分制李克特量表法，调查消费群体的特征，消费者对科技、医学信息资源的认知、偏好和使用情况。万方数据知识服务平台和万方医学网的用户基本囊括了科技、医学信息资源的消费群体，因此我们借助上述两个平台进行问卷发放与调研工作。

从学科性质和问卷设计角度看，科学技术类与医学类问卷总体结构一致，部分内容体现不同领域的特征。问卷设计中采用五分制李克特量表以便进行统一量化分析。

17.3.2 信息资源消费结构研究

1. 问卷回收情况与调查人群基本特征

调查结束时共回收问卷 766 份，其中科学技术类问卷回收 162 份，医学类问卷回收 604 份，使用 SPSS 软件对调查问卷结果进行内部一致性检验，结果 α 系数为 0.96，问卷具有较高的内部一致性。

参与调查人群的基本特征见表 17－3。

表 17－3　　　　调查人群基本特征

特征		比例（%）
性别	男	58.22
	女	41.78
年龄段	20 岁以下	1.70
	21～40 岁	74.28
	41～60 岁	23.37
	61 岁以上	0.65
学历	大专及以下	6.53
	本科	56.40
	硕士	31.46
	博士	5.61
职称	中级以下	74.54
	高级	25.46

2. 消费意识和动机分析

(1) 消费者对信息资源的认知

在对不同类型信息资源的认知方面，如图 17－3 所示，消费者对各类信息资源，如医学、科技数据，图书，期刊论文，会议论文，学位论文，科技成果，专利信息，科技报告都有一定的认知，认知程度在了解以上的超过 60%，其中对期刊论文的认知程度最高，其次是图书、会议论文和科技成果，对医学、科技数据，科技报告和专利信息等使用频率较低的信息资源的认知程度相对较低一些。

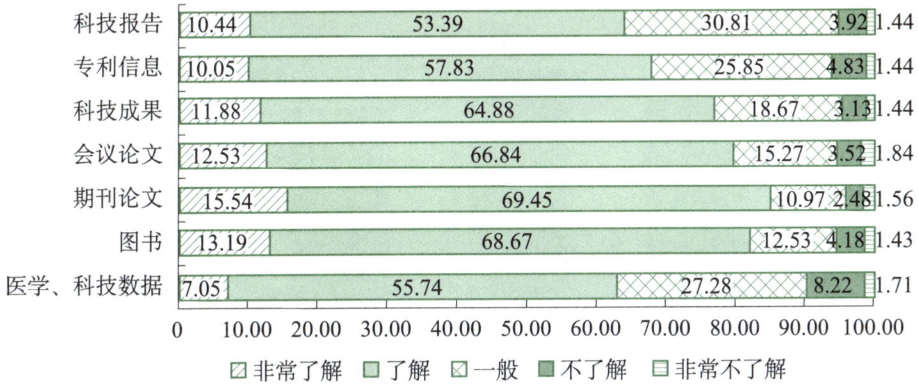

图 17－3　消费者对各类信息资源的认知情况（%）

(2) 科技信息资源产品的认知途径

在对获取信息资源途径的认知方面，消费者对图书馆、网络搜索引擎以及数据库公司网站和系统三种获取信息资源的途径都有一定的认知，如图 17-4 所示，认知程度达到了解以上的消费者比例均超过 70%，可能由于网络搜索引擎在消费者的日常生活中使用频繁的缘故，其中对网络搜索引擎的认知程度最高。

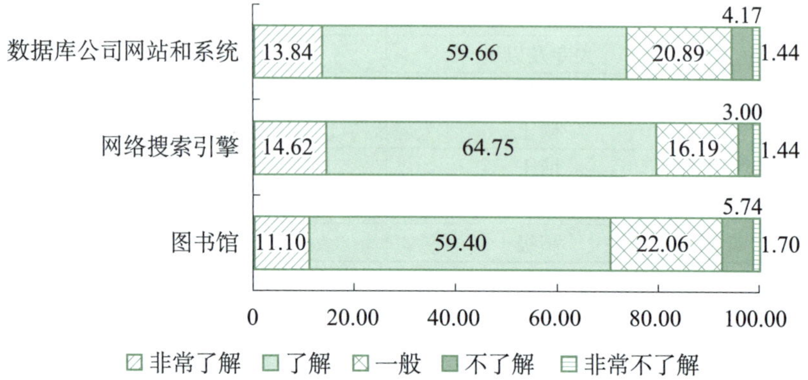

图 17-4　消费者对获取信息资源途径的认知情况（%）

(3) 信息资源产品的消费动机

1) 消费者对科技信息资源的消费动机

消费者消费科技信息资源的动机，总体来说主要是出于论文写作的需要，其次是科研工作的需要，再次是学习的需要，最少的是企业竞争的需要（见图 17-5）。

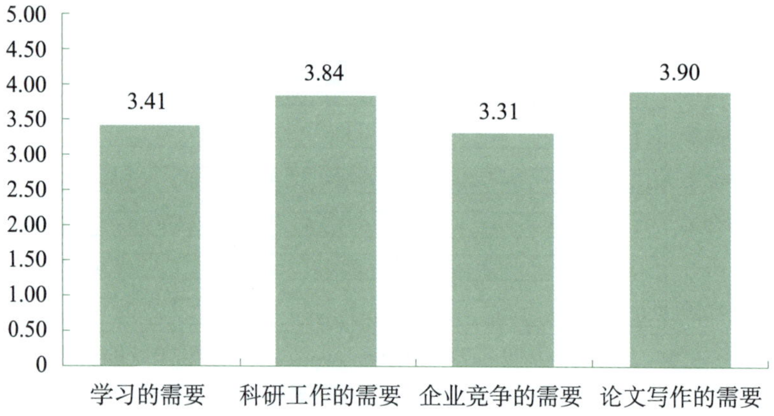

图 17-5　消费者消费科技信息资源的动机

2）消费者对医学信息资源的消费动机

医学信息资源的消费动机，总体来说主要来自学习的需要，治病就医、其次是论文写作的需要，再次是科研工作的需要，而临床诊疗的需要，寻医问药以及企业竞争的需要较少（见图 17-6）。

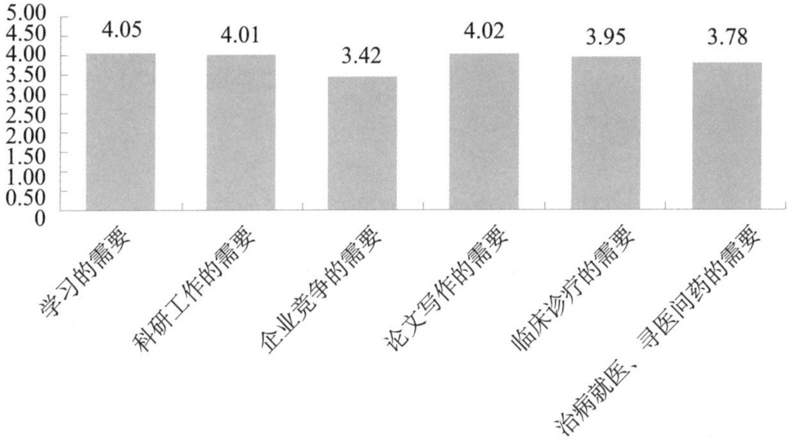

图 17-6 消费者消费医学信息资源的动机

3. 信息资源产品的消费态度

如图 17-7 所示，消费者对消费信息资源的态度是非常积极的，其中 29%的消费者认为在工作、学习和生活中消费信息资源是非常有必要的，63%的消费者认为有必要，6%的消费者认为可有可无，1%的消费者认为没必要，1%的消费者认为非常没必要。这表明信息资源已经是大部分消费者工作、学习和生活中不可或缺的一部分，大部分消费者已经认可了信息资源的作用。

4. 消费行为分析

从经济学的角度分析，信息消费行为主要有偏好行为、选择行为以及共享行为。偏好行为是指消费者对信息产品进行的选择和排序；选择行为是在收入与价格所制约的氛围下，根据偏好进行选择；由于信息产品在消费过程中的共享性，没有为信息产品做出贡献的信息消费者也能获得信息产品，这叫共享行为，即所谓的“搭便车的困境”。

如图 17-8 所示，在信息资源的载体形式上，82%的消费者偏向于电子形式，15%的消费者电子和纸质两种形式都接受，只有 3%的消费者偏

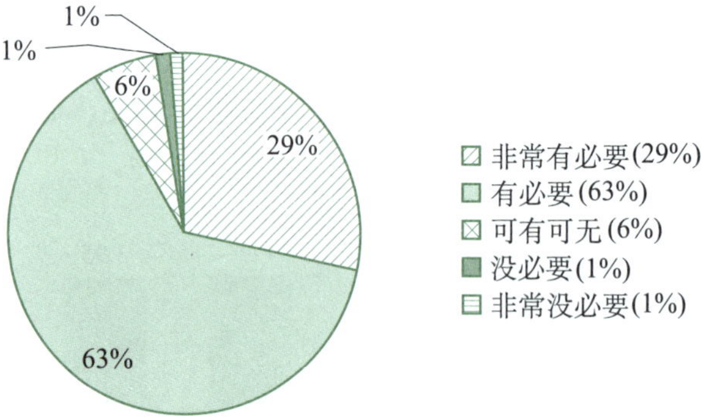

图 17－7　消费者对消费信息资源的态度

向于纸质的资源。调查对象是网络数据库的用户，这可能会对结果产生一定的影响，但一定程度上也能说明电子信息资源已经占有了一定的市场，被大众所认可。

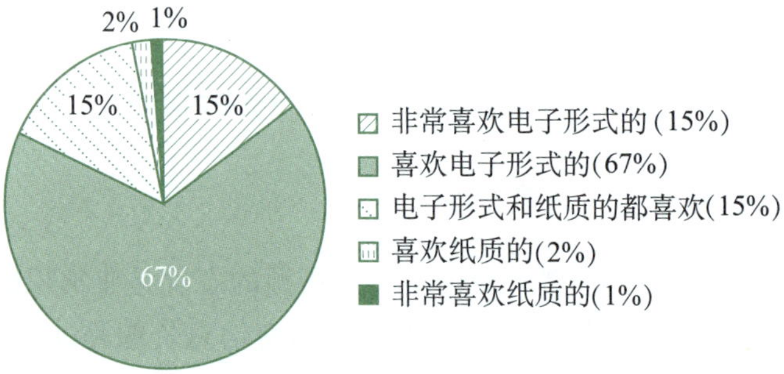

图 17－8　消费者对信息资源载体形式的偏好

如图 17－9 所示，对于信息资源类型，消费者选择最多的是期刊论文，有 86.42％的消费者会偏向选择消费；其次为图书，医学、科技数据，会议论文和科技成果，分别有 79.38％、69.19％、62.27％、59.79％；选择最少的为专利信息，仅有 49.34％的消费者会偏向选择消费，也表明从基础研究到应用创新的转型尚未开始。

如图 17－10 所示，消费者在获取信息资源时多会选择通过网络搜索引擎，其次为数据库公司网站和系统，较少会选择图书馆。消费者对数字化科技信息资源的使用逐渐增加，去传统图书馆获取信息资源的频率日渐降低，多数消费者会选择快捷方便的网络搜索引擎以及数据库公司网站和系统，或者使用图书馆提供的网络数据库。

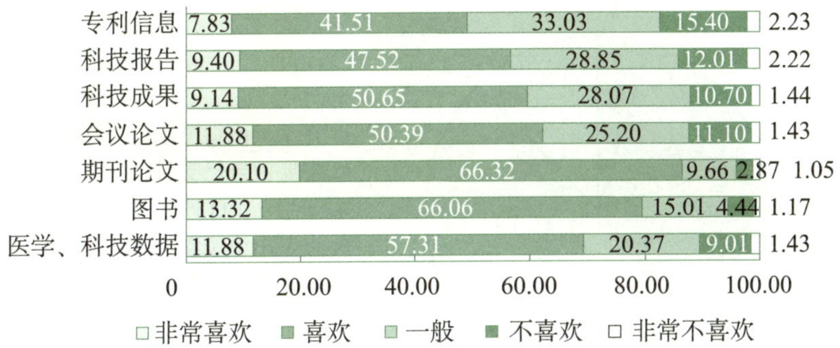

图 17-9　消费者对各类信息资源的偏好（%）

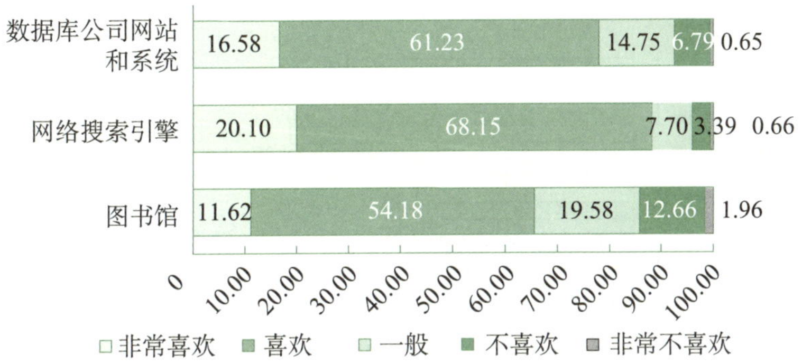

图 17-10　消费者对获取信息资源渠道的偏好（%）

5. 消费结构分析

（1）消费者消费信息资源的资金来源

如图 17-11 所示，5%的消费者资金几乎全部来自单位，16%的消费者资金主要由单位提供，18%的消费者资金一半由单位提供，一半由自己支付，49%的消费者资金主要由自己支付，只有 12%的消费者资金几乎都由自己支付。个人支付信息资源消费也占到了一定的比例，一方面说明消费者的消费需求增加了，另一方面也说明了单位提供的信息资源已经满足不了消费者的需求。

（2）消费者主要消费的信息资源

剖析 STM 信息资源行业消费者的消费结构，区别不同学历的样本特征，对信息资源的消费情况进行分析，统计对象为选择“十分常用”和“经常使用”的消费者所占比例，结果如图 17-12 所示：

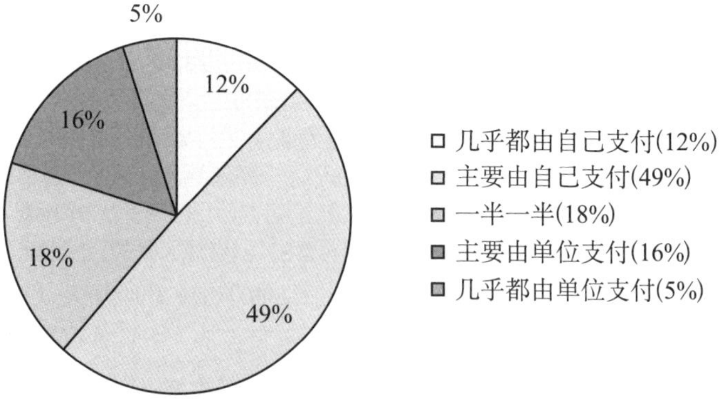

图 17-11　消费者消费信息资源的资金来源

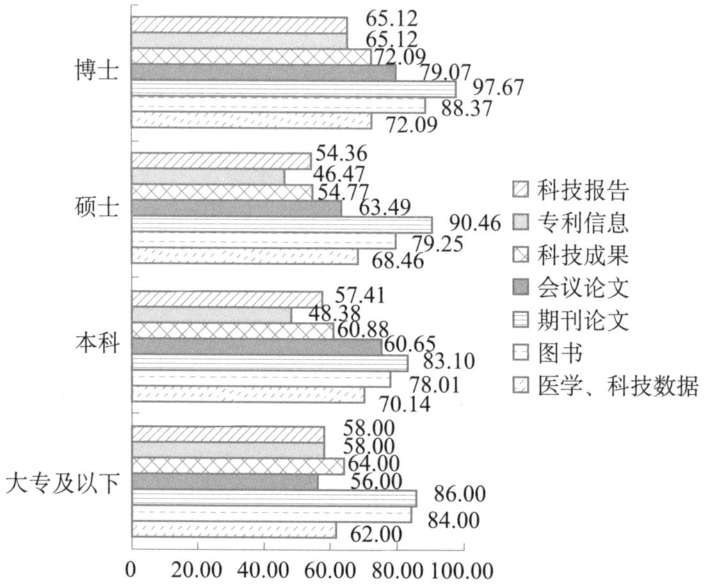

图 17-12　不同学历消费者消费各类信息资源的情况（%）

通过图 17-12 可见，大专及以下学历的消费者消费期刊论文，图书，医学、科技数据和科技成果较多，其他类型的信息资源消费较少；本科学历的消费者消费最多的是期刊论文，图书和医学、科技数据，其他类型的信息资源消费相对较少；硕士学历的消费者消费较多的是期刊论文，其次是图书，其他类型的科技信息资源消费水平都相对较低；博士学历的消费者消费较多的是期刊论文和图书，其他类型的信息资源消费相对较少。

由此可知，我国 STM 行业用户的消费行为具有以下特征。

第一，样本群体特征：从此次调查来看，STM 信息资源的消费者中男性的比例高于女性，高学历的青年消费者是消费的主力军。

第二，消费意识和动机：消费者对 STM 信息资源已经有了一定的认知，但是仍有提升的空间。消费者对期刊论文、图书、会议论文和科技成果的认知程度相对较高，对科技报告，专利信息，医学、科技数据的认知程度相对较低；对于获取 STM 信息资源的途径，消费者对网络搜索引擎、数据库公司网站和系统的认知程度相对较高，对图书馆的认知程度相对较低。大多数消费者认同消费信息资源的必要性，STM 信息资源已经成为他们工作、生活和学习中不可或缺的一部分。

第三，消费行为：多数消费者喜欢使用电子信息资源，虽然本次调研是网络问卷调查，对调查结果有一定影响，但仍能说明电子信息资源发展迅速，占据了一定的市场，还有更大的发展空间。在各类信息资源的使用方面，消费者会偏向于使用期刊论文和图书，而专利信息、科技报告和科技成果的关注度则相对较低；在获取信息资源的渠道方面，网络搜索引擎最受欢迎，其次是数据库公司网站和系统，通过图书馆来获取资源的相对较少。

第四，消费结构：在各类信息资源方面，期刊论文和图书消费较多，专利信息，科技报告和科技成果消费相对较少。

17.4 我国 STM 信息资源行业发展现状

我国的 STM 信息资源行业大体上可以分为政府 STM 信息资源服务和商业类 STM 信息资源服务两类。但由于出版单位原先属于事业单位，因此 STM 信息资源服务在政府、事业单位、企业之间的界限并不十分清晰。

17.4.1 政府 STM 信息资源业发展现状

在我国，政府是 STM 数据资源最大的拥有者和用户，绝大多数的信息资源建设与开发项目都是在政府的直接参与下开展的，如国家科技基础条件平台中心的建设，由中央财政提供持续稳定的资金支持。① 目前，平台已处于稳定运行服务阶段。在投入方面，平台在运行服务阶段正在面临政府初始投资减少的不利因素，在这一过程中，对资源调配起重大作用的

① 国家科技基础条件平台中心关于国家科技基础条件平台建设的专项简介。

市场是否可以更多地被引入基础条件平台当中，如何更有效地利用市场，成为亟待解决的关键问题。① 有学者提出，可以将公益性的原始资源公开，尤其是国家主持的观测和科技活动产生出的科技资源或科技基础条件资源，对于二次加工等扩展（衍生）出的科技资源则鼓励进行商业化运作。

政府拥有的其他类别的 STM 信息资源，如科技报告、科技成果、会议记录、标准文献等资源，国内还没有或正在建立管理的体系及架构，尚未引入市场化的机制。

17.4.2 商业类 STM 信息资源行业发展现状

1. 科技出版机构

我国的科技出版企业规模偏小（见表 17－4），在 570 多家出版企业中，属科技出版的 140 多家平均年销售额仅有几千万元人民币，即使规模较大的企业，其销售额基本上也没有达到 1 亿美元规模的。发达国家往往是被少数大型龙头企业垄断了极大的科技出版市场份额。要提升我国科技出版的国际竞争力，必然要在扩大科技出版企业的规模上下功夫。目前我国科技期刊数字出版盈利模式仍局限在传统期刊出版盈利模式的框架下，多为内容数字化的传统方式；盈利模式优劣的判断标准主要是能否持续产生现金流即销售收入以及产业链各环节是否完整②，而我国当前阶段科技期刊数字出版往往局限于内容提供商和信息服务商的盈利，还没有形成完整的产业链创利与分利的模式。

表 17－4　　我国科技类期刊出版情况规模

		2008 年	2009 年	2010 年	2011 年	2012 年
自然科学、技术类期刊	期刊种数	4 794 种	4 926 种	4 936 种	4 920 种	4 953 种
	总印数	48 171 万册	46 228 万册	47 068 万册	48 717 万册	48 567 万册

数据来源：2008—2012 年全国新闻出版业基本情况（http：//cips.chinapublish.com.cn/chinapublish/syzx/dlcbygk/）.

2. 科技信息服务商

我国现有三家规模较大的科技信息服务商，即中国知网、北京万方

① 刘润达，褚文博，诸云强．国家科技基础条件平台运行服务阶段关键问题探析．现代情报，2012，32（11）：51－57.

② 谭学余．美国数字出版见闻．现代出版，2011，（3）：56－59.

数据股份有限公司、重庆维普资讯有限公司。但是以这三家企业为代表的我国科技信息服务企业也存在诸多问题：企业产品同质化现象严重；不完善的版权制度犹如悬在企业头上的达摩克利斯之剑，随时威胁着企业的生存与发展；互联网等其他行业的业务延伸和扩张，与科技信息服务商争夺文献数据库出版市场；未来政策的变化可能令一部分目前对各企业很重要的信息资源公益化，国外信息服务企业进入中国会对本土企业带来威胁。

3. 科技信息机构

根据中央部委对科技信息（情报）机构体制进行的定位改革，我国的科技信息（情报）机构主要有四种模式，见表 17-5。

表 17-5　科技信息（情报）机构体制定位

分类	管理方式	举例
政府体系下的公益性科研机构	按非营利机构管理，其中一部分部委科技情报机构作为独立科研机构保留	如中国科学技术信息研究所
	另一部分部委科技情报机构与所在部委所属的其他研究单位合并成为一个新单位	如水利部科技情报研究所与水利部其他研究机构整合为水利部发展研究中心等
政府体系下的公益性科研机构	地方综合性科技情报机构	除青海省科技信息研究所、上海科技情报研究所外（在省级科技情报机构中，仅有青海省科技信息研究所于 2000 年 12 月从纯公益性的事业单位转制为科技型企业，并改名为青海省科技信息咨询服务中心；上海科技情报研究所与上海图书馆于 1995 年合并成立“上海图书馆上海科技情报研究所”，隶属于宣传部，是为特例）
	地方农业、林业、卫生和标准行业科技情报机构	
学会、协会体系	挂靠在政府部门之下，管理与业务也很大程度上依附于政府部门	中国科技情报学会，在各省（市）、自治区都有地方学会，并成立了煤炭、农业、船舶、建筑等 11 个专业分会

续前表

分类	管理方式	举例
企业体系	随上级主管部门并入企业集团	如航天科技情报研究所随航天部并入中国航天集团，宝钢、中石化等大型企业内设立的科技情报部门
	转制为科技型企业	如中国化工中心 1999 年在 242 所科研机构统一转制时转为企业，并入中国化工集团
	建立科技情报公司	清华同方、万方数据、重庆维普等
中介机构	转为中介机构	如国家经贸委管理的 10 所部委局所属机械信息工业研究院、煤炭信息研究院等转为中介机构

17.5 我国 STM 信息资源行业基本产业政策的分析及优化发展建议

17.5.1 STM 信息资源服务的定位与基本纲领

我国将 STM 信息资源服务作为科技基础条件建设的重要部分，持续给予关注和支持。例如《国家中长期科学和技术发展规划纲要（2016—2020 年）》指出，要“充分利用现代信息技术手段，建设基于科技条件资源信息化的数字科技平台，促进科学数据与文献资源的共享，构建网络科研环境，面向全社会提供服务，推动科学研究手段、方式的变革”①。

17.5.2 科研项目申报、管理与 STM 信息资源服务

一方面科研项目管理过程中要利用 STM 信息资源服务提供决策支撑，另一方面项目成果将形成大量的 STM 信息资源。在科研项目申报时，通过科技查新辅助决策。科技查新是我国在实践中从专利查新发展出来的新颖性审查管理制度，是指具有查新业务资质的查新机构根据查新委托人的需要查证科学技术内容的新颖性。科学研究过程中会产生大量的科学数

① 国务院．国家中长期科学和技术发展规划纲要（2006—2020 年）国发〔2005〕第 044 号．2006 年 2 月 9 日发布．

据、论文、报告、软件代码等信息内容，政府主导的科研项目中，这些由纳税人共同支付形成的信息资源也应以适当的方式公开、共享。我国在政府资助项目的成果管理方面，目前规范要求较不完善。对科研项目形成的学术论文、专著的管理还不完善，没有关于科学项目产生的数据管理的相关规定。科技报告的管理目前在自然科学基金和国家科技计划方面已经颁布了一些政策要求，并开始组织实施，从开始管理建设到正式形成一套有效稳定的管理、控制与服务体系还需要持续给予政策支持。

17.5.3 科技交流中的 STM 信息资源服务

1. 科技数据的管理与共享

2004 年 7 月，科技部、发改委、教育部、财政部联合制定并发布《2004—2010 年国家科技基础条件平台建设纲要》（以下简称《纲要》），为平台建设的整体推进做出了统一部署。① 在《纲要》的指导下，政府各部门也非常重视科学数据的管理与共享，编制了“科学数据共享工程建设规划”，制定了《科学数据共享条例（建议稿）》《国家科技计划项目科学数据汇交暂行办法（草案）》《国家重点基础研究发展计划资源环境领域项目数据汇交暂行办法》《科学数据共享工程管理办法》《科学数据共享工程试点遴选和检查评估办法》和《科学数据分类分级共享及其发布策略》等一系列数据共享的政策法规。《科学数据共享条例（建议稿）》包含 8 个章节：总则、科学数据共享管理、科学数据汇交、科学数据共享服务、科学数据使用、科学数据共享保障、法律责任、附则，这对保障科学数据共享的顺利进行，使共享管理走向法制化轨道，具有重要的意义。②

2. 科技出版政策

目前，我国与科技出版相关的法规政策有全国人大制定并颁布的《中华人民共和国著作权法》《中华人民共和国著作权法实施条例》，国务院颁

---

① 国家科技基础条件平台中心平台建设简介．［2014－1－14］．http：//www. nstic. gov. cn/navigation/set. jsp.

② 路鹏，苗良田，莫纪宏，等．关于起草《中华人民共和国科学数据共享条例（建议稿）》的说明．国际地震动态，2008，(8)：41－46.

布的《出版管理条例（2011修订）》等。[①] 关于期刊出版的相关法规，可追溯到1951年12月21日政务院颁布的《期刊登记暂行办法》，我国科技期刊执行审批制的原则由此确定。至今，我国政府先后颁布了与科技期刊出版有关的政策、法规200余件，其中直接与科技期刊有关的100余件。[②]

3. 科技报告政策

科技报告产生于20世纪初，是描述科研活动的过程、进展和结果，并按照规定格式编写的科技文献，科技报告是国家基础性、战略性科技资源，是国家科技实力的重要体现。[③] 2013年10月11日，科技部印发《国家科技计划科技报告管理办法》（国科发计〔2013〕613号，以下简称《办法》），《办法》指出由科技部负责国家科技计划科技报告工作的总体部署和统筹协调，研究制定相关政策，推进科技报告开放共享。中国科学技术信息研究所负责国家科技计划科技报告的接收、保存、管理和服务。《办法》要求科技报告按照"分类管理、受控使用"的原则向社会开放共享。"公开"和"延期公开"科技报告摘要向社会公众提供搜索查询服务；"公开"科技报告全文向实名注册用户提供在线浏览和推送服务；"延期公开"科技报告全文实行专门管理和受控使用；涉密项目（课题）的科技报告严格按照国家相关保密规定进行管理。

4. 其他科技成果交流政策

(1) 专利信息的交流政策

我国开展专利信息公共服务的网络平台主要是国家知识产权局政府网站，此网站提供专利搜索与服务系统（公众部分），收录了103个国家、地区和组织的专利数据，其中包括中国、美国、日本、韩国、英国、法国、德国、瑞士、俄罗斯、欧洲专利局和世界知识产权组织。

(2) 学位论文的交流政策

目前，国内学位论文的著作权属于学生本人，但国内大学大多数要求学生在答辩的同时必须签订著作权转让书，将著作权转让给学校才能完成答辩。已通过答辩的博士和硕士学位论文及摘要按类别报送不同的管理机

---

① 黄先蓉．论出版政策与法规的制定原则．编辑之友，2003（1）：40－43.

② 朱晓东，宋培元．关于我国科技期刊管理政策创新的思考．编辑学报，2006，18（2）：83－86.

③ 张爱霞，沈玉兰．美国政府科技报告体系建设现状分析．情报学报，2007，26（4）：496－502.

构。由国家图书馆公益性服务、大学内部馆藏服务和数据库厂商主导的商业化服务三类机构向公众提供阅读服务。

（3）会议论文的交流政策

由于出版单位须经过行政审批方能设立，会议论文正式出版成本较高，我国的会议论文小部分以图书形式或者精选后以期刊论文形式出版，大部分作为内部资料进行传播。这类非正式出版的会议论文同行评议控制不严格，往往无法被认定为正式的学术成果，会议论文的质量参差不齐，影响力普遍较小。

17.5.4 STM信息资源产品与服务

1. 信息资源的开放存取政策

截止到2014年1月份，我国并没有制定国家层面的开放存取政策，但是从我国陆续参加的国际和国内学术界的活动可以看出，我国政府和学者对开放存取表示支持。2004年，路甬祥院长代表中国科学院、陈宜瑜主任代表国家自然科学基金委员会分别签署了《关于自然科学与人文科学知识开放获取的柏林宣言》①，表明中国科学界和科技资助机构对开放存取的支持。

2. 数据库相关政策

2001年3月15日第九届全国人民代表大会第四次会议批准了《中华人民共和国国民经济和社会发展第十个五年计划纲要》，提出要积极发展信息服务业特别是网络、信息技术应用咨询和数据库服务业。

17.5.5 我国STM行业基本产业政策发展的启示或建议

通过以上的分析我们可以得出以下几点启示或者建议：

1. STM信息资源的重要性得到认可

当前我国在政府、行业和用户等不同层面普遍认识到了STM信息资

① 鲁超，刘清．我国开放存取政策浅析．情报杂志，2011，30（1）：47-50，77.

源及其共享服务的重要性。国家层面的认可在国家层面的信息资源规划、国家的科技规划以及具体的科技计划项目中均得以体现。用户调研结果也显示，各类用户普遍认为在其科研工作过程中使用 STM 信息资源产品和服务具有很强的必要性。

2. 行业发展落后，支撑不足，但发展空间明显

我国 STM 信息资源行业发展还较为落后，从政府科技资源共享、科技出版到专业数据库与科技咨询服务等各个环节均远远落后于发达国家。在资源基础层面，科学数据资源分散、优质科技论文外流、灰色文献质量不高；在投入方面，科技出版与科技信息服务既无法获得政府的资金支持，又不能充分获得外部市场化投入，导致技术创新能力偏低；在市场方面，我国还普遍缺乏尊重知识产权的消费习惯，即使在高校、医院等公立机构，也存在不少购买盗版侵权资源的现象。不过从国际实践来看，STM 信息资源行业具有良好的发展前景与增长势头，特别是在发展中国家，随着科技水平的进步和全社会创新意识的提升，STM 信息资源行业也将会有更大的发展空间。在这种情况下，更加需要在政策层面加以扶持和引导。

3. 政府职能与行业市场发展定位应当更加清晰

研究中也发现，在当前发展改革的过程中，政府职能与行业市场化发展之间存在着错综复杂的关系，影响到了政府管理、市场发展，也影响到了相关事业单位的改革发展。对 STM 信息资源共享利用缺乏基础性政策规范，政府科技信息公开和财政投入的研究项目信息公开水平仍然比较低下；政府设立的事业单位利用政府赋予的职能开展部分市场经营活动，与市场主体形成一定的竞争；缺乏对市场经营主体鼓励、支持的政策。需要在改革的过程中逐步理顺各方关系，形成政府与市场有效呼应的行业格局。

参考文献

[1] TEAM A D. Webviewclient hooks list. http://developer. android. com/reference/android/webkit/WebViewClient. html.

[2] According to the World Bank data on http://www. worldbank. org/Accessed December 2012.

[3] ARMSTRONG M. Competition in two-sided markets. RAND Journal of Economics，2006，37 (3)：668－691.

[4] BCC Research. 遥感探测（远隔检测）技术和全球市场（Remote Sensing Technologies and Global Markets）.（2013－09－19）[2015－08－20]. http://www. giichinese. com. cn/report/bc223038-remote-sensing-technologies-global-markets. html.

[5] BELL D. The coming of post-industrial society：a venture in social forecasting. New York：Basic Books，1973.

[6] BEll D. Welcome to the post-industrial society. Physics Today，1976 (2)：535－563.

[7] HOOD C. The tools of government. London：Macmillan，1983：5.

[8] DENG F，LIU G W，JIN Z G. Factors formulating the competitiveness of the Chinese construction industry：empirical investigation. JournaL of Management in Engineering，OCT 1，2013，29 (4)：435－445，11.

[9] DUTTON，WILLIAM H. Putting things to work：social and policy challenges for the internet of things. Source：Info，2014，Vol. 16，Iss. 3：1－21.

[10] OVERMAN E S and CAHILL A G. Information policy：a study of values in the policy process. Policy Studies Review，Summer 1990，Vol. 9，No. 4:803－81.

[11] VEDUNG E. Policy instruments：typologies and theories//BEMELMANS-VIEDEC M L，RIST R C and VEDUNG E. ed. Carrots，sticks & sermons：policy instruments & their evaluation，London：Transaction Publishers，1997：31.

[12] EINSTEIN A. Does the inertia of a body depend upon its energy content?. Annalen der Physik，1905，18 (13)：639 - 641.

[13] EINSTEIN A. Über einen die erzeugung und verwandlung des lichtes betreffenden heuristischen gesichtspunkt (on a heuristic viewpoint concerning the production and transformation of light). Annalen der Physik，1905，17 (6)：132 - 148.

[14] ERNST M L. At the heart of evolving literacy：a framework for action. http://www. pirp. harvard. edu/pubs _ pdf/ernst/ernst-p97 - 3. pdf，1997.

[15] European Commission . Info 2000 (4-year Work Program 1996—1999). European Commission，1996.

[16] European Commission. I2000. [2010 - 12 - 31]. http://ec. europa. eu/information-society/eeurope/i2010/index-en. htm.

[17] MEIJERS E，STEAD D. Policy integration：what does it mean and how can it be achieved? A multi-disciplinary review，2004 Berlin Conference on the Human Dimensions of Global Environmental Change：Greening of Policies-Interlinkages and Policy Integration.

[18] LANCASTER F W，BURGER R H. Macroinformatics，microinformatics and information policy//The information environment:a world view studies in honour of professional A. I. Mikhailov，North-Holland：Elsevier，1990.

[19] GALVIN T J. Rights in conflict：public policy in an information age，New worlds in information and documentation：proceedings of the 46th FID conference and congress. The Hague，The Netherlands：FID，1994：59 - 66.

[20] HADIDA A L，PARIS T. Managerial cognition and the value chain in the digital music industry. Technological Forecasting and Social Change，2014，83：84 - 97.

[21] HARTLEY R V. Transmission of information. Bell System Technical Journal，1928，7 (3)：535 - 563.

[22] http://as. wiley. com/WileyCDA/Section/id - 301733. html.

[23] http://dishui. blogchina. com/1589921. html.

[24] http://finance. ifeng. com/a/20151221/14131569 _ 0. shtml.

[25] http://gb. cri. cn/42071/2014/11/05/6891s4756250. htm.

[26] http://investor. ihs. com/phoenix. zhtml? c=188457&p=irol-financial.

[27] http://money. 163. com/16/0127/20/BEC4O3BL00252G50. html.

[28] http://wenku. baidu. com/view/d2452434eefdc8d376ee3264. html?re=view.

[29] http://www. cnii. com. cn/statistics/2015 - 03/13/content _ 1545047. htm.

[30] http://www.examw.com/zixun/zcgh/zhidao/89813/.

[31] http://www.gov.cn/2011lh/content _ 1825838 _ 2.htm.

[32] http://www.gov.cn/zhengce/content/2015-07/04/content _ 10002.htm.

[33] http://www.gov.cn/zhengce/content/2015-09/05/content _ 10137.htm.

[34] http://www.gov.cn/zwgk/2013-08/17/content _ 2468348.htm.

[35] http://www.gov.cn/zwgk/2013-10/15/content _ 2507143.htm.

[36] http://www.mof.gov.cn/zhengwuxinxi/zhengcefabu/201505/t20150519 _ 1233751.htm.

[37] http://www.reedelsevier.com/investorcentre/reports% 202007/Pages/2012.aspx.

[38] http://www.wolterskluwer.com/Investors/Financial-Information/Pages/Results.aspx?Year=2013.

[39] ROURKE J O. Information resources in canada. Special Libraries, 1970, 61 (2): 59-65.

[40] JÖCKEL S, WILL A, SCHWARZER F. Participatory media culture and digital online distribution—reconfiguring the value chain in the computer game industry. The International Journal on Media Management, 2008, 10 (3): 102-111.

[41] SALAMON L and LUND M S: Beyond privatization, Washington, D C: Urban Institute Press, 1989: 34-39.

[42] LI X, CHENG G. Research on measurement index system of information consumption level in rural areas. Journal of Luoyang Institute of Science and Technology (Social Science Edition), 2012, 2: 014.

[43] LIN T T C. Market competitiveness of mobile TV industry in China. Telecommunications Policy, Nov-Dec, 2012, 36, 10-11: 943-954, 12,Special Issue: SI.

[44] LOGAN R K. What is information?: Why is it relativistic and what is its relationship to materiality, meaning and organization. Information, 2012, 3 (1): 68-91.

[45] MANUEL C, AOYAMA Y. Paths towards the information society: employment structure in G-7 countries 1920—1990. International Labor Review, 1994, 133 (1): 5-33.

[46] PORTER M E. Location, competition, and economic development: local clusters in a global economy. Economic Development Quarterly, 2000, 14 (1): 15-34.

[47] NAISBITT J. Megatrends: ten new directions transforming our live. New York: Warner Books, 1982.

[48] OECD. Content as a new growth industry, DSTI/ICCP/IE (96) 6/FINAL. OECD, 1998.

[49] OETTINGER A G, JOHN C B. Information technologies, governance and

government: some insights from history . http://www. pirp. harvard. edu/pubs _ pdf/oetting/oetting-i98-4. pdf, September, 1998.

[50] OETTINGER A G. Knowledge innovations: the endless adventure. Bulletin of the American Society for Information Science and Technology, 2001, 27 (2): 10 - 15.

[51] OETTINGER A G. National politics and the telecommunications world. http://www. pirp. harvard. edu/pubs _ pdf/oetting/oetting-other-90. pdf, January, 1990.

[52] PORTER M E. Competitive advantage: creating and sustaining superior performance. New York: Free Press, 1998.

[53] Program on Information Resources Policy at Harvard University. Annual Report 1975—1976 Volume One Information Resources Policy: Arenas, Players, Stakes. http://www. pirp. harvard. edu/pubs _ pdf/program/program - r76 - 1. pdf.

[54] Program on Information Resources Policy at Harvard University. Annual Report 1976—1977 Volume One Information Resources Policy: Arenas, Players, Stakes. http://www. pirp. harvard. edu/pubs _ pdf/program/program-r77-1. pdf.

[55] Program on Information Resources Policy at Harvard University. Information Resources: Performance, Profits & Policy. http://www. pirp. harvard. edu/pubs _ pdf/program/program-r78-2. pdf.

[56] Program on Information Resources Policy at Harvard University. Report of the Program on Information Resources Policy July 1978-June 1980. http://www. pirp. harvard. edu/pubs _ pdf/oetting/oetting-i80-1. pdf.

[57] RENNER G T. Geography of industrial localization. Economic Geography, 1947. 23 (3): 167 - 189.

[58] ROWLANDS I. General overview: understanding information policy. East Grinstead, West Sussex, Bower-Saur, 1996: 3 - 16.

[59] SALEHI-SANGARI E, NATH A K, SAHA P. Transforming supply chains in digital content delivery: a case study in apple//IFIP International Federation for Information Processing, 2010, 255 (1).

[60] SEPSTRUP P. Consumption of mass communication—construction of a model on information consumption behaviour. 1977.

[61] SERVAN-SCHREIBER J J. Le Défi mondial. Paris: LGF, 1981.

[62] SUSSKIND L. The cosmic landscape: string theory and the illusion of intelligent design. New York: Little Brown, 2005.

[63] TOFFLER A. Power shift: knowledge, wealth and violence at the edge of the 21st century. New York: Bantam Books, 1990.

[64] UMPLEBY S A. Physical relationships among matter, energy and information. Systems Research and Behavioral Science, 2007, 24 (3): 369 - 372.

［65］ WEINER N. Cybernetics：or control and communication in the animal and the machine. Paris：（Hermann & Cie） & Camb. Mass（MIT Press），1948.

［66］ WHITTAKER S. Personal information management：from information consumption to curation. Annual review of information science and technology，2011，45（1）：1－62.

［67］ World Economic Forum. The Global Competitiveness Report 2008—2009.［2014－12－29］ http://www. weforum. org/reports/global-competitiveness-report-2008-2009.

［68］ YACCI M，ROZANSKI E P. Student information consumption strategies：implications of the Google effect//Proceedings of the 2012 iConference. ACM，2012：248－253.

［69］ YOUNG J. The new materialism：a matter of policy. World Watch，1994（5）.

［70］ ZHE-MING M A. Research on mechanism of information consumption. Information Science，2012，12：008.

［71］［美］托夫勒. 第三次浪潮. 黄明坚，译. 北京：中信出版社，2006.

［72］［美］埃瑟·戴森. 2.0 版数字化时代的生活设计. 胡泳，范海燕，译. 海口：海南出版社. 1998.

［73］ 中国共产党第十八次全国代表大会文件汇编. 北京：人民出版社，2012.

［74］ 中国共产党第十八届中央委员会第四次全体会议公报（单行本）. 北京：人民出版社，2014.

［75］ 中国共产党第十六次全国代表大会文件汇编. 北京：人民出版社，2002.

［76］ 爱尔兰国家政策顾问委员会. 爱尔兰数字内容产业发展战略. 张进京，编译. 信息化参考，2004（5）.

［77］ 北京市信息化工作办公室. 2004 年北京市信息服务业发展报告，北京：中国发展出版社，2005.

［78］ 波拉特. 信息经济论. 长沙：湖南人民出版社，1987：25.

［79］ 蔡怀舜. 大学生信息消费现状调查研究. 江苏教育学院学报（社会科学版），2004（7）.

［80］ 蔡小军. 李双杰. 刘启浩. 生态工业园共生产业链的形成机理及其稳定性研究. 软科学，2006（3）：12－14.

［81］ 曹休宁，田银华，江海潮. 产业政策研究的新进展. 中国工业经济，2007（12）：117－123.

［82］ 查先进. 面向高速信息网络的国家信息政策. 中国图书馆学报，1999（2）：13－16.

［83］ 陈德敏. 中国可再生资源综合利用的战略思路与对策. 中国软科学，2003

(8)：1－7.

［84］陈淮.日本产业政策的理论依据.中国工业经济研究，1990（2）：79－80.

［85］张泽一.产业政策有效性问题的研究.北京：北京交通大学，2010.

［86］陈喜乐.海峡两岸科技信息资源开发与管理比较.科学学研究，2000，18（4）：81－87.

［87］陈禹等.信息资源产业和信息市场政策研究报告.北京：中国人民大学信息学院经济科学实验室，2004.

［88］成金化，陈军，段平忠.中国近十五年来非可再生能源有效供给水平评价.中国软科学，2006（11）：7－14.

［89］崔洪铭，赵国俊.信息资源产业链的价值流动研究——兼论信息资源产品的价值束.情报杂志，2013（8）：169－173,168.

［90］崔洪铭.信息资源产业链结构分析——以数字出版业为例.情报资料工作，2014（1）：62－66.

［91］大阪市立大学经济研究所.经济学辞典.东京：岩波书店，1999：522.

［92］董宝青.推进国家信息资源与档案信息资源开发利用.中国档案，2005（6）：15－17.

［93］冯惠玲，朝乐门.信息资源产业消费结构的演化规律与优化策略研究.情报理论与实践，2014（5）：17－22.

［94］冯惠玲，杨红艳.信息资源产业内涵及其与相关产业的关系探究.情报资料工作,2011（2）：10－14.

［95］冯惠玲.重视“信息资源”的战略价值.人民日报，2014－10－23.

［96］冯惠玲.开发利用信息资源，不能再等了.光明日报，2014－05－17.

［97］付立宏.论国家信息消费政策.中国图书馆学报，2001（2）：32－36，81.

［98］耿蕊.中国动画产业组织政策的回顾与思考.当代传播，2015（3）：104－105.

［99］龚勤林.论产业链构建与城乡统筹发展.经济学家，2004（3）：121－123.

［100］国务院发展研究中心产业经济研究部.促进信息资源产业发展的政策研究，2005－12－28.

［101］国务院关于促进信息消费扩大内需的若干意见.北京：人民出版社，2013.

［102］韩芸.信息资源产业及其在我国的发展策略.中国图书馆学报，2006（6）：41－44.

［103］何建邦，吴平生，余旭，等.地理信息资源产权政策研究.测绘科学，2008，33（1）：1－13.

［104］何绍华，孙高建.政府信息资源集成管理研究.图书情报工作，2010（S2）：183－185，240.

［105］侯金川，杨良全.信息的物理特性研究——物质、能量、信息统一论（一）.图书馆，1995（1）：20－25.

[106] 侯金川. 信息的物理特性研究——物质、能量、信息统一论. 湘潭大学学报（哲学社会科学版），1997（5）：110-114.

[107] 侯金川. 信息的物理特性研究——物质、能量、信息统一论（二）. 图书馆，1995（2）：15-18.

[108] 侯金川. 信息的物理特性研究——物质、能量、信息统一论（三）. 图书馆，1995（3）：16-18

[109] 侯金川. 信息的物理特性研究——物质、能量、信息统一论（四）. 图书馆，1995（4）：12-16.

[110] 侯卫真. 信息资源产业特性及政策优化. 信息化建设，2010（2）.

[111] 胡晓鹏. 产业共生：理论界定及其内在机理. 中国工业经济，2008（9）：118-128.

[112] 黄先蓉. 论出版政策与法规的制定原则. 编辑之友，2003（1）：40-43.

[113] 黄先蓉. 试论国家信息政策与法规体系. 情报学报，2002（6）：742-75.

[114] 黄运武. 市场经济大辞典. 武汉：武汉大学出版社，1993.

[115] 纪宝成. 论市场秩序的本质与作用. 中国人民大学学报，2004（1）.

[116] 纪汉霖. 双边市场定价方式的模型研究. 产业经济研究，2006（4）：11-20.

[117] 江泽民. 新时期我国信息技术产业的发展. 上海交通大学学报，2008（10）.

[118] 蒋国俊，蒋明新. 产业链理论及其稳定机制研究. 重庆大学学报（社会科学版），2004（1）.

[119] 蒋岩波. 网络产业的反垄断研究. 北京:中国社会科学出版社，2008.

[120] 堺屋太一. 知识价值革命. 黄晓勇，译. 北京：三联书店，1987.

[121] 荆海英，杨兆宇. 可再生资源开发活动中的复杂性分析. 复杂系统与复杂性科学，2004，1（4）：67-73.

[122] 柯平. 国家信息政策法规体系研究取得新的进展. 中国信息导报，2003（1）：19-20.

[123] 赖茂生，阎慧，龙健. 论信息资源产业及其范畴. 情报科学，2008（4）：481-490.

[124] 赖茂生，杨秀丹，胡晓峰，徐波. 信息资源开发利用基本理论研究. 情报理论与实践，2004（3）：229-235.

[125] 李贵孚. 我国有线数字电视产业链研究. 工业技术经济，2007（3）：124-126.

[126] 李晓. 日本工业化进程的后发性与产业组织政策. 现代日本经济，1996（1）：9-14.

[127] 李争粉. 依托自主创新，GIS平台软件步入云时代. 中国高新技术产业导报，2014-10-13.

[128] 梁姗姗，周敏. 基于波特“钻石模型”的中国煤炭产业竞争力评价研究. 资

源与产业，2007 (2).

[129] 刘澄，顾强，董瑞青. 产业政策在战略性新兴产业发展中的作用. 经济社会体制比较，2011，153 (1)：196 - 203.

[130] 刘冬青. 浅论我国信息网络环境的政策体系. 中国图书馆学报（双月刊），2002 (4)：90 - 92.

[131] 刘贵富. 产业链“内含链”的结构模型研究. 税务与经济，2008 (2)：43 - 45.

[132] 刘贵富. 产业链的基本内涵研究. 工业技术经济，2007 (8)：92 - 96.

[133] 刘润达，褚文博，诸云强，国家科技基础条件平台运行服务阶段关键问题探析. 现代情报，2012，32 (11)：51 - 57.

[134] 刘树林，牛海涛. 产业经济学. 北京：清华大学出版社，2012.

[135] 刘雅辉，张铁赢，靳小龙，程学旗. 大数据时代的个人隐私保护. 计算机研究与发展，2015 (1)：1 - 7.

[136] 刘盈，李祺，汪晓凡. 中药产业链结构复杂性分析. 中国中药杂志，2014 (16)：3187 - 3191.

[137] 刘勇燕，郭丽峰. 美国信息产业政策启示. 中国科技论坛，2011 (5)：156 - 160.

[138] 鲁超，刘清. 我国开放存取政策浅析. 情报杂志，2011，30 (1)：47 - 50，77.

[139] 陆学艺，陆留生. 社会现代化：太仓实践（上下册）. 北京：社会科学文献出版社，2012.

[140] 路鹏，苗良田，莫纪宏，等. 关于起草《中华人民共和国科学数据共享条例（建议稿）》的说明. 国际地震动态，2008 (8)：41 - 46.

[141] 马费成，赖茂生. 信息资源管理. 北京：高等教育出版社，2006.

[142] 马费成，等. 信息资源管理. 武汉：武汉大学出版社，2001：206.

[143] 庞景安. 网络环境下我国信息资源产业的发展. 中国信息导报，1998 (3).

[144] 彭翊. 中国城市文化产业发展评价体系研究. 北京：中国人民大学出版社，2011.

[145] 乔朝飞，孙威. 国际地理信息产业发展现状及趋势分析//中国地理信息产业发展报告（2011）. 北京：社会科学文献出版社，2011：261 - 267.

[146] 乔朝飞. 地理信息产业的内涵及分类. 测绘地理信息发展动态，2012 (47)：10 - 14.

[147] 任娟. 民营科技企业信息资源管理研究. 管理世界，2006 (3)：154 - 155.

[148] 芮明杰，刘明宇，任江波. 论产业链整合. 上海：复旦大学出版社，2006.

[149] 赛迪顾问. 2003 年中国传媒产业投资机会研究年度报告.

[150] 赛迪顾问. 2004—2005 年中国数字内容产业投资机会研究年度报告.

[151] 赛迪顾问. 2004 数字电视产业发展年度报告.

[152] 邵昶，李健. 产业链“波粒二象性”研究——论产业链的特性、结构及其整

合. 中国工业经济，2007 (9)：5 - 13.

[153] 沈满洪，何灵巧. 外部性的分类及外部性理论的演化. 浙江大学学报（人文社会科学版），2002 (1)：152 - 160.

[154] 孙东川. 系统工程引论. 北京：清华大学出版社，2004.

[155] 孙根年. 物质—能量—信息（MEI）的转化与人类可持续发展. 自然辩证法研究，1999，15 (8)：50 - 56.

[156] 孙敬水. 市场结构与市场绩效的测度方法研究. 统计研究，2002 (5)：7 - 12.

[157] 谭学余. 美国数字出版见闻. 现代出版，2011 (3)：56 - 59.

[158] 童曙泉. 2020 年中国卫星导航产业将达 4000 亿元. 北京日报，2014 - 12 - 11.

[159] 王秋菊. 产业链内涵及结构分析. 物流科技，2012 (5)：89 - 91.

[160] 王杨，肖旭，于淑艳. 软件产业发展模式研究. 北京：科学出版社，2009.

[161] 王珍珍. 鲍星华. 产业共生理论发展现状及应用研究. 华东经济管理，2012 (10)：131 - 136.

[162] 温家宝. 关于发展社会事业和改善民生的几个问题. 求是，2010 (7).

[163] 沃尔夫. 市场还是政府：市场政府失灵真相. 陆俊，谢旭，译. 重庆：重庆出版社，2009 (3).

[164] 邬焜. 物质思维·能量思维·信息思维——人类科学思维方式的三次大飞跃. 学术界，2002 (2)：60 - 91.

[165] 席酉民，葛京，韩巍，陈健. 和谐管理理论的意义与价值. 管理学报，2005，2 (4)：397 - 405.

[166] 肖忠东，刘永清，孙林岩. 工业产业共生体系中的食物链研究. 科技进步与对策，2008 (3)：72 - 75.

[167] 谢科范. 区域科技资源配置与使用的研究. 武汉：武汉理工大学，2005.

[168] 徐才，郭凤海. 物质、能量和信息与人类智能的起源和本质. 自然辩证法研究，1992，8 (12)：22 - 26.

[169] 徐德明. 2011 中国地理信息资源行业发展报告. 北京：社会科学文献出版社，2011.

[170] 宣小红. 信息资源市场培育初探. 北京：中国文联出版社，2008：60.

[171] 燕金武. 论信息消费政策. 图书情报工作，2004 (3)：28 - 29.

[172] 杨传明. 网游产业链模块化研究. 情报杂志，2008 (7)：25 - 27，36.

[173] 杨公朴，夏大慰. 现代产业经济学. 上海：上海财经出版社，1999.

[174] 叶奕. 地理信息产业呈蓬勃发展态势. 科技智囊，2014 (10)：45 - 49.

[175] 余向平. 会展产业链的结构与效应. 经济论坛，2008 (1)：67 - 69.

[176] 郁义鸿，管锡展. 产业链纵向控制与经济规制. 上海：复旦大学出版社，2006.

[177] 张爱霞，沈玉兰. 美国政府科技报告体系建设现状分析. 情报学报，2007，

26 (4)：496－502.

[178] 张玉祥.图书馆信息服务中的不完全信息及解决方法.科技情报开发与经济，2011，21 (12)：1－3.

[179] 张璋.理性与制度：政府治理工具的选择.北京：国家行政学院出版社，2006.

[180] 张璋，赵国俊.我国信息资源国家控制力问题研究.中国行政管理，2012 (6).

[181] 张璋.我国信息资源产业政策：现状、分析与前瞻.图书情报工作，2012 (12)：85－89.

[182] 赵峰.全面建设小康社会时期中国产业组织政策研究.黑龙江：哈尔滨工程大学，2006.

[183] 赵京，钮晓红.我国信息资源产业发展的战略思考.图书馆学研究，2012 (15)：44－50.

[184] 赵玉林，张钟方.高技术产业发展对产业结构优化升级作用的实证分析.科研管理，2008，29 (3)：35－42.

[185] 郑磊，西方公共信息政策文献概述：定义与分析框架，电子政务，2008 (2)：121.

[186] 郑新立.毫不动摇地加快经济发展方式转变.经济日报，2010－06－28.

[187] 植草益.微观规制经济学.北京：中国发展出版社，1992.

[188] 高举中国特色社会主义伟大旗帜　为夺取全面建设小康社会新胜利而奋斗——中国共产党第十七次全国代表大会上的报告.北京：人民出版社，2007.

[189] 中国人民大学信息学院课题组.信息市场与信息资源产业政策研究，2005.

[190] 钟义信.信息的科学.北京：光明日报出版社，1988.

[191] 周德军，徐磊，宁振亚.地理信息产业的政策引导和市场监管.地理信息世界，2008，6 (4)：36－39.

[192] 周寄中.科技资源论.西安：陕西人民教育出版社，1999：107－113.

[193] 周芹.试析我国经济发展中的产业组织政策.黑龙江史志，2009 (17)：158－159.

[194] 朱迪・丽丝.自然资源：分配、经济学与政策.北京：商务印书馆，2002.

[195] 朱佳俊，唐红珍，刘进.动漫全产业链发展模式比较研究.科技管理研究，2014 (11)：92－95.

[196] 朱晓东，宋培元.关于我国科技期刊管理政策创新的思考.编辑学报，2006，18 (2)：83－86.

[197] 朱雪宁.韩国发展信息资源产业的政策及启示.情报杂志，2009，28 (Z1)：54－56.

[198] 朱永彬，刘昌新，王铮，史雅娟.我国产业结构演变趋势及其减排潜力分

析. 中国软科学，2013 (2)：35 - 42.

[199] 朱幼平. 我国信息资源业发展的十大问题. 中国软科学，1996 (6).

[200] 宗诚，马海群. 我国信息消费政策法规实施状况及效率分析. 图书情报知识，2008 (4):15 - 18，35.

[201] 邹礼卿，刘全子. 打开地理信息产业政策“红包”. 国土资源导刊，2004 (8)：10 - 13.

后　记

本书是国家自然科学基金重点项目“我国信息资源产业发展政策及管理研究”（项目编号：71133006）的成果。

对于项目课题组全体成员而言，这是一次幸运而艰难的学术之旅。幸运的是，这个题目从申报、立项到5年研究不断升温，从冷概念逐步成为热话题，在国民经济和社会发展中的地位越来越重要，社会实践越来越丰富多元，题目的认同度随之升高。艰难的是，拓荒的过程伴随着太多的未知和不确定，从概念、原理到基本判断，很多事情要从头做起，经受来自不同学科、不同角色的审视和推敲。应该说这个项目的研究正逢其时，它引领我们一路探寻。文献研究自不必说，实践调查我们跑了国内外100多家单位。我们在建立—推翻（或部分推翻）—再建立的不断反复中形成了本书的四个部分：领域界定与基础理论、核心特征与发展评价、产业政策与政策工具、四个产业发展与政策优化案例。希望这些探索能给这条路上的同行者们些许帮助。

本书由冯惠玲、杨红艳、杨建梁、张秀梅、张璋、赵国俊、侯卫真、钱明辉、董慧梅、朝乐门、惠新宇、黎炜祎（以姓氏笔画为序）执笔，冯惠玲、赵国俊、钱明辉统纂全书。付梓之时，我们要向所有给予本课题研究帮助，接受调研、提供数据的专家、企业致以衷心的感谢，对中国人民大学出版社宋义平编辑的高水准工作致以深深的谢意！同时，真诚地希望读者对本书提出补充和修正意见。

著　者

2017年2月

图书在版编目（CIP）数据

中国信息资源产业发展与政策/冯惠玲等著．—北京：中国人民大学出版社，2017.8
ISBN 978-7-300-23831-9

Ⅰ.①中… Ⅱ.①冯… Ⅲ.①信息资源-资源产业-产业发展-研究-中国②信息资源-资源产业-产业政策-研究-中国 Ⅳ.①G203

中国版本图书馆 CIP 数据核字（2017）第 004861 号

中国信息资源产业发展与政策
冯惠玲　赵国俊　钱明辉 等　著
Zhongguo Xinxi Ziyuan Chanye Fazhan yu Zhengce

出版发行	中国人民大学出版社		
社　　址	北京中关村大街 31 号	**邮政编码**	100080
电　　话	010－62511242（总编室）		010－62511770（质管部）
	010－82501766（邮购部）		010－62514148（门市部）
	010－62515195（发行公司）		010－62515275（盗版举报）
网　　址	http://www.crup.com.cn http://www.ttrnet.com(人大教研网)		
经　　销	新华书店		
印　　刷	涿州市星河印刷有限公司		
规　　格	170 mm×240 mm　16 开本	**版　　次**	2017 年 8 月第 1 版
印　　张	27.5 插页 2	**印　　次**	2017 年 8 月第 1 次印刷
字　　数	457 000	**定　　价**	88.00 元
